首都经济贸易大学·法学前沿文库

证券法原理

张兴　刘胜江　著

The Principles of Securities Law

中国政法大学出版社
2023·北京

声　　明　　1. 版权所有，侵权必究。
　　　　　　2. 如有缺页、倒装问题，由出版社负责退换。

图书在版编目（CIP）数据

证券法原理/张兴，刘胜江著. —北京：中国政法大学出版社，2023.6
ISBN 978-7-5764-0927-7

Ⅰ.①证…　Ⅱ.①张…②刘…　Ⅲ.①证券法－中国　Ⅳ.①D922.287

中国国家版本馆CIP数据核字(2023)第096829号

出 版 者	中国政法大学出版社
地　　址	北京市海淀区西土城路25号
邮寄地址	北京100088 信箱8034分箱　邮编100088
网　　址	http://www.cuplpress.com（网络实名：中国政法大学出版社）
电　　话	010-58908441(编辑室) 58908334(邮购部)
承　　印	北京九州迅驰传媒文化有限公司
开　　本	880mm×1230mm　1/32
印　　张	15.5
字　　数	360千字
版　　次	2023年6月第1版
印　　次	2023年6月第1次印刷
定　　价	69.00元

首都经济贸易大学·法学前沿文库
Capital University of Economics and Business Library, Frontier

主　编　张世君

文库编委　高桂林　金晓晨　焦志勇　李晓安
　　　　　米新丽　沈敏荣　王雨本　谢海霞
　　　　　喻　中　张世君

总　序

　　首都经济贸易大学法学学科始建于 1983 年。1993 年开始招收经济法专业硕士研究生。2006 年开始招收民商法专业硕士研究生。2011 年获得法学一级学科硕士学位授予权，目前在经济法、民商法、法学理论、国际法、宪法与行政法等二级学科招收硕士研究生。2013 年设立交叉学科法律经济学博士点，开始招收法律经济学专业的博士研究生，同时招聘法律经济学、法律社会学等方向的博士后研究人员。经过 30 年的建设，首都经济贸易大学几代法律人的薪火相传，现已经形成了相对完整的人才培养体系。

　　为了进一步推进首都经济贸易大学法学学科的建设，首都经济贸易大学法学院在中国政法大学出版社的支持下，组织了这套"法学前沿文库"，我们希望以文库的方式，每年推出几本书，持续地、集中地展示首都经济贸易大学法学团队的研究成果。

　　既然这套文库取名为"法学前沿"，那么，

何为"法学前沿"?在一些法学刊物上,常常可以看到"理论前沿"之类的栏目;在一些法学院校的研究生培养方案中,一般都会包含一门叫作"前沿讲座"的课程。这样的学术现象,表达了法学界的一个共同旨趣,那就是对"法学前沿"的期待。正是在这样的期待中,我们可以发现值得探讨的问题:所以法学界一直都在苦苦期盼的"法学前沿",到底长着一张什么样的脸孔?

首先,"法学前沿"的实质要件,是对人类文明秩序做出了新的揭示,使人看到文明秩序中尚不为人所知的奥秘。法学不同于文史哲等人文学科的地方就在于:宽泛意义上的法律乃是规矩,有规矩才有方圆,有法律才有井然有序的人类文明社会。如果不能对千差万别、纷繁复杂的人类活动进行分门别类的归类整理,人类创制的法律就难以妥帖地满足有序生活的需要。从这个意义上说,法学研究的实质就在于探寻人类文明秩序。虽然,在任何国家、任何时代,都有一些法律承担着规范人类秩序的功能,但是,已有的法律不可能时时处处回应人类对于秩序的需要。"你不能两次踏进同一条河流",这句话告诉我们,由于人类生活的流动性、变化性,人类生活秩序总是处于不断变换的过程中,这就需要通过法学家的观察与研究,不断地揭示新的秩序形态,并提炼出这些秩序形态背后的规则——这既是人类生活和谐有序的根本保障,也是法律发展的重要支撑。因此,所谓"法学前沿",乃是对人类生活中不断涌现的新秩序加以揭示、反映、提炼的产物。

其次,为了揭示新的人类文明秩序,就需要引入新的观察视角、新的研究方法、新的分析技术。这几个方面的"新",可以概括为"新范式"。一种新的法学研究范式,可以视为"法学前沿"的形式要件。它的意义在于,由于找到了新的研究范式,人们可以洞察到以前被忽略了的侧面、维度,它为人们认识秩序、认识法律提供了新的通道或路径。依靠新的研究范式,甚至还可能转换人们关于法律的思维方式,并由此看到一个全新的秩序世界与法律世界。可见,法学新范式虽然不能对人类秩序给予直接的反映,但它是发现新秩序的催生剂、助产士。

再其次,一种法学理论,如果在既有的理论边界上拓展了新的研究空间,也可以称之为法学前沿。在英文中,前沿(frontier)也有边界的意义。从这个意义上说,"法学前沿"意味着在已有的法学疆域之外,向着未知的世界又走出了一步。在法学史上,这种突破边界的理论活动,常常可以扩张法学研究的范围。譬如,以人的性别为基础展开的法学研究,凸显了男女两性之间的冲突与合作关系,就拓展了法学研究的空间,造就了西方的女性主义法学;以人的种族属性、种族差异为基础而展开的种族批判法学,也为法学研究开拓了新的领地。在当代中国,要拓展法学研究的空间,也存在着多种可能性。

最后,西方法学文献的汉译、本国新近法律现象的评论、新材料及新论证的运用……诸如此类的学术劳作,倘若确实有助于揭示人类生活的新秩序、有助于创造新的研究范式、有助于拓展新的法学空间,也可宽泛地归属于法学理论的前沿。

以上几个方面,既是对"法学前沿"的讨论,也表明了本套文库的选稿标准。希望选入文库的每一部作品,都在法学知识的前沿地带做出新的开拓,哪怕是一小步。

喻 中
2013年6月于首都经济贸易大学法学院

序　言

证券法一般被归类为商法，实际上证券法的规制色彩浓厚，在美国，很多证券法教材名为证券规制法。我们认为，证券法是规范和监管证券市场的法律，主要是规制法。随着证券市场的发展与变化、金融科技的运用，证券法也在不断地调整和完善。尤其是每次证券市场发生经济危机之后，证券法都会根据实际情况进行相应的修改，以回应投资者的关切，防止下一次危机的到来。在2005年和2019年，我国《证券法》进行了两次修订。证券法的修改并不会停止，而是会随着经济市场的变化不断更新。

证券法并不是一个稳定的法律，其处于不断发展的过程中，面临着市场和技术的挑战。学习一般的法律需要对法律条文进行精研解析，但很难完全用法律解释学的方法来讲授证券法。学习证券法不能固守条文，因为其具有不稳定性和多变性。我们需要理解证券法制度的过去和未来趋向，从法律外部来解释法律制度为什么是这样。学习证券法原理，需要理解证券市

序 言

场的发展变化,需要探讨证券法条文背后的法理以及经济的、社会的和心理的因素,唯有如此,才能掌握证券法发展的方向,才不会发生刚学习完就因法律修改而使所学一律作废的现象。

我们试图用通俗易懂的语言,结合经济学的知识介绍证券法的理念、探讨证券法的发展规律、理解证券法发展的趋向,当然也会介绍中国证券法的现状,每一种具体制度的理由和规范构成,知其然,也知其所以然。

本书根据作者讲授证券法课程的讲稿改编而成。因为证券法的重新修订,所以本书对于原讲授内容进行了相关的更新与调整。同时因篇幅问题,部分证券法的内容未能涉及。

本书的作者是张兴、刘胜江两位老师。其中,第九章、第十章、第十四章第一节、第十五章第一节、第二节的作者为刘胜江老师,其余章节作者为张兴老师[*]。

---

[*] 张兴,法学博士,首都经济贸易大学法学院教师。主要研究领域:证券法、票据法和法律经济学等。电子邮箱:zhagnxinglawyer@hotmail.com

刘胜江,法学博士研究生,首都经济贸易大学法学院教师。主要研究领域为合同法、宪法学和证券法。电子邮箱:lsj0030@sina.com

目录/Contents

第一章 证券市场与证券法 …………………………………… 001
　第一节　证券市场 ………………………………………… 001
　第二节　为什么需要证券法 ……………………………… 009

第二章 证券市场和证券法律制度简史 ……………………… 023
　第一节　证券市场的起源和证券法律简史 ……………… 023
　第二节　中国证券市场和监管制度简史 ………………… 033

第三章 证券法的法源与证券法原则 ………………………… 042
　第一节　证券法的构成 …………………………………… 042
　第二节　证券法的定义、地位、特点 …………………… 058
　第三节　证券法的原则 …………………………………… 061
　第四节　金融行业的经营体制和监管体制 ……………… 068

第四章 证券监管与执法 ……………………………………… 078
　第一节　证券监管概述 …………………………………… 078
　第二节　监管机构的职责 ………………………………… 082
　第三节　执法措施和行政处罚 …………………………… 086
　第四节　证券市场的自律组织 …………………………… 101

第五章 证券的范围与定义 …………………………………… 107
　第一节　典型证券 ………………………………………… 107
　第二节　资产支持证券与资产管理产品 ………………… 123

第三节　非典型证券与证券定义 ·············· 129

第六章　证券公开发行与不公开发行　145
第一节　公开发行与非公开发行 ·············· 146
第二节　公开发行证券的程序 ················ 157
第三节　证券公开发行的条件 ················ 167
第四节　证券公开发行的保荐 ················ 177
第五节　证券承销 ·························· 180
第六节　对豁免注册或豁免核准的探讨 ········ 185
第七节　上市公司关系人减持或二级发行 ······ 191
第八节　境外发行股票 ······················ 196

第七章　资产支持证券的发行　197
第一节　中国的资产证券化概述 ·············· 197
第二节　资产证券化的法律结构 ·············· 199
第三节　资产支持证券的设立和运行 ·········· 205

第八章　证券投资基金与资产管理　208
第一节　证券投资基金概述 ·················· 208
第二节　基金的当事人及其权利义务 ·········· 218
第三节　公募基金的募集、运营和信息披露 ···· 228
第四节　非公开募集基金（私募基金） ········ 231
第五节　资产管理 ·························· 246

第九章　证券上市　251
第一节　证券上市概述 ······················ 251
第二节　股票上市和终止上市 ················ 255
第三节　公司债券上市、暂停上市和终止上市 ·· 258

第十章　信息披露制度　261
第一节　信息披露制度的基本理论 ············ 261

第二节	中国强制信息披露制度	267
第三节	信息披露的具体内容	282

第十一章 违反信息披露义务的法律责任 …… 294
第一节	违反信息披露义务的行政责任和刑事责任	294
第二节	违反信息披露义务的民事赔偿责任	301

第十二章 公众公司收购和重组 …… 313
第一节	上市公司收购概述	313
第二节	梯级收购与预警	324
第三节	要约收购	330
第四节	协议收购	343
第五节	对强制要约收购的豁免	344
第六节	上市公司收购中的财务顾问	349
第七节	非上市公众公司收购	349
第八节	上市公司重大重组	353

第十三章 证券交易与证券交易市场 …… 363
第一节	证券交易概述	363
第二节	证券交易所	369
第三节	证券交易所的证券交易	373
第四节	证券场外市场	376

第十四章 被禁止的交易和法律责任 …… 383
第一节	内幕交易及其法律责任	383
第二节	利用未公开信息交易	407
第三节	操纵证券市场	412
第四节	禁止编造、传播虚假信息	418

第十五章 证券商 …… 421
第一节	证券商概述	421

第二节　营业许可 …………………………………… 424
　第三节　证券公司经营原则和风险控制 …………… 427
　第四节　经纪业务规则 ……………………………… 429
　第五节　证券自营业务 ……………………………… 431
　第六节　融资融券业务 ……………………………… 432
　第七节　对证券公司的日常监管和危机管控 ……… 435

第十六章　投资者保护制度 ………………………… 442
　第一节　概述 ………………………………………… 442
　第二节　证券投资者适当性制度 …………………… 443
　第三节　投资者保护基金 …………………………… 448
　第四节　投资者保护机构 …………………………… 450
　第五节　公司治理与投资者保护 …………………… 452
　第六节　债券持有人保护 …………………………… 455
　第七节　代表人诉讼 ………………………………… 456

第十七章　证券市场的专业服务机构 ……………… 459
　第一节　证券市场的"看门人" …………………… 459
　第二节　证券投资咨询业务 ………………………… 463
　第三节　律师事务所和律师 ………………………… 467
　第四节　审计业务 …………………………………… 474
　第五节　资信评级 …………………………………… 476

第一章

证券市场与证券法

第一节 证券市场

一、金融、筹资与证券发行市场

事例1：小明与小李都是软件设计师，工作了几年，也积累了一些经验，在万众创新、大众创业的热潮中决定自己创立一家公司。小明与小李各出资50%成立了公司。公司业务发展迅猛，需要新的设备、雇用大量员工，但公司初创资金不足。小明与小李家里也没有余钱，那他们的公司如何解决资金问题，有哪些途径？

借款与接受股权投资是企业获得融资的两种基本途径。借款有民间借款，有正规金融借款，所谓民间借款就是指向亲戚、朋友等个人以及非正式金融机构借款；金融借款主要指的是从商业银行等金融机构取得借款。还有一种借款是通过发行债券筹集资金，也就是指需要资金的公司根据法律规定程序出售标准化的借据（即债券）从众多投资者手中获得资金，资金的需方交付债券获得资金，资金的供方获得债券提供资金，双方是债权债务关系，资金的需方借入资金是债务人，资金的供方借出资金是债权人，债务人在约定的期限要归还借款本金，以及根据约定的方式和期限支付利息。债券的发行人是债务人，购买债券的投资者是债权人。这就涉及我们要讲的证券市场的一部分——债券市场。事例1中，小明与小李可以向亲戚朋友借款，也可以向银行借款，还可以发行债券获得借款。每一种融资的条件是不同的，发行债券融资需要符合法律规定的条件、按照法律规定的程序进行，而具体需要什么条件、按照什么程序进行，是我们要讲的一部分内容。

小明与小李也可以引入股权投资者为公司筹集资金，从公司法的角度来说，就是公司增资扩股，增加股东从而增加注册资本。增资扩股有两种基本的方式，一种是由少数几个人投资入股，可以是风险投资等股权投资者；另一种是面向公众投资者募资，也就是公开发行股票，这就涉及证券市场的另一部分——股票市场。公司要公开发行股票必须按照法律规定的程序、符合法律规定的条件，这也正是本书的重要内容之一。

从融资的角度看，借贷市场与发行股票债券的市场都属于金融市场。企业从银行借贷是间接融资，银行吸收存款、发放贷款，居于资金的需方和供方之间（见图1.1）。有闲余资金的人将钱存放到银行，与银行形成债权债务关系，储户是存款人即债权人，银行是债务人。银行把钱出借给需要资金的个人或企业（所谓资产业务，银行的债权是银行的资产），与借款人形成债权债务关系，银行是债权人，借款人是债务人。

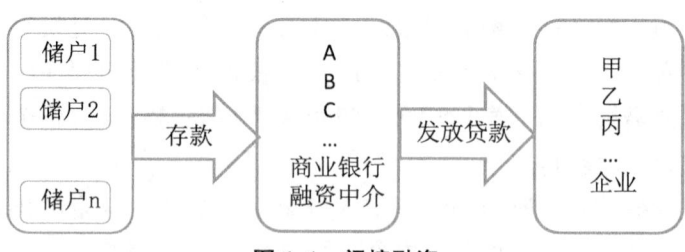

图1.1　间接融资

第一章 证券市场与证券法

发行股票、债券属于直接融资,投资者与获得融资的企业之间存在直接的法律关系,当事人是股东与公司,或者债券持有人(债权人)与发行人(债务人)(见图 1.2)。公司将股票或债券首次出售给投资者以获得资金,就是证券发行,通过发行股票或债券募集资金的人,称为发行人,而购买股票的人成为公司的股东,购买债券的人成为公司的债权人。公司发行股票或债券融资,投资者出资认购股票或债券,这样就构成证券发行市场,或者称为一级市场。发行市场的主要功能是便于需要资金的企业筹集资金(资本),也可以称为融资功能。通过证券市场,企业能够在短期内获得巨量的资金,助力企业的发展壮大。

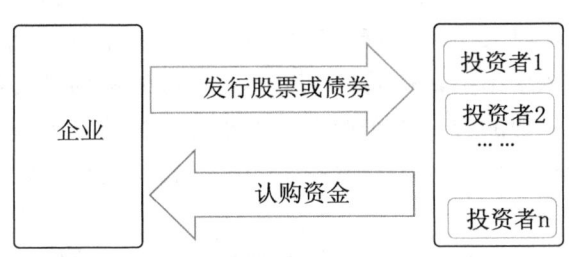

图 1.2 直接融资

发行股票已经成为我国企业目前重要的融资途径。2017 年我国上海证券交易所和深圳证券交易所发行 A 股股票 419 只,合计融资 16 613.57 亿元,其中首发融资 2 186.1 亿元,定向增发(现金认购)融资 7 652.64 亿元。[1]2018 年我国上海证券交易所和深圳证券交易所发行 A 股股票 105 只,合计融资约

---

[1] "中国证券监督管理委员会年报(2017)",载 http://www.csrc.gov.cn/pub/newsite/zjhjs/zjhnb/201809/P020180907609864959832.pdf,最后访问日期:2020 年 3 月 18 日。

11 378 亿元，其中首发融资 1 378.15 亿元，定向增发（现金认购）融资 3 864.31 亿元。[1] 2019 年我国 201 只首发股票融资 2 489.80 亿元，同比增加 80.70%。定向增发（现金认购）融资 1 814.43 亿元。[2]

投资者的投资是企业融资的来源。公司发行股票或债券募集资金，要有人出钱来买，这些购买者，即认购股票或债券的人，被称为投资者。投资者既可以是各种各样的机构，也可以是个人（见图 1.3）。

机构投资者主要包括保险公司、商业银行、证券公司、信托公司、社保基金、证券投资基金等。这些机构投资者管理着巨额的资金，这些资金大部分都不是真正属于他们的，而是"别人的钱"，他们只是管理者或受托者。虽然我国证券市场对外开放，但是人民币在资本项目下仍不是完全自由兑换的，外国投资进入中国市场是通过 QFII（合格境外机构投资者）方式进入的。一般的公司或企业形式上也算是机构投资者，但他们的资金规模有大有小，差异很大。通常讲，机构投资者指的是专业的金融机构。

个人投资者数量庞大，他们被称为股民，他们之间的差异也很大。其中，有用几万、几十万余钱进行投资的，也有少部分人长期投资、拥有丰富的经验，能支配数百万或数千万的资金。根据中国证券登记结算有限公司的统计，截至 2018 年底，我国有 14 615.11 万个人开设证券账户。

---

〔1〕 "中国证券监督管理委员会年报（2018）"，载 http://www.csrc.gov.cn/pub/newsite/zjhjs/zjhnb/201908/P020190829581306942441.pdf，最后访问日期：2020 年 3 月 18 日。

〔2〕 "中国证券监督管理委员会年报（2019）"，载 http://www.csrc.gov.cn/pub/newsite/zjhjs/zjhnb2020/202008/P020200825360018516101.pdf，最后访问日期：2020 年 3 月 18 日。

第一章 证券市场与证券法

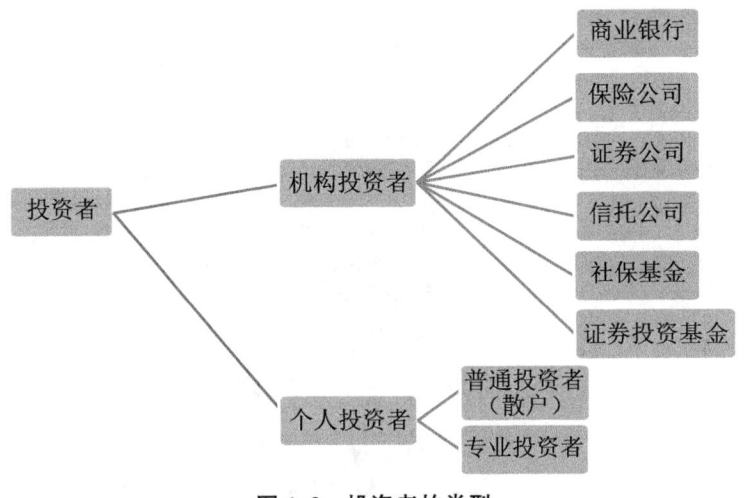

图1.3 投资者的类型

二、证券交易市场与资产流动、组合投资

事例2：投资者大明，在小明和小李的公司公开发行股票时购买了股票。过了一段时间，大明家里出了事，需要资金，他想卖掉持有的股票。怎么办？

事例3：老赵工作了多年，手里有一些积蓄存在银行，想着儿子上学要花钱，将来退休之后要维持体面的生活，那么老赵如何理财或者投资能早一些实现"财务自由"呢？

大明可以在证券市场上将股票出售给像老赵一样没有在股票发行时购买股票的投资者。股票、债券等证券在发行之后的再买卖就构成了证券的买卖市场，也就是证券交易市场，也称为二级市场（见图1.4）。

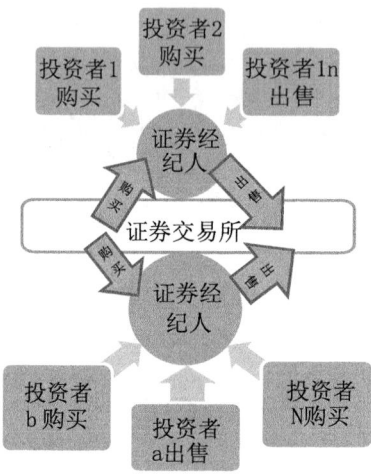

图 1.4 证券交易市场

从市场的组织形式来说,证券交易市场分为证券交易所和交易所之外的市场。目前我国境内有两个证券交易所,即上海证券交易所(上交所,也称沪市)和深圳证券交易所(深交所,也称深市),交易所之外的市场包括新三板,即全国中小企业股份转让系统(以下简称"股转系统")、区域性股权市场(截至 2019 年底有 34 家)、银行间债券市场等(见图 1.5)。

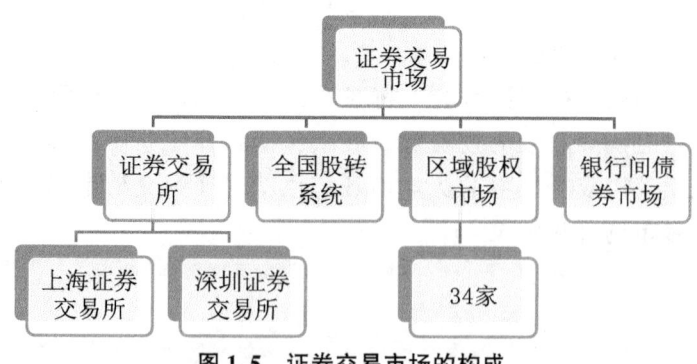

图 1.5 证券交易市场的构成

第一章 证券市场与证券法

为了方便证券持有人转让交易证券，证券发行人将其证券在证券交易所挂牌交易，称为上市，发行的股票在交易所挂牌的公司称为上市公司。截至2019年底，沪市和深市上市公司3777家，其中主板市场1973家、创业板791家、中小企业板943家、科创板70家。股转系统挂牌公司（通常不算上市公司，属非上市公众公司）8953家。[1] 2020年7月10日，上交所有1649家上市公司，其中科创板上市公司122家；深交所有2255家上市公司。

像老赵一样手里有一点余钱的人，可以将钱存在银行，但银行的存款利息较低，有时达不到CPI[2]的涨幅，这种情况下，人们想寻找回报更高的投资方式，投资股票或债券就是一种选择。债券的利息通常高于银行存款，股票的收益不确定，但股票的价格一直在变动，看准了低买高卖或许可以大赚一笔。目前，我国股市有近4000家上市公司，为投资者提供了多样的选择。投资者可以将自己的钱分成几部分，一部分存在银行，低利息、低风险、有保障（有存款保险制度）；一部分钱购买债券尤其是政府债券，利率高于银行存款，同时也很安全（公司债券风险高于政府债券）；剩余部分的钱可以用来购买不同的股票或者基金，这就是组合投资。通常讲"鸡蛋不要放在同一个篮子里"，就是指投资不要过于集中，要分散投资风险。一位投资者买了多只股票，假如一只股票的发行人经营困难退市了，别的股票发行人经营业绩不错，那投资者的收益就可以平衡一下。证券交易市场为投资者进行多样化的组合投资提供了可能。

---

[1] "中国证券监督管理委员会年报（2019）"，载 http://www.csrc.gov.cn/pub/newsite/zjhjs/zjhnb2020/202008/P020200825360018516101.pdf，最后访问日期：2020年4月15日。

[2] CPI，全称 Consumer Price Index，居民消费价格指数，是一个反映居民家庭一般所购买的消费品和服务项目价格水平变动情况的宏观经济指数。

对于证券发行人而言,证券交易市场的存在增加了公司的知名度,有利于公司的持续融资,促进了公司的经营发展,但是也为公司带来了压力。

三、证券市场与投机

证券市场上的投资者,有些人注重长期利益,购买证券是为了获取发行人长期成长带来的收益;有些人则注重短期利益,快进快出、低买高卖获取价差。后者被称为投机者。投机看似是一个贬义词。其实,投机者是指在市场上发现他人没有发现的机会、利用机会获得收益的人,客观上促进了市场的繁荣、证券的流通、信息的传播,他们是市场不可或缺的参与者。

证券市场与其他市场一样,具有价格发现的功能。价格反映了已经发生的和预期将要发生的事件的共同影响。[1]没有投机者的参与,市场的价格发现功能也很难实现。其实,很难从法律上界定证券市场参与者的行为是属于投机,还是投资,只要合法合规的交易都是允许的。

四、证券市场的中介机构与服务机构

证券市场的参与者包括发行人、投资者,除此之外,还包括一些很重要的角色,如证券市场的中介机构、服务机构等,尤其是证券商。在证券发行过程中,发行人大都会聘请证券商协助办理股票或债券发行的具体事务,比如提供咨询或顾问服务、编制发行证券需要的信息公开说明书、编制向证券监管机构提出申请的其他文件、规范发行人的公司组织、向投资者介绍和推销证券等。

---

[1] 参见[美]罗伯特·希勒:《金融与好的社会》,束宇译,中信出版社2012年版,第248—252页。

在证券交易所市场，一般投资者不能直接进入交易所进行交易，而是需要通过证券商向证券交易所申报进行交易。证券商在特定市场提供做市服务。证券商或专门的证券投资咨询机构向投资者提供咨询服务。证券买卖成交后的结算还有专门的证券登记结算公司参与。

为证券发行、交易提供相关专业服务的还包括信用评级机构、资产评估机构、会计师事务所、律师事务所等。

这些主体都是证券市场的重要参与者。

第二节　为什么需要证券法

证券市场的参与者，如发行人、投资者、证券中介、服务机构等都是民事主体，他们之间是交易关系，通过协商谈判签订合同就能安排他们之间的关系、分配风险。对由于缺乏信息、无法预料的事件事前没有或难以达成协议以分配风险的，合同法可以补充当事人的意思，这样看起来只需要合同法就够了，为什么还需要专门的证券法？

实际上，问题并不是这样简单，交易的前提是权利的界定，没有权利的界定，交易难以进行，合同法与物权法是相互支撑的关系，有了物权法对财产权利边界的界定，合同法规范的交易才能顺利进行。证券的发行与交易同样需要对证券权利界定，让证券的权利确定、明晰、标准化，为了帮助交易的参与者更容易理解交易标的物"证券"，让交易者放心地购买"证券"这个物，就需要专门的法律。

一、证券不能是"海市蜃楼"

传统上，证券是一张纸，随着技术的发展，股票或债券大都采用了无纸化电子记账的形式，投资者购买股票并不是买那一张纸或者电子符号，纸张或者电子符号的边际成本趋于零，几乎是可以被无限量制造出来的，他们所购买的是纸张或者电子符号背后的价值。投资者购买证券并不是为了消费这张纸或者电子符号，而是期待从中获得收益，长期持有者期望能获得公司的分红，同时也期望股票价格能上涨，也就是投资证券的人们期望获得增值，期望投入的钱能变出更多的钱。但是能否带来收益存在不确定性，可能赚钱，也可能亏损，所谓投资有风险。股票增值的可能性来自股票代表的公司的资产、治理和运营，股票代表的、支撑股票价值的东西必须是真实存在的，而不是空中楼阁或"海市蜃楼"。股票代表的是一个不断变化的事业，一个能够让机器、原材料等资源与人组合并持续生产和销售的有生命的组织。购买股票，购买的是未来、预期，未来取决于公司控制人和管理人的品格以及能力。证券发行人的运营地与投资者可能相隔万里，投资者并不能直观地触摸、感知发行人。因此，证券法的存在首先就是要确保投资者购买的证券确实代表了一个真实存在的、能够创造价值的经营实体（公司），发行人要向投资者提供关于这个经营实体的信息，让投资者能够想象、建构出这个经营实体，并对其价值作出判断。

在证券发行之后，发行人的经营情况具有不稳定性。在交易市场，投资者们不断地买卖证券，同样需要持续不断的信息以判断发行人的经营情况，以确定发行人发行的证券的价值。尽管证券市场价格受到多种因素的影响，但证券发行人的经营情况仍然是判断证券价值的基本因素。因此，在证券发行之后，发行人仍需要持续地披露信息。

关于发行人的经营情况在发行人与投资者之间存在严重的信息不对称，解决这个问题的主要方法就是发行人主动地披露信息（公开信息）。有学者提出披露信息不需要法律的强制，通过市场竞争能够迫使证券发行人披露信息。市场竞争能够解决一部分问题，但并不能很好地解决这个问题。披露信息过多或过少，披露哪些信息，如果没有统一的标准，投资者获取信息、识别信息、理解信息将会有很高的成本。更重要的是，从世界各国的历史来看，没有强制的信息披露制度，欺诈就会泛滥。

因此，证券法的意义就在于确保证券发行人提供的信息是真实的，所谓真实发行。在发行证券之后，发行人还要持续、及时、公平地披露信息，披露的信息必须是真实的、准确的、完整的。

二、难以联合的投资者和并不理性的投资者

如果证券的发行是面向少数的合格投资者，这些投资者有能力、有经验与发行人谈判并且达成发行条件，了解发行人、能够获得信息和识别信息，有合同法就足够了。如果证券发行面向的是成千上万的普通投资者，所谓公众投资者，那么投资者人数众多、非常分散，他们聚集起来与发行人谈判发行条件是不可能实现的，交易成本过高，这时就需要一份标准合同以节省交易费用，但不是发行人单方面起草的标准合同，因为合同的条件要公平，所以这就是证券法的作用，证券法规定公开发行证券的条件，等于是一份标准合同，代替公众投资者与发行人的谈判。[1]

证券发行人如果在证券发行中欺诈投资者，受害者人数众多，总的欺诈金额又极大，如果适用合同法，只能在欺诈既成

---

[1] 关于交易费用的基本理论，参见［美］罗纳德·哈里·科斯：《企业、市场与法律》，盛洪、陈郁译校，上海三联书店1990年版。关于信息不对称的基本理论，参见［美］乔治·阿克洛夫、迈克尔·斯彭斯、约瑟夫·斯蒂格利茨：《阿克洛夫、斯彭斯和斯蒂格利茨论文精选》，商务印书馆2010年版。

事实后解决,同时受害的投资者会面临共同追责的巨大交易费用、搭便车问题,而欺诈者可能会隐匿、转移财产,受害者实际很难获得赔偿。证券法的作用在于尽可能预防欺诈的发生,减少欺诈事件,在发生欺诈后,让投资者更容易获得赔偿。

研究发现,投资者并不都是理性的人,短视、冲动、跟风(羊群效应)是人性的一种常态。每个投资者的财产状况、风险承担能力、风险识别能力不同,所以应该区分不同的投资者。一部分投资者拥有较多的财产和较多的投资知识和经验,有较高的风险识别能力、风险承担能力,他们能够照顾自己的利益,能够与发行人进行谈判获取必要的信息,能够在交易市场承受更高的风险,他们的利益可能不太需要法律保护,由他们自己对自己的投资行为负责,这一部分投资者被称为合格投资者或专业投资者。而其余的投资者被称为普通投资者,即公众投资者,法律把他们看作投资领域的"限制行为能力人",限制他们的投资范围,不能从事高风险的投资。法律也要求证券商要根据客户,即投资者的具体状况提供相匹配的证券和服务。

三、证券市场是有规则的市场

市场离不开法律的支持,即使是最初级的市场如农贸市场、乡村集市也需要度量衡货币,这是法律最低限度的对市场的支持;而对于复杂高级的证券市场,则需要更严密的市场规则、法律规则,没有法律规则就没有市场。

证券发行和交易是高度技术化、高度组织化的活动,在其他国家证券市场已经发展了数百年,在这样的基础之上,后发展证券市场的国家的证券交易规则就不能完全依靠市场主体的自由博弈完成,必须通过立法提供一系列交易规则、模式,降低交易成本。

第一章　证券市场与证券法

进一步来说，证券交易是具有强烈外部性的活动，证券市场是极易扭曲的市场、失灵的市场，需要法律的监管，通过监管，矫正市场失败可能带来的危害，防范金融市场的危机乃至经济危机。

四、信息与证券市场异动，信心与市场

证券市场是一个对信息极其敏感的市场。随着科学技术的发展，信息的传播方式越来越多，不再局限于纸媒、广播电视等传统媒体，新型媒体形式多样，传播信息速度快，成为证券市场的主要选择。

发行人经营与治理情况的信息会影响发行人证券市场的价格，这类信息是影响证券价格的基础信息。信息无论真假，一旦传播就会影响相关证券的交易价格和交易量。

一般来说，好消息或利好消息会引起股价上涨。

事例1：2020年6月9日晚间，王府井（上市公司）发布公告称，公司于当日收到控股股东北京首都旅游集团有限责任公司转发的《财政部关于王府井集团股份有限公司免税品经营资质问题的通知》，授予公司免税品经营资质，允许公司经营免税品零售业务。王府井将成为我国第八个拥有免税牌照的企业。在此前5月初市场即传出王府井申报免税牌照的消息，之后王府井的股价一路飙涨。自5月6日至6月9日，公司股价累计涨幅已超110%。6月10日，股市开盘后王府井股票迅速涨停，截至当日收盘，王府井股价收于30.12元。[1]

---

[1] 参见"王府井拿下第八张免税牌照，股价已提前一个月飙升110%｜热公司"，载 https://www.yicai.com/news/100662159.html，最后访问日期：2020年4月15日。据最新消息，2020年9月18日证监会披露，王府井股价异动背后有人从事内幕交易，证监会正在调查。

这是一个真实的消息,但在上市公司正式披露之前证券市场已经有了传言,证券价格就有了异动。

下面是一条具有误导性的信息引起股价异动的案例。

案例1:匹凸匹披露信息违规案

2015年5月11日,匹凸匹发布《多伦股份:企业名称变更预先核准通知书》等多份公告,披露拟将公司名称变更为匹凸匹金融信息服务(上海)股份有限公司、拟将公司经营范围变更为"互联网金融信息服务(金融许可业务除外)⋯提供金融中介服务"等。事实上,匹凸匹发布相关公告后并未表现出任何发展金融服务业务的意图。匹凸匹未增加金融服务业务领域的人力资源投入,未购入与金融服务业务相关资产,未实际运营任何金融服务业务,未产生任何与金融服务业务相关的收入与利润。

匹凸匹发布更名系列公告后的10个交易日内,"匹凸匹"股价连续涨停。从公告前一交易日收盘价10.96元到10个交易日后最高价为25.51元,上涨幅度为132.76%,显著偏离上证指数同期22.02%的涨幅。[1]

利空消息或所谓坏消息会引起相关证券价格的下跌。例如:

事例2:重庆啤酒(上市公司)曾投资一家研究开发乙型肝炎疫苗的药品研发公司,股价在数年内上涨幅度巨大。2011年11月25日,重庆啤酒在因乙肝疫苗研究停牌前一个交易日上演最后的疯狂,股价大涨7.28%,盘中创下重庆啤酒上市以来每股83.12元的新高。2011年12月7日晚,重庆啤酒发布致歉公告:13年疫苗研发失败。在随后的11个交易日里,股价走出了10个跌停板,其中12月8日至12月20日连续9个跌停。

---

[1] 中国证监会行政处罚决定书〔匹凸匹金融信息服务(上海)股份有限公司、鲜言〕〔2017〕51号。

不是证券发行人自身产生的信息，但与其有密切关联的、可能影响其经营的信息同样会影响证券的市场交易。例如，证券发行人被政府调查或处罚。

案例2：上市公司虚假陈述赔偿投资损失

甲上市公司在2008年至2011年年度报告中存在虚增资产和利润总额，虚减成本等不实记载。其于2013年1月26日公布的《2012年年度报告》中将2008年至2011年隐瞒的所有亏损反映为2012年当年亏损。同日公布的《2012年年度业绩预亏公告》亦作相同记载。甲公司于2013年10月12日公告其被证监局立案调查。公告后的第一个交易日，甲公司的股票发生盘中跌停，收盘跌幅达9.89%。2015年6月9日，证监局认定甲公司存在虚假陈述行为，并对其进行了行政处罚。投资者顾某在甲公司虚假陈述期间购买9500只甲公司股票，其认为甲公司的虚假陈述行为造成其股票投资亏损，起诉要求甲公司赔偿损失43 890元。法院于2016年8月26日作出判决：甲公司应赔偿顾某投资损失43 890元。[1]

事例3：2018年4月16日，美国商务部网站公告，7年内禁止美国企业与中兴通讯（深交所上市公司）开展任何业务往来。公告称，中兴违反了2017年与美国政府达成的和解协议。当时，美国政府指控中兴非法向伊朗和朝鲜出口。第二天中兴通讯宣布停牌，6月13日中兴通讯复牌，股票价格当日跌停，随后数个交易日每日均跌停，两周下跌30%多。股价从31.31元左右下跌至13.03元。

事例4：2007年5月30日凌晨，央视播报了一条新闻：证券交易印花税税率由现行1‰调整为3‰。当日，A股上证指数

---

[1] 上海市第二中级人民法院（2015）沪二中民六（商）初字第90号民事判决书。

暴跌281.81，跌幅6.5%；深成指跌829.45，跌幅6.16%。其中，上证指数在短短的5个交易日里最大跌幅达到21.49%。

上述案例和事例表明证券市场对信息的敏感性。这就要求证券发行人披露信息必须是真实的、完整的和准确的，应该适当披露，不得有虚假、误导和重大遗漏，不得违法披露。来自证券发行人外部的与证券有关的信息同样应该受到监管。完全放任与证券有关的信息散播流布，证券市场就会被扭曲，投资者公平交易的机会就会受到破坏，投资者利益会受到损害。这就是为什么需要证券法的又一个原因。

禁止内幕交易、禁止操纵证券市场、禁止虚假信息的传播构成了证券法最重要的内容之一。通过这些制度的施行以维护证券市场的公平交易秩序，维护投资者的信心。

案例3：汪建中操纵证券市场案

汪建中是北京首放投资顾问有限公司的法定代表人，首放公司是证监会批准，具有相关从业资质的证券咨询机构，在证券市场具有一定的影响力。2006年7月至2008年3月，汪建中先后利用其本人及他人的身份证开立了其实际控制的沪、深证券账户，并使用上述账户，开立了十余个资金账户用于证券交易。2007年1月9日至2008年5月21日，汪建中采取先买入工商银行、中国联通等38只股票，后利用首放公司名义通过新浪网、搜狐网、上海证券报、证券时报等媒介发布股评分析报告，向公众推荐证券，尤其是对外推荐其先期买入的股票，并在股票交易时抢先卖出相关股票，人为影响上述股票的交易价格，获取个人非法利益。

据中国证券监督管理委员会统计，在首放公司推荐股票的内容发布后，相关38只股票交易量在整体上出现了较为明显的上涨：个股开盘价、当日均价明显提高；集合竞价成交量、开

第一章　证券市场与证券法

盘后 1 小时成交量成倍放大；全天成交量大幅增长；当日换手率明显上升；参与买入账户明显增多；新增买入账户成倍增加。汪建中采取上述方式操纵证券市场 55 次，累计买入成交额人民币 52.6 亿余元，累计卖出成交额人民币 53.8 亿余元，非法获利共计人民币 1.25 亿余元归个人所有。

2011 年 8 月 3 日，北京市第二中级人民法院一审宣判。法院以操纵证券市场罪判处汪建中有期徒刑 7 年，并处罚金 1.25 亿余元。[1]

证券法律要规范证券市场信息披露，防止虚假信息扰乱证券市场，依法制裁各种信息披露违法违规、虚假信息和不当信息的传播。

五、相互联系的金融市场

资金的供应与需求构成了金融市场。金融市场的不同机构经营着不同的业务，我国目前基本维持分业经营的格局，商业银行不直接经营证券业务，尤其是股票相关业务，证券公司不经营银行专属业务，保险公司仅经营保险业务，信托公司仅经营信托业务，这样看金融行业又可以分割成不同的市场或者行业。但是实际上，金融市场的不同经营机构之间的业务还是存在一些交叉的，他们的管理资金有一部分会进入证券市场，不同市场、不同行业之间仍存在密切的联系。

政府债券的承销和买卖是商业银行、证券公司可以共同经营的业务。企业债券则可以进入银行间债券市场交易，而商业银行、证券公司、信托公司等都可以进入该市场进行交易。

---

[1] 参见 "股市'黑嘴'汪建中被判 7 年，罚金 1.25 亿"，载 https://www.chinacourt.org/article/detail/2011/08/id/459538.shtml，最后访问日期：2019 年 7 月 11 日。

2020年7月人民银行与证监会联合发文,证券交易所与银行间债券市场可以互联互通,公司债券与企业债券、国债的交易可以跨市场交易。

保险公司收取的人寿保险费等长期资金需要投资增值,保险公司可以向证券市场投资,可以持有上市公司股票。保险公司资产管理产品、投资类保险等同样可以进入证券市场投资。商业银行的理财产品、信托公司的资产管理、信托计划和证券公司的资产管理等业务都会有资金直接或间接进入证券市场。信贷资产证券化又使商业银行成为证券市场证券的来源,商业银行作为贷款服务者、代理人等参与资产证券化的过程,资产支持证券也是银行可以投资持有的资产。因此,金融市场是一个相互联系的市场,并非真正割裂的市场,市场之间的风险是会传递的。2015年6月下旬至7月,我国证券市场发生了剧烈震荡,很大程度上与商业银行、信托等金融机构参与证券市场有关。

证券市场的稳定与整个金融系统、经济体系的稳定密切相关。证券法对证券市场的规范要考虑金融行业的相互影响,证券监管也要从防范系统风险的角度监测、监管证券市场。

六、证券行业与创新

证券产业已经是一个庞大的产业。截至2019年底,我国共有证券公司133家,其中境内上市公司38家。证券公司总资产合计7.26万亿元;共有公募基金管理公司128家,总资产3260.8亿元,管理资产合计21.47万亿元。[1]此外,还有前面

---

[1] "中国证券监督管理委员会年报(2019)",载 http://www.csrc.gov.cn/pub/newsite/zjhjs/zjhnb2020/202008/P020200825360018516101.pdf,最后访问日期:2020年3月15日。

提到的其他机构投资者。为了防止他们利用优势欺诈投资者，防范金融风险，有必要通过法律规范他们的活动。

证券市场的机构投资者、相关服务机构拥有巨大的资金实力、信息优势和技术优势，他们都在迅速地将新技术运用到证券市场。通信技术，尤其是网络的普及、计算机技术的发展、大数据的出现，都大大便利了交易的实现、降低了交易成本。证券商可以利用这些技术进行更精准的证券分析。证券商开发了各种 APP，可以快速和方便地向投资者推送信息，同样也便于投资者在手机和其他移动设备上查看信息、从事交易。证券商在运用新技术创新交易方式、提供新的交易品种与服务的同时，也伴随着新的风险。证券商自己也从事证券交易活动。

利用计算机技术设计软件系统，由计算机根据市场情况自动生成交易指令、自动执行指令进行证券、期货交易。这种程序化交易可以排除人主观判断时产生的失误、犹豫、冲动等因素从而快速作出决策，证券商利用程序化交易在证券交易中可以获取最大化利益。但是，普通投资者就很难利用这种技术，同时这种技术如果存在漏洞可能引发巨大风险，如光大乌龙指事件就是由于光大证券使用的软件设计存在漏洞和系统不稳定引发程序自动发出巨额买单的现象。

案例 4：光大乌龙指事件

光大证券在 2013 年 8 月 16 日上午进行交易型开放式指数基金申赎套利交易时，因程序错误导致错单交易。错单交易发生后，上证综指迅速上涨 5.96%，属重大错单交易，严重影响了资本市场秩序。光大证券在知悉该内幕信息且未予公开的情况下，与其他处于信息不对称地位的投资者进行交易，不符合资本市场"公开、公平、公正"的基本原则。被告为维护资本市场秩序，保护投资者合法权益，结合本案具体案情，将光大证券于当日下午实施的对冲交易认定为内幕交易并对原告作出行政处罚,不违反我国《证券法》及《期货交易管理条例》关于维护资本市场秩序以及保护投资者合法权益的基本精神。[1]

案例 5:恒生网络 HOMS 系统

恒生网络研发的 HOMS 金融投资云平台(以下简称 HOMS 系统)于 2012 年 5 月正式运行。HOMS 系统具有开设子账户的功能,可以在主账户下开立若干数量子账户,使投资者无须在证券公司开立证券账户即可开展证券交易。

HOMS 系统具有委托交易功能。投资者可以在 HOMS 系统交易端下达委托交易指令。HOMS 系统采集这些指令,并通过主账户报盘给证券公司报盘系统,然后根据证券公司报盘系统反馈的成交结果,按照子账户在 HOMS 系统内的委托交易日期及委托流水号进行匹配。

HOMS 系统具有登记、查询、清算等功能。HOMS 系统清算功能包括两个层次:第一个层次是主账户的清算,由 HOMS 系统将证券公司反馈的主账户成交数据与 HOMS 系统记载的主账户成交情况作比对;第二个层次是子账户的清算,HOMS 系统将主账户的总成交情况与各子账户之间的成交情况作比对,对子账户的成交、持仓情况、红利分配等进行确权,对异常数据进行处理。

上述 HOMS 系统的开立证券交易子账户、接受证券交易委托、查询证券交易信息、进行证券和资金交易结算清算等功能具有证券业务属性。投资者通过该系统不在证券公司开户即可进行证券交易。

恒生网络与从事配资业务客户签订《投资管理平台服务协

---

[1] 上海市高级人民法院(2015)沪高民五(商)终字第 61 号民事判决书。

议》，协议约定了管理端和交易客户端（即子账户）的数量、付费方式，并按照主账户证券交易量的一定比例（万分之零点五到一点五）收取费用。

恒生网络在明知从事配资业务客户的经营方式的情况下，仍向不具有经营证券业务资质的客户销售该系统，提供相关服务并获取收益。截至 2015 年 7 月 31 日，恒生网络与 149 个从事配资业务的客户签订协议，按照证券交易量的一定比例（万分之零点五到一点五），非法获取收入 109 866 872.67 元。[1]

恒生网络的交易系统是 2015 年证券市场场外配资采用的主要技术，对 2015 年 6 月至 7 月的股市动荡有推波助澜的作用。

证券法对证券行业予以规范，面对新技术的挑战，既要允许创新，也要防止借创新之名扰乱证券市场秩序、损害公众投资者权益的现象。

七、证券法的主要内容

通常认为，证券法是商法的一部分，但是证券法的规制性的色彩更浓厚一些，更加强调监管（监管与规制基本同义，regulation）。

关于证券法，我们会介绍以下内容，一是证券法的宗旨与原则，证券法的历史发展，证券法与其他法律的关系。二是什么是证券？我们要给证券下一个定义，探讨如何防范规避证券法。三是要区分证券公开发行和非公开发行，以及了解公募和私募区分的标准是什么。四是关于投资者保护与信息披露，为什么要披露？如何披露？披露的标准是什么？违反了信息披露制度，要承担什么样的责任，也就是证券欺诈和诉讼问题。五

---

[1] 中国证监会行政处罚决定书（杭州恒生网络技术服务有限公司、刘曙峰、官晓岚）〔2016〕123 号。

是上市公司的收购和重组，一方面我们是允许收购和重组的，另一方面对这样的活动也要加以规制，防止在这个过程中出现扰乱市场秩序、损害公众投资者利益的情形。六是证券投资基金，在我们中国有一个专门的法律——《中华人民共和国证券投资基金法》（以下简称《证券投资基金法》），我们认为它与证券法密切相关，或者也可以说是证券法的一个特别法，下面也会对其进行一些讲解。七是为维护证券市场秩序，要禁止内幕交易、操纵证券市场等，这些违法行为如何界定是证券法的主要内容之一。八是证券交易所与其他证券市场，如何监管证券公司以及证券公司的基本业务规则。九是介绍证券市场的"看门人"，即各种专业服务机构，以及他们的业务规范和责任。

第二章

证券市场和证券法律制度简史

第一节 证券市场的起源和证券法律简史

一、荷兰早期的证券市场

现代金融的起源与贸易的发达密切相关。荷兰（尼德兰联省共和国）是17世纪时欧洲的贸易中心，是现代资本主义的发源地，证券、银行、股票交易所、股份公司等真正的起源地都是17世纪初期的荷兰。

最早的证券市场是国债市场。一些国家的政府为筹集资金发行国债以获得借款。中世纪意大利一些城邦就有发行政府债券的情形。有学者认为，现代证券起源于1542年，西班牙查理五世因战争需要向哈布斯堡尼日兰省课税，税负加重，为缓解税负，交税可以换得年金（annuities），包括人寿年金（一个人或两个人在有生之年可获得）和可继承年金，因为年金可转让，所以就发展了此类长期证券的市场。一般认为荷兰省能够发债是因为它的议会一定程度代表着民意，而且议员本人往往也是债权人，所以投资者对于政府发债存在信任，不必担心债务被废除或者违约，即使债务的利息率在下降。政府债券市场发展的重要前提是政府给出可信承诺并且不会毁约。16世纪中期荷兰联省自治开始出现，新兴有产者和贵族控制地方市政，弱暴力政府也是有信用的政府，是政府债券市场发展的基础。

地理大发现之后，远距离的洲际贸易开始出现，为适应远距离、长周期的货物贸易与分担风险，资本市场开始出现。以存货的文据交易代替货物实物交易。"stock"的含义从实物存货变成了股票（股本）。

1602年荷兰东印度公司（VOC）创立，是世界上第一个股份有限公司。公司将投资者的投资转换为永久的资本金，按照投资比例给予投资者股份，投资者成为公司股东，可以获得分红，可以将股份转让给其他投资者。在此之前，远洋贸易投资是一船一结算，不存在持续经营的实体。荷兰东印度公司分红稳定，由此股票转让市场发展起来。荷兰东印度公司管理运营的权利独立于股东，公司运营不受股东干涉（有学者认为，公众股东相当于现代所谓无投票权股东），鼓励了外国投资者投资。永久资本、运营独立于股东，这两者结合使得转让很方便，在阿姆斯特丹的股权交易市场逐渐活跃起来。股权交易被记录在各个市政的账簿中，交易快捷、安全。荷兰东印度公司的股票市场交易很活跃，同时荷兰已经有了国债交易市场，这也是股票交易市场发展的很重要的社会条件，因此荷兰就有了现代的证券市场。

"郁金香泡沫"发生在17世纪30年代的荷兰，被认为是人类历史上第一次有记载的"金融泡沫"，尽管不是发生在金融市场，但其表现与影响类似于后来的"金融泡沫"。开始人们交易开花的郁金香，后来人们对还长在土里的郁金香进行交易，而交易的只是写在纸片上的郁金香，交易的当事人看不到郁金香花或球根。这就有些像股票的交易了，交易的不是财产，而是交易财产的一种象征物。同时，这种交易是在未来交割的，又很像期货交易。1637年2月市场最终崩溃，郁金香的价格在之后3个月下跌到最高价格的1%。在"郁金香泡沫"期间采用的卖空、投机操作等手法后来被应用到了证券市场。[1]

二、英国证券市场的早期发展

1600年12月31日，英国东印度公司获得皇家特许状，成立之初，公司股权与现代公司股权并不完全相同，公司的资本不是永久的，投资仍需要一船一议，进行一次贸易结算一次投资与利润。1657年公司获得新的特许状，开始实行永久资本制，仅向股东分配红利，股东参加股东大会有权投票表决公司事务。股份成为可以自由买卖的证券。1665年公司又确立了股东有限责任制。此后公司的股票交易非常活跃，也出现了各种投机行为，其中不乏有人散播虚假消息操纵股价。1709年英国东印度再次重组，限制大股东的支配权，确立每一位股东都有投票权的制度，强化股东大会的地位。[2]

国王威廉三世原是荷兰执政，英国"光荣革命"后，他带着一批人到了英国，引入荷兰的（年金）国债制度，此后，英国政府大量发行国债。随着政治稳定，政府也能以较低利率发行国债，在此基础上，证券市场繁荣发展，英国也成为世界金融中心之一。19世纪初期伦敦逐步取代了阿姆斯特丹的地位成为最重要的国际金融中心。

在1688年底至1689年光荣革命之后，英国的国债市场才开始起步。1693年、1694年英国开始发行年金证券，但是在30年

---

[1] 参考［英］迈克·达什：《郁金香热》，冯璇译，社会科学文献出版社2015年版。

[2] 参考［日］浅田实：《东印度公司：巨额商业资本之兴衰》，顾姗姗译，社会科学文献出版社2016年版。

之后才开始真正受到欢迎。股票交易最开始主要是英国东印度公司的股票交易,后来其他公司的股票交易才慢慢发展起来。

1697年英国国会通过法律限制证券经纪人的数量,要求经纪商需要从伦敦市长处获得许可状,同时法律还限制经纪商佣金的最高比例。但这一法律延续至1708年就失效了。1711年国会又通过法律限制经纪商的最高佣金,在很长时间被用来管制证券市场仅存的法律。[1]

英国东印度等公司的贸易成功和英国经济的繁荣成为随后"南海泡沫"事件的社会背景。

18世纪初期,在英国成立公司需要获得国会的特许(直到1844年成立公司才无须特许)。为了解决英国政府在困难时期所发年金债务(实际为国债)利息过高的问题,1711年9月,成立南海贸易公司,南海公司接受政府的债券,被授予垄断中南美洲贸易的权利,但该公司未从贸易中获利。1719年,法国发生的密西西比公司股价飞涨的消息也传到了英国。1720年4月,英国下议院又同意南海公司发行股票换回年金债务。此时,南海公司在南美的贸易并不赚钱也不顺利,还有船只被西班牙扣留。但是在英国国内,人们并不了解情况,伴随着公司盈利前景的不实消息,南海公司开始新发行股票,南海公司股票价格越来越高,很多普通民众、达官贵人都参与了南海股票的买卖。南海公司为了鼓励人们购买其股票,还向人们提供贷款。1720年1月,南海公司股价面值100期间价格为120磅,6月末每股950磅。在南海公司股价高涨期间,南海公司实施了股票交换年金国债的计划。受投机热潮的影响,其他公司如英国东印度公司、英格兰银行等公司的股票在此期间也持续上涨。与此同时,

---

[1] Stuart Banner, *Anglo-American Securities Regulation Cultural and Political Roots, 1690—1860*, New York: Cambridge University Press, 1998, pp. 39-40.

第二章 证券市场和证券法律制度简史

一些公司包括技术创新公司、并未获得国会特许的所谓公司也开始浑水摸鱼,声称其公司前景光明,并发行股票。为了抑制市场狂热,议会在1720年6月通过了《反金融诈骗和投机法》,即"泡沫法案",禁止未经许可成立公司,经许可成立的公司也不得超越许可范围从事经营。同年8月有4家特许的公司被制裁,这些受到制裁的公司股价变得一成不值。人们争相卖出股票,其他公司的股价也迅速下跌。而南海公司本身也并无利好消息支撑,股价开始下跌,1720年8月31日价格为775磅,9月28日下降到190磅。股市崩溃,很多人损失惨重(具体股价各种文献记载有差异)。

后来调查发现,南海公司为获得特许向政府财政大臣、议员等行贿。随着行贿事件的暴露,南海公司的董事和一些政府大臣、官员有人选择了自杀,有人被审判惩治、没收财产、判处监禁等。"南海泡沫"是一个充满欺骗、谎言、腐败和狂热的故事。

此后,英国的证券市场继续发展,但是证券交易的品种不多,交易主要在咖啡馆进行。1773年第一个交易所成立。在18世纪国会也曾尝试规制证券交易市场,制止投机活动,但真正有影响力的法律很少,法院一般也会从宽解释法律。

三、英国证券法律简介

英国始终未曾出现统一的证券法或证券交易法,这与英国法律的普通法传统有关。

1844年英国《公司法》、1855年英国《有限责任公司法》、1856年英国《公司法》(Joint Stock Companies Act 1856)以及防止投资欺诈的法律构成英国证券市场的成文法律基础(普通法当然也是非常重要)。英国《公司法》中要求发行股票的公司应公开信息。而有限责任制度的最终确立极大地促进了投资自由，成为股票市场进一步繁荣的基石。证券市场的规范传统上主要依靠伦敦证券交易所和交易商协会等自律组织，证券上市由伦敦交易所审核。

20世纪80年代后，英国政府对金融市场的监管开始加强，1986年制定了《金融服务法》，建立了政府监管机构。此后又新设立了金融服务局，全面监管金融行业和金融市场。但也在不断调整改革。目前构成证券法律制度的主要有2006年《公司法》、2000年《金融服务与市场法》以及2012年《金融服务法》等。目前对证券市场有监管之责的官方机构主要有英格兰银行下设的审慎金融监管局、独立的金融行为监管局（Financial Conduct Authority）。当然，自律监管继续存在。

在英国公开发行股票需要获得金融行为监管局的批准。公开发行股票的公司每年应递送年度报告。公开发行股票要在伦敦证券交易所上市交易的，发行人需要向金融行为监管局下属上市审核部门提交申请获得核准，之后再向伦敦证券交易所申请上市。上市公司有持续公开信息的义务。

四、美国证券市场与证券法律制度

在美国，证券交易最早发生在独立战争期间纽约的一些咖啡馆，也可以说这就是最早的证券市场，交易的证券主要是国债、借据、法币等，市场都是自发产生的。在独立战争之后，美国金融市场开始繁荣，主要受益于银行的设立、美国国债的发行、州政府债券的发行和经济的稳定繁荣。美国的证券市场早期主要是在费城——当时的金融中心，1790年费城股票交易所成立，银行的股票和政府债券是交易的主要标的。1792年4月，一些证券经纪人联合在纽约成立了一家证券拍卖中心，即

第二章 证券市场和证券法律制度简史

股票交易所。20多家经纪商共同签署了协议,被称为"梧桐树协议"。后来交易所的会员又成立了一家咖啡馆,交易在咖啡馆进行。很多人仍然继续在街边树下或者咖啡馆等地交易。在1791年末至1792年4月,美国发生了由收购谣言、未获批准的银行发行股票等引起的投机潮,股市泡沫破灭导致不少投机者破产。1817年纽约证券交易所仿效费城交易所的设置正式成立。一些州通过立法规制证券交易中的欺诈,但是法院一般会比较宽松地解释法律。

19世纪推动现代证券市场发展的法律基础是有限责任制度,有限责任也可以说是现代资本主义的法律基石之一。有限责任制度下,股东对公司仅负有出资义务,此外公司的负债与股东无关,这样股东转让股权,转让的就是一个干净的、没有潜在负债的资产,受让方可以放心地购买股权。而且,有限责任也使多元投资、组合投资成为可能。在无限责任制度之下,投资者担心其任何一个很小的投资日后都可能给其带来灭顶之灾,而有限责任制度消除了这种后顾之忧。到19世纪中期,美国和英国在法律上最终确立了普遍的有限责任公司制度。

在1933年之前美国联邦层面几乎没有法律规制证券发行和交易。1911年堪萨斯州率先制定了规范证券发行和证券商的法律,这一法律被称为《蓝天法》。随后一些州陆续制定州法规规范证券发行,这些法律采取的是实质管理(merit regulation)的办法,即官方审查发行证券的公司经营是否良好、证券是否值得投资。这些州法通常被称为《蓝天法》,对证券发行、经纪商、投资顾问等予以规范。目前大多数州采用了《统一证券法》,但具体法律仍有很多不统一。

证券市场的交易规则主要由交易所制定,属于自律规范,交易所的制度和交易规则本身并不能有效防止各种欺诈客户事件、操纵市场、不公平交易等现象的发生。

20世纪20年代是美国经济和股市的一个繁荣时代。1929年9月3日,道琼斯工业平均指数达到381.17点,这是此后25年的高点。但是同年9月5日市场开始下跌,10月29日道琼斯指数一日下跌22%。到1932年道琼斯指数比1929年最高点时下跌89%。股市崩溃,随后引发金融危机(也有学者认为股市下跌并非随后大萧条的原因,股市在1930年有所上涨,引起经济危机的主要原因是政府的关税政策、美联储错误的利率政策、政府错误的加税政策)。20世纪30年代初期发生经济危机,大量银行破产,所谓大萧条。对此一般的看法是,美国的银行业、证券业没有分业,保证金交易(margin trading)盛行,大量银行资金进入股市,证券市场的风险波及整个金融行业,信息披露不规范,虚假和误导性信息、证券市场内幕交易、操纵市场等行为不受任何约束。

罗斯福就任美国总统后,强力推动立法对金融市场进行管制。1933年5月美国国会通过了《证券法》,要求跨州的证券公开发行人向联邦政府机构,后来确定为美国证券交易委员会,以下简称SEC)注册并强制公开信息,对注册和发行中披露虚假信息的人课以严厉的责任,包括刑事责任、行政制裁和民事责任。这部法律奉行的哲学是路易斯·布兰代斯的公开原则:阳光是最好的防腐剂,电灯是最有效率的警察。保护投资者的办法不是由政府采取"父爱主义"的做法替投资者作决策,而是让投资者充分获得信息,由投资者自己决策、自己负责。1933年6月美国国会还通过了《格拉斯—斯蒂格尔法》(the Glass-Steagall Act),实行商业银行(吸收存款、发放贷款、提供结算服务等)与证券业的分业经营(该法在1980年代后被逐渐侵蚀,最终在1999年被废除)。1934年国会通过了《证券交易法》,成立联邦

第二章　证券市场和证券法律制度简史

证券交易委员会负责监管证券市场，要求证券发行人持续披露信息，规范交易所和证券商的行为，禁止内幕交易、操纵市场，并规定了严厉的法律责任。1934年纽约证券交易所迫于压力开始改革，通过规则禁止联手操纵、泄露和利用不公开信息交易等。1938年纽约证券交易所对所得章程和一些规则进行了改革，加强了交易所的公共职责；保证金交易的比例由SEC决定；证券商的经纪业务与承销业务分离，经纪客户账户与自营账户分开。1938年《证券交易法》中增加了关于成立全国证券商协会的条款，作为自律组织证券商协会其职责包括防止欺诈交易、操纵证券市场行为和促进证券场外市场的公平交易。证券商协会简称为NASD，是场外市场规则的制定者和监管者。

美国联邦证券监管法还包括其他一些法律，如1939年《信托债券法》（Trust Indenture Act of 1939）、1940年《投资公司法》（Investment Company Act of 1940）、1940年《投资顾问法》（Investment Advisers Act of 1940）以及后来对这些法律的一些修改和证券民事诉讼改革方面的法律等。最近30年，为应对市场发展和危机，美国国会又相继通过了一些法律放松管制、改革监管、加强监管。这样美国在联邦层面就建立了其证券市场的监管法律制度，有专门的监管机构监管证券市场、证券经营机构（证券商），发行证券实行注册制、不对发行人进行实质性审核，强制信息披露为制度的核心，由投资者自主决定投资、自负风险，对违反信息披露制度者课以严厉责任。[1]

美国证券市场尤其是股票市场的繁荣和强大，引起世界很多国家的仿效，仿效其法律制度也成为一个普遍的现象。这也

---

〔1〕 参考［美］帕尔米特：《证券法》（注译本），中国方正出版社2003年版；［美］约翰·S.戈登：《伟大的博弈：华尔街金融帝国的崛起》（1653—2004），祁斌译，中信出版社2006年版。

是为什么本书要介绍美国证券法的原因。

尽管有法律规制证券市场，但是由于各种原因股市动荡与经济危机还是时不时会发生。危机并不是因为监管本身，而是有复杂的因素。一些学者认为，放松监管、监管措施不到位、监管者信息不足等是引起危机的重要原因。当然经济体系、金融市场本身的不稳定，一些不可避免的不确定性等也是引起危机的原因。[1] 金融市场、证券市场仅靠直觉是难以理解的。金融市场只有数百年历史，相对于人类数万年或数百万年的进化历程是一个短暂的瞬间，然而人类在数百万年进化过程中所形成的有限理解力还不能有效驾驭金融市场的复杂性。

就美国证券法的演变历史而言，危机与回应是证券监管制度基本的发展模式，即发生危机之后为了应对危机而制定新的法律或修改原有的法律。比如在 21 世纪初期暴发的"安然事件""世通丑闻"引发对上市公司财务会计的监管改革，美国国会通过了加强上市公司内部控制的"萨班斯法案"。2008 年金融危机之后，美国国会通过《多德—弗兰克华尔街改革与消费者保护法案》，也对其金融监管制度进行了改革，加强了对金融消费者的保护。[2] 人不是神，世界没有完美的制度，制度的形成是一个持续的过程，是一个试错的过程，危机与回应的模式将会继续。

---

[1] 参考 [美] 理查德·波斯纳：《资本主义民主的危机》，李晟译，北京大学出版社 2014 年版。

[2] 参考刘士余主编：《美国金融监管改革概论——〈多德—弗兰克华尔街改革与消费者保护法案〉导读》，中国金融出版社 2011 年版。

第二节　中国证券市场和监管制度简史

一、证券市场的重新出现和发展

中国目前的证券市场是1978年改革开放政策的产物,与1949年10月之前的中国证券市场是不一样的,在这里,我们就不介绍之前的证券市场和相关法律情况了。

1. 国债市场

最早出现的证券是国库券,也就是国债券、政府债券,过去也叫公债。1950年到1957年中国曾发行过多次公债,后来停止了。1979年之后由于体制改革,向地方企业让利放权、建设项目投资等,政府开支逐渐增加,通过发行国库券弥补财政赤字。发行债券通俗地说就是政府向民众借钱,买国库券持有国库券就是债权人,政府是债务人,发行国库券无须担保,政府以信用发行,财政收入是归还本息的基础支撑。1981年1月16日国务院常务会议通过《中华人民共和国国库券条例》(以下简称《国库券条例》)。1981年我国财政部代表中央政府发行国库券,国库券为实物券。1993年开始部分试行无纸化记账式国债,1997年实物券完全取消。因为实物券设计、印制、运输、分配、收回、销毁都消耗了很大的人力、物力和财力,且交易费用过高,在计算机和网络技术迅速发展的背景下,实物券就被成本相对更低的无纸化证券取代。在20世纪80年代早期一般大众对证券仍持谨慎的态度,很多人不接受国库券,认为还是现金或存款更安全、更方便。国库券实际采取了摊派的方式发行,机关、事业和企业单位在发放工资时扣发部分工资以国库券替代。

国库券发行之初的几年,政府规定不允许国库券转让,对于国库券的兑付制度设计也比较复杂。《国库券条例》规定,

"国库券不得当作货币流通,不得自由买卖"。该规定未考虑国库券的流通需求,也影响了人们的后续认购意愿。在此背景下,出现了国库券的"黑市",满足人们将国库券出售换取现金的需要。

《中华人民共和国一九八五年国库券条例》规定,"国库券可以在银行抵押贷款,个人购买的,可以在银行贴现,具体办法由中国人民银行制定"。这可以算是国库券流转交易的初步开始,但正式的交易方式手续复杂,没有发挥很大的作用,黑市交易依然盛行。1987年财政部、国家工商管理总局发布了《关于对倒卖国库券的单位和个人进行惩处的规定》,试图治理国库券的黑市买卖,但私下交易国库券的现象仍无法根除,一方面执法成本过高,另一方面很多地方交易繁盛。有的人低价收购国库券;有的企业以库存产品置换国库券。有些证券市场传奇人物就是早期国库券的地下交易者。只有承认人们交易的正当需要,建立完全流通的证券交易市场,才能消除黑市。

1988年在61个城市试点国库券转让,国库券可以在银行等金融机构柜台进行场外现券交易。此后政府逐步开放国库券的交易市场。1991年3月,财政部和中国人民银行联合发布通知,在全国地市级以上城市和地区所在的县级市(除西藏外,约400个)全面开放国债转让市场。至此,国债二级市场(交易市场)基本建立。容许自由交易,减少管制,黑市才逐渐消失。国库券的发行机制也不断改革,到1997年基本完成了发行方式的市场化。[1]

最近几年,中央政府开始允许地方政府发行地方政府债券。但目前,我国尚未制定国债发行的专门法律。

---

[1] 参考高坚:"我所经历的中国债券资本市场的历史(上)",载https://www.sohu.com/a/166099859_481741,最后访问日期:2020年7月11日。

第二章　证券市场和证券法律制度简史

二、股票市场

1982年金融债、企业债开始出现。1982年深圳保安县联合投资公司发行股票，1983年7月向全国发行"深宝安"股票凭证，一般认为这是第一个公开发行股票的公司。1984年9月北京天桥商场作为第一个国企向社会发行股票。1984年11月上海飞乐音响公司公开发行股票，飞乐音响被认为是第一个规范发行股票的公司。1987年至1988年在深圳和上海均有多家公司公开发行股票，后来发行这些股票的公司成为最早在交易所上市的公司。

1986年9月中国投资银行上海信托投资公司静安证券营业部代理发行上海飞乐音响公司股票后开办了股票买卖业务。此为中国最早的柜台交易。在1990年上海证券交易所成立之前，上海有柜台交易网点50余个。

1988年深圳特区证券公司开办柜台交易，允许交易深圳发展银行股票。1990年5月深圳市政府通告明确4家证券经营机构为合法股票柜台交易场所。

1989年3月15日"证券交易所研究设计联合办公室"（简称"联办"），由9家全国性非银行金融机构发起和集资成立，1991年改名为"中国证券市场研究设计中心"，"联办"在推动我国证券市场的建立方面发挥了重要作用。"联办"设计开发了中国第一个证券交易自动报价系统（以下简称"STAQ系统"，全称 Securities Trading Automated Quotations System），并于1990年12月5日上线，它是一个基于计算机网络的综合性场外证券交易市场。[1]

1990年11月26日，经国务院同意，1949年10月之后中国

---

[1] 参考刘婷："从零到壹的历史故事　三股力量创建中国资本市场"，载 http://www.eeo.com.cn/2018/1208/342960.shtml，最后访问日期：2020年7月11日。

第一家证券交易所——上海证券交易所正式成立，1990年12月19日正式营业。从一开始上交所就采用了电子交易系统，这一做法与先进国家的证券交易所不同。这大概是后起的优势。

1990年12月1日深圳证券交易所开始试运行，1991年4月16日，深交所获中国人民银行批准，于1991年7月正式营业。

1993年经中国人民银行批准成立中国证券交易系统有限公司（以下简称"NET系统"，全称 National Exchange and Trading System），1993年初开始运行，利用电子计算机网络系统为证券市场提供证券报价、交易、清算、交割、托管等服务。

由于场外市场、地下市场存在广泛的不规范交易，引起一些混乱现象，1998年6月国务院发文整顿场外交易市场，关闭未经国务院批准设立的地方产权交易中心等场外市场。STAQ系统、NET系统在1999年9月9日被关闭。自此开始，股票交易市场主要限于上交所和深交所两个证券交易所市场，场外市场实际被禁止。但在十多年后，政府重提多层次资本市场，开始逐步开放场外市场。后面将会专门介绍我国目前的多层次资本市场构成。

三、我国证券市场法律与监管体制的演变

证券市场重新出现，但中央政府并没有实时制定证券法律法规，先容许市场存在和发展，由地方进行管理规范，最后才由中央制定法律法规进行规范和监管，这大概也是我国改革开放试错模式在证券市场的一种表现。

1. 地方政府对债券和股票发行、交易进行规范和管理

1984年上海市制定了《关于发行股票的暂行管理办法》；1986年福建、浙江、广东等地制定了《企业股票、债券管理试行办法》；1986年深圳市制定了《深圳经济特区国营企业股份

化试点暂行规定》；1992年深圳市政府颁布《深圳市上市公司监管暂行办法》；等等。

1987年国务院发布《关于加强股票、债券管理的通知》。1992年国家体改委发布《股份有限公司规范意见》。

2. 中国人民银行作为金融监管机构对证券市场进行一定管理

1983年9月17日国务院发布《关于中国人民银行专门行使中央银行职能的决定》，中国人民银行开始专门行使国家中央银行职能，同时，中国人民银行也是金融监管机构。根据该决定，中国人民银行研究和拟订金融工作的方针、政策、法令、基本制度，经批准后组织执行；审批金融机构的设置或撤并；协调和稽核各金融机构的业务工作；管理金融市场；代表我国政府从事有关的国际金融活动。

因此，在1992年10月之前，中国人民银行与一些地方政府共同对股票市场进行监督管理。在此时点之后，中国人民银行继续管理证券机构、参与对企业债券发行和交易的管理，至今仍然管理金融债券的发行和交易、管理银行间债券市场。

3. 国务院证券委员会对全国证券市场进行管理

1992年10月12日《国务院办公厅关于成立国务院证券委员会的通知》发布，国务院成立国务院证券委员会（以下简称"证券委"），由证券委对全国证券市场进行统一宏观管理。证券委是一个部际联席会议，不是国务院的组成部门或者直属机构，证券委下设中国证券监督管理委员会，也就是中国证监会（以下简称"证监会"）作为执行机构，受证券委指导、监督检查和归口管理。证监会是一个事业单位。

1992年12月17日《国务院关于进一步加强证券市场宏观管理的通知》发布，明确证券委主要职责是：负责组织拟订有关证券市场的法律、法规草案;研究制定有关证券市场的方针政策和规章,制定证券市场发展规划和提出计划建议;指导、协调、监督和检查各地区、各有关部门与证券市场有关的各项工作;归口管理证监会。

证监会由有证券专业知识和实践经验的专家组成,主要职责是:根据证券委的授权,拟订有关证券市场管理的规则;对证券经营机构从事证券业务,特别是股票自营业务进行监管;依法对有价证券的发行和交易以及对向社会公开发行股票的公司实施监管;对境内企业向境外发行股票实施监管;会同有关部门进行证券统计,研究分析证券市场形势并及时向证券委报告工作,提出建议。1995年2月《国务院办公厅关于印发中国证券监督管理委员会机构编制方案的通知》发布,据此通知,证监会为国务院直属事业单位,是证券委的监管执行机构,依照法律、法规的规定对证券市场、期货市场进行监督和管理。

当时对证券发行仍采取了计划的方式,实行配额管理,多个部门都拥有一定的管理职责。国家计委根据证券委的计划建议进行综合平衡,编制证券计划。国家体改委负责拟订股份制试点的法规并组织协调有关试点工作。上海、深圳证券交易所由当地政府归口管理,由证监会实施监督,设立新的证券交易所必须由证券委审核,报国务院批准。现有企业的股份制试点,地方企业由省级或计划单列市人民政府授权的部门会同企业主管部门负责审批,中央企业由国家体改委会同企业主管部门负责审批。新建和在建项目的股份制试点审批办法另行下达,财政部归口管理注册会计师和会计师事务所,对其从事证券业有关的会计事务的资格由证监会审定。

根据《国务院关于进一步加强证券市场宏观管理的通知》,证券的发行程序如下:股票发行、上市的程序是,经过批准的

第二章 证券市场和证券法律制度简史

股份制试点企业,向企业所在地的省级或计划单列市人民政府提出公开发行上市股票的申请,地方企业由省级或计划单列市人民政府在国家下达给该地的规模内审批;中央企业由其主管部门商企业所在地的省级或计划单列市人民政府在国家下达给该部门的规模内审批;被批准的发行申请送证监会进行资格复审后,由上海、深圳证券交易所发行上市委员会审核批准,报证监会备案(同时抄报证券委)。

其他证券发行的管理职责分工如下:国债由财政部负责;金融机构债券、投资基金证券由中国人民银行负责审批;国家投资债券、国家投资公司债券由国家计委负责审批;中央企业债券由中国人民银行和国家计委(经多次政府改革后,现国家发改委基本延续承担有关职能)负责审批;地方企业债券、地方投资公司债券由省级或计划单列市人民政府负责审批。

4. 证监会对证券市场进行集中统一监管

1998年3月29日《国务院关于机构设置的通知》发布,国务院证券委撤销,其职能由证监会承担。根据1997年全国金融工作会议要求,中国人民银行主要履行中央银行职能,1998年5月22日中国人民银行、证监会联合发布《证券类机构监管职责交接方案》,明确中国人民银行将其负责的证券类机构监管职责移交给证监会。

1998年8月,国务院正式批转《证监会证券监管机构体制改革方案》,明确提出"建立全国统一、高效的证券期货监管体系,理顺中央和地方监管部门的关系,实行由证监会垂直领导的管理体制"。此后证监会与各地政府签署"证券监管机构交接备忘录",地方证券监管机构移交给证监会,成为证监会的派出机构。以此为基础,证监会在全国设立了36个派出机构,建立起跨区域监管体制,实现了对地方的垂直领导。地方政府对证券市场不再有监管权力。1998年9月28日，国务院办公厅印发了《中国证券监督管理委员会职能配置内设机构和人员编制规定的通知》，确立证监会为国务院直属事业单位，是全国证券期货市场的主管部门，规定了证监会负有制定证券期货市场规章、统一管理证券期货市场活动、查处证券期货违法违规行为等多项职权。一般认为，1998年12月29日通过的《中华人民共和国证券法》（以下简称《证券法》）规定的国务院证券监督管理机构就是指证监会，证监会依法对全国证券市场实行集中统一的监督管理。

5. 证券法律法规的完善

1993年4月22日，国务院制定和发布《股票发行与交易管理暂行条例》（以下简称《股票暂行条例》），《股票暂行条例》是我国第一部规范股票市场的综合性行政法规。在《证券法》施行之前，《股票暂行条例》对规范证券市场发挥了重要作用。

1993年9月，国务院发布《禁止证券欺诈行为暂行办法》，对内幕交易、操纵市场、欺诈客户、虚假陈述等违法违规行为进行规范，并授权证券委和证监会予以调查和处罚。

1993年7月7日，证券委制定《证券交易所管理暂行办法》，1996年8月21日，证券委制定《证券交易所管理办法》，改变原来"证券交易所由所在地的人民政府管理，证监会监督"的规定，要求"证券交易所由证监会监督管理"。1997年7月2日，国务院第150次总理办公会议决定上海证券交易所和深圳证券交易所归证监会直接管理，其正、副总经理由证监会任命，正、副理事长由证监会提名，理事会选举产生。1997年11月30日，证券委修订《证券交易所管理办法》，修改了原由证券交易所理事会聘任正、副总经理等相关规定，并从12月10日起开始实施。至此，上海证券交易所、深圳证券交易所正式脱离地方政

第二章 证券市场和证券法律制度简史

府的管理,统一收归证监会监管。

1998年12月29日,第九届全国人大常委会第六次会议通过《证券法》,《证券法》自1999年7月1日起开始实施。

我们回顾历史,不是为了记住特定的年份发生的事件,而是希望通过回看走过的路,能得到一些经验,获得一些启示,更通达地观察世界的发展变化,这样或许能指引我们少走弯路。

第三章

证券法的法源与证券法原则

第一节 证券法的构成

从法律渊源来讲,中国的证券法与其他中国实体法类似,由下面几部分构成:人大常委会的立法、国务院的行政法规、政府部委的规章、主要最高人民法院的有关司法解释。

一、人大常委会制定的证券专门法和相关法律

《证券法》是一个单行法、专门法,是全面规范证券发行、交易活动的法律,是关于证券市场相关组织、证券监管的综合性的法律。《证券法》在1998年12月通过,截至现在修改了5次,尤其是在2005年和公司法同步进行过一次大修改。《证券法》最新一次修改是2019年,从2020年3月1日起施行。前面提到的注册制,就是这一次大修改后的制度。(历次修改:2004年8月28日第十届全国人民代表大会常务委员会第十一次会议《关于修改〈中华人民共和国证券法〉的决定》第一次修正;2005年10月27日第十届全国人民代表大会常务委员会第十八次会议修订;2013年6月29日第十二届全国人民代表大会常务委员会第三次会议《关于修改〈中华人民共和国文物保护法〉等十二部法律的决定》第二次修正;2014年8月31日第十二届

全国人民代表大会常务委员会第十次会议《关于修改〈中华人民共和国保险法〉等五部法律的决定》第三次修正；2019年12月28日第十三届全国人民代表大会常务委员会第十五次会议修订。）

《证券法》作为制定法，与其他法律一样，文字的表达会存在不可避免的局限性，更不要说，《证券法》作为规制市场活动的法律，更要适应市场的发展变化和国家监管态度的变化，不断做出调整。法律需要根据社会发展情况不断修改，而且有可能是大修改。所以我们不能完全地按照法律条文一条一条来讲，当然也会讲到条文，但是我们也要考虑法律的变化，法律的发展方向大概是什么情况？我们中国学法律尤其是这样，中国社会正处于变迁的阶段，制定法不断修改是一种常态。大家在学校里学过什么法，这个法可能你一毕业它就修改了，甚至说你大二学过了，到大三时候法律已经修改了，会有这样的情况，因此，不能局限于学习法律条文，还必须去理解这一法律的最基本的一些精神，理解法律变革的动力机制，知道它将来可能有什么发展变化，一旦有一些变化，你能够去把握它、掌握它。

《证券投资基金法》。证券投资基金是证券市场上非常重要的参与者，基金的组织、运营等有一定的特殊性，因此我国制定了一部专门的法律——《证券投资基金法》，该法律主要规定了证券投资基金的形式、募集、运营、基金管理公司等，可以说它是《证券法》的一个特殊部分。证券投资基金的上市、交易适用《证券法》。《证券投资基金法》于2003年10月28日通过，2004年6月1日起施行。在2012年进行过一次比较大的修订，2013年6月1日起施行，此次修改主要是增加了关于私募基金和基金服务机构的有关规定。后面将会专章介绍该法律。

《中华人民共和国公司法》（以下简称《公司法》）。公司法和证券法，我们可以说它们是兄弟法，我们讲《证券法》一定会提到公司法。《公司法》和证券法的关系在不同国家是不同的，有些国家的公司法规定了证券，证券交易法规定证券交易，有些国家没有专门的证券法。我国《公司法》（1993年12月29日全国人大常委会第五次会议通过，自1994年7月1日起施行，迄今修订、修改过5次）最初制定时，《证券法》尚未制定，因此公司法中包括了股票和债券发行、上市的有关规定。2005年我国公司法与证券法同步进行了修改（2005年10月27日十届全国人大常委会第十八次会议通过了修订后的公司法，修改后的公司法于2006年1月1日起施行），两部法律在规定的内容上做了一些协调，《公司法》不再规定证券发行。目前，《公司法》主要是组织法，公司法对上市公司的组织还作了特别规定。公司法给证券法的证券发行提供了组织基础，证券法解决公司直接融资的问题。但是，在实践中，公司法与证券法不可能完全分开，两者之间仍存在密切的关联。发行证券、发行人持续信息披露等都对公司治理提出要求，与公司法直接相关。上市公司的收购、重组表面上属于证券法规范，但实际都会涉及公司法，尤其是如何保护证券投资者权益，不仅是证券法中的问题，还是与公司法密切相关的问题。2018年10月26日全国人大常委会通过了修改公司法的决定，修改了关于公司股份回购的规定。这次修改的背景是证券市场发生了剧烈波动，为了推动资本市场稳定健康发展，证监会提出了修改公司法的建议。办理公司证券相关法律业务，都离不开公司法。学习证券法必须先学习公司法，公司法是基础。

　　《中华人民共和国信托法》（以下简称《信托法》）。我们中国传统上的法律不包括信托法律制度。2001年全国人大制定了《信托法》，信托制度才正面得到承认（《信托法》2001年4

第三章 证券法的法源与证券法原则

月28日通过,自2001年10月1日起施行)。一般的说法是我们中国法律属于大陆法系,当然这个说法也未必是一个可靠的说法,但是这是一个流行的说法,信托法是来自英美法系的法律。信托法如何与我们原有的法律体系协调,是一个尚未解决的问题。信托法在证券市场上,在证券法律制度上,有非常重要的作用。所以我们把《信托法》也列为《证券法》的渊源,主要的理由有以下三个。

第一,《证券法》讲的投资者,实际上主要是消极投资者,与信托中的受益人比较类似。(所谓消极投资者,下章将会介绍)关于信托,这里简要介绍一下其原理。《信托法》第2条规定,"本法所称信托,是指委托人基于对受托人的信任,将其财产权委托给受托人,由受托人按委托人的意愿以自己的名义,为受益人的利益或者特定目的,进行管理或者处分的行为"。信托关系通常由三方当事人构成,即信托的委托人、受托人、受益人(见图3.1)。一个信托典型的情况,例如,委托人名下有一笔财产,这个财产可以是各种各样的,如房产、股权或现金。以股权为例,股权原来在委托人名下,是由他持有的,在设立信托之后,股权转移到受托人名下,不再归委托人持有,由受托人以他自己的名义对财产进行管理,在名义上信托财产在信托设立之后就归受托人。在设立信托的时候,委托人同时会指定一个受益人,受益人可以是委托人自己,也可以是其他人。受托人管理信托财产,赚了钱之后,按照信托文件的规定,把获得的利益分配给受益人。受益人不参与财产的管理运营,是纯粹受益、获得利益。

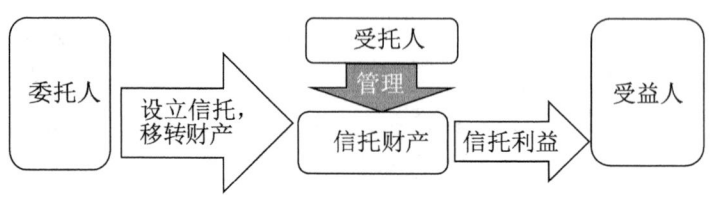

图 3.1　信托关系示意图

信托财产本身独立于委托人，独立于受托人的固有财产，所谓固有财产也就是受托人自己本来的财产，当然信托财产也是独立于受益人财产的。虽然信托财产名义上是在受托人的管理之下，从法律外观上看是属于他所有的，但是必须把信托财产与他自己本来的财产，也就是他的固有财产分开保管、分别管理运营、记账与核算。信托财产具有独立性，受托人如果自己欠别人钱，他的债权人不能查封、扣押、变卖信托财产，受托人死亡或者依法解散、被依法撤销、被宣告破产而终止，信托财产不属于其遗产或者清算财产。信托设立后，信托财产不再属于委托人，委托人欠别人钱，他的债权人也不能来查封、扣押、变卖信托财产。信托财产具有独立性，这是一个非常重要的特点，在事实上或者说在法律效果上，设立信托就相当于设立了一个独立法人，但是又没有独立法人。信托财产是独立的，如果从大陆法系的习惯以及比较容易理解的角度讲，可以把信托看作一个独立法人，效果上与独立法人是一样的。

信托关系中的受益人，除非同时是受托人或者委托人，作为单纯的受益人来讲，不能干预财产管理，信托财产赚了钱他可以获得收益。在这个意义上，证券投资者与受益人类似。信托法有助于我们理解什么是证券投资者。

受托人在信托之下，有高度的受信义务，为受益人的最大利益忠实地处理信托事务，这是一个高度诚信的工作。委托人

第三章　证券法的法源与证券法原则

设立信托时，很多事情不可能说得非常清楚，细节上不可能规定得很详尽，这种情况下，管理信托财产需要酌情处理，需要靠受托人的高度自觉，忠实地、诚信地、勤勉地去履行自己的受托义务。《信托法》第25条第2款规定，"受托人管理信托财产，必须恪尽职守，履行诚实、信用、谨慎、有效管理的义务"。这就是所谓的受托受信义务，对受托人要求很高，受托人按照这样的原则将受托财产管理好。

第二，上市公司董监高的信义义务。上市公司由董事会、高级管理人员管理，股东与管理层是分离的，按照《公司法》规定，董事、监事、高级管理人员应当遵守法律、行政法规和公司章程，对公司负有忠实义务和勤勉义务（《公司法》第147条和148条）。《证券法》对董监高的信息披露义务等也有规定。这些义务，与信托受托人的义务，其实是一样的，在英美法上他们使用同一个词"fiduciary duty"。董监高就相当于信托中的受托人（财产不在其名下，但在其实际控制之下）。信托是什么？通常来讲，是说受人之托，管理他人事务。公开发行股票、债券的大公司，管理层管理的同样可以说是别人的事务，而不是自己的事务，他们管理的钱，可以说是别人的钱。但是要求他们像管理自己的事务一样去勤勉尽责。这个与信托的标准是一样的，在这个意义上我们可以理解信托法这样一个要求，同时也和证券法、公司法对公司董监高的要求是一致的。学习信托法有助于深入理解公司法、证券法。

第三，信托原理在我国最常见的或者影响力比较大的领域就是金融市场、证券市场。首先，证券投资基金，按照证券投资基金法设立的证券投资基金有两种，一种是公司型的基金，还有一种是信托型的基金，当然还可以有其他种类，但最常见的、最重要的就是这两种。我国的公募基金具有很大的影响力，

所有公募基金均采取了信托的形式。一定程度上，证券投资基金法是信托法的一个特别法，要真正地理解证券投资基金，需要了解信托法的原理。其次，与证券市场密切相关的金融领域，有不少金融产品、证券产品也都在运用信托法的原理。例如，现在商业银行大都在卖理财产品，保险公司也有一些所谓资产管理的活动，或者我们要讲的证券公司也提供资产管理服务，这些服务或产品都是替人理财的。这些理财产品、资产管理计划等原理实质上都是信托。资产证券化的主要法律形式也是信托。最后，我国有一些依据法律法规或政府规定设立的基金，也运用了信托的原理，例如，大家工作之后都要交社保，社保费用由社保基金理事会管理。这些基金底层的原理是什么？应该说都要归到信托法。社保基金理事会管理社保费用，要让钱增值的，它管理的这些钱其实又不是它自己的钱，它是替所有交社保费用的劳动者来管理的，最终劳动者是受益人，所以它最基础的逻辑是信托法的原理。

二、行政法规

我们前面提到过《股票条例》，现在已经失效了，在《证券法》颁布施行之前，《股票条例》是关于证券市场层级最高的法规，它比《公司法》制定得还早一些，《公司法》之前，它在一定程度上既是一个关于证券市场，尤其是股票的法规，也是关于公司制度的非常重要的一个法规。当然随着我国《证券法》的施行，它已经失效了，但是曾经发挥过非常重要的作用。《可转换公司债券管理办法》（1997年3月5日经国务院批准证券委发布），涉及可转债的发行。该办法适用于中华人民共和国境内符合本办法规定的上市公司和重点国有企业，在境内发行的以人民币认购的可转换公司债券。经国务院批准，于2006年5月

第三章 证券法的法源与证券法原则

8日予以废止。1997年11月5日国务院批准，1997年11月14日证券委发布《证券投资基金管理暂行办法》，对我国证券投资基金的发展起到重要的推动作用。

目前有效的关于证券法律制度的重要的行政法规和国务院规范性文件主要有：

（1）《企业债券管理条例》，主要是涉及企业发行债券的条件和程序，目前仍然是有效的（1993年8月2日发布，国务院令第121号发布2011年修订）。该条例第2条第1款规定，本条例适用于中华人民共和国境内具有法人资格的企业在境内发行的债券。但是，金融债券和外币债券除外。企业发行短期融资券，按照中国人民银行有关规定执行。

该条例制定的时间比较早，在债券方面的一个非常重要的行政法规。在现实中该条例已经有些过时，国家发改委制定了有很多的规范性文件进一步落实这个条例。这里的企业，既包括公司，也包括非公司形式的企业。公司形式的企业发行债券，现在称为公司债券，向证监会申请公开发行债券就不再适用这个条例了。非公司形式的企业，或者说有些虽然是公司，但是不按照《公司法》和《证券法》的规定去发行债券，而是按照该条例的规定向发改委申请发行债券，也是可以的。

（2）《证券公司监督管理条例》（2008年4月23日国务院第6次常务会议通过，自2008年6月1日起施行，2014年修订），对证券公司的设立、组织、业务规则和风险控制等作出了规定。

（3）《证券公司风险处置条例》（2008年4月23日发布，国务院令第523号，2016年2月6日修订）。专门关于证券公司的风险问题一个规定。

（4）《证券、期货投资咨询管理暂行办法》（国务院1997年11月30日批准，证券委1997年12月25日发布），对证券、期货投资咨询机构的设立和业务规范作出了规定。

(5)《非法金融机构和非法金融业务活动取缔办法》(1998年7月13日发布,国务院令第247号,2011年修订)。

(6)《国务院关于股份有限公司境内上市外资股的规定》(1995年12月25日发布,国务院令第189号)。境内上市外资股就是通常所谓B股,近年已经没有再新发行,后面会简单介绍一下。

(7)《国务院关于股份有限公司境外募集股份及上市的特别规定》(1994年8月4日发布,国务院令第160号)。根据《国务院关于调整适用在境外上市公司召开股东大会通知期限等事项规定的批复》,国务院批复同意在中国境内注册并在境外上市的股份有限公司召开股东大会的通知期限、股东提案权和召开程序的要求统一适用《公司法》相关规定,不再适用《国务院关于股份有限公司境外募集股份及上市的特别规定》第20条至第22条的规定。

(8)《国务院关于全国中小企业股份转让系统有关问题的决定》(2013年12月13日发布,国发〔2013〕49号),全国股份转让系统是经国务院批准,依据证券法设立的全国性证券交易场所,通常称为新三板,主要为创新型、创业型、成长型中小微企业发展服务。境内符合条件的股份公司均可通过主办券商申请在全国股份转让系统挂牌,公开转让股份,进行股权融资、债权融资、资产重组等。

(9)《国务院关于开展优先股试点的指导意见》(2013年11月30日发布,国发〔2013〕46号),对优先股作出了定义并对优先股股东权利等问题作出了规定。

(10)《国务院办公厅转发证监会关于开展创新企业境内发行股票或存托凭证试点若干意见的通知》(2018年3月22日公布,国办发〔2018〕21号),试点企业应当是符合国家战略、掌握核心技术、市场认可度高，属于互联网、大数据、云计算、人工智能、软件和集成电路、高端装备制造、生物医药等高新技术产业和战略性新兴产业，且达到相当规模的创新企业。试点企业可根据相关规定和自身实际，选择申请发行股票或存托凭证上市。允许试点红筹企业按程序在境内资本市场发行存托凭证上市。具备股票发行上市条件的试点红筹企业可申请在境内发行股票上市。境内注册的试点企业可申请在境内发行股票上市。允许公司存在投票权差异安排（双层股权结构，股票分类、每类股票投票权数不相同）。

（11）《国务院办公厅关于规范发展区域性股权市场的通知》（2017年1月20日公布，国办发〔2017〕11号），允许有序、规范发展区域性股权市场。

（12）《国务院关于管理公开募集基金的基金管理公司有关问题的批复》（2013年12月10日公布，国函〔2013〕132号），对《证券投资基金法》有关规定的具体化。

（13）《证券交易所风险基金管理暂行办法》（2000年1月31日国务院批准，2000年4月4日证监会、财政部公布，2011年1月8日第一次修订，2016年2月6日第二次修订），为落实证券法关于风险基金的规定而制定。

（14）《国务院关于进一步促进资本市场健康发展的若干意见》（2014年5月8日公布，国发〔2014〕17号）

（15）《国务院办公厅关于进一步加强资本市场中小投资者合法权益保护工作的意见》（2013年12月25日公布，国办发〔2013〕110号）

三、证券监管机构和其他证券主管部门制定的规章和规范性文件

规章和规范性文件严格说是不一样的，但是我们把它放在

一个大类里头，由国务院证券监管机构制定的规范性文件都归在这一类。国务院证券监管部门指的就是证监会。按照现行做法，由证监会主席签署主席令颁布的规范性文件称为规章。当然如果没有通过这种方式，证监会颁布的规范性文件，就是规范性文件。这一类的规范性文件一般来说是比较具体，更加强调操作性，对于实际的业务是有非常具体的约束力。如果从事证券发行、交易相关工作，必须遵照执行。这些规章或者规范性文件修改的频率也比较高。我们不会详细介绍这些规章和规范性文件，这里并没有列出所有的相关规章。

（一）其他主管部门制定的规章和规范文件

在证监会之外，我国目前其他中央部委也有一定的管理其他证券的职权，主要是人民银行和银保监会等，因此他们发布的或联合发布的重要规章此处也罗列一下：

2005年4月中国人民银行制定了《全国银行间债券市场金融债券发行管理办法》；

2008年4月中国人民银行制定了《银行间债券市场非金融企业债务融资工具管理办法》；

2018年4月27日人民银行、银保监会、证监会、外汇局《关于规范金融机构资产管理业务的指导意见》（银发〔2018〕106号）；

2015年11月《国家发展改革委办公厅关于简化企业债券申报程序加强风险防范和改革监管方式的意见》（发改办财金〔2015〕3127号）；

人民银行、发改委、财政部和证监会《信用评级业管理暂行办法》（〔2019〕第5号）；

人民银行、国家发展改革委、证监会《公司信用类债券信息披露管理办法》（〔2020〕第22号）。

第三章　证券法的法源与证券法原则

（二）证监会发布的规章和规范性文件

关于证券发行的相关规章和规范性文件：

《首次公开发行股票并上市管理办法》；

《公开发行证券的信息披露内容与格式准则第58号——首次公开发行股票并上市申请文件》（规范性文件）；

《存托凭证发行与交易管理办法（试行）》；

《优先股试点管理办法》；

《上市公司证券发行管理办法》（上市公司再次发行股票、债券）；

《公开发行证券的公司信息披露内容与格式准则第10号——上市公司公开发行证券申请文件》（规范性文件）；

《关于在上海证券交易所设立科创板并试点注册制的实施意见》；

《科创板首次公开发行股票注册管理办法（试行）》；

《创业板首次公开发行股票注册管理办法（试行）》；

《创业板上市公司证券发行注册管理办法（试行）》；

《公司债券发行与交易管理办法》；

《可转换公司债券管理办法》；

《上市公司发行可转换公司债券实施办法》；

《证券发行与承销管理办法》（一级市场发行的具体程序和操作办法）；

《证券发行上市保荐业务管理办法》（保荐制度文件）。

涉及上市公司、公众公司的规章和规范性文件，包括上市公司信息披露、公司治理：

《上市公司信息披露管理办法》；

《非上市公众公司监督管理办法》；

《非上市公众公司信息披露管理办法》；

《上市公司股权激励管理办法》；

《上市公司治理准则》（治理结构）；

《上市公司股东大会规则》；

《上市公司章程指引》。

关于信息披露，证监会制定了大量的规范性文件：

《招股说明书的内容与格式》；

《公开发行证券的公司信息披露内容与格式准则第2号——年度报告的内容与格式》；

《公开发行证券的公司信息披露内容与格式准则第3号——半年度报告的内容与格式》；

《公开发行证券的公司信息披露编报规则第13号——季度报告内容与格式特别规定》；

《公开发行证券的公司信息披露内容与格式准则第16号——上市公司收购报告书》；

《公开发行证券的公司信息披露内容与格式准则第17号——要约收购报告书》。

关于上市公司、公众公司资产重组、上市公司收购的规章和规范性文件：

《上市公司收购管理办法》；

《上市公司重大资产重组管理办法》；

《非上市公众公司收购管理办法》；

《非上市公众公司重大资产重组管理办法》。

关于证券公司的组织、业务活动、从业人员、风险监督等的规章和规范性文件：

《证券公司股权管理规定》；

《证券期货经营机构私募资产管理业务管理办法》；

《证券公司融资融券业务管理办法》；

第三章 证券法的法源与证券法原则

《证券公司风险控制指标管理办法》；

《证券业从业人员资格管理办法》；

《转融通业务监督管理试行办法》（关于证券金融公司向证券公司出借资金或证券以办理融资融券业务的规定）。

涉及证券投资基金的规章和规范性文件：

《证券投资基金管理公司管理办法》；

《私募投资基金监督管理暂行办法》；

《关于加强私募投资基金监管的若干规定》；

《公开募集证券投资基金运作管理办法》。

涉及证券服务机构的规章和规范性文件：

《证券服务机构从事证券服务业务备案管理规定》；

《财政部、证监会关于会计师事务所从事证券期货相关业务有关问题的通知》；

《律师事务所从事证券法律业务管理办法》；

《公开发行证券公司信息披露内容与格式规则第12号——公开发行证券的法律意见书和律师工作报告》；

《证券市场资信评级业务管理暂行办法》。

关于证监会执法程序、关于执法标准、法律责任方面的规章和规范性文件：

《证券期货规章制定程序规定》；

《中国证券监督管理委员会行政许可实施程序规定》；

《中国证券监督管理委员会行政处罚听证规则》；

《中国证券监督管理委员会行政复议办法》；

《行政和解试点实施办法》；

《中国证券监督管理委员会冻结、查封实施办法》；

《中国证券监督管理委员会限制证券买卖实施办法》；

《证券市场禁入规定》。

关于投资者保护的规章和规范性文件:

《证券投资者保护基金管理办法》;

《证券期货投资者适当性管理办法》。

关于交易所和证券市场方面的规章和规范性文件:

《证券交易所管理办法》(专门关于证券交易所的组织、运行的一个行政法规);

《全国中小企业股份转让系统有限责任公司管理暂行办法》;

《区域性股权市场监督管理试行办法》;

《内地与香港股票市场交易互联互通机制若干规定》。

关于证券登记结算方面的规章和规范性文件:

《证券登记结算管理办法》。

四、有关证券司法的司法解释

从实务的角度来考虑,在中国的司法实践中,司法解释是法院在判案时,在判决书中可以直接引用的解决纠纷的依据。所以把司法解释也列为法律渊源(有些规定严格说不是司法解释,而是司法文件,但事实上在司法实践中起到支配性作用)。

《最高人民法院关于审理非法集资刑事案件具体应用法律若干问题的解释》(2010年12月最高人民法院公布,法释〔2010〕18号);

《最高人民法院关于审理证券市场因虚假陈述引发的民事赔偿案件的若干规定》(2003年01月09日公布,法释〔2003〕2号);

《最高人民法院、最高人民检察院关于办理操纵证券、期货市场刑事案件适用法律若干问题的解释》(2018年9月3日最高人民法院审判委员会第1747次会议、2018年12月12日最高人民检察院第十三届检察委员会第十一次会议通过,自2019年7

月1日起施行，法释〔2019〕9号）；

《最高人民法院、最高人民检察院关于办理利用未公开信息交易刑事案件适用法律若干问题的解释》（2018年9月10日最高人民法院审判委员会第1748次会议、2018年11月30日最高人民检察院第十三届检察委员会第十次会议通过，自2019年7月1日起施行，法释〔2019〕10号）；

《最高人民法院、最高人民检察院关于办理内幕交易、泄露内幕信息刑事案件具体应用法律若干问题的解释》（2011年10月31日最高人民法院审判委员会第1529次会议、2012年2月27日最高人民检察院第十一届检察委员会第72次会议通过，2012年6月1日施行，法释〔2012〕6号）；

最高人民法院印发《关于审理证券行政处罚案件证据若干问题的座谈会纪要》的通知（2011年7月13日公布，法〔2011〕225号）；

最高人民法院印发《关于为设立科创板并试点注册制改革提供司法保障的若干意见》的通知（自2019年6月20日公布起施行，法发〔2019〕17号）；

《最高人民法院关于冻结、扣划证券交易结算资金有关问题的通知》（自2004年11月9日公布起施行，法〔2004〕239号）；

《最高人民法院、最高人民检察院、公安部、中国证券监督管理委员会关于查询、冻结、扣划证券和证券交易结算资金有关问题的通知》（2008年1月10日公布，2008年3月1日施行，法发〔2008〕4号）；

《最高人民法院关于依法审理和执行被风险处置证券公司相关案件的通知》（自2009年5月26日公布起施行，法发〔2009〕35号）；

《全国法院审理债券纠纷案件座谈会纪要》（自2020年7月

15日公布起施行，法〔2020〕185号）；

《最高人民法院关于证券纠纷代表人诉讼若干问题的规定》（2020年7月31日起施行，法释〔2020〕5号）。

证券交易所、证券业协会、基金业协会等非官方机构制定了大量的规则，是证券行业或从事证券相关业务必须遵守的规则，性质上是自治、自律规则，属于证券法的"民间法""活法"。

第二节 证券法的定义、地位、特点

一、证券法的定义

如何定义证券法？这里只能给一个简要的定义。实际上，前面已经介绍了证券法包括哪些方面的内容、要规范哪些行为，如何定义证券法就不一定要统一了。简要地说，证券法是规范证券发行和交易活动及相关活动与主体的法律。证券法一方面要规范平等主体之间的证券活动，另一方面强调政府监管机构对证券市场、证券活动相关主体的监督管理。

二、证券法的法律地位

证券法的规制法的色彩非常强。它与一般的民商法不一样。一方面有专门的法律，另一方面成立了专门的监管机构，对证券的发行、交易活动进行监督管理。从美国联邦证券法的制定背景来看，在早期政府对证券市场采取不干预政策，在大萧条之后，制定了法律，政府成立专门机构介入到证券市场，监督管理市场和市场的相关机构。证券发行要在政府监管机构办理一定的手续，有些不需要办理手续的，也是法律规定的，什么条件下可以不用办理手续。办理手续是一个通俗的说法，中国目前法律上规定的是注册制，实际正处于核准制向注册制的转变过程。一个公司要公开发行证券，必须到政府监管机构去申

第三章　证券法的法源与证券法原则

请，政府核准或者不反对才能发行。如果不经过这样的程序直接发行，就是违法的。证券交易，在整个过程中都有一套法律规则，政府监管机构有权监测市场、现场检查等，就是说监管者要时时盯着这个市场。每天股市在交易的过程中，交易所要实时监控，证监会也有人看着市场，看有没有什么异常，这个监测可以是智能化的，运用计算机专门去监控，发现线索之后要进行立案调查，最后要处罚等，监管贯穿整个发行交易过程。监管市场这样做是为了维护市场秩序、保护投资者的利益。这就体现了《证券法》的规制法的浓厚色彩，有些国家将证券法叫作证券监管法（securities regulation）。证券市场正常地运行，离不开监管。从世界各国来看，证券法最主要的特色是监督管理，而不是放任。历史上放任造成了很多的灾难，所以现在强调监管。当然如何监管是需要探索的，既不能把市场管死了，市场要有活力，也要把它管好，这不是一个容易的事情。

三、证券法的特点

证券法的特点没有具体的定论，但是一般来讲可以从以下四方面来说。

第一，强制性。法律上通常会讲，票据法、证券法、海商法、保险法和公司法等是商法。虽然证券法被归为商法，但是它跟我们通常讲的私法有点不一样，私法强调意思自治，而证券法，其实政府干预的色彩更强烈一些。所以很多的法律规范表现为强制性的规范，而不是一个选择性的规范。

第二，一定的技术性。技术性就是相对于法律的阶级性、法律的道德性、法律的民族性而言的。证券法的民族性或者道德性是很弱的，更多地表现为技术性的规范。当然归根结底，在规范背后是不是有阶级性、道德性，这个是可以讨论的。从表面上来说，证券法的技术性是指证券法解决如何融资、如何交易的程序性问题、形式性问题、操作性问题。这个技术性就是指，无论在哪个国家发行股票、股票如何交易这些规则大体上是相同的，在证券市场上证券交易的秩序如何去维持没有什么民族特色。

第三，兼具实体法和程序法内容。这个程序，更多指的是证券发行交易的程序和监管行政程序。当然也可以包括诉讼程序，例如，《最高人民法院关于审理证券市场虚假陈述民事赔偿案件的若干规定》，这一类诉讼有一些特别的地方，涉及投资者人数众多、案情基本相同，所以在诉讼程序上也会有一些特别的规定。实体法就是直接涉及有关主体权利义务的规定，如公开发行股票的公司需要具备的条件，证券公司业务活动应该遵守的规则，违反法律会承担的民事、刑事和行政法律责任等。

第四，证券法兼有行为法和组织法的内容。组织法就是说自然人之外的组织如通常讲法人的设立、变更、消灭的程序与条件，法人意思机构、管理机构的构成和决定程序。证券法涉及监管机构的职权，它的组织是如何构成的，以及如何运行。涉及交易所、其他市场、行业协会、证券公司、登记结算机构等组织的特殊规定，这是组织法的内容。组织法就是讲这个组织从设立到运行到变化，或者是最终的结束终止。行为法，关于证券、发行交易的行为的规则，关于上述证券行业的组织具体地开展业务活动的规范。当然在这儿指的是有特殊性的行为的规则，如果是比较一般性的行为规则，适用合同法就可以了。

四、证券法的空间适用范围

法律在什么样的空间内有效，这是它的适用范围的问题。

从空间范围来讲，我们中华人民共和国的法律在中国境内有效。

证券法也是这样的，当然也包括一些特殊情况，就是说现在越来越多会出现某些领域，我们的法律可以有域外管辖权。例如，反垄断法，虽然两个公司不在中国境内注册，但是要进行合并，如果对于市场竞争有严重的负面影响，按照我国反垄断法的规定，企业并购达到企业集中的有关申报标准就需要按照中国法律的规定，向中国政府管理部门进行申报，需要获得中国政府的批准。

在证券法领域也有这种情况。中国公司如果到境外去发行股票，虽然它发行股票或者债券是在境外进行的，须遵守当地的法律，但是毕竟公司的资产和运营在中国，中国的监管机构也还是可以监管的。

反过来，境外的企业，别的国家的企业来中国境内发行证券，当然要适用中国法律，为了保护投资者权益，它在境外的一些行为中国法律也要管。尤其是现在我国允许红筹企业在境内以存托凭证形式发行证券和上市。如果存托凭证的境内投资者权益受到损害，我国法律就必须对注册在境外的红筹企业和相关责任人适用我国法律追究责任。

《证券法》第2条第4款规定：

在中华人民共和国境外的证券发行和交易活动，扰乱中华人民共和国境内市场秩序，损害境内投资者合法权益的，依照本法有关规定处理并追究法律责任。

第三节　证券法的原则

一、证券法的宗旨或立法目的

什么叫宗旨？简单来说就是指法律的目的是什么？法律存

在的意义是什么？

《证券法》第1条就表达了其宗旨：

为了规范证券发行和交易行为，保护投资者的合法权益，维护社会经济秩序和社会公共利益，促进社会主义市场经济的发展，制定本法。

这个宗旨可以分为三个层次：一是规范证券发行和交易是直接的宗旨，就是说证券法直接地表明自身要干什么，就是要规范证券发行和罚金交易，虽然看起来都是民事活动或者商事活动，但是要通过证券法去规范它，而不是放任。二是规范证券发行和交易的目的是什么呢？保护投资者合法权益，就是防止侵犯公众投资者的权益。保护投资者合法权益，才能维护投资者对证券市场的信心，证券市场才能持续发展。三是最终证券市场运行得好，有利于国民经济的健康发展，也就是说证券市场能够起到"经济晴雨表"的作用。证券市场能够给企业融资提供服务，给企业的资产定价提供指引，对整个国家的经济"有好处"。这个宗旨一方面规范，另一方面保护投资者权益，最终是有助于经济的健康运行。

二、关于保护投资者合法权益

保护投资者合法权益，既是证券法的宗旨，也是证券法的一个原则。我们简要说一下为什么保护，如何保护投资者。

为什么保护投资者权益？我们一开始讲了，证券市场的投资者是很重要的一方，投资者是资金的供给者，如果没有投资者，也就没有这个市场了。没有资金的供给者，企业要通过证券市场筹集资本就不可能实现，就是无源之水。证券市场能够正常存在、发展，基本的一点是投资者相信在证券市场投资能

第三章　证券法的法源与证券法原则

够获得回报，并且实际确实能够获得一定回报。如果不能保护投资者权益，使其利益受损，其就会对证券市场失去信心，退出证券市场，那样证券市场就不复存在了。如果投资者都是待割的韭菜，那投资者对市场是不会有信心的。

维护投资者合法权益，并不是保证投资者一定能赚钱。证券市场是复杂的，尤其是交易市场的波动很大，真正赚钱的人不多，有一种说法叫"二八效应"，就是说80%的人亏钱或不太赚钱，20%的人赚钱。有很多人在市场繁荣的时候看上去赚了一些钱，但是这个市场翻转很快，在市场下跌的时候不愿意割肉、心存侥幸，在等待中市场可能继续下跌，赚的钱又赔了。大多数人都是贪婪的，要克服贪婪之心，才能真正赚到钱。投资有风险，投资者买了股票，赚钱是自己的，亏钱也是自己的。投资者要自担风险，或者自己承担责任。

回到法律上，证券法不能保障投资者一定赚钱，但是如果投资者的投资损失是由于证券发行人披露信息虚假、误导，或者有人操纵证券市场等不正当交易引起的，那法律就要维护投资者的合法权益，要让违法者赔偿、惩治违法者。这样才能让投资者对市场有信心。

保护投资者合法权益，法律要求证券发行人充分及时披露信息，披露的信息必须是真实的、准确的、完整的，在这个前提下，投资者自己来判断证券是不是值得购买，证券有没有投资价值，政府监管机构不担保发行的证券一定是有价值的，政府允许发行了，但是赚钱还是不赚钱、有没有风险，是由投资者自己来判断的，所以是自己承担责任。

证券发行之后，由于发行人经营情况的变化，市场风险、市场竞争等引起发行人的业绩变化导致投资者亏损，风险由投资者承担。

法律上规定了投资者维护合法权益的制度，投资者合法权益受损有渠道、有方法得到救济，就是维护了投资者合法权益。现在投资者维护权利的渠道虽然是有了，但是还不够畅通，中间还有一些问题有待解决。例如，投资者因为他人内幕交易、操纵证券市场而受损，要求赔偿，其实是民法上讲的侵权损害赔偿，按照一般规则来讲是过错责任，投资者如何举证，因果关系如何认定，是有难度的。法律需要有一些特殊规则。这方面的制度仍不完善，将来还需要继续健全。

保护投资者，还有其他的一些制度，包括投资者保护基金。类似于在银行存款，银行存款有存款保险制度，在证券市场现在也有投资者保护基金，后面会详细介绍。

三、证券法的原则

很多法律都规定了原则，到底什么是原则呢？首先，原则是指导立法、修法的依据。原则是一种价值观，法律原则就是指导立法、修法的价值观，法律的具体制度、规则是原则在具体法律关系、具体情景中的体现，制度、规则要符合原则的要求。其次，在已经有了法律之后，在适用法律的过程中，如果发现法律一些条款之间存在冲突，或者法律存在某些漏洞，用原则来消除这些冲突、弥补漏洞，这是原则的作用。在法律的适用中，如果有规则，我们应该适用规则。例外情况下，会用到原则，补充为什么适用或为什么如此适用规则的理由。

在前述"光大乌龙指事件"中，因程序错误引发的错单事件并无法律明确规定为内幕信息，为加强论证光大证券在该事件信息披露前的交易为内幕交易，法院引用了《证券法》的"公开、公平、公正原则"。

（一）公开、公平、公正原则

这个表现在《证券法》第 3 条：

第三章　证券法的法源与证券法原则

证券的发行、交易活动，必须遵循公开、公平、公正的原则。

证券法上的三公原则，怎么解释？初看似乎很清楚，但到底指的什么？以下作进一步的分析。

第一，公开，从字面上讲说的是发行交易活动要公开，公开指的是发行必须公开，交易要公开。实际上有两个层面可以解释公开，一个是说中国证券法没有正面地、详细地规定不公开发行或者私募，主要规定的是证券的公开发行。所以公开的意思就是，公开发行就应该真正公开、不能有幕后交易。中国的股票的发行，历史上发生过一些大规模的事件，当时股票发行得少，比较抢手，本来股票应该是公开发行，但是有些人通过内部关系私下里去买股票，一般平民连夜排队，结果一开门，股票一小会就卖完了，大家就不高兴了。经过调查发现，有人私下里把股票给买走了。[1]这就是不公开，公开就应该真公开。证券法规定公开，应该有这样一种针对性。

第二，公开发行意味着发行者要公开信息，公开信息也叫披露信息。原证券法在证券交易这一章专门规定了一节叫持续信息公开，2019年修改之后的《证券法》专门设立了一章，即第5章信息披露，信息披露与信息公开其实是一回事，用的词不一样，含义是相同的。发行人向投资者公开信息，让投资者自己判断所发行的证券的投资价值；通过持续信息披露，让投资者能够判断交易市场的证券的价格是否合理、是否值得购买。

第三，如果扩展一点，公开还意味着监管机构的规则与执

---

[1] 参见王连洲、李诚编著：《风风雨雨证券法》，上海三联书店2000年版，第16—17页。

法程序、信息要公开，执法要透明，接受公众的监督。公平、公正，字面上，公平强调平等对待，同样的情况同样对待，无不合理差别对待。公正，可能更多地倾向于处理事情的正确性。实际上公平、公正基本上都讲的是处理事情要合乎大家公认的、好的价值观。公平、公正是一个很抽象的价值观，具有相对性，其实是难以解释的，大家都寄予美好的理想。在落实到具体的事情时，不同立场的人、不同利益的人，对公平和公正的理解就会有差异。法律讲原则，是倡导一个良好价值观。讲法律通常会讲正义，公平、公正与正义的含义差不多。很难讲清，但是也要讲。没有公平，没有公正，也就没有人类社会了。在证券发行、交易中遵循公平、公正，意味着所有投资者适用同样的规则，交易规则要公正，不能偏袒或有利于某一方，发行和交易相关合同文件中设置的权利义务要平衡。公平、公正感很重要，如果投资者感受到不公平、不公正的对待，就会丧失对证券市场的信心，证券市场很难持续稳定发展。

2. 平等、自愿有偿、诚实信用原则

《证券法》第 4 条规定：

证券发行、交易活动的当事人具有平等的法律地位，应当遵守自愿、有偿、诚实信用的原则。

证券发行和交易活动是属于平等主体之间的交易行为，所以适用民法所讲的自愿有偿、诚实信用原则。

3. 发行、交易活动应该守法

《证券法》第 5 条规定：

证券的发行、交易活动，必须遵守法律、行政法规；禁止欺诈、内幕交易和操纵证券市场的行为。

第三章　证券法的法源与证券法原则

前面讲到证券法要规范证券发行和交易，其实就包含了要"禁止欺诈、内幕交易和操纵证券市场的行为"，这些行为都属于不公正的、损害投资者合法权益的行为，后面会专门深入介绍。

这里着重讲"守法"。法律，就是应该被遵守的，不需要成为一项原则，而是理所当然的。但单纯的讲守法也不全面，就是说法律不仅应该被遵守，而且很大程度上还是让我们来用的，用和守不是一回事。守法是说你老老实实地按照法律办，从法律的角度来看就是，遇到什么事了，要用法律来维护权利，这就叫作用法律或者适用法律。所以只讲守法，我觉得是不够的。

还有一个问题，就是说法律其实很多时候还会有空白或者空隙或者漏洞，大体上指的是同一件事。成文法律有漏洞是难免的，古今中外，没有例外。虽然立法者希望立的法是非常周密的，但实际上人的理性是有局限的，不可能把所有的事情都想透彻了，都落实在法律规则上。而且还有一个问题，世界是在发展和变化的，就算立法之初法律很周全了，但是一旦推出来，可能就落后了，因为世界在变化、在发展，会出现新的情况。

法律有空白，未必是一件坏事，创新常常就是在法律的空白地带，所谓的空隙里进行创新的。如果把所有的空隙都堵上了，创新可能就没有空间了。我们现在也讲创新，创新就是要有自由才可以。如果管得太严密，就不可能有创新，无论是文学艺术领域，还是科学技术、经济领域。证券法规定了政府监管，也要容许创新。法律究竟应该如何留空白，这个是要谨慎权衡的一件事情。

有些国家证券法的某些方面管得比较严格、比较全面，尤其像美国,关于证券的定义就非常宽泛,试图不留空间。在这个问题上,更多的是考虑如何保护投资者,尤其公众投资者的利益。在另外一些方面,它可以有空间,让创新发挥余地。如交易的形式,可以明确规定哪些情况属于例外,可以豁免,从这些方面去创新。

第四节　金融行业的经营体制和监管体制

一、分业经营、分业管理

《证券法》第 6 条规定:

证券业和银行业、信托业、保险业实行分业经营、分业管理,证券公司与银行、信托、保险业务机构分别设立。国家另有规定的除外。

这条规定虽然是证券法的规定,但是它实际上是我们中国金融行业体制的一个原则(保险法有相同规定)。金融行业可以区分为证券业、银行业、信托业、保险业。

银行是指商业银行。商业银行的业务有哪些?商业银行有三大业务,资产业务、负债业务和中间业务。负债业务就是银行吸收公众存款,资产业务就是银行发放贷款,中间业务就是办理结算、代理等。《中华人民共和国商业银行法》(以下简称《商业银行法》)第 43 条规定,"商业银行在中华人民共和国境内不得从事信托投资和证券经营业务,不得向非自用不动产投资或者向非银行金融机构和企业投资,但国家另有规定的除外"。

证券商基本业务原来也是三大块,一是发行承销,受发行人委托为发行人销售证券、募集资金,证券首次出售给投资者。

二是经纪业务,一般的公众投资者要买卖证券,尤其买卖在证券交易所交易的证券,必须通过证券商进行买和卖,证券商受托买或者卖,叫作经纪,证券商赚取买卖佣金。经纪业务是证券商的基本业务。三是证券自营,证券商为自己的利益用自己的钱冒风险买卖证券。这是传统上讲的三大业务,当然证券商现在还可以经营其他业务,证券发行和上市的保荐、证券融资融券、证券做市交易、证券资产管理、证券投资咨询等。按现行《证券法》第120条第4款规定,"除证券公司外,任何单位和个人不得从事证券承销、证券保荐、证券经纪和证券融资融券业务"。目前我国证券商只允许以公司形式经营。

分业经营,意味着证券商不能从事商业银行的基本业务即不能从事吸收存款、发放贷款业务、结算业务,不能从事信托业务、保险业务。商业银行不能从事证券经营业务,证券经营业务是指证券商的基本业务,商业银行不能从事股票的承销和保荐、股票买卖的经纪和证券融资融券业务;商业银行经许可可以代理发行、代理兑付、承销政府债券;买卖政府债券、金融债券。

分业经营,进一步要求办理不同金融业务的机构要分别设立,也就是银行、保险公司、信托公司和证券商要分别设立。原来有一个要求,但是最近几年情况在变化,就是说不同行业金融机构之间不能相互持股当股东。但是法律上没有充分规定,这主要是由监管机构来掌握的事情。只有《商业银行法》规定,商业银行不能出资设立非银行金融机构,就是说银行不能当证券公司的股东,但法律也规定国家另有规定的除外。现在这个例外已经出现了。

分业管理,是指金融业的不同行业分别由不同的监管机构监管。证券业和证券市场由证监会监管。银行业由中国银行业监督管理委员会（以下简称"银监会"，2003年4月25日成立）监管，监管商业银行、信托公司和其他非银行金融机构。保险业由中国保险监督管理委员会（成立于1998年11月18日，以下简称"保监会"）监管。2018年4月银监会与保监会合并整合为中国银行保险监督管理委员会（以下简称"银保监会"）。

监管机构的变化也预示着我国金融行业分业经营的体制已经有所变化，混业经营的趋势已经出现。

二、分业经营、分业管理的原因，未来的变化趋向

分业经营、分业管理在很大程度上是为了防范金融风险。前面提到，美国在1933年通过证券法的时候，同期通过了银行法——《格拉斯—斯蒂格尔法》，他们当时的理解就是1929年的股灾和随后的经济大萧条与银行业、证券业没有分开经营有关，所以法律规定分业经营，防止从银行贷款去炒股票，股市风险传导到银行，切断证券市场和银行之间的风险传递。

中国证券市场起步比较晚，也出现过一段混乱的时期。在立法时，考虑我们中国的证券市场，也包括金融市场，整体上来讲，还不是非常成熟，投资者不成熟，政府监管者的水平、能力也达不到，监管能力较差，管不好，发生风险不容易控制，严重的话，可能演变成金融危机。分业经营、分业管理是控制风险的一个办法。

将来是不是还会有变化？很可能。分业经营、分业管理也有它的一些弊端。先从投资者角度来看。投资者，也可以换一个说法，银行的客户、证券公司的客户、保险公司的投保人、信托公司的客户等，都可以统称为金融消费者。区别于大的机构投资者，既然是消费者，就是说一般来讲投资规模不是很大，是个人或者家庭投资。个人家庭积累的一些数额不太大的钱去

第三章　证券法的法源与证券法原则

进行投资、去储蓄，或者购买某些金融产品，包括证券等，这些投资者都可以称为金融消费者。从金融消费者的角度来看，分业经营的问题就在于给他们提供的服务也是分割的，对投资者不太方便，金融消费者需要不同的服务，要到不同的机构去办事，不太便利。如果说不是分业经营，而是允许混业经营，一个机构既可以办理银行的业务，也可以办理证券的业务，还能办理保险业务、信托业务等，对于金融消费者来讲就比较方便，能够获得一站式的服务。

从金融业经营者的角度来看，混业经营之下，也更容易提供一些综合性的服务，包括一些创新的服务，有可能降低服务成本，所以混业经营也有它的好处。混业经营的弊端是，金融风险不容易隔离。

有些国家没有实行过分业经营，或者像美国1999年之后，不再实行分业经营。也有一些学者认为美国2008年金融危机一定程度上就是由于取消分业经营引起的。美国在危机之后通过的《多德—佛兰克华尔街改革与消费者保护法》（Dodd-Frank Wall Street Reform and Consumer Protection Act），再次限制银行业从事自营业务、某些高风险投资如投资对冲基金等。

不能绝对地说混业经营一定是趋势。但可以说，如果政府的监管能力跟得上，那么允许部分的混业经营，或者有一些综合性金融控股公司等，将来也是一个不错的选择。

如果混业经营，监管上也就不一定是分业管理了。还有一个因素，分业经营固然是可以隔离风险，但是真正有风险的时候，监管机构之间的信息是不能够共享的，也会发生协调不利，导致风险没有得到及时控制的情况。

在2015年6月中旬至7月中旬，我国股市遭遇了非常大的一次危机。当时的中国股市，从上海证券交易所的角度来讲，上证综指涨到大概是 5700 点，但后来在很短的时间之内，指数就跌到了 3000 多点。期间有多个交易日，单日指数跌幅 5%—6% 或者 6%—7%。按照美国 1929 年标准衡量的话就是股灾了。这件事情很复杂。虽然不少机构都在研究，但是没有一个正面的答案。2015 年全国人大正准备修改证券法，但是发生了股灾之后，证券法的修改就停止了，直到 2019 年证券法才修改，最终修改的内容与 2015 年拟议的修改稿相比有很多变化。

2015 年之后我国金融监管机构也有所调整，包括国务院成立了金融稳定委员会。银监会和保监会合并，可能与这个危机因素有关，为了更好地应对这一类的危机进行了监管体制的调整。

2017 年国务院金融稳定发展委员会成立，并召开了第一次全体会议，国务院金融稳定发展委员会，作为国务院统筹协调金融稳定和改革发展重大问题的议事协调机构。其主要职责是：落实党中央、国务院关于金融工作的决策部署；审议金融业改革发展重大规划；统筹金融改革发展与监管，协调货币政策与金融监管相关事项，统筹协调金融监管重大事项，协调金融政策与相关财政政策、产业政策等；分析研判国际国内金融形势，做好国际金融风险应对，研究系统性金融风险防范处置和维护金融稳定重大政策；指导地方金融改革发展与监管，对金融管理部门和地方政府进行业务监督和履职问责等。

分业经营还会有什么风险问题？最近几年银行业、信托业、保险业的业务创新也很多。实际上银行管的一些钱，信托公司管的钱和保险资金，有很大一部分流到了股市上。但是他们又不归证监会管。具体来说，银行理财产品募集到的资金其中有一部分进入了股市，信托公司发行信托产品，也有一部分资金

第三章　证券法的法源与证券法原则

进入了股市，保险公司除了保费这一部分，还做保险资管计划，这个资金也会进入证券市场。当然从证券业本身来讲，有一些不规范的做法，在融资业务法律上或者是规范上有规定，但是有些机构突破规范，做一些所谓的配资业务，用了"杠杆炒股"。这样证券市场资金就多了，但是很多资金是借来的，或者是有一定期限的钱。证监会在2015年上半年时整治配资活动，涉及不规范的融资交易，很多类似我们前面提到的美国历史上的情况，就是有些资金是从银行出来的，借了别人的钱来炒股票，当然都希望股市上涨。股市有风吹草动，一旦跌了，赶紧把手里的股票卖掉，但是很多人准备卖时，股价就跌得更厉害了。股价下跌一波，又有新的一批人因为要平仓，抢着要卖股票，这样一波推一波，就发生了所谓的"踩踏事件"，比方说我们教室就不够安全，只有一个门，大家一窝蜂都挤到门口要出去，结果门被堵住了，出去得更慢了，这就叫"踩踏事件"。当然大家如果能排队出去，可能不会发生踩踏，但股市不可能排队。股市上的踩踏就是很多人在短时间之内都想抢着把股票卖出去，结果股价很快就跌到了跌停（目前我国股市一般的股票，每天的涨跌幅限制是10%，涨到10%或跌到10%价格就不能再变化了）。所以现在金融行业的各个领域要沟通，监管体制也在改变。

目前证券法仍然维持分业经营和分业管理的原则，但是将来也可能会发生一些变化。有人提出，应该对监管体制进行调整，需要有一个统一的监管机构，或者是一个大的监管机构监管整个金融行业。究竟哪一种监管体制好，并没有定论，而且从世界上其他国家的情况看，也是分分合合，根据市场的情况变化，体制也是在不断调整。

法律本身也规定了国家另有规定的除外。法律的这一规定为混业经营留下了一个机会。从技术上讲,"国家另有规定"指的是什么并不清楚,常见的是"法律另有规定"或者国务院规定等。对于"国家另有规定",我们只能理解为法律另有规定或者是行政法规另有规定或者是国务院批准,根据我国目前的情况只能作这样的解释。

三、政府集中统一监管

《证券法》第7条规定:

国务院证券监督管理机构依法对全国证券市场实行集中统一监督管理。

国务院证券监督管理机构根据需要可以设立派出机构,按照授权履行监督管理职责。

这是关于证券市场、证券行业监管体制的总原则。

国务院证券监督管理机构就是指证监会。集中统一监管,就是说不能由多个部门分别监管,不能由地方也参与监管,监管权应该集中在中央层面。

集中统一监管也是相对于过去不集中、不统一而言的。在1998年之前,政府其他部门如中国人民银行等和地方政府对证券市场都有一定的监管权力。

四、并非完全集中统一监管

目前,对证券市场的监管并不是完全的集中统一,政府债券、企业债券、金融债券、企业短期融资券、非交易所上市的资产支持证券、银行业和保险业资产管理产品等证券并非由证监会监管。政府债券的发行由财政部负责,如果政府债券在交易所上市交易,证监会才有监管权。企业债券的发行由国家发

第三章　证券法的法源与证券法原则

改委负责核准或注册。不按照《证券法》发行的金融债券、企业短期融资券由中国人民银行负责核准或注册。银行间债券市场由中国人民银行监管。企业债券、金融债券、企业短期融资券、信贷资产支持证券等可以在银行间债券市场交易。银行和保险公司的资产管理产品、信托产品由银保监会负责监管（见图3.2）。

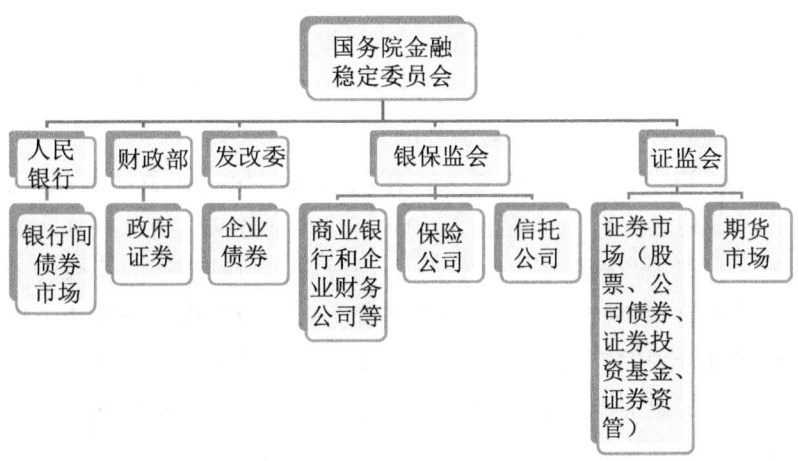

图3.2　证券市场监管结构图

目前，法律上讲的集中统一监管，其实还没有真正实现。将来是不是一定要实现，这个也不一定，因为分散有分散的道理。现在这个格局也有可能做出一定调整。比如企业债券发行由发改委负责审核，如果是公司发行债券，尤其是上市公司发行债券是归证监会管。这种分开监管没什么特别的道理，它就是一个历史延续，或者叫作路径依赖。例如，火车轨道，据说标准轨道是 1.435 米宽，因为过去马车的轮距是这么宽，新产品受到旧产品或条件的制约，这就是路径依赖，这一点将来或许会有改革。但银行间债券市场可能仍然会维持这个格局，中央银行要掌握货币政策，调控货币供应，就需要在市场上进行操作，所以银行间债券市场的监管不一定要改革。

五、关于证券市场的自律监管

自律性管理讲的是非官方的、民间的对证券市场、证券行业的管理，这种管理称为自律性管理。自律区别于他律，就是说自己来管理自己、自我管理。

自律管理包括：市场组织的管理，即证券交易所、证券交易场所和证券结算机构等对市场、市场会员、上市公司或挂牌公司的监管；行业协会对会员的管理。

证券法原来在总则规定，在政府集中统一监管的前提下，证券业协会实行自律管理。2019年修改证券法，将这一规定删除了。但是，这并不是说证券市场没有自律管理了。非政府的自律性管理仍然存在，当然政府管得多、管得深入细致，可能自律性管理的空间就比较小，没有那么重要，这或许是证券法总则不规定的原因，或者仅规定证券业协会，没有提到证券交易所和证券交易场所，不够全面。

行业协会由行业从业者组成，协会是他们自己的组织，行业协会管理协会的会员，这就可以称为自我管理。按照法律规定要成立证券业协会，证券业协会的法定会员是证券商即证券公司，证券投资咨询机构、证券资信评级机构、证券公司私募投资基金子公司、证券公司另类投资子公司等机构可以申请加入协会，成为普通会员。证券业协会作为行业协会来讲，当然首先是维护行业的利益，但是同时对自己的会员要进行监督管理，那就是自律。

证券投资基金法规定了基金业协会，其普通会员是公募基金管理人、基金托管人、符合协会规定条件的私募基金管理人，基金业协会对于证券基金市场的管理也属于非官方的自律性的管理。

这些非官方的管理都是在证券法规定和在政府监管机构统一监管的前提之下，实行自律管理。

第四章

证券监管与执法

第一节 证券监管概述

一、我国的证券监管机构

关于证券市场的政府监管,《证券法》专门设立了一章。《证券法》第168条规定:

国务院证券监督管理机构依法对证券市场实行监督管理,维护证券市场公开、公平、公正,防范系统性风险,维护投资者合法权益,促进证券市场健康发展。

这一条实际上指明了设置证券监管机构的目的以及监管机构总体的工作目标。具体措辞包括了多重意思:一是通过监管维护证券市场公开、公平、公正的秩序。二是防范系统性风险,这是原来没有过的表述,是2019年《证券法》修改之后增加的。证券市场是金融市场的一部分,证券市场与金融市场的其他部分密切关联。维护金融市场稳定,防范证券市场风险引发整个金融系统的风险以及经济危机,这是从其他国家发生的金融风险中获得的重要教训。监管机构不能只关注局部的问题,而是要从全局的立场看待证券市场的风险，防范系统性风险。三是保护投资者的合法权益，这是证券法的宗旨，也是监管机构的基本职责。

国务院证券监督管理机构指的是谁？我国的法律在规定监管机构或相关执法机构时经常不写明准确的名称，这就给差别理解留下了空间。一般来讲监管机构指的是证监会。

也有人认为，监管机构不止一家。实际上我们前面提到了中国证券市场并不限于股票、公司债券的市场。企业债券、金融债券，或者短期的融资券等都是与股票市场分割的市场，它们由其他的政府机构来监管。所以只能说证监会是主要的监管机构。在特定情形下，监管机构可能指的是发改委，如发改委审核企业债券的发行。但是在一般情况下，证券法所说的证券监管机构就是证监会，以下提到的监管机构也是指证监会。

二、证监会的法律地位

证监会实际上是国务院直属的一个事业单位，行使行政性的权力，或者也可以称为行使公共管理的权力。这一点可能与宪法存在着不一致。宪法规定，国务院各部部长、各委员会主任负责本部门的工作。在这里面没有提到类似证监会、银保监会等这样的机构。那么这些机构算什么？这就是一个问题。现在通常说它们是依法行使公共管理权力的非行政部门。既然它们不是行政部门，那么能不能完全的像行政部门一样行使权力？

证监会有没有制定规章的权力？通常讲，国务院的部或者委员会，有权根据法律和国务院的行政法规、决定、命令制定规章。但是证监会不是宪法上所说的部或者委员会，它能不能制定规章？在现实中它是可以的，大家也都把它以主席令的形式公布的规章或者规范性文件作为规章。其实，立法法对这个问题是有所规定的,国务院各部、委员会、中国人民银行、审计署和具有行政管理职能的直属机构以及法律规定的机构,可以根据法律和国务院的行政法规、决定、命令,在本部门的权限范围内,制定规章。具有行政管理职能的直属机构,也就包括类似证监会这样的机构。

既然是行使公共管理的权力,就会进行调查处罚,对此法律是有规定的,《中华人民共和国行政处罚法》(以下简称《行政处罚法》)第19条规定,"法律、法规授权的具有管理公共事务职能的组织可以在法定授权范围内实施行政处罚"。这可以说是证监会行使处罚权的法律依据。

三、为什么需要监管机构

这里要简要提一下,在有法律的前提下,为什么还要有监管机构,尤其是监管机构还有制定规则的权力。广义的规则包括我们讲的制定规章,以及其他上升不到规章的规范性文件和规则。主要原因如下。

第一,法律尽管也是规则,但是法律有一个问题,就是它的制定和修改周期比较长。即便修改也是有相对复杂的程序,换句话说就是反应可能不够快速灵活,而证券市场又是快速发展、多变的。如果说所有规则都由法律制定,它适应形势的灵活性是不够的。在这样的情况下,法律制定主要的规则、重要的规则、基本制度,而一些细则性的规则就留给监管机构来制定。监管机构比较灵活,可以迅速地对市场的变化,以及一些新出现的情况作出反应并制定规则。我们中国证券市场上也出现过一些情况,例如,在2015年12月证监会发布规则,要实行熔断制度。熔断制度是什么呢?大体意思就是交易所的证券交易指数,如果在某一个交易日涨跌幅达到了一定比例,那么就

第四章　证券监管与执法

要暂时停止交易，如涨幅或跌幅达到了7%，暂停交易半个小时或者一个小时，让大家冷静一下，不要太狂热了，但是2016年1月施行熔断制度之后，发生了一些问题。短短几天时间，就有多次触发熔断的事件发生。本来熔断制度是想避免证券市场比较大的震荡，但是事实上在熔断制度推出之后，在较短的时间内就出现了多次触发熔断的事情，这个制度看起来好像是有问题或者是"水土不服"，所以证监会就及时地叫停了熔断制度。究竟背后的原因是什么？是需要仔细去研究的。监管机构制定规则，能够主动对市场的一些变化作出快速的反应。如果等待立法机构制定、修改或废止法律的话，周期很长。监管机构可以在短时间内制定或废止规则，在这种情况下，很大程度上是对法律的空白地带进行补充，而且它的补充是迅速的。

第二，需要监管机构专业的监管，由懂市场的人来为市场制定规则、监管市场。证券市场、证券行业具有高度的专业性，没有专业的监管机构恐怕很难应对专业的人员和机构。

第三，监管机构的存在是要负责落实法律，让法律能够落地。有些法律不需要专门的监管机构，靠的是法律相关人员的自觉性。但是证券市场的特色就在于它需要一个监管法，因为证券市场容易出现问题，需要政府介入市场，制定规则，进行日常的监管，对违法违规的事进行调查处罚，这个市场跟其他市场比较起来更容易失灵、存在欺诈，所以更需要监管的介入。这是其他国家历史上的经验教训证明的。市场并不是绝对不要政府监管，有些还是需要监管的，当然政府管得对不对、管得好不好，是需要不断的进行反思调整的。并不是说政府去管，一切都能管好，要以适当的方式去管，要对监管的效果进行反思。所以在不少国家，尽管监管机构是存在的，但是也会出现时而严格，时而放松的情形。时常有这样的情况，类似钟摆一

样，随着时代的变化、市场的变化，监管的松紧也在不断的调整。

四、证监会的组织

证监会设主席1名，副主席4名。内设机构有19个职能部门：办公厅、发行监管部、非上市公众公司监管部、市场监管部、证券基金机构监管部、上市公司监管部、期货监管部、稽查局、法律部、行政处罚委员会办公室、会计部、国际合作部、投资者保护局、公司债券监管部、私募基金监管部、打击非法证券期货活动局等。证监会设4个直属事业单位：稽查总队、信息中心、研究中心和行政中心。证监会在各省、自治区、直辖市和计划单列市设立36个证券监管局，以及上海、深圳证券监管专员办事处。证监会还设有股票发行审核委员会，委员由证监会专业人员和聘请的会外有关专家担任。虽然名为委员会，但证监会的决策并非委员会制（合议制）。

截至2019年底，证监会工作人员有3256人，其中总部773人。中国证监会的网站能够查阅与证券相关的法律法规、规范性文件、执法信息等。

第二节 监管机构的职责

一、监管机构的具体工作

监管机构的职责概括起来有四方面：一是规则的制定权。二是实施许可，就是所谓的发牌照。三是监管，包括监督证券市场和证券经营机构的活动，在监督交易过程时，发现违法违规的现象可以进行调查。四是处罚权。证监会是证券期货市场的监管者，但本课程没有讲授期货法律制度，因此下面介绍的证监会职责也没有包括证监会有关期货监管方面的职责。主要

第四章 证券监管与执法

结合证券法和证券投资基金法的规定介绍证监会的职权。

下面看一下证券法的具体职责。

第一，依法制定有关证券市场监督管理的规章、规则，制定有关证券投资基金活动监督管理的规章、规则，即制定规则权。依法进行审批、核准、注册，办理备案，这是我们讲的许可或者叫发牌照，实行注册制，注册也可以算广义上的许可。审批包括对证券公司、公募基金管理公司、证券登记结算机构以及其他证券市场的经营主体或服务机构的设立审批、对经营范围的核准，对交易所章程、交易规则的批准等，对主体的重要事项发生变更的审批，诸如此类。

第二，依法对证券的发行、上市、交易、登记、存管、结算等行为进行监督管理。这个讲的是对行为的监督管理。

第三，依法对证券发行人、证券交易所、证券公司、登记结算机构、证券投资咨询机构、资信评级机构以及从事证券业务的律师事务所、会计师事务所、资产评估机构的证券业务活动进行监督管理，对基金管理人、基金托管人及其他机构从事证券投资基金活动进行监督管理。其实第二项职责已经可以包括这一条说的，这一条是进一步从机构的角度去切入，强调对机构的监督管理。

第四，依法制定从事证券业务人员、基金从业人员的资格标准和行为准则，并监督实施，包括制定规则的权力和监督规则实施的权力。

第五，依法监督检查证券和基金的发行、上市、交易的信息披露情况。前面讲的发行交易，某种程度上是包括信息披露的，为了特别突出强调，单独规定了对信息披露的监督检查。

第六，对证券业协会和基金业协会的活动进行指导和监督。

第七，对证券、基金违法违规行为进行调查和处罚。

第八，依法监测并防范、处置证券市场风险。证券监管机构的工作目标之一就是防范系统性风险，实现这一目标需要具体的措施，因此证券法也赋予了证券监管机构相应的具体的职权。监测风险是做出防范风险、控制风险决策的基础，监测包括搜集信息、分析数据、评估风险。搜集信息的途径有多种，在日常的监督检查中获取信息，行业协会报送数据，证券公司、基金公司、证券交易所、证券金融公司等机构的主动报告，媒体报道，等等，证监会还成立了专门的资本市场运行统计监测中心。

第九，依法开展投资者教育。保护投资者权益，对投资者开展证券知识、证券市场风险的教育是一项基础性工作。

第十，法律、行政法规规定的其他职责。

二、监管机构履行职责应该遵守的原则

监管机构履行职责应该遵守的原则，也就是行使监管权力的总体上的原则，监管机构的工作人员必须忠于职守，依法办事，公正廉洁，不得利用职权便利谋取不正当利益，不得泄露所知悉的有关单位、个人的商业秘密。这其实就是强调监管机构要廉洁、要守法。

这里我们还可以再多讲一讲，监管机构做监管，也要贯彻公开这样一个原则。

第一，公开是指制定的规则要公开。法律已经规定，监管机构制定的规章、规则和监督管理工作制度应当依法公开。

第二，监管机构的工作过程也要一定程度地公开。这方面法律上没有特别明确的要求，但是我们认为监管机构应该这样。例如，现在立案调查某个公司，立案之后就应立即公布信息。如果不公布信息，不及时公开披露信息，这些信息在私底下会

第四章 证券监管与执法

传播，传播的信息很可能会扭曲、不准确，投资者获取信息之后，相应的公司的股票或者债券的价格就会发生波动。监管机构及时公开信息，能够让所有的投资者拥有平等的机会获得相关信息，虽然波动仍然是不可避免的，但是它体现了信息的公平。监管机构的工作过程也应该一定程度公开，避免对证券市场的交易产生不当的影响。

第三，目前法律规定了监管机构的行政处罚结果要公开、行政和解结果要公开。

监管机构的工作应该有一个报告机制，就是说监管机构一年做了哪些事，应该向公众做一个报告。按照宪法，国务院每年会有一个工作报告，但国务院的工作报告可以说是概括地讲全国的事情，不可能把每个部分的工作讲得很详细。很多时候我们需要了解某个机构比较具体的工作情况。所以比较好的做法是每一个政府部门，包括监管机构，都应该对它每年的工作情况做一个报告，向公众公开，便于大家去了解它做了什么工作。之所以这样，是因为一是政府应该是透明的政府，二是便于考核监管机构的效能，监管机构做的工作，到底有没有效果，起了什么样的作用。如果不知道做了什么事，也就无从考核、考察或者评价了。例如，我们想了解证监会每年做了多少个行政处罚？如内幕交易、操纵证券做了多少处罚？这个处罚罚款是多少？这些应该公开，一方面，对学习法律、研究法律的人来说，方便大家去研究，分析证监会处罚的尺度，如内幕交易、操纵证券到底实际中是怎么认定的，很大程度上需要看证监会的处罚决定才知道这个规则最终是如何落地的。另一方面，对于市场上的有关主体来讲，公开处罚和其他执法结果，对他们来说也是另外一种层面的学习，他们可以掌握证监会的执法尺度，从而知道行为边界，实际上也是一种警诫。目前证监会每

年会公布一个年报,也会公开行政处罚决定。

第三节 执法措施和行政处罚

一、行使监管职权可以采取的具体措施

下面介绍监管机构行使职权的具体方式,也就是监管机构的监管方法、监管措施和调查案件的行政强制措施,调查违法案件可以使用的方法。这些措施属于行使职权的过程性的措施,并不对行政相对人行为性质作出最终判断、认定,只要求行政相对人予以常规的配合、协助或合作。

第一,对证券发行人、上市公司、证券公司、证券投资基金管理公司、证券服务机构、交易所、证券登记结算机构进行现场检查。法律规定的监督行为人的活动,最终落在现场检查,就是说要到这些机构的工作场所去进行检查。现在的工作很大程度上都在使用计算机。所以到现场检查并不是说到现场转一圈看看就可以了,而是要看公司的档案、文件、交易记录,包括要进入被检查机构的计算机系统进行查看,这样才能有真正的检查的效果。如果被检查人不配合,应该有某种强制权力。

针对上市公司的现场检查,证监会制定了《上市公司现场检查办法》。现场检查采取随机抽查机制,一般现场检查,证监局会给一个文件清单,要求公司准备相关文件。现场检查重点关注下列内容:信息披露的真实性、准确性、完整性、及时性和公平性;公司治理的合规性;控股股东、实际控制人行使股东权利或控制权的规范性;会计核算和财务管理的合规性;等等。

在公司治理的合规性方面,现场检查会到董事会办公室检查公司的股东会、董事会等会议的会议资料、会议记录、会议程序等是否规范。现场检查会关注财务及会计核算的合规性,

发现问题，要求整改。例如，过去证监会披露现场检查发现的一些问题：有些公司更改银行流水对手方名称、摘要、明细账记录；未完整披露关联方及其贷款走账、资金拆借等资金往来情况；会计基础及内部控制存在缺陷，如材料采购验收单、领料单缺失，劳务采购未能提供劳务费用明细，未登记银行存款日记账和现金日记账等；部分客户销售回款资金来源于发行人或其关联方，高管通过员工借款或供应商付款方式间接占用发行人资金，大量使用代管的客户银行卡进行结算，提前确认收入等问题。

现场检查是发现问题的基本手段，如果发现被检查企业存在违法违规，证监会会相应采取进一步的行政监管措施、立案稽查、作出行政处罚等。

证监会对基金管理公司进行现场检查的内容包括：进入基金管理公司及其分支机构进行检查，要求基金管理公司提供与检查事项有关的文件、会议记录、报表、凭证和其他资料，询问基金管理公司的工作人员，要求其对有关检查事项作出说明，查阅、复制基金管理公司与检查事项有关的文件、资料，对可能被转移、隐匿或者毁损的文件、资料予以封存。

第二，进入涉及违法行为发生场所调查取证。进入场所取证，不限于前面讲的机构，还包括其他涉嫌违法的人的违法行为场所。法律上讲进入场所，会涉及一个问题，进入场所是不是法律上讲的搜查？我们中国法律有些时候是比较含糊的，这个问题我个人认为规定得不清楚。进入场所，一定是要有强制力保障能够进入，不让进是不行的，是违法的。但是在这一点上，法律规定的力度并不够，证监会工作人员也不是警察怎么办？最近几年，证监会的调查是跟公安部合作的，一些重要的案子立案之后会移交或通报公安部，公安部也进行立案，这样进入场所就有强制力了。法律可以考虑直接赋予监管机构强制力。

第三，询问当事人以及与被调查事件有关的单位和个人，要求其对与被调查事件有关的事项作出说明。法律是这样要求的，看起来"作出说明"是一项义务。法律上尤其是刑诉法上经常会讲沉默权，但是我们中国的法律还没有明确承认沉默的权利。沉默权是需要法律规定，还是不需要法律规定？笔者觉得，沉默权不需要法律规定，一个人开口或者不开口，那是他自己的事情，你没有办法强迫他开口，说他不开口，你用工具撬开了，他依然可以不说话，怎么能保证他开口说的一定是真的，或者很多时候实施酷刑，或所谓的刑讯逼供让被调查者开口说话，但是实施酷刑让人说出来的东西，很多时候是歪曲事实，不一定是真的。所以沉默权是一个状态，法律是没有办法真正地逼迫一个人讲话，这是值得考虑的一个问题。

在调查中，监管机构也可以要求被调查的当事人或有关单位、个人按照指定的方式报送与被调查事件有关的文件和资料。

如果被调查者拒绝作出说明、提供文件资料等，拒绝或妨碍监督检查，监管机构可以进行处罚，并可以由公安机关作出治安行政处罚。

第四，查阅、复制与被调查事件有关的财产权登记、通信记录等文件和资料。财产权登记文件，包括证券类的资产的文件，不动产、特殊动产的登记文件，这些都可以查。

这里值得分析的是通信记录。通信记录涉及宪法上的通信自由和通信秘密问题。宪法规定刑事案件，公安机关、检察机关可以去查通信记录，甚至是运用技术手段监控，但是法院是不可以的，就是说法院是没有权利去调取私人的通信记录的。按照证券法规定，监管机构也可以查通信记录，不论案件是不是构成刑事案件。查阅、复制有关通信记录对于调查案件很多时候确有必要，比如说要调查一个内幕交易的案件，某个人是不是从另外一个人那里得到了信息之后去炒股票的？必须查通信记录，看双方之间有没有电话往来、短信往来、微信记录或者是电子邮件等。如何协调通信自由和通信秘密这一权利与维护公共利益、调查违法案件之间的冲突是需要去考虑的。

第五，查阅、复制当事人和与被调查事件有关的单位和个人的证券交易记录、登记过户记录、财务会计资料及其他相关文件和资料。对可能被转移、隐匿或者毁损的文件和资料，可以封存、扣押。封存，是具有证据保全性的行政强制措施，一般是就地封存，比如说合同文件放在文件柜，贴个封条，不能动了，这叫封存。但是实际上这样做是不够的，就地封存，监管机构的人一走，文件拿出来烧了、毁了，怎么办？可以事后处罚，但无法补救。很多时候其实是需要扣押，清点一下物品，开个单子拿走。扣押同样也涉及授权的问题。法律说监管机构有权扣押，那么如何去监控又是一个问题。

第六，查询当事人和与被调查事件有关的单位和个人的资金账户、证券账户、银行账户以及其他具有支付、托管、结算等功能的账户信息，可以对有关文件和资料进行复制。对有证据证明已经或者可能转移、隐匿违法资金、证券等涉案财产或者隐匿、伪造、毁损重要证据的，经国务院证券监督管理机构主要负责人或者其授权的其他负责人批准，可以冻结或者查封，期限为 6 个月；因特殊原因需要延长的，每次延长期限不得超过 3 个月，冻结、查封期限最长不得超过 2 年。银行账户有一个说法，叫作替当事人保密，这种保密是有条件的，如果是法律规定的有权机关来调查，那就不能保密了。大家注意，查封、冻结是比较严厉的措施，是需要经过批准的。

第七，在调查操纵证券市场、内幕交易等重大证券违法行为时，经国务院证券监督管理机构主要负责人或者其授权的其他负责人批准，可以限制被调查的当事人的证券买卖，但限制的期限不得超过 3 个月；案情复杂的，可以延长 3 个月。这是针对特定的违法行为的特定措施，就是限制交易。

第八，通知出境入境管理机关依法阻止涉嫌违法人员、涉嫌违法单位的主管人员和其他直接责任人员出境。即采取所谓边控措施，防止违法嫌疑人逃到境外、逃避法律责任。

以上是行使监管权力可以采取的措施。监管机构在履行职责进行监督检查和调查时，法律要求监督、检查的工作人员不得少于两人，并且应当出示合法证件和监督检查、调查通知书或者其他执法文书等，执法程序要合法。

证监会设有稽查大队，具体负责承办证券期货市场内幕交易、市场操纵、虚假陈述、欺诈发行等重大、紧急、敏感以及跨区域案件调查。证监会在各地的派出机构负责查处监管辖区范围内的违法、违规案件。

二、移送司法机关

证券监管机构依法履行职责，发现证券违法行为涉嫌犯罪的，应当依法将案件移送司法机关处理；发现公职人员涉嫌职务违法或者职务犯罪的，应当依法移送监察机关处理。《行政执法机关移送涉嫌犯罪案件的规定》是移送案件的法规依据。

移送司法机关的方式有三种：一是直接刑事移送；二是先处罚后刑事移送；三是处罚和刑事移送并行。

依法追究财务造假等严重证券欺诈行为的刑事责任是提高违法成本、维护证券市场秩序、净化市场生态的重要手段。建构行政处罚与刑事惩戒有机衔接的立体式追责体系是非常重要的，近年来，证监会协同公安机关不断强化行政刑事执法合作，坚决打击上市公司财务造假等恶性违法犯罪行为。2019年以来，证监会共向公安机关移送涉嫌违规披露、不披露重要信息犯罪等案件24起。[1]

三、监管措施与行政处罚

这里的监管措施是监管机构在对行政相对人的有关行为的性质作出认定、判断之后对行政相对人发出命令、警示，或要求行政相对人做出某种特定行为，这些监管措施是具有一定结论性的措施。

1. 责令停止和责令改正

证券监管机构根据证券法规定有权责令违法行为人停止违法行为、改正违法行为。责令停止和责令改正虽然都不属于行政处罚，但属于行政机关的执法方式，属于具有强制力的行政行为，目的是恢复被破坏的法律秩序、防止进一步损害法律秩序、社会公共利益或第三人利益。根据证券法规定，责令停止和责令改正具体表现为，对未经注册而公开发行证券的行为人责令停止发行；对证券公司承销或销售未经注册的证券的，责令停止承销或者销售；对其他违法证券法的行为能够通过改正消除影响的，可责令改正；对于以违法方式取得证券的，责令依法处理非法持有的证券。

2. 监管措施

根据证券法的规定，证券监管机构有权对涉嫌违法的证券市场有关主体采取监管谈话、出具警示函等措施。

---

[1] "证监会依法将10起上市公司财务造假等涉嫌证券犯罪案件移送公安机关"，载 http://www.163.com/money/article/FISMK49M00258105.html，最后访问日期：2020年3月14日。

监管机构依法将有关市场主体遵守证券法的情况纳入证券市场诚信档案。

对经营不合规、存在引发风险可能的证券公司和基金管理公司，证券监管机构可以采取如下措施：①限制业务活动，责令暂停部分业务，停止核准新业务；②限制分配红利，限制向董事、监事、高级管理人员支付报酬，提供福利；③限制转让财产或者在财产上设定其他权利；④责令更换董事、监事、高级管理人员或者限制其权利；⑤撤销有关业务许可；⑥认定负有责任的董事、监事、高级管理人员为不适当人选；⑦责令负有责任的股东转让股权，限制负有责任的股东行使股东权利。

3. 行政处罚

典型的行政处罚有：警告、罚款、暂停或撤销相关业务许可（对需要获得许可的业务）、暂停或禁止从事相关业务（对需要备案的业务）、没收违法所得。

证券市场禁入，实质是一种资格处罚，限制了行政相对人的择业自由，是指在一定期限内直至终身不得从事证券业务、证券服务业务，不得担任证券发行人的董事、监事、高级管理人员，或者一定期限内不得在证券交易所、国务院批准的其他全国性证券交易场所交易证券的制度。2020年修改后的《行政处罚法》明确规定限制从业是一种行政处罚。

4. 行政处罚程序

稽查部门立案调查的案件，在完成调查后移交证监会行政处罚委员会，行政处罚委员会审理案件，依照法定程序主持听证，拟订行政处罚意见。最终由证监会作出行政处罚决定。证监会的行政处罚适用《行政处罚法》，对行政处罚的调查和决定程序证监会也有专门规定。

5. 对行政处罚的监督

对证监会及其派出机构的行政处罚决定不服的，可以提出行政复议，也可以向法院提起行政诉讼。

四、行政和解

经国务院批准，证监会于2015年2月正式发布《行政和解试点实施办法》（证监会令第114号），在证券期货领域试点行政和解制度。

1. 行政和解的简介

所谓行政和解，是指证监会在对公民、法人或者其他组织（以下简称"当事人"）涉嫌违反证券期货法律、行政法规和相关监管规定行为进行调查期间，根据当事人的书面申请和承诺，与其就纠正涉嫌违法行为，交纳行政和解金，赔偿有关投资者损失，消除损害或者不良影响等进行协商，履行行政和解协议，并据此终止调查的行为。

2019年修改后的《证券法》第171条正式规定了行政和解制度：

> 国务院证券监督管理机构对涉嫌证券违法的单位或者个人进行调查期间，被调查的当事人书面申请，承诺在国务院证券监督管理机构认可的期限内纠正涉嫌违法行为，赔偿有关投资者损失，消除损害或者不良影响的，国务院证券监督管理机构可以决定中止调查。被调查的当事人履行承诺的，国务院证券监督管理机构可以决定终止调查；被调查的当事人未履行承诺或者有国务院规定的其他情形的，应当恢复调查。具体办法由国务院规定。
>
> 国务院证券监督管理机构决定中止或者终止调查的，应当按照规定公开相关信息。

证监会修改了《行政和解试点实施办法》，于2020年形成了《证券期货行政和解实施办法（征求意见稿）》。

行政和解制度是化解有限行政资源与行政效率之间矛盾，保护投资者合法权益的重要制度安排。进一步说，在证券监管中，监管机构的执法人员有限，调查一个案件会动用大量人力和其他资源，还可能存在由于各种条件限制，调查获得的证据不足等现象。如果继续调查，会耗时很长，而且最终未必能对被调查者处罚。适用行政和解的案件还有一个特征，此类案件的法律适用存在不确定性，被调查对象的行为的违法性不容易确定或者究竟构成何种行为有争辩空间。类似于刑事案件中的辩诉交易，一些国家在行政执法中引入了行政和解制度。行政和解制度在一定程度上能节约监管资源，简化行政调查程序，同时也对违法违规行为有实质处罚，有利于维护证券市场秩序，维护投资者权益。但是对行政和解也有不同看法，认为其可能放纵违法违规行为。和解协议的性质，一般认为是一种行政协议。

实施行政和解，应当遵循公平、自愿、协商、效能原则，不得损害国家利益、社会公共利益和他人合法权益。

案例1：首例行政和解

2019年4月23日晚间证监会发布公告称，证监会依法与高盛（亚洲）有限责任公司（以下简称高盛亚洲）、北京高华证券有限责任公司（以下简称高华证券）以及高盛亚洲和高华证券的相关工作人员等9名行政和解申请人（以下简称申请人）达成行政和解协议。

根据公告，2013年10月8日至2015年7月3日，高盛亚洲自营交易员在高华证券开立的高盛经纪业务账户进行交易，同时向高华证券自营交易员提供业务指导。双方于2015年5月至

第四章　证券监管与执法

7月的4个交易日的部分交易时段,从事了其他相关股票及股指期货合约交易。证监会于2016年7月对申请人的上述行为进行立案调查。

根据行政和解协议:一、申请人已交纳行政和解金共计人民币150 000 000元。二、申请人已采取必要措施加强公司的内控管理,并在完成后向证监会提交书面整改报告。三、根据《行政和解试点实施办法》第29条规定,证监会终止对申请人有关行为的调查、审理程序。[1]

在此案件中,被调查人的行为是否构成操纵证券市场,或者公司内部防范利益冲突的隔离墙没有建立,并不明确。正因为存在模糊空间,所以行政和解方式解决问题具有一定的优势。

证监会还公告过另一件行政和解案件:司度(上海)贸易有限公司、富安达基金管理有限公司、中信期货有限公司、北京千石创富资本管理有限公司、国信期货有限责任公司涉嫌违反资产管理业务规定等被调查,后达成和解协议。[2]

2. 行政和解的适用范围与条件

根据证监会规定,当事人涉嫌从事违法行为,且案件经过必要的调查程序,符合下列情形之一的,可以适用行政和解程序:①案件事实难以完全明确;②法律适用难以完全明确;③当事人已经或者承诺采取有效措施,纠正涉嫌违法行为,赔偿有关投资者损失,消除损害或者不良影响;④采取行政和解有利

---

[1] "中国证券监督管理委员会公告〔2019〕11号",载 http://www.csrc.gov.cn/pub/zjhpublic/zjh/201904/t20190423_354756.htm?keywords=%E8%A1%8C%E6%94%BF%E5%92%8C%E8%A7%A3,最后访问日期:2020年3月14日。

[2] "中国证券监督管理委员会公告〔2020〕1号",载 http://www.csrc.gov.cn/pub/zjhpublic/zjh/202001/t20200120_370183.htm?keywords=%E8%A1%8C%E6%94%BF%E5%92%8C%E8%A7%A3,最后访问日期:2020年3月14日。

于保护投资者合法权益,提高执法效率,恢复市场秩序的其他情形。

不得适用行政和解程序的情形:①当事人的行为涉嫌证券期货犯罪,依法应当移送司法机关处理的;②当事人曾因证券期货犯罪被判处刑罚,执行完毕未逾3年,或者曾因证券期货违法被行政处罚,执行完毕未逾1年的;③当事人已经申请行政和解,但因不符合条件未被受理,没有新情况、新事实、新证据,就同一案件再次申请行政和解的;④当事人申请的行政和解已被受理,但未达成行政和解协议,没有新情况、新事实、新证据,就同一案件再次申请行政和解的;⑤当事人与证监会已经达成行政和解协议,但由于自身的原因未按约定履行协议内容,就同一案件再次申请行政和解的;⑥证监会基于审慎监管原则认定不适宜行政和解的。

行政和解中当事人缴纳的行政和解金性质,类似于行政罚款,具有惩罚性,但因为没有正式处罚当事人,所以不能算真正的罚款。和解金主要用于赔偿投资者损失,一定程度上可以视为监管机构代表投资者预先接受的赔偿基金。

当事人涉嫌违法行为造成投资者损失的,投资者可以向行政和解金管理机构申请赔偿。投资者可以通过行政和解金赔偿程序获得赔偿,或者按照《中华人民共和国民事诉讼法》(以下简称《民事诉讼法》)的规定对当事人提起民事损害赔偿诉讼请求赔偿。但投资者已通过行政和解金赔偿程序获得赔偿的,不应就已获得赔偿部分再行请求民事损害赔偿。

行政和解中当事人缴纳的行政和解金应当优先用于赔偿投资者损失。对于未造成投资者损失,或者投资者损失难以认定,或者行政和解金在赔偿投资者损失后仍有剩余的,应当上缴国库。

五、举报制度（"吹哨人"制度）

由于证券市场违法违规行为的隐蔽性，监管机构并不总是能够发现违法违规线索，没有线索也就不可能启动调查程序。一些国家的做法是，鼓励证券行业的从业机构内部人士向监管机构提供违法违规线索，监管机构对提供线索并查实者给予奖励，奖励金额相当于处罚金额的10%—30%。这种做法也被称为"吹哨人制度"（whistleblower）。[1]

2019年修改后的《证券法》第176条第一次规定了举报制度：

对涉嫌证券违法、违规行为，任何单位和个人有权向国务院证券监督管理机构举报。

对涉嫌重大违法、违规行为的实名举报线索经查证属实的，国务院证券监督管理机构按照规定给予举报人奖励。

国务院证券监督管理机构应当对举报人的身份信息保密。

2014年证监会已经制定了《证券期货违法违规行为举报工作暂行规定》。为鼓励举报人提供证券期货违法违规线索，根据规定，建立了举报奖励制度。对于符合奖励条件的一般举报，给予不超过10万元的奖励；对于举报在全国有重大影响或罚款金额特别巨大的，奖励金额不受上述限制，但最高不超过30万元。2020年修订后，又新增了内部人员提供重大线索的，最高奖励额度不超过60万元。

---

[1] 参考刘士余主编：《美国金融监管改革概论——〈多德-弗兰克华尔街改革与消费者保护法案〉导读》，中国金融出版社2011年版，第121—122页。

六、监管协调

多家金融监管机构之间的协调,前面在讲分业经营、分业监管时提到了。金融市场,尽管仍然是分业经营,但是不同行业之间的风险传递还是会存在的。监管机构之间需要协调,需要合作。证监会应当与国务院其他金融监督管理机构建立监管信息共享机制,尤其是与中央银行之间的信息共享是最基础的。国务院已经建立了金融稳定委员会。

七、跨境监管合作

随着跨国跨境的证券发行与交易活动增加,尤其跨境发行证券的出现,世界各国、不同法域监管当局之间也加强了协调合作。法律对这个问题也有所规定,证监会可以和境外的监管机构建立监督管理的合作机制,实施跨境监督管理。

具体来讲包括以下情况,中国境内注册的企业到境外发行股票或者债券,比如说到美国、新加坡等地发行股票,要遵守发行地、上市地的有关法律,并接受当地监管机构的监管。当地监管机构有时候无法对上市公司进行有效的调查,因为企业不在当地经营或者主要管理层人员不在当地。对中国企业的调查,需要中国官方的某种合作。反过来,境外的企业来中国发行股票,监管机构也会遇到类似问题。这就需要各法域监管当局的合作。还有一种情况是跨境的交易,尤其现在我们内地和香港地区的证券市场,已经有了所谓沪港通、深港通,内地居民可以通过这样一个渠道去购买在香港地区上市交易的股票,香港投资者也可以在香港的证券交易所购买在上海证券交易所或者深圳证券交易所上市交易的股票。在这种情况下,实际上是有跨境的交易,也需要监管机构直接的合作协调。现在还有沪伦通,就是上海证券交易所和伦敦证券交易所进行合作。目前,证监会已经和60多个国家和地区的监管机构签订了合作备忘录,但有时候合作得并不是很好,还需要不断的改进、提高。

举个例子,有企业在美国上市,它违反了当地的证券法规或者上市规则。美国的证监会要求在美上市企业的审计机构交出审计底稿。上市公司的年度报告,尤其财务报告是要经过会计师事务所审计的,会有一个工作底稿。学法律的同学将来有做律师的话也类似,做证券业务大多时候要出一个律师的法律意见书,但是意见书不是凭空而来的,要有一个工作底稿,工作底稿记载了工作过程和工作过程中获得的原始资料,说明你是如何工作的,这个工作底稿必须留存备查。境内企业在美上市,审计是在境内,审计底稿也存放在境内。美国的证监会要看审计底稿,会计师事务所说审计底稿是商业秘密,或者依照中国法律不能带出中国境内。这样实际上就影响了监管机构监管目标的实现,或者影响法院的判决,它看不到这东西,有些东西查不清楚,这种情况下,可能会作出不利的推断。中美证券监管机构之间就审计检查的问题仍存在争议。我国的基本立场是,中国证券监管机构迄今已向美国证券监管机构提供了多家在美上市中国公司的审计工作底稿。我们认为,中国法律法规要求的实质是,审计工作底稿等信息交换应通过监管合作渠道进行,这是符合国际惯例的通行做法。

内地和香港地区已经先后签署多份合作备忘录。2019年7月3日,中华人民共和国财政部、证监会、香港证券及期货事务监察委员会签署合作备忘录,对香港证券及期货事务监察委员会调取香港会计师事务所审计内地在港上市公司的审计工作底稿作出了安排,进一步细化和完善了两地监管合作机制。

《证券法》第177条规定:

国务院证券监督管理机构可以和其他国家或者地区的证券监督管理机构建立监督管理合作机制，实施跨境监督管理。

境外证券监督管理机构不得在中华人民共和国境内直接进行调查取证等活动。未经国务院证券监督管理机构和国务院有关主管部门同意，任何单位和个人不得擅自向境外提供与证券业务活动有关的文件和资料。

《证券法》第177条第2款的规定是禁止某些行为，在不违反禁止规定的前提下如何进行监管合作？就是要把表面上的禁止规范转换为授权的规范，只要不越界，还是有空间的。比如不得直接调查取证，那么是不是可以合作共同调查取证？合作的具体程序是什么？不得擅自提供文件资料，那经过监管机构同意就可以提供，提供程序是什么？这些都是可以探讨的。

八、对监管者的监管

监管者会犯错误，无论是无心之失还是故意，是专业能力欠缺还是错误的信念。监管者需要被监督。制度不能假定监管者不会犯错误或者监管者都是圣人。

监管者会犯错，其一，因为腐败。市场上的交易者是贪婪的，掌握权力的人亦是如此。中国的证券监管机构前几年多位高官因腐败被查处。其二，监管者的"旋转门"。一些在监管机构工作的人员离开监管机构后会到被监管机构任职，其在监管机构任职时可能已经预留了后路，放纵违法行为。其三，监管者可能被俘获。在长期与被监管者交往中，监管者可能受到被监管者关于行业运行逻辑的影响，成为行业利益的代言者，而不是行业的监管者。其四，监管者可能受到某种存在误区的理论的支配。任何人都会受到某种思潮的支配而不自知，在此情况下监管者可能犯下错误。

如何让监管者捍卫公众的利益是一项长期的课题，也很难有终局的答案。[1]我国《证券法》179条第2款规定，"国务院证券监督管理机构工作人员在任职期间，或者离职后在《中华人民共和国公务员法》规定的期限内，不得到与原工作业务直接相关的企业或者其他营利性组织任职，不得从事与原工作业务直接相关的营利性活动"。

第四节　证券市场的自律组织

所谓自律是自我约束，自我管理，不是他律。政府监管机构的监管对证券行业来说是他律，市场或行业自己的管理、自己的约束称为自律。自律具有专业性，但也可能存在偏袒。自然正义要求一个人不能自己做自己的法官。因此，自律存在局限，需要政府监管，但政府监管的存在，并不消灭自律监管，仍应当容许自律监管的存在。证券市场自律监管包括行业协会、交易所等非官方机构对各自会员、对自己职能范围的有关主体及其活动的监督、约束。交易所对会员和上市公司等的约束此处不作介绍。协会包括证券业协会、基金业协会、上市公司协会等，这里主要介绍法律有规定的证券业协会和基金业协会。

一、证券业协会

《证券法》第十一章对证券业协会作了规定。

1. 证券业协会的性质

《证券法》第164条第1款规定，证券业协会是证券业的自律性组织，是社会团体法人。

---

[1]　推荐阅读：詹姆斯·R. 巴斯、小杰勒德·卡普里奥、罗斯·列文：《金融守护人：监管机构如何捍卫公众利益》，杨农等译，生活·读书·新知三联书店2014年版。

稍微解释一下，证券业协会属于法律上讲的社会团体，是非营利性的法人。社会团体必须由会员或成员组成。证券业协会的会员没有个人，都是法人，一般称为团体会员或单位会员。

2. 法定会员强制入会制

证券公司应当加入证券业协会，会员主要是证券公司。除了证券公司之外，证券投资咨询机构等其他的从业者也可以是证券协会的会员。虽然是协会，但并不是完全自愿入会。中国这一类的协会还是不少的，比如说大家是学法律的，将来不少人会有机会做律师，律师协会也是强制入会，不是自愿入会。也有一些行业协会是自愿入会的，只有少数一些行业协会属于法定协会，法律直接规定要求相关主体必须加入，证券业协会与基金业协会都属于法定协会，所以是强制入会。

法定会员，经证监会批准设立的证券公司应当在设立后加入协会，成为法定会员。

普通会员，依法从事证券市场相关业务的证券投资咨询机构、证券资信评级机构、证券公司私募投资基金子公司、证券公司另类投资子公司等机构可以申请加入协会，成为普通会员。

特别会员，这些机构可以申请加入协会成为特别会员：证券交易所、金融期货交易所、证券登记结算机构、证券投资者保护基金公司、融资融券转融通机构；各省、自治区、直辖市、计划单列市的证券业自律组织；依法设立的区域性股权市场运营机构。

3. 证券业协会的组织机构

证券业协会的权力机构为全体会员组成的会员大会。证券业协会章程由会员大会制定，并报国务院证券监督管理机构备案。

证券业协会设理事会。理事会成员依章程规定由选举产生。

第四章　证券监管与执法

理事会是会员大会的执行机构，在会员大会闭会期间领导协会开展日常工作，对会员大会负责。理事会由会员理事和非会员理事组成。会员理事由会员单位推荐，经会员大会选举产生。非会员理事由证监会委派。非会员理事不超过理事总数的1/5。

协会设会长一名，专职副会长和兼职副会长若干名。会长、专职副会长由证监会提名，兼职副会长从会员理事中遴选，由理事会选举产生。

协会根据需要设秘书长一名、副秘书长若干名。秘书长、副秘书长协助会长、副会长工作。秘书长、副秘书长由证监会推荐。秘书长为专职。

4. 证券业协会履行的职责

协会，它首先应该是服务会员，维护会员的权利。其次是自律管理，维护行业纪律。证券法规定，证券业协会的职责包括：

（1）教育和组织会员及其从业人员遵守证券法律、行政法规，组织开展证券行业诚信建设，督促证券行业履行社会责任；

（2）依法维护会员的合法权益，向证券监督管理机构反映会员的建议和要求；

（3）督促会员开展投资者教育和保护活动，维护投资者合法权益；

（4）制定和实施证券行业自律规则，监督、检查会员及其从业人员行为，对违反法律、行政法规、自律规则或者协会章程的，按照规定给予纪律处分或者实施其他自律管理措施；

（5）制定证券行业业务规范，组织从业人员的业务培训；

（6）组织会员就证券行业的发展、运作及有关内容进行研究，收集整理、发布证券相关信息，提供会员服务，组织行业交流，引导行业创新发展；

（7）对会员之间、会员与客户之间发生的证券业务纠纷进行调解；

（8）证券业协会章程规定的其他职责。

根据章程，证券业协会依据行政法规、中国证监会有关要求，行使下列职责：

（1）制定证券业执业标准和业务规范，对会员及其从业人员进行自律管理；

（2）负责证券业从业人员资格考试、执业注册；

（3）负责组织证券公司高级管理人员、保荐代表人及其他特定岗位专业人员的资质测试或胜任能力考试；

（4）负责对首次公开发行股票网下投资者进行注册和自律管理；

（5）负责非公开发行公司债券事后备案和自律管理；

（6）负责场外证券业务事后备案和自律管理；

（7）行政法规、证监会规范性文件规定的其他职责。

根据章程，协会依据行业规范发展的需要，行使下列自律管理职责：

（1）推动行业诚信建设，督促会员履行社会责任；

（2）组织证券从业人员水平考试；

（3）推动会员开展投资者教育和保护工作，维护投资者合法权益；

（4）推动会员信息化建设和信息安全保障能力的提高，经政府有关部门批准，开展行业科学技术奖励，组织制定行业技术标准和指引；

（5）组织开展证券业国际交流与合作，代表中国证券业加入相关国际组织，推动相关资质互认；

（6）对会员及会员间开展与证券非公开发行、交易相关业

务活动进行自律管理;

(7) 其他涉及自律、服务、传导的职责。

二、基金业协会

1. 性质

基金行业协会是证券投资基金行业的自律性组织,是社会团体法人。

2. 会员

会员是单位会员。基金管理人、基金托管人应当加入基金行业协会,基金服务机构可以加入基金行业协会。

会员分为普通会员、联席会员、观察会员、特别会员。

公募基金管理人、基金托管人、符合协会规定条件的私募基金管理人,加入协会,成为普通会员。基金服务机构加入协会,成为联席会员。不符合普通会员条件的其他私募基金管理人,加入协会,成为观察会员。

证券期货交易所、登记结算机构、指数公司、经副省级及以上人民政府民政部门登记的各类基金行业协会、境内外其他特定机构投资者等,加入协会,成为特别会员。

3. 组织机构

基金行业协会的权力机构为全体会员组成的会员大会。基金行业协会章程由会员大会制定,并报国务院证券监督管理机构备案。会员大会行使选举和罢免理事、监事,审议理事会工作报告、监事会工作报告和财务报告,制定和修改会费标准等职权。

基金行业协会设理事会,为会员代表大会闭会期间的执行机构。理事会由会员理事和非会员理事组成。理事可连选连任。会员理事由会员代表大会选举产生。非会员理事由证监会委派。

会长、专职副会长由证监会提名,理事会选举产生;兼职副会长由会长从会员理事中提名,理事会选举产生;监事长、副监事长由监事担任,监事会选举产生;秘书长由证监会推荐,会长提名,理事会选举产生;副秘书长由证监会推荐,会长提名,理事会决定。

4. 职责

(1) 教育和组织会员遵守有关证券投资的法律、行政法规,维护投资人合法权益;

(2) 依法维护会员的合法权益,反映会员的建议和要求;

(3) 制定和实施行业自律规则,监督、检查会员及其从业人员的执业行为,对违反自律规则和协会章程的,按照规定给予纪律处分;

(4) 制定行业执业标准和业务规范,组织基金从业人员的从业考试、资质管理和业务培训;

(5) 提供会员服务,组织行业交流,推动行业创新,开展行业宣传和投资人教育活动;

(6) 对会员之间、会员与客户之间发生的基金业务纠纷进行调解;

(7) 依法办理非公开募集基金的登记、备案;

(8) 协会章程规定的其他职责。

最近几年,私募基金管理机构的登记和私募基金的备案工作是基金业协会备受关注的工作。

第五章

证券的范围与定义

第一节 典型证券

我国《证券法》未对证券做定义,采取列举加授权认定的方式界定证券的范围。

《证券法》第 2 条第 1 款规定:

在中华人民共和国境内,股票、公司债券、存托凭证和国务院依法认定的其他证券的发行和交易,适用本法;本法未规定的,适用《中华人民共和国公司法》和其他法律、行政法规的规定。

一、股票

1. 概述

《公司法》第 125 条规定:

股份有限公司的资本划分为股份,每一股的金额相等。
公司的股份采取股票的形式。股票是公司签发的证明股东所持股份的凭证。

这是《公司法》关于股票的法定定义。但这一定义并没有完全揭示股票作为证券的特性，只是从公司法的角度做的界定。

股票属于有价证券的一种，从权利内容来说，股票代表的是股东权；股东权记载在证券之上，转让证券就要转让股东权，转让股东权需要交付证券。证券就代表了权利，权利和证券一体化，通常叫作权利的证券化。证券具有要式性，就是指证券的内容和格式必须符合法律规定。成为证券，意味着转让自由，即持有者无须公司同意就可以转让。对于转让自由的限制，证券法和公司法都有所规定，此处不展开。

2. 股票的分类

（1）纸质股票与电子股票。股票可以采取纸质形式与其他非纸质形式。在我国，公开发行的股票都采取了非纸质形式，即电子记账形式。传统上股票都是纸质股票，要印出来的。现在技术发达了，股票都是记账股票，而且记账是电子记账，就是一个电子符号。一般炒股票的投资者，在手机上下载一个证券公司的APP，通过人脸识别等技术就可以认证身份、远程开户（开立证券账户）。开户就是一个电子账户，给一串数字，投资者买了股票也是记在这个账上。在交易的手续上，电子股票和传统的纸质股票不一样，电子股票不涉及实物交割的问题，它就是一个电子交易，手续简单快捷。电子形式在法律上是新形式的书面。电子记账股票对证券登记结算机构等相关方面提出了新要求，要求证券交易系统、登记结算系统要高度安全、可靠、稳定，防止病毒、黑客侵入、系统的崩溃以及电子信息的丢失，要备份账户信息、交易信息等。

（2）记名股票和无记名股票。股票上记载持有者名称或姓名的是记名股票，股票上不记载持有者名称或姓名的是无记名股票。公司法规定向发起人和法人发行的股票应为记名股票。

第五章　证券的范围与定义

目前向公众投资者包括自然人和一般法人公开发行的股票采取无记名股票形式。

（3）面额股票和无面额股票。根据在股票的票面上是否标明面值来区分，如果股票票面不标明面值即无面额股票，相反则是面额股票。我国法律要求股票标明面值，并且通常是一股一元面值。当然一股一元是个惯例，而不是法律规定，有极个别的公司采取了一股一分钱。这样的做法在市场上有时候可能会引人误解，但是由于股票的交易价格和面额完全没有关系，影响也不大。有些国家的法律承认无面额股票。那么股票市场价跟面额有什么关系呢？可以说没有任何关系，股票面额与每股净资产也没有关系，因为净资产是变动的。股票面额失去意义，不标明面值，只标明是股票数额就可以了。

（4）普通股和特别股。持有普通股的股东，拥有正常的、一般的股东权利，也就是决策权、知情权、分享红利的权利等。正常来说，普通股一股一权，每一股份拥有一个表决权，或者说每一股拥有相同的表决权。特别股主要有两大类，优先股与超级表决权股，也可以有其他特别股。

3. 优先股

优先股是说，优先股股东在顺序上先于普通股股东分取公司的红利，公司赚了钱，要先给优先股股东分红，优先股股东分红之后，如果还有剩余利润才能给普通股股东分红。所以优先主要是指在分红顺序上优先。分红标准，在发行优先股时发行公开文件中会定一个比例（股息率），可以是确定比例，也可以是可浮动的比例。还有一点优先，是在公司清算时，优先股股东优先于普通股股东分配公司剩余财产。持有优先股的股东不享有表决权，正常召开股东会时，优先股股东无权投票，当然也会有特殊规则，在一定条件下，优先股股东也可以投票。

优先股股东的地位，实际上接近于债权人，优先股接近于债券。如果公司连续二年或者三年根据约定，没有给优先股股东分红，这时候优先股股东就可以享有投票权。

2013年11月30日《国务院关于开展优先股试点的指导意见》发布，根据该指导意见，我国目前优先股的基本制度具体如下。

（1）优先股的含义。优先股是指依照公司法，在一般规定的普通种类股份之外，另行规定的其他种类股份，其股份持有人优先于普通股股东分配公司利润和剩余财产，但参与公司决策管理等权利受到限制。除《国务院关于开展优先股试点的指导意见》另有规定以外，优先股股东的权利、义务以及优先股股份的管理应当符合公司法的规定。试点期间不允许发行在股息分配和剩余财产分配上具有不同优先顺序的优先股，但允许发行在其他条款上具有不同设置的优先股。

（2）优先分配利润。优先股股东按照约定的票面股息率，优先于普通股股东分配公司利润。公司应当以现金的形式向优先股股东支付股息，在完全支付约定的股息之前，不得向普通股股东分配利润。

公司应当在公司章程中明确以下事项：①优先股股息率是采用固定股息率还是浮动股息率，并相应明确固定股息率水平或浮动股息率计算方法；②公司在有可分配税后利润的情况下是否必须分配利润；③如果公司因本会计年度可分配利润不足而未向优先股股东足额派发股息，差额部分是否累积到下一会计年度（累积优先股与非累积优先股）；④优先股股东按照约定的股息率分配股息后，是否有权同普通股股东一起参加剩余利润分配（参与优先股与非参与优先股）；⑤优先股利润分配涉及的其他事项。

（3）优先分配剩余财产。公司因解散、破产等原因进行清算时，公司财产在按照公司法和破产法有关规定进行清偿后的剩余财产，应当优先向优先股股东支付未派发的股息和公司章程约定的清算金额，不足以支付的按照优先股股东持股比例分配。

（4）优先股转换和回购。公司可以在公司章程中规定优先股转换为普通股、发行人回购优先股的条件、价格和比例。转换选择权或回购选择权可规定由发行人或优先股股东行使。发行人要求回购优先股的，必须完全支付所欠股息，但商业银行发行优先股补充资本的除外。优先股回购后相应减记发行在外的优先股股份总数。

（5）表决权限制。除以下情况外，优先股股东不出席股东大会，所持股份没有表决权：①修改公司章程中与优先股相关的内容；②一次或累计减少公司注册资本超过10%；③公司合并、分立、解散或变更公司形式；④发行优先股；⑤公司章程规定的其他情形。上述事项的决议，除须经出席会议的普通股股东（含表决权恢复的优先股股东）所持表决权的2/3以上通过之外，还须经出席会议的优先股股东（不含表决权恢复的优先股股东）所持表决权的2/3以上通过。

（6）表决权恢复。公司累计3个会计年度或连续2个会计年度未按约定支付优先股股息的，优先股股东有权出席股东大会，每股优先股股份享有公司章程规定的表决权。对于股息可累积到下一会计年度的优先股，表决权恢复直至公司全额支付所欠股息。对于股息不可累积的优先股，表决权恢复直至公司全额支付当年股息。公司章程可规定优先股表决权恢复的其他情形。

（7）与股份种类相关的计算。以下事项计算持股比例时，仅计算普通股和表决权恢复的优先股：①根据公司法规定请求召开临时股东大会；②根据公司法规定召集和主持股东大会；

③根据公司法规定提交股东大会临时提案;④根据公司法规定认定控股股东。

4. 超级投票权股与双层股权结构、公司治理

关于另外一种特别股,目前并没有一个规范的说法,我们可以称为超级表决权股,这种股票一股可以拥有多个投票权,或者叫复数表决权,每股具体是多少表决权不一定,由公司章程规定,有的公司可能规定一股有十个表决权,也有的公司规定一股有五个表决权。在这种表决权差异,或所谓同股不同权的制度安排下,一般的股东持有的普通股是一股一权或一股一票,而公司的创始人兼 CEO 或其他一些董事、高级管理人员持有的股票一股拥有复数表决权或多倍表决权,这种股权结构称为双层股权结构,拥有表决权的股东分类别,每类股东每股的表决权数存在差异,但是在公司分红时,超级表决权股与普通股的权利相同,两类股票每股的分红比例和顺序一般也是相同的。还有一种安排,公司面向公众投资者发行无表决权的普通股,而公司创始人持有表决权股。我国《公司法》没有直接规定双层股权结构或差异表决权安排。《公司法》授权国务院可以规定特别股。

《公司法》第 131 条规定:

> 国务院可以对公司发行本法规定以外的其他种类的股份,另行作出规定。

国务院目前对特别表决权股票没有专门规定,但在经国务院同意、证监会发布的上海科创板的实施意见中容许这一制度存在,证监会的有关规定中承认这一安排。《国务院办公厅转发证监会关于开展创新企业境内发行股票或存托凭证试点若干意见的通知》(国办发〔2018〕21 号)也承认公司表决权差异的

安排，这是为了吸引一些在境外上市的中国企业回到中国境内上市作出的制度安排。我们经常用到的网络服务涉及一些公司，如阿里巴巴、新浪、微博、网易、腾讯、京东等这些互联网公司，大都是在境外尤其是在美国发行股票并且上市的。其中有一些公司，如最典型的就是阿里巴巴，在境外发行股票时，它的股票是分两种的，一种是普通股，另一种就是少数股东所谓阿里巴巴合伙人持有的具有复数表决权的股票，一股有十个表决权，公司的总股份中可能有20%或者30%的股份是属于有复数表决权的股份。这种安排的目的是什么呢？少数股东虽然拥有的股票比例比较低，但是拥有的表决权数比较多，能够以较低比例的股份拥有对公司的决策控制权。在这一安排下，公司在获得融资引入股东的同时，公司创始人仍保留对公司的控制权，有利于防止公司被恶意收购。例如，股东持有20%的股票，如果按照一股一权的话，开股东会时，20%的股票就是20%的投票权，并不占优势。如果一个或几个少数股东合并拥有20%的股票，而一股有十个表决权，其余普通股是一股一权，20%的股权对应200个表决权，表决权比例约71.4%，其余80%的股权拥有80个表决权，表决权比例约28.6%。

参考资料：

京东2014年在美上市时采取了双重股权结构，A类股每股有1个投票权，B类股每股有20个投票权。据2018年报，刘强东持有15.4%的B类股和少量A类股。员工持股平台持有B类股1.2%，投票权由刘强东行使。其他股东持有的股票都是A类股。腾讯旗下Huang River Investment Limited持股17.8%为京东第一大股东，投票权只有4.5%。

京东的公司章程规定：B类股可由持有人随时转换为A类股，但在任何情况下A类股不可转换为B类股。一旦B类股的持有人将其转让给非其附属机构的任何个人或实体,该 B 类股则自动立即转换为相同数量的 A 类股。当刘强东不再担任京东的董事和首席执行官时,所有 B 类股将自动并立即转换为同等数量的 A 类股。

阿里巴巴当初拟在香港上市,但是当时的香港联合交易所不允许双层股权结构公司上市,随后阿里巴巴到美国上市。后来香港联合交易所为了吸引互联网科技公司、新兴生物科技公司等到香港上市,修改了规则,现在也允许双层股权结构的公司上市。

双层股权结构违反一般的一股一权(一股一票)、普通股平等的原则。但有些国家的公司法允许公司股东自由安排股东权利,股票可以有多种类别,尤其是非上市公司的章程可以对股权类别作灵活的安排。一股一权、普通股平等是大多数上市公司采取的制度安排。采用双层股权结构的安排在上市公司中属于少数派。多数证券交易所不允许或者不倾向双层股权结构的公司上市。过去是有些家族企业担心控制权分散而采取双层结构,近些年一些新兴互联网公司、高科技公司上市采用了双层结构,相对而言此类公司仍是少数。

双层股权结构的实质合理性在于,维系公司的长期持续经营的决策不能依靠大众投资者,只能寄望于少数精英决策者,但在公司的发展过程中,随着公司不断融资、发行股票,公司创始股东的股权比例在下降,按照一股一票的规则,公司创始股东同时也是公司的经理人就会失去对公司的控制权。如果采用双层股权结构,因为公司创始股东拥有复数表决权股票,所以其仍然能够维持对公司的控制。据了解,不少知名公司的成长和壮大,与其关键人物的领导有密切联系,如微软公司的比尔盖茨、美国苹果公司的乔布斯、美国通用汽车公司的韦尔奇

第五章 证券的范围与定义

等。不少企业是在个别出类拔萃的经理人领导下成长为卓越企业。就此而言,赋予少数精英经理人股东超级投票权具有合理性。但是创始股东或拥有超级权力的经理人一旦出现失误,也会导致公司遭受灾难。正像马克斯·韦伯所谓的"克里斯马型"统治,这种统治具有不稳定性、不可持续性。关键性人物一旦死亡,其原有的统治方式就难以维系。因此,双层股权结构也存在明显的弊端。如何制约、监督拥有超级投票权的少数经理人股东是一个需要解决的问题。过去一些经济学者研究了双层股权结构对上市公司绩效的影响,认为采取此种制度的公司绩效并不高。目前对双层股权结构一般采取的限制措施包括:①持有超级投票权的股东转让其持有的股票,所转让的股票对应的投票权即恢复一股一票;②该股东死亡或离开其经理人职位,其所持股票也要恢复一股一票,超级投票权股票不能继承。还有人主张此类超级投票权股票应规定一个存续期,不能无限期存在。有人将此类安排称为日落条款。关于双层股权结构,现在没有层级更高、更全面的统一规定。

4. 流变的股东与长存的公司

上市公司的股票可以自由转让,也就是股东是不断流变的。普通股股东拥有投票权,可参加股东大会就公司的重大事务进行表决。在实践中会出现的问题是,参加股东大会投票的股东,可能是在投票之前较短时间才购买公司股票的,可能在投票结束之后就会将股票卖出,不再是公司的股东,作为较短时间持股的股东有权投票但并不需要为公司的长期持续经营负责,但其参与决策的事务将继续影响公司的经营。流变的股东、短暂的股东与公司的持续稳定经营之间是容易发生冲突的。当然这一部分股东通常是小股东,控股股东地位的变化要经过上市公司收购程序。中国证券市场确实也出现过这类案例,一些投资者在证券市场买入上市公司股票,或者短期投资持有上市公司股票,试图影响上市公司决策。

有些国家的公司法有一些特别的制度创新,鼓励股东长期持有公司股票,例如,允许公司根据股东持股时间长短确定不同的投票权数,持股时间达到一定年限的股东每股拥有较多的投票权,持股时间越长,对应股票的投票权数越多。此种股票可称为随持股时间增长投票权数也持续增加的股票。

5. A股和B股

这是中国境内目前存在的两种股票,A股、B股从法律的权利上讲都属于普通股。A股、B股这种说法怎么来的?可以说因为有了B股,才有了A股。如果没有B股,A股就没有意义了。两种股票到底有什么不一样?B股是特殊的,B股正式的名称是人民币特种股票,中国境内注册公司对境外发行的以人民币标明面值但以外币认购、买卖,在境内上交所或深交所上市交易的股票。B股与前面讲的特别股是不一样的,持有B股的投资者是普通股股东,权利上讲是普通股。从1991年开始,我国为了吸引外资,有些境内公司面向中国境外的投资者发行股票,投资者以外币认购这种股票(以美元或者港币来认购),对应的这种股票称为B股。既然发行是面向境外投资者发行,B股在早期交易的时候,也只有境外投资者可以参与交易。买卖是以外币来交易,面值是人民币,但是交易时候是按外币结算的。随着我国的证券市场、外汇制度逐步改革,2001年2月19日,B股市场对内开放,·准许持有合法外汇的境内居民自由开户买卖B股。也就是说,中国境内居民包括个人和公司,有时候居民不是纯粹指个人,如果有外汇也可以买卖B股。目前在市场上只有100余只B股,相对3000多家的上市公司来说只是少数,有些公司既有A股也有B股。

A股是人民币普通股，我国境内公司面向中国境内投资者发行、在中国境内交易所上市交易的普通股票。将来随着证券市场的开放，也可能出现境外公司在中国境内发行股票并上市的情况。

还有一个常见的概念H股，H股是在香港上市的外资股，是境内公司在香港发行上市的股票。有些境内公司同时在内地和香港或其他国家或地区发行股票，股票同时在内地的证券交易所和香港联合交易所或外国的证券交易所上市。

二、公司债券和可转换债券

《公司法》第153条第1款规定：

本法所称公司债券，是指公司依照法定程序发行、约定在一定期限还本付息的有价证券。

公司债券持有人是公司的债权人，发行债券的公司是债务人。公司债券的利息可以是固定的，也可以是浮动的，随着证券市场的发展，可能会出现关于利息的各种复杂约定。一般认为，公司债券的风险小于股票。

可转换公司债券，是指发行公司依法发行、在一定期间内依据约定的条件可以转换成股份的公司债券。可转换债券仍然是公司债券。

我国的企业债券、金融债券与公司债券在实质法律关系上并无不同，只是由于历史发展原因，沿用了不同名称，由不同的政府部门监管。

三、政府证券

政府债券的上市交易适用《证券法》。

政府债券通常是财政部门代表政府发行的在约定期限还本

付息的有价证券。政府债券还本付息是由政府的财政收入、所谓国库收入来支撑的。一般来说,在政局稳定的情况下,政府债券的信用较高,高于公司债券,被称为金边债券。政府债券的发行不适用证券法,不需要注册,政府债券在交易所挂牌交易即上市,上市后的交易规则适用证券法和交易所的规则。

四、认股权证与权证

认股权证,认购股票的权利的凭证,持有人拥有购买特定公司发行的股票的权利,因为大多数情况下,投资者不容易购买到公司新发行的股票,需要抽签确定,所以拥有未来确定的能够认购到某公司股票的机会也就有了价值,拥有的这种机会也可以交易。

在我国现实中,国务院没有依法认定过认股权证,证监会以某种方式规定了权证或曾认可某种权证。

证监会在《上市公司证券发行管理办法》中规定了分离交易的可转换公司债券,其中的公司债券和认股权证分别符合证券交易所上市条件的,应当分别上市交易。认股权证上市交易的,认股权证约定的要素应当包括行权价格、存续期间、行权期间或行权日、行权比例。

2005年7月,上交所和深交所经证监会批准分别发布权证管理暂行办法。根据该办法,权证是指标的证券发行人或其以外的第三人发行的,约定持有人在规定期间内或特定到期日,有权按约定价格向发行人购买或出售标的证券,或以现金结算方式收取结算差价的有价证券。该权证实际是一种衍生证券。认购权证,是发行人发行的,约定持有人在规定期间内或特定到期日,有权按约定价格向发行人购买标的证券的有价证券。认沽权证,是发行人发行的,约定持有人在规定期间内或特定到期日,

第五章 证券的范围与定义

有权按约定价格向发行人出售标的证券的有价证券。

权证有两个主要特点：一是权证表征了发行人与持有人之间存在的合同关系，权证持有人据此享有的权利与股东享有的股东权在权利内容上有着明显的区别，即除非合同有明确约定，权证持有人对标的证券发行人和权证发行人的内部管理和经营决策没有参与权；二是权证赋予权证持有人的是一种选择的权利，而不是义务，与权证发行人有义务在持有人行权时依据约定交付标的证券或现金不同，权证持有人完全可以根据市场情况自主选择行权还是不行权，而无须承担任何违约责任。

根据不同标准权证可以做不同分类：

第一，以发行人为标准，可以分为公司权证和备兑权证。公司权证是由标的证券发行人发行的权证，如标的股票发行人（上市公司）发行的权证。备兑权证是由标的证券如股票发行人以外的第三人（上市公司股东或者证券公司等金融机构）发行的权证。

第二，以持有人的权利性质为标准，可以分为认购权证（向发行人购买标的证券）和认沽权证（向发行人出售标的证券）。

根据深交所规定，在交易所上市的权证，应符合以下条件：

①约定权证类别、行权价格、存续期间、行权日期、行权结算方式、行权比例等要素；

②申请上市的权证不低于5000万份；

③持有1000份以上权证的投资者不得少于100人；

④自上市之日起存续时间为6个月以上，24个月以下；

⑤发行人提供了符合规定的履约担保。

由标的证券发行人以外的第三人发行并在本所上市的权证，发行人应按照下列规定之一，提供履约担保：

①通过专用账户提供并维持足够数量的标的证券或现金，

作为履约担保。

履约担保的标的证券数量=权证上市数量×行权比例×担保系数;履约担保的现金金额=权证上市数量×行权价格×行权比例×担保系数。担保系数由本所发布并适时调整。

②提供经本所认可的机构作为履约的不可撤销的连带责任保证人。

五、证券衍生品种

证券衍生品种不太容易定义,一般理解就是以基础证券为依据而创立的可以交易的一种投资工具。如股票期权,股指期货。股指期货是在中国金融交易所交易的,不是在证券交易所交易,它是和证券、股票密切关联的一种投资工具。根据2019年修改后的《证券法》,证券衍生品种不再由证券法调整,而是由期货法调整。

六、存托凭证

存托凭证,是指由存托人签发、以证券为基础发行、代表基础证券权益的证券。通俗地说,存托凭证,是先存在已经发行的证券(基础证券),将这些证券交给一个机构保管,保管机构称为存托人,存托人签发保管这些证券的收据,这些收据是依据一定程序批量发行的,收据代表所保管的证券,这种收据就是存托凭证(Depository Receipts,简称"DR"),也是可以转让交易的。存托凭证的持有者间接拥有基础证券,是实质上的证券权益人,与直接拥有证券的人享有基本相同的权益。

最初是美国人发明了这种制度,外国公司在美国之外的国家发行了股票或其他证券,这些证券不能在美国交易。为方便美国投资者参与外国证券的交易,将一部分这种证券交给一个金融机构保管,由美国的金融机构基于保管事实签发存托凭证,存托凭证就可以在美国证券市场上交易了。在美国发行的存托凭证通常称为 ADR。中国有少数企业在美国上市就采用了这种方式。

2018 年《国务院办公厅转发证监会关于开展创新企业境内发行股票或存托凭证试点若干意见的通知》(国办发〔2018〕21 号),允许已经在境外发行股票的境内企业或者红筹企业在中国境内发行存托凭证并上市。随后证监会制定了《存托凭证发行与交易管理办法(试行)》。据此通知,存托凭证是指由存托人签发、以境外证券为基础在中国境内发行、代表境外基础证券权益的证券。红筹企业,是指注册地在中国境外、主要经营活动在境内的企业。红筹,红来自红色中国,筹是"chip"的音译。早年为了规避产业政策限制、方便在境外上市等,一些实质上在中国境内经营的企业,其股东在境外设立公司作为控股股东控制境内企业,境外企业在境外发行股票上市,而这些股票的权益和收益实质上最终来源于中国境内企业,这些企业被称为红筹企业,他们发行且在境外上市的股票称为红筹股。红筹股最初主要是香港证券市场的一个说法,并无严格法律定义。如果按照上述通知的规定,红筹股企业的范围就非常广泛了,如一些在美国上市的知名互联网公司:新浪、搜狐等也可以称为红筹企业。其实还有一个更流行的说法——中概股。

按照《国务院办公厅转发证监会关于开展创新企业境内发行股票或存托凭证试点若干意见的通知》,在境内发行存托凭证并上市交易,基础证券发行人即所谓红筹企业,应符合中国《证券法》关于股票等证券发行的基本条件。表面看,发行存托凭证似乎并不需要境外基础证券的发行人直接参与,其他人从市场上购买基础证券然后由存托人发行存托凭证即可。但实际上,存托凭证持有人权益与境外基础证券发行人是关联的,存托凭证的上市地或交易所通常要求存托凭证代表的基础证券的境外发行人满足一定条件、需要披露信息等，而且很多企业通过存托凭证的公开发行筹集资金。上述通知要求红筹企业应参与存托凭证发行，依法履行信息披露等义务，并按规定接受证监会及证券交易所监督管理。进一步说，基础证券发行人为实质上的证券发行人，其控股股东、董事、高级管理人员等应遵守证券法规定、遵守信息披露的规定。

存托凭证基础财产包括境外基础证券及其衍生权益，是签发存托凭证的依据，存托凭证不能凭空创造。在境外发行的基础证券由存托人持有，存托人可在境外委托金融机构担任托管人（可理解为直接保管人）。托管人负责托管存托凭证基础财产，并负责办理与托管相关的其他业务。存托人和托管人实质上为信托法的受托人，他们应为存托凭证基础财产单独立户，将存托凭证基础财产与其自有财产有效隔离、分别管理、分别记账，不得将存托凭证基础财产归入其自有财产，不得违背受托义务侵占存托凭证基础财产。

存托人为中国证券登记结算有限责任公司及其子公司、商业银行、证券公司等，存托人在境内签发存托凭证。

存托人应按照存托协议约定，根据存托凭证持有人意愿行使境外基础证券相应权利，办理存托凭证分红、派息等业务。

存托凭证持有人依法享有存托凭证代表的境外基础证券权益，并按照存托协议约定，通过存托人行使其权利。

存托协议。基础证券发行人、存托人及存托凭证持有人通过存托协议明确存托凭证所代表权益及各方权利义务。投资者持有存托凭证即成为存托协议当事人，视为其同意并遵守存托协议约定。存托协议应约定因存托凭证发生的纠纷适用中国法律法规的规定，由境内法院管辖。

第二节　资产支持证券与资产管理产品

一、资产证券化与资产支持证券

事例 1：在大城市多数家庭购买住房需要从商业银行获得贷款，购买的住房抵押给银行。银行发放贷款，银行是债权人，借款的个人是债务人，对银行来说发放的贷款构成银行的资产，即债权资产（信贷资产）。假设甲银行就某住房项目向个人发放住房商业贷款，有 1000 位购房者获得贷款，平均每人贷款额为 350 万元，甲银行发放的贷款总额为 35 亿元，贷款期限大都为 25 年。甲银行的账户上有了 35 亿元的债权资产，但这 35 亿元要在未来 25 年里逐步地一点一点收回，即借款的个人按月归还本金利息。个人的还款对银行而言是一个持续稳定的现金流。银行要继续发放贷款，就需要有新的资金进入银行，但银行很难在短期内吸纳 35 亿元的长期存款。

资产证券化可以给甲银行提供一种解决办法，盘活贷款资产，给银行创造流动性。甲银行可以发起信贷资产证券化项目，以上述 35 亿元的信贷资产设立信托，请乙信托公司作为受托管理人管理该信托，乙信托公司以该信托财产作为依托（为基础）发行受益凭证，投资者购买该受益凭证，该受益凭证就是抵押贷款证券（MBS, mortgage-backed securities），是资产支持证券的一种。发行信托受益凭证获得的资金交给甲银行，而甲银行账户上的 35 亿元债权从其资产负债表剥离变成了信托财产，也可以说甲银行将 35 亿元本金的债权出售，又获得大约 35 亿元的资金，可以再用这些资金发放贷款。购买受益凭证的投资者，按照约定的期限获得固定的本息，相当于持有债券一样。向投资者支付的本息来源于作为信托财产的贷款债权即要求借款人定期还本付息，在资产证券化之后，借款人的债务并不改变，依然要按月偿还本金和利息。

这是关于信贷资产证券化的一个简要说明,在真实的案例中还有其他一些当事人参与。也可以用简要的示意图演示(见图5.1)。

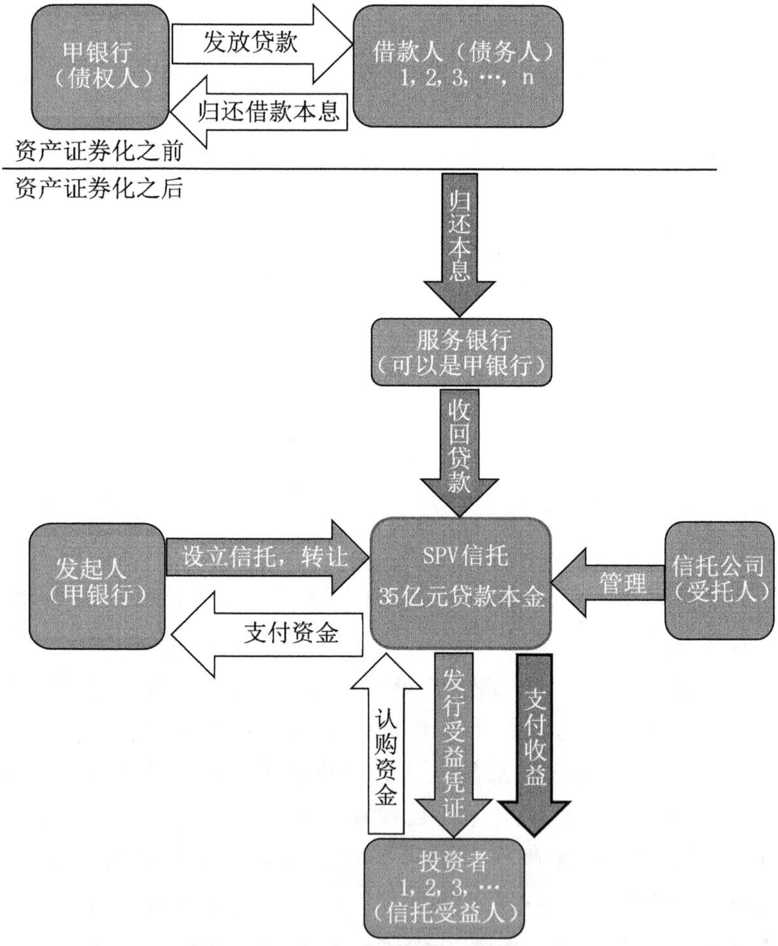

图 5.1 信贷资产证券化示意图

第五章 证券的范围与定义

资产支持证券（ABS，asset based securities，asset backed securities），是资产证券化的产物。某种意义上，我们可以说股票、债券就是经典的资产证券化，股票发行是以公司的真实资产为基础、将资产份额化（平均划分为股份）并且以证券的形式出售给投资者，投资者持有证券的收益来源于公司的资产经营。不过现在讲的资产支持证券是公司股票、债券之外的其他的资产支持证券。资产证券化是以证券形式出售特定资产的结构性融资活动，或者说将特定资产如特定债权等与原来的权利人分离而成为独立的资产，将该资产的价值以证券形式平均化、份额化，此份额化的资产以证券的形式出售给投资者，投资者获得可转让的类似债券的收益权。资产证券化通常采取信托的方式（也可以采取独立的专门成立的公司的形式）来实现资产证券化，所谓特定资产构成独立的信托财产，资产支持证券是代表信托受益权的凭证、代表特定目的信托的信托受益权份额，信托由受托机构管理，受托机构以信托财产的收益向投资者支付资产支持证券收益。资产支持证券从投资者收益的角度看类似债券。商业银行自身也可以成为资产支持证券的投资者。资产证券化还有其他参与者，这里暂作一个简要介绍，在证券发行部分将进一步介绍。

可以证券化的资产主要是贷款、类似贷款的债权、其他金融资产以及其他能自带现金流的财产权益，或者称为能自我变现的资产，这些资产能够与原权益人的其他财产分离，能够独立存在，一般不需要特别复杂的管理和经营就能够产生收益，而资产支持证券的投资者从资产产生的现金流中获得收益。

可以利用资产证券化融资的不仅是商业银行，而且其他金融机构如汽车金融机构、融资租赁公司，以及其他实业企业如基础设施、不动产运营者也可以利用资产证券化获得融资。

资产证券化，对银行来说能够获取现金和流动性，优化资产结构，提高银行资产的流动性，加速信贷资金周转，有助于分散信贷风险。对于其他发起资产证券化的实业经营者，资产证券化能够从资本市场获得融资，并提供新的融资渠道。对资产支持证券的投资者而言，增加了投资品种、投资渠道，能够参与分享经济成长的红利。

提到资产证券化，有人可能会联想到2008年美国的金融危机，在这次危机中经常提到的名词就包括资产证券化，也有人称这次危机为次贷危机。所谓次贷危机是次级贷款证券化引起的危机，引发危机的问题在于作为资产证券化基础的资产是次级贷款，次级贷款本身的信用度就差，造成了资产支持证券的质量差，再加上将资产支持证券再证券化的多级证券化造成信息不透明等和房地产泡沫、信贷收缩等因素共同促成了危机。多级证券化，是指将已经发行的多种资产支持证券重新组合后证券化，或者说就是将资产支持证券作为资产进行证券化。资产证券化作为一种融资技术是中性的，我国的产业证券化仍需要继续。如何防范金融风险是需要注意的问题，但不能因噎废食，不推广资产证券化。

二、资产支持证券、资产管理产品发行、交易的管理办法

《证券法》第2条第3款规定，资产支持证券、资产管理产品发行、交易的管理办法，由国务院依照本法的原则规定。

目前，国务院尚未对资产支持证券的发行、交易制定专门的管理办法，仍是由不同监管机构监管不同的资产支持证券，资产支持证券均面向机构投资者发行，如资产支持证券通过证券交易所发行、交易，由证监会监管。无论在哪一市场，资产支持证券的发行和交易应适用证券法的原则，有基本统一的

规范。

三、资产管理产品

资产管理产品是金融机构替客户理财的一类金融产品，客户提供资金、金融机构提供专业管理，资产增值或亏损，客户需承担风险，金融机构收取一定报酬。资产管理产品是一种证券产品。资产管理产品的具体样式多、涉及机构多，包括商业银行提供的理财产品、证券公司提供的资产管理产品、信托公司提供的信托计划等。本质上，资产管理关系是信托关系。在金融市场自发出现资产管理产品后，监管机构不得不承认这一现象，并制定规章规范资产管理产品。

较早出现的资产管理业务是证券资产管理业务，2005年《证券法》修改时正式承认证券公司可以经批准从事证券资产管理业务。证券资产管理通俗地说是证券公司接受客户委托，用客户的钱为客户炒股票赚钱，收益归客户，证券公司收取一定报酬。

按照2005年银监会发布的《商业银行个人理财业务管理暂行办法》，理财计划是指商业银行在对潜在目标客户群分析研究的基础上，针对特定目标客户群开发设计并销售的资金投资和管理计划。按照客户获取收益方式的不同，理财计划可以分为保证收益理财计划和非保证收益理财计划。这是较早的关于银行理财产品的规章规定。

我国的信托公司从事集合资金信托计划的业务，根据银监会（目前是银保监会）的规定，信托公司的集合资金信托计划，是由信托公司担任受托人，按照委托人意愿，为受益人的利益，将两个以上（含两个）委托人交付的资金进行集中管理、运用或处分的资金信托业务活动。信托公司可以将信托资金运用于证券投资、债权投资、股权投资等。

针对我国金融市场资产管理产品多样化、多机构发行、规范不统一，存在跨市场风险、跨市场套利等问题，2018年4月27日，人民银行、银保监会、证监会、外汇局制定发布了《关于规范金融机构资产管理业务的指导意见》（银发〔2018〕106号，以下简称《资管新规》），统一了资产管理产品的基本规范。

资产管理业务，是指银行、信托、证券、基金、期货、保险资产管理机构、金融资产投资公司等金融机构接受投资者委托，对受托的投资者财产进行投资和管理的金融服务。金融机构为委托人利益履行诚实信用、勤勉尽责义务并收取相应的管理费用，委托人自担投资风险并获得收益。金融机构可以与委托人在合同中事先约定收取合理的业绩报酬，业绩报酬计入管理费，须与产品一一对应并逐个结算，不同产品之间不得相互串用。资产管理业务是金融机构的表外业务，金融机构开展资产管理业务时不得承诺保本保收益。出现兑付困难时，金融机构不得以任何形式垫资兑付。金融机构不得在表内开展资产管理业务。私募投资基金适用私募投资基金专门法律、行政法规，私募投资基金专门法律、行政法规中没有明确规定适用《资管新规》，创业投资基金、政府出资产业投资基金的相关规定另行制定。

资产管理产品包括但不限于人民币或外币形式的银行非保本理财产品，资金信托，证券公司、证券公司子公司、基金管理公司、基金管理子公司、期货公司、期货公司子公司、保险资产管理机构、金融资产投资公司发行的资产管理产品等。依据金融管理部门颁布规则开展的资产证券化业务，依据人力资源社会保障部门颁布规则发行的养老金产品，不适用《资管新规》。

根据《资管新规》的规定，资产管理业务作为金融业务属于特许经营行业，必须纳入金融监管。非金融机构不得发行、销售资产管理产品，国家另有规定的除外。

资产管理产品按照募集方式的不同，分为公募产品和私募产品。公募产品面向不特定社会公众公开发行。公开发行的认定标准依照《证券法》执行。私募产品面向合格投资者通过非公开方式发行。

资产管理产品按照投资性质的不同，分为固定收益类产品、权益类产品、商品及金融衍生品类产品和混合类产品。固定收益类产品投资于存款、债券等债权类资产的比例不低于80%，权益类产品投资于股票、未上市企业股权等权益类资产的比例不低于80%，商品及金融衍生品类产品投资于商品及金融衍生品的比例不低于80%，混合类产品投资于债权类资产、权益类资产、商品及金融衍生品类资产且任一资产的投资比例未达到前三类产品标准。非因金融机构主观因素导致突破前述比例限制的，金融机构应当在流动性受限资产可出售、可转让或者恢复交易的15个交易日内调整至符合要求。

证监会在《资管新规》之后制定了《证券期货经营机构私募资产管理业务管理办法》，取代了之前的规定，新管理办法直接引用了《证券投资基金法》，将证券公司提供的资产管理业务都归为私募资产管理业务，资产管理计划实质上为信托型私募基金。

第三节　非典型证券与证券定义

名实分离是一个常见的现象，为了规避法律的适用，有些人对他们所出售的东西不称呼为证券，他们会说"我出售的是房产""我出售的是果园"等,一个事物仅仅因为没有叫作证券或股票、债券等,就真的不是证券吗?词与物如何对应?实质大于形式,是会计学上的一个原则,是说要透过形式看本质,揭示一个事物实际上是什么,按照它实际的关系来对待。法律通常是看重形式的,如有限公司,股东是夫妻或者父子,但公司的人格与股东的人格是互相独立的,公司的人格不能轻易否认(否认法人人格、刺穿公司面纱是例外)。近年来有一个说法,穿透式核查、穿透式监管,是讲不受形式限制而要看实际的关系,以防止对法律的规避。在其他领域类似问题也是存在的,例如,近几年兴起的网约车是出租车吗?从出租车的定义来讲不是,但从实际提供的服务、消费者获得的服务而言,网约车与出租车又没有实质差异。

本书讨论的证券是投资证券,或称为资本证券。如何定义证券关系到如何防止规避证券法律的适用,不能说仅在名义上称为证券的事物才适用证券法,只要不称为证券就不适用证券法。将一个表面上没有称为证券的交易或事物认定为证券,它的发行人就要按照证券法申报注册或者获得批准,应依法披露信息,未注册、未获批准或者披露不实都应承担法律责任,参与推销活动的相关人员也要按照证券法履行义务、承担责任。这样才能不留漏洞、防范欺诈,周全地保护投资者的权益。

事例2:海航酒店产权式营销方案

海航酒店集团将所属的康乐园度假村的酒店房屋的产权分割为每套客房有独立的产权证,然后将客房以套为单位出售。购买人每年有权免费入住海航全国任何连锁酒店21天。购买人可以采取分期付款方式购买客房。客房被购买后仍由酒店代为管理经营,经营的利润分配给购买人。购买人拥有房屋所有权证,房屋能继承、赠与、转让、抵押。在营销方案中,销售方有这样的计算：一套 41.4 万元的客房，顾客仅需支付首期 12.4 万元，余款可以从银行贷款，25 年期贷款额 29 万元，每月还款 1795 元，每年还款 2.15 万元。酒店保证顾客每年有不低于 6%（2.472 万元）的经营红利回报。

事例 3：碧溪家居广场产权分割转让投资方案

碧溪家居广场位于北京市西三环，其将商业用房大产权分割为若干单元面积的产权，面向社会公开出售。购买者拥有产权，碧溪公司和业主（购买者）委托物业投资公司进行统一经营管理。房屋租金收入扣除管理者的费用后，支付给购买者作为购买者的投资收益。购买者可以自由转让其产权。

以上两个事例可以概括为，由租金保证的房地产销售，租金来自房产的统一出租，购买房产者无权控制出租。

事例 4：果园、庄园计划

1998 年前后，广东、海南等地一些开发商以农林开发的名义，从农民集体或县乡政府手中取得成片土地种植果树或计划种植果树等，然后宣称土地使用权可以分割转让、转租，但买方或承租人须再将果园、庄园委托开发商管理经营，开发商承诺投资回报，买方或承租人并不参与种植、收割和销售。开发商以这种方式向社会不特定对象进行招商引资。

一、消极投资者

上述事例中，出资购买房屋或果园等相关权益的人，其实是抱着投资的目的购买的，所谓投资是期望赚钱，投入的钱能增值；同时也期望权益能以更高的价格转让，赚取差价。

从投资者的角度来说，上述事例中的投资者可以称为消极投资者，他们与典型证券的投资者实际是相同的。

在典型证券的情形下，投资者拿出钱去投资买股票，这个

钱能不能变多？并不取决于他自己，而是取决于他人。在这一意义上，我们称投资者为消极投资者，区别于投资者自己积极管理的、参与的投资。积极投资者是指投资者自己很大程度上能决定是不是赚钱。例如，一个人自己开了一家小店，无论是网上，还是线下，自己当老板，自己当店员，自己雇佣自己，这种情况下赚钱不赚钱，自己有很大的影响力与控制力，当然我们也不能说决定力，就是说即使是自己开店、自己经营，赚钱不赚钱，也不是全都取决于你自己，还要取决于环境、地理位置等很多因素，但是投资者自己应该是在其中起了关键的作用，投资者积极地参与了决策运营。但是作为消极投资者，设想一下，一个人如果买了 10 000 股上市公司燕京啤酒的股票，燕京啤酒开股东会的时候，他是可以参加，但是在股东会上的影响力微乎其微。公司要选谁当董事，这个投资者的影响力可以忽略不计；燕京啤酒公司如何经营决策，这个投资者也没什么影响力。因此，这个投资者是一个消极投资者。大多数股票投资者都属于消极投资者。发行股票的公司赚钱不赚钱、分红多少，取决于公司的董事会、管理层的努力程度、聪明才智。在这个意义上，消极投资者就比较接近信托法上讲的受益人。

上述三个事例中，计划的发起人或出卖者都宣称这些计划是一种投资，对购买者而言实际上也都是在进行投资，但是购买者是属于消极投资者。

二、集资风险与合同法难以解决"集资"问题

对于类似上述事例中的投资者来说，这些投资方式有许多风险。

第一，在现实中，上述这些做法通常属于集资的范畴。对于合法的集资程序我国并没有单一的法律法规作出明确的规定，

结合多个法律，可以总结说，合法集资的途径包括：①经批准成立的商业银行可以吸收公众存款；②经合法批准成立的保险公司可以接受投保收取保费；③信托公司可以从事资金信托；④经证券监管机构或相关主管部门（人民银行、发改委）注册或批准、核准发行股票、债券（包括短期融资券）可以合法筹资；⑤基金公司经注册可以公开发行基金份额来筹集资金；⑥证券公司、期货公司、保险公司及其子公司等合法金融机构可以从事资产管理业务而集资；⑦私募基金管理公司经备案可以开展不公开的资金募集；⑧有限公司、股份公司在不超过人数限制的情况下可以不公开募集资金；⑨政府设立的社保机构、住房公积金机构可以通过规定的途径合法募集资金；⑩经批准的公募慈善基金。除了这些合法的途径之外，公开募集资金的做法就极有可能被作为非法集资来处理。投资者作为非法集资的参与者，其权利得不到有规则可循的确定的保障。

第二，这些投资计划或者投资方案的真实性和可行性存在疑问，并没有可靠的、可信的第三方提供独立意见。在我国，公开发行股票活动中，法律要求律师、注册会计师等专业人员发表意见等，尚出现股票发行人披露信息不真实、有误导和重大遗漏的情况。在这些投资方案的推广、宣传中出现虚假宣传和误导性宣传更是难以避免，对投资的风险披露不充分是更加突出的问题。

第三，投资者的知情权得不到保障。投资者并不参与经营管理，信息不对称显著，对投资项目的实际的经营情况并不了解。投资者只能依靠投资方案发起人或管理人自觉提供的信息，他们如何提供信息、提供哪些信息、是否定期提供信息都不确定，没有强制性的要求。

第四，投资者利益分享权得不到保障。由于知情权没有保障,投资者不了解投资项目的实际收益情况,利益分享权也得不到保障。投资者所购买的份额实际是与同一投资计划下的其他投资者的份额共同管理。

第五,投资者人数众多,分散各地,很难联合起来,没有一种能让他们共同决策和发挥影响力的机制存在。

从以上事例也可以看出,投资方式的多样化需求是很大的,多样化的投资方式的出现有很强的自发性,而且无法一概禁止,会不断出现,即使一时禁止了,过一段时间或几年又会出现。有些"集资活动"侥幸成功了或在短期内成功了,投资者满足于有回报的状态,但也有一些可能由于经营能力太差或市场竞争等原因失败了,也有的项目发起者可能开始就抱着诈骗的心态,这些投资计划或方案就成为骗局。无论是哪种方式,发生纠纷后投资者的权利都无法得到充分的保护。按照非法集资处理,一概禁止,一方面不利于鼓励正当的投资,让投资者承担正常的市场风险,另一方面也并不能有效解决投资者损失赔偿的问题。

三、美国证券法与司法判例对非典型证券的认定

美国 1933 年《证券法》对证券有详尽的定义:

The term "security" means any note, stock, treasury stock, security future, bond, debenture, evidence of indebtedness, certificate of interest or participation in any profit-sharing agreement, collateral-trust certificate, preorganization certificate or subscription, transferable share, investment contract, voting-trust certificate, certificate of deposit for a security, fractional undivided interest in oil, gas, or other mineral rights, any put, call, straddle, option, or privilege on any security, certificate of deposit, or group or index of securities

第五章 证券的范围与定义

(including any interest therein or based on the value thereof), or any put, call, straddle, option, or privilege entered into on a national securities exchange relating to foreign currency, or, in general, any interest or instrument commonly known as a "security", or any certificate of interest or participation in, temporary or interim certificate for, receipt for, guarantee of, or warrant or right to subscribe to or purchase, any of the foregoing.

（这里有些词汇不好翻译，翻译成中文表达可能不太准确；而且美国法律上还有其他条款对这个定义做一些限定。所以这里直接引用原文帮助大家了解这个复杂的定义。）

任何语词都需要解释。尽管这个定义看起来已经很复杂，但是其实际含义取决于SEC的执法者如何具体运用，还取决于在具体案件中法院如何解释、如何判决，因此关于如何界定证券的先例在美国法律实践中居于重要地位。

对于非典型证券，也就是那些表面上并没有称为证券的事物以什么标准或方法确定为证券构成美国证券法研究的重要部分。比如前面讲的购买商铺又回租这样的现象，究竟按什么样的标准来认定这种合同安排构成证券？

1. 豪伊标准（Howey Test）

美国证券法上的"豪伊标准"来自一个案例［SEC v. W. J. Howey Co, 328U. S. 293（1946）］。这个案例的基本案情是，豪伊公司拥有果园，它策划了一套方案，将果园卖给来自各个地方的人，双方签署合同，果园仍然由豪伊公司播种、经营、采摘，收获的水果也由豪伊公司销售，之后豪伊公司会给购买人支付收益。法院判决认为，豪伊公司的投资安排即投资合同构成了证券。

根据判决，可知豪伊标准由几个要素构成。其一，存在投资（investment），就是付出金钱或可以折算为金钱的投入，期望获得回报。其二，期望获得利润（expected profits），付出钱要干什么？不是购买一个消费品，是希望赚钱，钱可以生钱，之所以出钱，最主要的动机就是希望获得利润、获得回报。获得利润主要包括投资收益、高价格转让、重估价值增加等。其三，共同事业（commonality），是说很多个投资者对同一个事业有关联的利益，很多人出钱了，出的钱是放在同一个池子里，投在同一个项目上。钱投在一个项目上之后，按照投的钱的数额计算出份额，每个投钱的人是按照持有的份额来计算收益，收益是按照份额平均的，投入与收益比例相同，每个人投入的钱并不是分别管理的。其四，依赖他人的努力（efforts of others），大家进行投资，但是出钱的人至少是大多数出钱的人失去了对钱如何使用的控制，能否获得利润要依赖他人的努力，此他人就是投资合同的出售人或其关联人。此种投资合同由多个合同文件组合而成。

　　对表面上没有声称是证券的事物，不论当事人采取了哪种模式，或者签署了什么合同或文件，如由一组合同组成的，或者是一组特别的安排组合在一起，只要符合豪伊标准，就构成了投资合同，就属于证券法规定的证券，应该适用证券法，证券监管机构有权执法。这是美国人的一种标准。

　　再举个例子来讲这个事：例如，有人会酿酒，说："我有酿葡萄酒的手艺，如果你们家有种的葡萄，等葡萄成熟了，你可以给我多少斤葡萄，我可以把葡萄酿成葡萄酒。"这个人有酿酒的手艺，没葡萄；酿酒还需要水，某人家有一种矿泉水，还有人家有个水缸，水缸、矿泉水、葡萄，再加上这个人的手艺，由他来负责酿酒。有人可能出了3斤葡萄，有人给了20斤葡萄，还有人给了50斤水，大家给予的水和葡萄都放在一个缸子

第五章　证券的范围与定义

里头。最后这个酒是由有手艺的人来控制、掌握，什么时候该干什么，最后酿出得酒好或者不好、酿出多少酒完全是取决于他，而贡献了葡萄、水的人对是不是能够产出葡萄酒，葡萄酒好喝不好喝，并不能控制。最终如果酒酿出来了，按照一定标准来分酒。不能说，水在酿酒过程中大多数都蒸发了，所以给水的人就少拿一点，葡萄都废弃了，给葡萄的人就少分一点。这样是不行的，而是应当将所有人的投入进行一定的折算之后，按照一定份额来计算每一份额的收益。所有的葡萄都放在一个缸里头了，不能说某人的一斤葡萄出了半斤酒，另一人的一斤葡萄出了一两酒，不能这么去分。投入葡萄、水缸和矿泉水的人就类似消极投资者，他们依赖这个拥有酿酒技术的人，这个人就类似公司的发起人、董事会。这其实是跟投资股票一样的，我们前面提过，买燕京啤酒的股票。一个人买了1万元的股票，另一个人买了2万元的股票，第三个人买了10万元的股票，怎么算？同样类别的股票，每股的收益是相同的。不存在某人的1万股可以拿10%的回报，另一人20万股只可以拿1%的回报，这不可以。大家投资的钱都一样地进入一个公司，进入一个池子里，投资于一个共同的事业，每一个份额收益与风险应该是一样的。

2. 风险资本标准（Risk Capital Test）

美国的一些州法院在豪伊标准的基础上又发展了风险资本，作为判断是否构成的证券的标准也有一定影响力。风险资本由两个要素构成：一是投资者的投资承受事业风险，二是对该风险投资者没有管理性控制。相对而言，风险资本标准是容易满足的，因此其所包括的证券的范围就很广泛。

3. 美国证券定义的运用

在美国证券法的实际中，很多非经典证券（无证券之名）

的事物被认定为证券，从而适用证券法保护投资者权益。

房地产权益可能被认定为证券，如前所述，类似中国碧溪家居广场案例，购买者购买的商铺或其他房产如酒店房间等，购买者并不能单独使用和管理，购买房产后又将房产回租给开发商或其指定人统一管理，购买人对房产是否能产生或产生多少收益并无实质控制。

合伙权益或有限公司的股东权益可能被认定为投资合同即证券，如果合伙人或者股东对企业无法律控制权，例如，仅作为有限合伙人，或实际上没有能力和经验参与管理，或者实际上没有有意义的管理参与或很难替换管理层。也就是说投资者尽管有股东或合伙人之名，但实际是消极投资者。

票据也可能被认定为证券。一般的商业票据（本票）被排除在证券之外，如果本票在真实的交易中为了延期支付而签发，付款期限在9个月之内就不算证券法的证券。如果本票被批量出售给很多人，购买者是为了获得回报，则本票也构成证券法之证券。

当然也有一种情况，在具体的案件中，尽管当事人将之称为证券、股票等，但法院审理案件之后，仍有权根据实际的关系认定这个所谓股票不构成证券法上的证券，不适用证券法。比如有人认购了某合作社股票，但其实是为了获得合作建房的房产使用权，房产不能转让，出资购买的是一个消费品，而不是为了获利，法院认为不属于证券法的证券。

某种投资品种，尽管是或者类似证券，但如有专门法或者其他金融监管机构监管，则就不适用证券法；如果没有其他金融监管机构监管，则一律归在证券法之下，适用证券法。在美国，证券法被当作保护投资者权益的一般法律。

四、我国目前的法律：证券与非法集资

我国证券法目前并没有对证券作出明确的定义。之所以没有，是因为给证券下定义是比较困难的一件事情。我们其实是需要对证券下定义的，否则就会出现一些无法可依的情况。

只有明确属于证券的才适用《证券法》，即正规公司发行股票或债券的适用《证券法》。目前，非典型证券的集资活动如果没有出什么问题，政府可能不去干涉，或者干涉的可能性很低，如果事情闹大了，就按照非法集资来处理。一定程度上我国金融市场、证券市场起步较晚，当时尚没有证券法，对集资问题就采取了就事论事的态度，未经批准的集资就是非法集资，而没有考虑用证券法或投资者保护的路径解决问题。

1995年6月30日全国人大常委会通过了《关于惩治破坏金融秩序犯罪的决定》，设立了非法吸收公众存款罪和集资诈骗罪。随后《中华人民共和国刑法》（以下简称《刑法》）修改吸收了这两个罪名。据研究认为，司法实践中，在打击非法集资行为时，近85%的案件最终都是以这两个罪名定罪处罚。非法吸收公众存款罪被称为基础罪名、兜底罪名，集资诈骗罪则作为加重罪名。

2010年12月最高人民法院发布《最高人民法院关于审理非法集资刑事案件具体应用法律若干问题的解释》（法释〔2010〕18号），进一步明确了非法集资、非法吸收公众存款、集资诈骗的认定标准。非法集资是指违反国家金融管理法律规定，向社会公众（包括单位和个人）吸收资金的行为。非法吸收公众存款或者变相吸收公众存款是指实施非法集资行为，同时具备未经有关部门依法批准或者借用合法经营的形式吸收资金，通过媒体、推介会、传单、手机短信等途径向社会公开宣传，承诺

在一定期限内以货币、实物、股权等方式还本付息或者给付回报，以及向社会公众即社会不特定对象吸收资金等4个条件，即具有非法性、公开性、利诱性、社会性4个特征的情形（刑法另有规定的除外）。该司法解释列举了实践中常见的10种非法吸收公众存款的行为。集资诈骗与非法吸收公众存款的根本区别在于是否具有非法占有的目的，以非法占有为目的，使用诈骗方法非法集资的，就是集资诈骗。司法解释明确了认定"以非法占有为目的"的7种情形。

根据该司法解释，常见的非法吸收公众存款行为有：

（1）不具有房产销售的真实内容或者不以房产销售为主要目的，以返本销售、售后包租、约定回购、销售房产份额等方式非法吸收资金的；

（2）以转让林权并代为管护等方式非法吸收资金的；

（3）以代种植（养殖）、租种植（养殖）、联合种植（养殖）等方式非法吸收资金的；

（4）不具有销售商品、提供服务的真实内容或者不以销售商品、提供服务为主要目的，以商品回购、寄存代售等方式非法吸收资金的；

（5）不具有发行股票、债券的真实内容，以虚假转让股权、发售虚构债券等方式非法吸收资金的；

（6）不具有募集基金的真实内容，以假借境外基金、发售虚构基金等方式非法吸收资金的；

（7）不具有销售保险的真实内容，以假冒保险公司、伪造保险单据等方式非法吸收资金的；

（8）以投资入股的方式非法吸收资金的；

（9）以委托理财的方式非法吸收资金的；

（10）利用民间"会""社"等组织非法吸收资金的；

第五章 证券的范围与定义

上述 10 种行为，除第 7 种之外，基本上都可以归类为投资合同。

但是我们法律将其归类为非法吸收公众存款，这听起来有一些奇怪。存款本来是将余钱存在银行而获取利息，基本上没有风险的一种活动，将上述投资活动或集资活动称为存款，不符合投资的风险特性。"公众"这一词汇确实是一个正确的关键词，此类集资活动确实是面向大众或不特定公众的活动。

司法解释归纳的非法吸收公众存款罪的 4 个特征为非法性、公开性、利诱性、社会性，其实也不是不可推敲，社会性与公开性其实是有重复之嫌。公开宣传或公开劝募，其实就是面向不特定公众，不可能有公开劝募而没有吸收不特定公众资金的，因为公开劝募就是为了吸收不特定公众的资金；吸收不特定公众资金，一定是以公开劝募为先导。

以禁止非法集资解决集资问题，并没有指出合法集资的路径，并不能很好地保护投资者的权益。

而用证券法来管这些事是比较好的。证券法是事先来管控集资。如果构成了公开发行证券，要向监管机构提前去申请，必须向监管机构申请注册，监管机构也有一定的审查，要公开信息。按照证券法的规定，要公开信息，要请审计师来审计财务情况，要有人来监督。这个过程是透明的。而以非法吸收公众存款、集资诈骗处理，只能是事后追责，包括刑事责任。

刑法的路径为什么不好？要按照刑法来处理，看起来一开始就是禁止非法集资。但其实刑法都是出了事才去管的。再者这些活动如果一律宣布为犯罪，其实并不是很妥当。前面提到的集资做法中很多还是具有商业合理性的。我们讲市场经济，有一个基本的说法就是要尊重市场、尊重市场参与者，市场主体有它的自发性。只有市场本身不能解决问题了，政府才能干预,政府的干预也要谨慎。这种干预并不是说一刀切地堵,把这个路堵上绝对不可以。这个不是市场经济的做法,承认它、允许它,但是所谓的允许它,是要引导它按照法律的规范来做。我们讲证券市场的发展,它一开始就是自发出来的,并不是说政府创造的。最早的国库券的市场是黑市,也是民间先有市场,后来官方才承认、才去规范,其他股票市场也是先有场外的市场,政府再来规范。

五、其他国家的一些做法

前面讲了美国证券法关于证券的定义,他们采取的是一个包容性广泛的界定方法,证券法实际规范广泛的金融商品或投资产品。其实不仅是美国这样做,近十多年来,其他一些国家也采取类似做法,制定统一的金融服务法律,将证券与其他金融商品统一进行规制,此种法律成为保护投资者尤其是消极投资者的一般性法律。有些国家修改了原来的证券法,如德国 2004 年制定了《金融服务改革法》;日本 2006 年将原来的《证券交易法》改组为《金融商品交易法》,将大部分金融商品纳入该法律的统辖之下,从保护投资者权益的角度重塑了金融体制;2007 年韩国在原有的证券交易法、期货法等法律基础上整合制定了《资本市场统合法》,对金融投资商品作出了概括的定义,把各种可能出现的金融商品都涵盖在内。

六、我国证券法应如何定义证券

我国的《证券法》应该更多地着眼于保护投资者,怎么样更好地保护投资者。从这个角度出发来考虑如何定义证券。法律要尽可能宽泛地定义证券,把各种名目的投资产品包容进来。

我国目前是分业监管的体制,可以考虑的做法是,归属于银行、保险类的金融产品继续由银保监会监管，银保监会监管之外的金融产品归类到证券，由证监会监管。

2019年修改后的《证券法》第2条第3款规定"资产支持证券、资产管理产品发行、交易的管理办法，由国务院依照本法的原则规定。"这一规定实际意味着，资产支持证券、资产管理产品等金融商品属于证券，证券的范围在扩大。或者也可以解释为，证券法将成为规范银行和保险服务以外的一般金融服务法或金融商品一般法。

在参考之前介绍的美国的投资合同概念的基础上，我们可以尝试定义投资证券或资本证券：具有风险的对某种财产、权益或事业拥有可转让或交易的份额权益或者其他批量发行的投资工具、投资合同。风险，投钱了，投进钱是冒着风险，不是说保赚不赔，而且对这个风险自己没有控制。份额是指作为一个整体的财产或财产集合、经营体、项目在价值上均等化之后的一个份额。直接或间接的一定比例的收益分享权或者参与权或者其他类似权益。投资是说出钱的人为了获利，而所谓工具也可以称为产品、合同、凭证等。

批量发行，就是说它不是个别的一对一的关系，或者是一对少数几个的关系。批量通常讲的是一个发行人、一个要筹集资金的人，面向了几百个、几千个，甚至数十万的人发售证券。如果人数少，不会对金融秩序造成太大麻烦，对整个的经济秩序冲击也不会太大，一般上法律是不会进行规范的。人数少，投资者自己可以对自己的事负责。而人数多，大家组织起来协调一致的成本太高了，怎么办？这时就应该由法律去规范有关活动，法律就替代了大众投资者的私人谈判，用法律的标准规则就可以了。实际上就相当于说是法律替代了私人谈判，节省了组织协调费用。

证券，一般落实在凭证上面，当然这个凭证也是从广义上去理解，就是说它可以是一张纸，可以是一组合同或文件。凭证不一定是有形的、纸质的，也可以是电子化的合同或记录。

如果采用一个包容性广泛的证券定义，证券法就变成一个保护消极投资者权益的兜底性的法律，或者一个投资者保护权益的一般性的法律。所有符合这个定义的产品，而又没有别的法律、别的监管机构监管，就都归到证券法之下。名义上可以叫证券法，将来也可以不再称为证券法，像其他一些国家那样。其实本来名称是什么，就只是一个称呼而已，关键是法律目的是什么，要规范哪些行为、哪些人，如何规范，这才是重要的。这是我们对于证券如何定义的一个介绍。

第六章

证券公开发行与不公开发行

事例1：2012年朱江创办美微传媒（北京美微文化传播有限公司），其声称公司创立初衷是建立电视、杂志和网络的跨媒体营销平台。2012年10月5日，他在淘宝上开通了淘宝店，上架了与众不同的产品：美微传媒会员卡，100元/张，持有会员卡后会员有一些权益如订阅电子杂志等，同时会员还拥有美微传媒的原始股份100股。他按照一股一元预备了40万股票供认购，他还在个人的新浪微博上发布广告，自认是网络私募。截至10月10日晚，一共有481名网友认购了38.77万只股票。此事公开后引起公众和媒体的广泛关注。到2013年2月28日，朱江宣称融资总额达到107万元。2013年3月4日，朱江透露，自己被证监会北京监督局约谈。2013年3月20日，美微传媒发布公告称，将退回公开募集的所有款项，中国第一例网络募集股份的活动宣告失败。

此事例涉及的问题是：朱江发行的是股票吗？朱江的这种做法是公开发行证券吗？朱江销售的东西虽然名为会员卡，但是实际与股票类似；他通过互联网向不特定公众筹集资金，就是一种公开发行。朱江主张他是网络私募，正如上一章所述，不能以当事人自己主张的名目对一个事情定性，要根据事情的实质法律关系来确定事情的法律性质。很多网友认为朱江的做法是一种创新,也有人认为这种做法涉嫌非法集资,如果放任不管,可能会出现利用这种活动进行诈骗的现象。

究竟如何认定公开发行证券和不公开发行证券?对类似朱江这样的小规模发行活动应该如何规范?这是这一章要回答的主要问题。

第一节 公开发行与非公开发行

一、证券发行

只要有买卖关系、买卖活动就有市场,证券发行市场并不存在一个固定的有形市场,发行人首次出售证券,投资者出资认购证券,也就有证券的发行市场。证券发行通常是募集资金的人直接或间接向拥有资金的投资者出售证券而获得资金的活动。也有一些证券发行,不是以直接募集资金为目的,没有对应的募集资金的过程,它可能只是一个投资工具,未必需要募集资金,尤其是一些证券衍生品种,是无所谓募集资金的问题。比如说认股权证,它的发行可以是没有对价、无偿发行,但是无偿得到的人,又可以转卖、交易。典型的证券股票、债券的发行都是要募集资金的,发行证券和募集资金是一个事情的两面。下面讲的证券发行,主要是指为了筹集资本而发行证券,或者有对价的发行证券活动。

二、公开发行与不公开发行的定义

证券发行有公开发行和不公开发行两种,公开发行也称为公募;私募就是不公开发行,或者叫非公开发行。简要来说,证券公开发行是面向社会公众投资者,或者面向不特定的投资者发行证券,就是说发行人卖证券,任何人来了都可以买,只要拿了钱都能买,没有限定谁能买、谁不能买,对投资者没有筛选。私募是面向少数的、特定的投资者进行销售，也就是要限定投资者范围，不是谁都能购买，是不公开发行的。

三、区分公募和私募的意义

区分公募和私募的目的在于保护投资者权益。尽管在法律上，证券发行人或者是为发行人推销证券的证券商，他们与投资者之间是平等的民事法律关系，双方法律地位平等。但这种所谓的法律地位平等，并不能掩盖在事实上经济谈判地位的不对等。

证券发行，需要投资者出资认购证券。证券是一种复杂产品，并非人人都能够理解，尤其是真正认识到证券投资的风险的人。投资者来自各行各业，资金有多有少，投资经验不一样，资金实力不一样，如果不加任何限定，认购证券的一部分投资者可能风险识别能力和风险承担能力很弱，他们将来会遭受未曾预见的严重的损失。因此，前面第一章提到要区分投资者，建立投资者适当性制度。对于推销证券的证券公司来讲，要了解客户、了解产品，把适当的产品推销给适当的投资者。这种做法其实是为了维护投资者或者叫作金融消费者的权益。

公众投资者，是由普通投资者构成，它往往持有的资金量比较少，风险承担能力低。比如一个年轻理发店学徒或者一个上班的普通工薪族，年收入10万元，工作了两三年小有积蓄如10万元，想炒股票。如果买了某只股票，一旦亏损几万元，一年的积蓄就化为泡影，他可能就会很担忧，难以安心工作。作为对比，一个机构投资者，比如证券公司有受过培训的经验丰富的专业证券分析人员，有专业的软件，有研究团队，支配着数亿、数十亿的资金。这样差异很大的两类投资者面对证券发行人，也就有不同的表现。换句话说，公众投资者与发行人存在信息严重不对称，双方进行谈判，公众投资者不知道需要什么信息，很难对信息进行专业的分析，很难真正理解信息的意义。人数众多、分散的投资者要组织起来与发行人谈判，费用非常高，基本是不可能的（集体行动的难题）。机构投资者或者一个有相当经济实力的企业家投资者，他有丰富的投资经验，有风险识别能力和风险承担能力，他们可以和发行人进行对等的谈判，获得有关信息。

法律上区分公募和私募，就是法律采用一种"父爱主义"的做法保护公众投资者权益。对公开发行，法律干预得就多一些，规则更严格一些，程序更复杂一些。公开发行证券的发行人必须符合一定的法律条件，向证券监管机构申请核准或者办理注册，按照法律规定的标准充分披露投资者分析判断投资价值所需要的信息，由法律替代公众投资者谈判，省掉了所谓私人谈判的费用。法律的"父爱主义"并不是替投资者对证券的投资价值作出实质判断，以及担保证券一定具有较高的投资价值，法律只是要求发行人披露信息，仍然是投资者自行判断证券的投资价值。证券法还区分投资者，限制普通投资者可以投资证券的范围，限定具有一定风险识别能力和风险承担能力的专业投资者才能从事某些高风险证券的交易。

私募就不一样了，私募一般来说不需要有严格的官方程序，如果确实属于私募，由证券发行人与专业投资者自己谈判协商，不需要法律过多的干预。现在我国的私募基金，实行的是备案制，备案制和注册制不一样，备案是事后的，注册是事先的。信息披露也不一样，投资者自己和发行人进行谈判获取信息，法律认为成熟的投资者、合格的投资者（专业投资者）能够保护自己的权利。如果从合同的角度讲，就相当于说私募是完全采取合同自由，由合格投资者和发行人自己商谈一个合同条款出来。而公开发行是格式条款，证券法、监管机构制定专门的一些标准、很多的规则构成格式条款,要求发行人按照规定去办,相当于是格式合同。

四、如何区分公开发行与不公开发行

公开发行和不公开发行究竟如何区分呢?不能根据发行人自己的说法决定证券发行是否属于公开,发行人可能为了逃避适用《证券法》严格的程序而将任何证券发行都作为不公开发行。判断是否构成公开发行需要有客观的标准。一般来说应该考虑下面这些因素之后综合判断(参考了美国证券监管机构早期的一个标准[1]):

(1) 潜在投资者的人数,他们和发行人之间的关系。潜在投资者,或者我们也称为受要约人(offeree),公开发行的英文是"public offer",因此受到邀请的潜在投资者可称为受要约人,不是指实际购买者。在人数方面,美国早期曾规定过 25 人的标准,现在这个绝对的标准已经不存在了。中国法律制定了一个标准是 200 人,这是一个绝对标准。确定 200 人的标准,而不是 199 人有什么道理?这个就是武断的,199 和 200 有什么区别?很难说有什么区别,但是如果法律必须有一个标准,那就一定是一个武断的标准。当然受要约人人数多,就趋向于判定为公开发行。为了方便执法,确定一个具体的人数标准也是一个通行的做法。我国公司法规定,股份公司发起人不超过两百人,有限公司股东人数上限是 50 人;企业合伙法规定,合伙人人数上限也是 50 人。这个数字背后既有学习外国法的因素,也有人类心理的依据,一个人密切相处、相互了解、互相信任的人数不可能特别多,50 人大概算是一个限制。按照目前证券法规定,

---

[1] 参考 [美] 詹姆斯·D. 考克斯、罗伯特·W. 希尔曼、唐纳德·C. 兰格沃特:《证券管理法:案例与资料》,中信出版社 2003 年版,第 384—385 页。

即使向特定人发行证券，如果累计超过两百人，也视为公开发行，需要注册。另外，证监会还规定，上市公司非公开发行，特定对象不超过35人。这个35人的限制也是很武断，如果是合格投资者，没必要限定35人的上限。美国有关规定，非合格投资者不超过35人。

除了人数的因素，还要考虑发行人与受要约人之间的关系。受要约人即使是两个人，如果这两个人和发行人之间原来互不认识，发行人在大街上发传单发给陌生人，然后来了两个人要买证券，那发行也是公开发行。不能说受要约人少就一定是不公开发行。

潜在投资者和发行人的关系，他们相互之间原来是不是熟悉？是不是互相了解？涉及潜在投资者能不能获得信息？如果潜在投资者是发行人的高级管理人员，可以说他们关系比较密切，高级管理人员一般能够了解发行人的情况。或者可以用核心员工、关键员工这样的概念来描述这类投资者，他们在公司的地位比较高，有一定的知识经验，能够对企业的情况有较多的了解。如果发行人面向这些人发行，就会趋向于认为是私募。但如果只是一名普通员工，一个工厂的车间的操作员或者仓库管理员，很难说他对公司到底了解多少，未必能获取到重要信息。面对这样的员工发行证券，就不好说是私募了。[1]

（2）考虑发行证券的单位数和面值，发行的证券将来会不会有公开的交易？发行的证券数量多、每张证券面值低，将来公开交易的可能性就高，倾向于是公募。相反，发行的证券数量少、面值高，就倾向于是私募。

（3）募集的资金量大小。如果募集资金较低，就倾向于是

---

[1] 参考［美］詹姆斯·D. 考克斯、罗伯特·W. 希尔曼、唐纳德·C. 兰格沃特：《证券管理法：案例与资料》，中信出版社2003年版，第385—388页。

私募。但募资数额并不是绝对标准，如果是面向金融行业机构投资者发行，募资巨大，依然可能是私募。

（4）发行方式。如果发行人与投资者直接协商购买证券，倾向于是私募。如果通过证券商分销，更可能是公募。

（5）再销售限制，也就是发行人对发行的证券今后的转让有没有设定限制，比如规定一定期限不得转让，或者限制受让人的条件等。如果有限制再销售，相对而言就可以偏向于是私募。如果没有这样的限定，或者限定的时间很短，那就偏向于是公开发行。

（6）有没有公开的劝募，证券的出售是完全私下里进行，还是说以公开的方式进行，这也是最重要的一个因素，以公开劝募方式发行证券就是公开发行。公开劝募，就是不加任何筛选向任何人发送信息希望直接或间接收到信息的人来购买证券，包括通过任何形式的媒体广告、投资说明会、群发短信、拨打陌生电话、邀请陌生人参加会议，通过各种新形式的自媒体发送或传播出售证券的信息。

向不特定对象发行就一定是公开发行，不特定对象，就是不加筛选、不附加条件，来者都接受。不管人数多少，两个也好三个也好，甚至面向一个不特定对象发行都是公开发行。什么叫特定？应该是与投资有关的投资者的某种属性。一是发行人直接认识的少数几个人，叫得出名字、相互熟悉，只向这几个少数人发行，可以算特定。二是指前面提到的企业核心员工，这个也可以算确定的特定。特定范围是可以划定的、明确的，但不能用与投资无关的标准作为特定的划分标志。比如，本企业发行股票，面向长黄头发的人发行，黄头发的人也是特定的人群，看起来很确定，但是他与投资没关系，显然限定范围仍然等于没有限定。黄头发的人，是不是就有风险识别能力、有风险承担能力，显然不是。类似地，如果面向亲戚朋友发行证券，亲戚的亲戚、朋友的朋友，这样也是不特定的。因此，特定，一定是与投资有关的一种标准，能够使潜在投资者作一个有意义的区分。

看起来，确定"特定对象"并不是一件容易的事情。美国的判例有一个更抽象的判断是否公开的标准，如果向那些需要受到证券注册制度保护的人发出发行证券的要约，就是公开发行，向那些不需要注册制度保护的人发行证券可以获得豁免注册。进一步说，就是向有能力识别风险、有能力承担风险者发行证券，就容易被确定为特定，否则就是不特定，是公开发行。

可以总结一下：从严密保护普通投资者的立场出发，只要采取了任何形式的公开劝募、推销就构成公开发行证券，不论受到劝募的人或实际购买人的数量，公开发行就应当申请注册或核准。只要向普通投资者而不是专业投资者劝募或推销证券，就不是私募，而是公开发行，应当申请注册或核准。

五、中国证券法关于公开发行的规定

《证券法》第9条规定：

公开发行证券，必须符合法律、行政法规规定的条件，并依法报经国务院证券监督管理机构或者国务院授权的部门注册。未经依法注册，任何单位和个人不得公开发行证券。证券发行注册制的具体范围、实施步骤，由国务院规定。

有下列情形之一的，为公开发行：

①向不特定对象发行证券；

②向特定对象发行证券累计超过二百人，但依法实施员工持股计划的员工人数不计算在内；

③法律、行政法规规定的其他发行行为。

第六章 证券公开发行与不公开发行

非公开发行证券，不得采用广告、公开劝诱和变相公开方式。

"发行"一词，法律并没有进一步定义。《股票暂行条例》曾经规定，"公开发行"是指发行人通过证券经营机构向发行人以外的社会公众就发行人的股票作出的要约邀请、要约或者销售行为。"要约"是指向特定人或者非特定人发出购买或者销售某种股票的口头的或者书面的意思表示。"要约邀请"是指建议他人向自己发出要约的意思表示。这个解释一定程度有助于理解什么是发行。法律规范的发行行为包括过程和结果，也就是发出要约邀请、要约和实际销售证券都要受到法律约束。

《证券法》第9条第3款的规定实际上从反面又规定了如何判断公开的问题。这一款的意思就是说，如果采用广告的方式、公开劝诱或者其他方式变相公开，就不是不公开，而是公开发行了。其所强调的是，公开发行可以向陌生人发行，广告就是为了招徕陌生人。非公开发行，也就是私募，不能向陌生人要约、销售或许诺销售。陌生人也就是前面讲的不特定对象。

变相公开，在现实中表现方式可能是各种各样的。可以从对立面理解，以私募方式募集，只能向符合条件的有风险识别能力和承受能力的合格投资者（专业投资者）募集，如果向非合格投资者劝募，就是变相公开发行。

公司法关于股份公司的设立规定，发起式设立200人以下为发起人，没有强调特定对象，但是实际上要结合证券法理解，200人也必须是特定对象，而不能因为人数没有超过200，就不是公开发行了。没有超过200人，如果是不特定对象，同样构成公开发行。

公开还是不公开，不在于发行人或其承销商、代理人自己声称是公开还是不公开，而是要按法律的标准来判断。实质重于形式，防止一些人借助形式逃避法律规定、逃避责任。有些人借助某些形式做投资，但是实际上是为了逃避法律的某些规定，法律上讲特定对象不能超过 200 人，如果有人招了 100 个公司购买证券，每个公司 50 个股东，100 个公司作为发行对象，表面上看是合规的。如果这 100 个公司就是为了购买股票而成立，并无其他业务，每个公司背后还有 50 个人，这样实际上就变成了是 5000 人购买了股票。判断是不是特定对象，不能限于表面，而是要看实际的情况。

我国关于公开发行认定标准的有理论意义的判决较少，下面是一个有助于理解何为不特定对象的案例。

案例 1：张建洲上诉九州源公司发行股票的对象是特定而非不特定的问题

关于张建洲上诉及辩护提出九州源公司发行股票的对象是特定的而非不特定的问题，经查，区分特定对象与不特定对象，应当结合投资者的选择程序、承担风险能力与人数等因素综合分析。本案中，九州源公司要求员工或股东通过电话、面谈等方式联系自己的亲戚、朋友，以公司计划在加拿大多伦多证券交易所创业板上市，购买原始股上市后可获高额回报为名，吸收上述人群成为投资者。新的投资者再以口口相传的方式吸收更多的投资者购买公司股票。公司在对投资者的选择上并没有设定限制条件，投资者未参与公司的实际经营，甚至对公司的经营状况不了解。公司对成功吸收投资者的员工予以提成奖励，鼓励员工向不特定对象推介公司股票。九州源公司不考察投资人的具体情况，只要出资即予以接纳的情况，且有员工亲戚、朋友之外的其他人投资入股，应当认为九州源公司系向不特定对象发行股票[1]。

---

[1] 广东省高级人民法院（2015）粤高法刑二终字第 238 号刑事裁定书。

这个案件中，投资者并非经过筛选的合格投资者或明智的投资者，投资者也不掌握或也没有机会获得有实质意义的信息。因此，投资者应当受到公开发行证券核准制度的保护，未经核准发行就是非法发行。

非上市公司向公众公开转让股权也属于擅自公开发行股票。名义上虽然是转让股权，但转让股权不是一对一的零星转让，而是受让方通过随机方式、未加任何筛选寻找到的陌生人，此种转让也构成变相公开发行股票。在最高人民法院公布的一则案例中（上海市浦东新区人民检察院诉上海安基生物科技股份有限公司、郑戈擅自发行股票案）提出了几点值得注意的问题，一是股权被认定为股票；二是股东转让股权被认定为公开发行，即相当于二级发行；三是同时也涉及如何认定公开。该案裁判摘要：非上市股份有限公司为筹集经营资金，在未经证券监管部门批准的情况下，委托中介机构向不特定社会公众转让公司股东的股权，其行为属于未经批准擅自发行股票的行为，数额巨大、后果严重或者有其他严重情节的，应当以擅自发行股票罪定罪处罚。

六、违反法律规定公开发行证券的法律责任

未经注册或核准公开发行证券构成违法，违法者应承担哪些责任？

《证券法》第180条规定：

违反本法第九条的规定，擅自公开或者变相公开发行证券的，责令停止发行，退还所募资金并加算银行同期存款利息，处以非法所募资金金额百分之五以上百分之五十以下的罚款；对擅自公开或者变相公开发行证券设立的公司，由依法履行监督管理职责的机构或者部门会同县级以上地方人民政府予以取

缔。对直接负责的主管人员和其他直接责任人员给予警告,并处以五十万元以上五百万元以下的罚款。

1. 刑事责任

根据《刑法》规定,未经国家有关主管部门批准,擅自发行股票或者公司、企业债券,数额巨大、后果严重或者有其他严重情节的,处5年以下有期徒刑或者拘役,并处或者单处非法募集资金金额1%以上5%以下罚金。单位犯罪的,对单位判处罚金,并对其直接负责的主管人员和其他直接责任人员,处5年以下有期徒刑或者拘役。

2. 民事责任

关于未经注册或核准发行证券的民事责任,尤其是发行人与认购人之间的合同关系如何处理,合同是否有效,法律并没有简单的直接地规定。《证券法》第180条规定,"违反本法第九条的规定,擅自公开或者变相公开发行证券的,责令停止发行,退还所募资金并加算银行同期存款利息……"这一条规定的由监管机构介入,非法发行人退还所募资金和利息实际是民事责任。由此可以推论,合同应为无效。但实践中会存在一种情形,非法发行人并未受到证券监管机构调查,但发行人会提起民事诉讼。理论上,认购证券者与非法公开发行证券的公司之间存在合同关系,该合同违反法律的强制性规定,应当为无效合同,发行人应向认购证券者返还认购款项、赔偿利息损失等。

实践中出现非法发行证券纠纷通常会依附刑事案件解决,即刑事案件中侦查机关查封、扣押非法发行证券所获得的款项,在刑事案件判决后,司法机关可以向受害者即认购证券者发还款项。

3. 行政责任

监管机构可以对责任人处以行政罚款。

第二节　公开发行证券的程序

这里讲的证券公开发行程序重点是指股票公开发行，公司债券、企业债券的公开发行也会有所介绍。

一、审批制

有发行额度限制的、有计划的一种发行制度。我国证券市场刚开始发展阶段，尤其是 1993 年 4 月《股票暂行条例》发布之后，公开发行股票和公司债券等证券实行政府审批制。因此制度已经是过去式，故不再详述。

二、证券公开发行核准制

1999 年 7 月 1 日《证券法》施行之后，股票公开发行实行核准制，公开发行债券实行审批制，股票公开发行的额度控制制度不再施行。

1998 年《证券法》第 10 条规定：

公开发行证券，必须符合法律、行政法规规定的条件，并依法报经国务院证券监督管理机构或者国务院授权的部门核准或者审批；未经依法核准或者审批，任何单位和个人不得向社会公开发行证券。

1998 年《证券法》第 16 条规定：

国务院证券监督管理机构或者国务院授权的部门应当自受理证券发行申请文件之日起三个月内作出决定；不予核准或者审批的，应当作出说明。

核准制与没有额度控制的审批制究竟有何不同？从近20年的情况看，并没有什么显著的不同。从后来要求进行注册制改革的说辞来看，核准制之下，对股票公开发行的条件，法律和规章多有限制，比如要求公司业绩或盈利达到一定标准，证券监管机构实际上仍然掌握了对发行人发行股票价值的判断和发行时机的控制，发行不够市场化。在核准制之下，发行人仍然要按照法律和规章、规范性文件要求披露信息。

从客观后果看，我国过去证券公开发行和上市过于严苛的标准、审批周期的漫长，使一部分企业选择到境外发行证券和上市，这也是前面提到的红筹企业存在的制度原因之一。当然不同的证券交易市场特点不同，企业也可以选择到适合自身的交易所上市。但总体看，一些新兴产业的企业大都到境外上市，一定程度上说明，在不同国家和法域的证券法律制度的竞争中，核准制度是存在缺陷的。这也是为什么要改革为注册制的原因。

2020年2月29日《国务院办公厅关于贯彻实施修订后的证券法有关工作的通知》（国办发〔2020〕5号）规定，"在证券交易所有关板块和国务院批准的其他全国性证券交易场所的股票公开发行实行注册制前，继续实行核准制，适用本次证券法修订前股票发行核准制度的规定"。尽管《证券法》在2019年已经修改，此处还是对核准制作一个介绍。

核准制之下，首次公开发行股票（IPO）的主要程序是：

第一，发行申请人向证监会提出公开发行申请，证监会审核。申请人报送的发行申请文件由证监会办公厅受理部门进行形式审核，申请材料齐全、符合规定形式的，证监会受理申请。证监会发行监管部负责初步审核，股票发行审核委员会对申请进行审核。证监会在受理申请之日起3个月内决定核准或不予核准。发行人根据要求补充、修改发行申请文件的时间不计算在内。

第二，预先披露。发行人申请首次公开发行股票的，在申请被受理后，应当按照国务院证券监督管理机构的规定预先披露有关申请文件。不得包含股票发行价格信息，不得以任何形式开始发行。

第三，申请人获得证监会公开发行核准，公告招股说明书、披露信息。

第四，公开发行。自证监会核准发行之日起，发行人应在6个月内发行股票；超过6个月未发行的，核准文件失效，须重新经证监会核准后方可发行。

三、证券公开发行的注册制

目前，股票公开发行和上市注册制，在上交所科创板和深交所创业板试行。公司债券和企业债券公开发行也实行注册制。注册制仍处于试行阶段，全面推行注册制还需要时间。

2015年12月，十二届全国人大常委会第十八次会议通过了授权国务院在实施股票发行注册制改革中调整适用证券法有关规定的决定，为在证券法全面修改工作完成前推进股票发行制度改革提供了法律依据。实际上2015年的决定通过之后，由于股票市场的情况发生变化，在2年之内并没有施行注册制的实际行动，人大常委会只好对授权做了延长。2018年2月，十二届全国人大常委会第三十三次会议又作出决定，将上述授权期限延长了2年，至2020年2月29日。

2019年1月23日，中央全面深化改革委员会第六次会议审议通过了《在上海证券交易所设立科创板并试点注册制总体实施方案》《关于在上海证券交易所设立科创板并试点注册制的实施意见》等内容。

证监会在2019年1月28日发布了《关于在上海证券交易所设立科创板并试点注册制的实施意见》。2019年7月22日，上海证券交易所科创板开始交易。首次公开发行股票并在科创板上市，依法经上海证券交易所发行上市审核并报经证监会履行发行注册程序。

2019年12月《证券法》修改，《证券法》第9条第1款规定了公开发行证券的注册制：

公开发行证券，必须符合法律、行政法规规定的条件，并依法报经国务院证券监督管理机构或者国务院授权的部门注册。未经依法注册，任何单位和个人不得公开发行证券。证券发行注册制的具体范围、实施步骤，由国务院规定。

注册制要点在于实行市场机制主导的发行制度安排，建立和完善以信息披露为中心的股票发行上市制度，强化发行人对信息披露的诚信义务和法律责任，充分发挥中介机构核查的把关作用。

科创板重点支持新一代信息技术、高端装备、新材料、新能源、节能环保以及生物医药等高新技术产业和战略性新兴产业的企业公开发行股票和上市，推动互联网、大数据、云计算、人工智能和制造业深度融合，引领中高端消费，推动质量变革、效率变革、动力变革。

2020年6月12日，证监会发布《创业板首次公开发行股票注册管理办法（试行）》，深交所创业板注册制细则正式落地。

简单地讲一下注册制目前的模式，要发行股票的公司准备好文件之后向交易所提出申请，由交易所进行审核，交易所审核同意后转递证监会，证监会基本上不审查了，或者说主要是形式性审查，如果在一定期限没有反对的意见，同意注册，之后发行人公开招股说明书，就可以公开发行股票了。

四、目前的注册制程序

股票首次公开发行与上市连续制，即公司第一次面向公众发行股票、公开发行后股票随即在证券交易所上市交易，申请发行的公司（发行人）需要同时符合公开发行条件和上市条件。

1. 发行人准备阶段

发行人需要提前聘请证券公司、会计师事务所、律师事务所等作为顾问协助准备发行上市的具体文件，调整公司的组织结构、股权结构等。发行人需要聘请证券公司作为保荐人，由保荐人为发行人向交易所申报公开发行和上市的注册申请文件。发行人需要与证券商签订承销协议，由证券商向投资者销售所发行的证券。随后我们将进一步介绍保荐与承销的具体内容。发行人董事会作出申请公开发行和上市的方案，随后，发行人召开股东会审议批准申请公开发行和上市的决定，授权董事会具体承办公开发行和上市过程的具体工作。

2. 向交易所提出注册申请，交易所进行审核

由保荐人保荐并向交易所申报。交易所收到注册申请文件后，5个工作日内作出是否受理的决定。

需要提交的注册申请文件包括招股说明书、发行保荐书、上市保荐书、审计报告和法律意见书等文件。

自注册申请文件受理之日起，发行人及其控股股东、实际控制人、董事、监事、高级管理人员，以及与本次股票公开发行并上市相关的保荐人、证券服务机构及相关责任人员，即承担相应法律责任。注册申请文件受理后，未经证监会或者交易所同意，不得改动。发生重大事项的，发行人、保荐人、证券服务机构应当及时向交易所报告，并按要求更新注册申请文件

和信息披露资料。

科创板发行上市审核实行电子化审核。发行人及其保荐人、证券服务机构应当按照科创板相关规则的要求准备发行上市申请文件、办理相关事项,并遵守交易所具体规定,由保荐人通过科创板股票发行上市审核系统进行相关发行上市申请业务操作。具体包括提交申请文件、收阅问询函、提交问询回复及补充或修改后的申请文件、申请信息披露豁免、预先披露申请文件、咨询与预约沟通、申请中止或恢复审核、报送会后事项以及撤回发行上市申请等事项。

交易所审核判断申请企业是否符合发行和上市条件、信息披露是否符合要求。交易所应当自受理注册申请文件之日起3个月内形成审核意见。发行人根据要求补充、修改注册申请文件,以及交易所按照规定对发行人实施现场检查,或者要求保荐人、证券服务机构对有关事项进行专项核查的时间不计算在内。

交易所主要通过向发行人提出审核问询、发行人回答问题方式开展审核工作,根据交易所有关规则,判断发行人是否符合发行条件、上市条件和信息披露要求。证券交易所应当对注册文件的齐备性、一致性、可理解性进行审核。

交易所不同意发行人股票公开发行并上市的,作出终止发行上市审核决定。交易所审核通过后,将审核意见和发行申请人的注册申请文件报送证监会。

3. 先期披露信息,受理申请后预先披露和审核通过后披露

交易所受理注册申请文件后,发行人应当按交易所规定,将招股说明书、发行保荐书、上市保荐书、审计报告和法律意见书等文件在交易所网站预先披露。

预先披露的招股说明书及其他注册申请文件不能含有价格

第六章 证券公开发行与不公开发行

信息，发行人不得据此发行股票。

发行人应当在预先披露的招股说明书显要位置作如下声明："本公司的发行申请尚需经上海证券交易所和中国证监会履行相应程序。本招股说明书不具有据以发行股票的法律效力，仅供预先披露之用。投资者应当以正式公告的招股说明书作为投资决定的依据。"

交易所审核同意后进行信息披露。交易所审核同意后，将发行人注册申请文件报送证监会时，招股说明书、发行保荐书、上市保荐书、审计报告和法律意见书等文件应在交易所网站和证监会网站公开。

先期披露期间不得以任何形式销售或许诺销售证券。

4. 证监会注册程序

证监会收到交易所报送的审核意见、发行人注册申请文件及相关审核资料后，履行发行注册程序。发行注册主要关注交易所发行上市审核内容有无遗漏，审核程序是否符合规定，以及发行人在发行条件和信息披露要求的重大方面是否符合相关规定。证监会认为存在需要进一步说明或者落实事项的，可以要求交易所进一步问询。

证监会认为交易所对影响发行条件的重大事项未予关注或者交易所的审核意见依据明显不充分的，可以退回交易所补充审核。交易所补充审核后，同意发行人股票公开发行并上市的，重新向证监会报送审核意见及相关资料，注册期限重新计算。

证监会在20个工作日内对发行人的注册申请作出同意注册或者不予注册的决定。（上市公司再次发行证券证监会注册期限为15个工作日。对于"小额快速"融资设置简易程序，交易所在2个工作日内受理，3个工作日内作出审核意见，证监会在3个工作日内作出是否注册的决定。）发行人根据要求补充、修改注册申请文件，证监会要求交易所进一步问询，以及证监会要求保荐人、证券服务机构等对有关事项进行核查的时间不计算在内。

5. 注册生效后、发行前信息披露

《证券法》第 23 条规定：

证券发行申请经注册后，发行人应当依照法律、行政法规的规定，在证券公开发行前公告公开发行募集文件，并将该文件置备于指定场所供公众查阅。

发行证券的信息依法公开前，任何知情人不得公开或者泄露该信息。

发行人不得在公告公开发行募集文件前发行证券。

发行人股票发行前应当在交易所网站和证监会指定网站全文刊登招股说明书，同时在证监会指定报刊刊登提示性公告，告知投资者网上刊登的地址及获取文件的途径。

发行人可以将招股说明书以及有关附件刊登于其他报刊和网站，但披露内容应当完全一致，且不得早于在交易所网站、证监会指定报刊和网站的披露时间。

6. 公开发行

证监会同意注册的决定自作出之日起 1 年内有效，发行人应当在注册决定有效期内发行股票，发行时点由发行人自主选择。

7. 发行上市审核程序或者发行注册程序的中止、终止

存在下列情形之一的，发行人、保荐人应当及时书面报告交易所或者证监会，交易所或者证监会应当中止相应发行上市审核程序或者发行注册程序：

（1）相关主体涉嫌违反规定，被立案调查或者被司法机关

第六章 证券公开发行与不公开发行

侦查,尚未结案;

(2)发行人的保荐人,以及律师事务所、会计师事务所等证券服务机构因首次公开发行股票、上市公司证券发行、并购重组业务涉嫌违法违规,或者其他业务涉嫌违法违规且对市场有重大影响被证监会立案调查,或者被司法机关侦查,尚未结案;

(3)发行人的签字保荐代表人,以及签字律师、签字会计师等证券服务机构签字人员因首次公开发行股票、上市公司证券发行、并购重组业务涉嫌违法违规,或者其他业务涉嫌违法违规且对市场有重大影响被证监会立案调查,或者被司法机关侦查,尚未结案;

(4)发行人的保荐人,以及律师事务所、会计师事务所等证券服务机构被证监会依法采取限制业务活动、责令停业整顿、指定其他机构托管、接管等监管措施,或者被交易所实施一定期限内不接受其出具的相关文件的纪律处分,尚未解除;

(5)发行人的签字保荐代表人、签字律师、签字会计师等中介机构签字人员被证监会依法采取限制证券从业资格等监管措施或者证券市场禁入的措施,或者被交易所实施一定期限内不接受其出具的相关文件的纪律处分,尚未解除;

(6)发行人及保荐人主动要求中止发行上市审核程序或者发行注册程序,理由正当且经交易所或者证监会批准;

(7)发行人注册申请文件中记载的财务资料已过有效期,需要补充提交;

(8)证监会规定的其他情形。

上述所列情形消失后,发行人可以提交恢复申请;因上述第(2)(3)项规定情形中止的,保荐人以及律师事务所、会计师事务所等证券服务机构按照有关规定履行复核程序后,发行人也可以提交恢复申请。交易所或者证监会按照有关规定恢复发行上市审核程序或者发行注册程序。

存在下列情形之一的，交易所或者证监会应当终止相应发行上市审核程序或者发行注册程序，并向发行人说明理由：

（1）发行人撤回注册申请文件或者保荐人撤销保荐；

（2）发行人未在要求的期限内对注册申请文件作出解释说明或者补充、修改；

（3）注册申请文件存在虚假记载、误导性陈述或者重大遗漏；

（4）发行人阻碍或者拒绝证监会、交易所依法对发行人实施检查、核查；

（5）发行人及其关联方以不正当手段严重干扰发行上市审核或者发行注册工作；

（6）发行人法人资格终止；

（7）注册申请文件内容存在重大缺陷，严重影响投资者理解和发行上市审核或者发行注册工作；

（8）发行人注册申请文件中记载的财务资料已过有效期且逾期3个月未更新；

（9）发行人中止发行上市审核程序超过交易所规定的时限或者中止发行注册程序超过3个月仍未恢复；

（10）交易所不同意发行人公开发行股票并上市；

（11）证监会规定的其他情形。

8. 交易所审核不通过、证监会未予注册的申请人的再次申请间隔

交易所因不同意发行人股票公开发行并上市，作出终止发行上市审核决定，或者证监会作出不予注册决定的，自决定作出之日起6个月后，发行人可以再次提出公开发行股票并上市

申请。

五、撤销注册及欺诈发行的责任

证券发行申请人在招股说明书或其他发行文件中存在虚假陈述的情况时有存在,如编造重大虚假内容尤其是财务数据造假、隐瞒重要事实等,这种行为属于发行证券中的欺诈。根据证券是否发行上市交易等情形,区分具体情形分别处理。

(1) 撤销注册。《证券法》第 24 条规定,监管机构已经同意发行注册,之后如果发现发行申请人不符合法定条件或法定程序,应当撤销注册。①尚未发行证券的,应当予以撤销,停止发行。②已经发行尚未上市的,撤销发行注册决定,发行人应当按照发行价并加算银行同期存款利息返还证券持有人;发行人的控股股东、实际控制人以及保荐人,应当与发行人承担连带责任,但是能够证明自己没有过错的除外。过去曾经发生过一例虽撤销发行核准但未按照证券法规定处理,而采用股票交换的方式上市的案例。

(2) 证券已经发行并上市。股票的发行人在招股说明书等证券发行文件中隐瞒重要事实或者编造重大虚假内容,已经发行并上市的,国务院证券监督管理机构可以责令发行人回购证券,或者责令负有责任的控股股东、实际控制人买回证券。发行人和其他责任人员还要承担行政责任和刑事责任。

第三节 证券公开发行的条件

一、首次公开发行股票的条件

首次公开发行股票(IPO)是指股份公司第一次向公众投资者发行股票,有两种情况都属于首次公开发行股票:一是采取公开募集方式成立股份公司过程公开发行股票;二是已经以发起方式成立股份公司或以非公开方式向特定对象募集方式成立股份公司之后为增资而向公众投资者发行股票。在我国证券市场，大多数首次公开发行股票是属于第二种情况，证券法称为首次公开发行新股；第一种情况早期常见，最近10多年很少见到了。按照证监会规定，如果采用公开募集方式设立公司，限定条件是，公司由有限公司变更为股份公司且经国务院批准。首次公开发行股票也意味着公开发行之后股票将在股票交易所挂牌交易，发行人成为上市公司。

首次公开发行股票前，发行人尚未被公众投资者普遍了解，发行人的公司治理可能不完全符合上市公司的公司治理要求。因此，发行人需要做一系列准备使其符合交易所的上市要求，公开发行股票的招股说明书需要详细、充分披露公司的历史发展情况、业务和财产情况、经营情况、财务情况、管理层情况、面临的市场风险等，也就是对发行人信息披露的要求很高。

《证券法》第12条第1款规定：

公司首次公开发行新股，应当符合下列条件：
①具备健全且运行良好的组织机构；
②具有持续经营能力；
③最近三年财务会计报告被出具无保留意见审计报告；
④发行人及其控股股东、实际控制人最近三年不存在贪污、贿赂、侵占财产、挪用财产或者破坏社会主义市场经济秩序的刑事犯罪；
⑤经国务院批准的国务院证券监督管理机构规定的其他条件。

《证券法》第12条第3款规定，"公开发行存托凭证的，应当符合首次公开发行新股的条件以及国务院证券监督管理机构

第六章　证券公开发行与不公开发行

规定的其他条件"。境外企业或红筹企业在中国境内以发行存托凭证方式融资的，因其第一次在中国境内公开发行，投资者对其尚不了解，要按照首次公开发行股票的标准对待。

证监会制定了《首次公开发行股票并上市管理办法》《科创板首次公开发行股票注册管理办法》《创业板首次公开发行股票注册管理办法（试行）》等规章，对《证券法》的规定具体化。在这些规定中，对于发行申请人应满足的条件有非常详尽的规定，而且这些规定随着时间的变化也会不断修改。

上述管理办法要点有：

第一，发行人合法存续、规范运行。发行人是依法设立且持续经营3年以上的股份有限公司，具备健全且运行良好的组织机构，相关机构和人员能够依法履行职责。有限责任公司按原账面净资产值折股整体变更为股份有限公司的，持续经营时间可以从有限责任公司成立之日起计算。（解释和评论：3年的持续经营，说明企业经营基本稳定，经营有一定的可靠度，不至于刚发行股票就关门歇业了。但这个要求也排除了经营不到3年的初创企业发行股票的机会。）

发行人的公司治理运行合乎规范。发行人已经依法建立健全股东大会、董事会、监事会、独立董事、董事会秘书制度，相关机构和人员能够依法履行职责。发行人的董事、监事和高级管理人员已经了解与股票发行上市有关的法律法规，知悉上市公司及其董事、监事和高级管理人员的法定义务和责任。

第二，财务会计和内部控制方面。发行人会计基础工作规范，财务报表的编制和披露符合企业会计准则和相关信息披露规则的规定，在所有重大方面公允地反映了发行人的财务状况、经营成果和现金流量，最近3年财务会计报告由注册会计师出具无保留意见的审计报告。

发行人内部控制制度健全且被有效执行，能够合理保证公司运行效率、合法合规和财务报告的可靠性，并由注册会计师出具无保留结论的内部控制鉴证报告。

第三，发行人业务完整，具有直接面向市场独立持续经营的能力：

首先，资产完整，业务及人员、财务、机构独立，与控股股东、实际控制人及其控制的其他企业间不存在对发行人构成重大不利影响的同业竞争，不存在严重影响独立性或者显失公平的关联交易。（发行人具有真正的独立性。从法律角度说，公司当然就是独立的，但是在现实中其实存在一些不够独立的情况，所以会要求发行申请人的业务、资产、人员、财务机构都是真正独立的，不能和控股股东之间有混同的情况，比方说发行人与控股股东在同一个办公室办公，共用财务人员，如果公司员工高度重合，那就是人员不够独立。主要是防止将来发生控股股东利用这种机会侵犯上市公司的权益，损害投资者利益。）

其次，主营业务、控制权和管理团队稳定，最近2年内主营业务和董事、高级管理人员均没有发生重大不利变化；控股股东和受控股股东、实际控制人支配的股东所持发行人的股份权属清晰，最近2年实际控制人没有发生变更，不存在导致控制权可能变更的重大权属纠纷。如果股票是在交易所主板上市，这个年限是最近3年。（一个公司的主营业务是什么？从主要的营业收入、主要的盈利点考察，公司经营的业务不能过于分散。比方我们讲可口可乐是干嘛的，它就是卖饮料的。可口可乐卖衣服还是卖玩具，可能是附带的，不是主业。证监会认为如此要求有利于公司的持续盈利、有利于投资者。）

最后，不存在涉及主要资产、核心技术、商标等的重大权属纠纷，重大偿债风险，重大担保、诉讼、仲裁等或有事项，经营环境已经或者将要发生重大变化等对持续经营有重大不利影响的事项。

第四，产业政策。发行人生产经营符合法律、行政法规的规定，符合国家产业政策。

第五，不存在重大违法违规情况。最近3年内，发行人及其控股股东、实际控制人不存在贪污、贿赂、侵占财产、挪用财产或者破坏社会主义市场经济秩序的刑事犯罪，不存在欺诈发行、重大信息披露违法或者其他涉及国家安全、公共安全、生态安全、生产安全、公众健康安全等领域的重大违法行为。

董事、监事和高级管理人员不存在最近3年内受到中国证监行政处罚，或者因涉嫌犯罪正在被司法机关立案侦查或者涉嫌违法违规正在被证监会立案调查且尚未有明确结论意见等情形。

在上述公开发行股票的一般条件之外，证券交易所还可以制定公司上市应具备的其他条件，比如公司的资产规模、经营业绩、针对不同行业的不同要求等。

二、上市公司发行新股

上市公司是指已经公开发行股票且股票在交易所挂牌交易的公司，上市公司至少已经公开发行过一次股票，再次发行可以是公开发行，也可以是非公开发行。再次公开发行，相对而言程序上会简单一些，尺度相对会宽松一些，当然仍然要向证监会申请获得核准或注册。发行新股仍要披露信息，但相对首次公开发行股票，披露信息可以稍有简化。

公开发行新股可以分为配售与增发。配售是发行的股票仅面向持有发行人股票的投资者发行。增发是面向公众投资者发行新的股票。

《证券法》第 12 条第 2 款规定：

上市公司发行新股，应当符合经国务院批准的国务院证券监督管理机构规定的条件，具体管理办法由国务院证券监督管理机构规定。

《证券法》第 14 条规定：

公司对公开发行股票所募集资金，必须按照招股说明书或者其他公开发行募集文件所列资金用途使用；改变资金用途，必须经股东大会作出决议。擅自改变用途，未作纠正的，或者未经股东大会认可的，不得公开发行新股。

《上市公司证券发行管理办法》规定了上市公司再次发行证券的一般条件，总体上要求上市公司的组织机构健全、运行良好，财务状况良好，财务会计文件无虚假记载、无重大违法行为（参考首发条件），在上市公司持续经营方面尤其提出：上市公司的盈利能力具有可持续性，符合下列规定：①最近 3 个会计年度连续盈利。扣除非经常性损益后的净利润与扣除前的净利润相比，以低者作为计算依据；②业务和盈利来源相对稳定，不存在严重依赖于控股股东、实际控制人的情形；③现有主营业务或投资方向能够可持续发展，经营模式和投资计划稳健，主要产品或服务的市场前景良好，行业经营环境和市场需求不存在现实或可预见的重大不利变化；④高级管理人员和核心技术人员稳定，最近 12 个月内未发生重大不利变化；⑤公司重要资产、核心技术或其他重大权益的取得合法，能够持续使用，不存在现实或可预见的重大不利变化；⑥不存在可能严重影响公司持续经营的担保、诉讼、仲裁或其他重大事项；⑦最近 24

第六章 证券公开发行与不公开发行

个月内曾公开发行证券的，不存在发行当年营业利润比上年下降50%以上的情形。

上市公司募集资金的数额和使用应当符合下列规定：①募集资金数额不超过项目需要量；②募集资金用途符合国家产业政策和有关环境保护、土地管理等法律和行政法规的规定；③除金融类企业外，本次募集资金使用项目不得为持有交易性金融资产和可供出售的金融资产、借予他人、委托理财等财务性投资，不得直接或间接投资于以买卖有价证券为主要业务的公司；④投资项目实施后，不会与控股股东或实际控制人产生同业竞争或影响公司生产经营的独立性；⑤建立募集资金专项存储制度，募集资金必须存放于公司董事会决定的专项账户。

上市公司存在下列情形之一的，不得公开发行证券：①本次发行申请文件有虚假记载、误导性陈述或重大遗漏；②擅自改变前次公开发行证券募集资金的用途而未作纠正；③上市公司最近12个月内受到过证券交易所的公开谴责；④上市公司及其控股股东或实际控制人最近12个月内存在未履行向投资者作出公开承诺的行为；⑤上市公司或其现任董事、高级管理人员因涉嫌犯罪被司法机关立案侦查或涉嫌违法违规被证监会立案调查；⑥严重损害投资者的合法权益和社会公共利益的其他情形。

证监会规定，上市公司增发，除符合前述一般规定外，还应当符合下列规定：①最近3个会计年度加权平均净资产收益率平均不低于6%。扣除非经常性损益后的净利润与扣除前的净利润相比，以低者作为加权平均净资产收益率的计算依据；②除金融类企业外，最近一期末不存在持有金额较大的交易性金融资产和可供出售的金融资产、借予他人款项、委托理财等财务性投资的情形；③发行价格应不低于公告招股意向书前20个交易日公司股票均价或前一个交易日的均价。

证监会关于公司持续盈利、净利润要达到一定要求、募集资金如何使用的规定，实际是对上市公司发行股票设置了实质性条件，是为了保证新发行股票的投资价值。

但是，从市场化发行的角度看，这些条件未必是合理的。我们也了解，一些公司在境外发行股票，但多年始终没有净利润，仍然可以发行股票。能不能发行股票，监管机构主要控制企业的合法、合规经营和信息充分披露、披露信息的真实准确，规定前述一般条件就可以了，至于企业经营亏损的情况下，投资者是否认购其股票，可以由投资者自主决定，这是市场问题，监管机构可以不干预。

三、公开发行公司债券的条件

依据《国务院办公厅关于贯彻实施修订后的证券法有关工作的通知》（国办发〔2020〕5号）规定，公司债券公开发行实行注册制。依据2019年修订后的《证券法》规定，公开发行公司债券应当依法经证监会或者国家发展改革委注册。依法由证监会负责作出注册决定的公开发行公司债券申请，由证监会指定的证券交易所负责受理、审核。依法由国家发展改革委负责作出注册决定的公开发行公司债券申请，由国家发展改革委指定的机构负责受理、审核。申请公开发行公司债券的发行人，除符合证券法规定的条件外，还应当具有合理的资产负债结构和正常的现金流量。鼓励公开发行公司债券的募集资金投向符合国家宏观调控政策和产业政策的项目建设。

上市公司公开发行债券在证监会注册。

证券法对公开发行公司债券的条件作了简要规定，这些规定相比过去的规定，已经变得很宽松。当然主要是法律规定宽松，留下了灵活性，实际的条件由监管机构和交易所制定，更趋向市场化。

《证券法》第15条第1款和第2款规定：

公开发行公司债券，应当符合下列条件：
①具备健全且运行良好的组织机构；
②最近三年平均可分配利润足以支付公司债券一年的利息；
③国务院规定的其他条件。

公开发行公司债券筹集的资金，必须按照公司债券募集办法所列资金用途使用；改变资金用途，必须经债券持有人会议作出决议。公开发行公司债券筹集的资金，不得用于弥补亏损和非生产性支出。

上市公司发行可转换为股票的公司债券，应当符合上述条件并应当遵守关于发行新股的规定。但是，按照公司债券募集办法，上市公司通过收购本公司股份的方式进行公司债券转换的除外。

《证券法》第17条规定了再次发行公司债券的限制条件：

有下列情形之一的，不得再次公开发行公司债券：
①对已公开发行的公司债券或者其他债务有违约或者延迟支付本息的事实，仍处于继续状态；
②违反本法规定，改变公开发行公司债券所募资金的用途。

要求发行人可分配利润必须达到一定标准、不得弥补亏损的规定，看起来是为了维护债券的一定投资价值。但从市场的观点来看，这些规定也是不必要的，在国际市场上，也有一些类型的债券就是为了弥补亏损或者让经营业绩较差的企业能获得资金。企业经营亏损能不能公开发行债券，由投资者判断，

不需要法律替代投资者思考。

五、存托凭证的发行

1. 公开发行以股票为基础证券的存托凭证的条件

公开发行以股票为基础证券的存托凭证的，境外基础证券发行人应当符合下列条件：①《证券法》关于股票公开发行的基本条件；②为依法设立且持续经营3年以上的公司，公司的主要资产不存在重大权属纠纷；③最近3年内实际控制人未发生变更，且控股股东和受控股股东、实际控制人支配的股东持有的境外基础证券发行人股份不存在重大权属纠纷；④境外基础证券发行人及其控股股东、实际控制人最近3年内不存在损害投资者合法权益和社会公共利益的重大违法行为；⑤会计基础工作规范、内部控制制度健全；⑥董事、监事和高级管理人员应当信誉良好，符合公司注册地法律规定的任职要求，近期无重大违法失信记录；⑦证监会规定的其他条件。

2. 申请发行程序

公开发行以股票为基础证券的存托凭证的，境外基础证券发行人应当按照证监会规定的格式和内容，向证监会报送发行申请文件。

申请公开发行存托凭证的，境外基础证券发行人应当报请证监会核准。仅面向符合适当性管理要求的合格投资者公开发行存托凭证的，可以简化核准程序。

3. 保荐

申请存托凭证公开发行并上市的，境外基础证券发行人应当依照《证券法》的规定，聘请具有保荐资格的机构担任保荐人。保荐人应当依照法律、行政法规以及证监会规定尽职履行存托凭证发行上市推荐和持续督导职责。

4. 承销

公开发行存托凭证的，应当依照《证券法》的规定，由证券公司承销，但投资者购买以非新增证券为基础证券的存托凭证以及证监会规定无须由证券公司承销的其他情形除外。

5. 上市后发行新增证券为基础证券的存托凭证

存托凭证在中国境内首次公开发行并上市后，拟发行以境外基础证券发行人新增证券为基础证券的存托凭证的，适用《证券法》以及证监会关于上市公司证券发行的规定。

第四节 证券公开发行的保荐

《证券法》第10条规定：

发行人申请公开发行股票、可转换为股票的公司债券，依法采取承销方式的，或者公开发行法律、行政法规规定实行保荐制度的其他证券的，应当聘请证券公司担任保荐人。

保荐人应当遵守业务规则和行业规范，诚实守信，勤勉尽责，对发行人的申请文件和信息披露资料进行审慎核查，督导发行人规范运作。

保荐人的管理办法由国务院证券监督管理机构规定。

保荐制度，开始时《证券法》没有规定，证监会首先引入了这一制度，2005年修改后的《证券法》正式规定了保荐制度。保荐到底是什么意思呢？用8个字概括，"尽职推荐、持续督导"。公开发行证券，包括公开发行股票、公司发行可转换债券、存托凭证必须聘请保荐人保荐，继续实行核准制的股票发行之后上市的，也需要聘请上市保荐人。发行人要聘请一个保荐机构保荐。保荐机构谁来当？其实就是证券商，我们中国现在都是证券公司来当保荐机构。当然证券公司要获得保荐资格，

需满足一定条件向监管机构申请获得资格。

保荐的工作具体分为两部分：一是尽职推荐，对发行人的申请文件和信息披露资料进行审慎核查，在申请发行时出具保荐书；保荐书作为申请公开发行证券的必备文件之一提交给交易所和注册机构。二是持续督导，在发行前后保荐人都要对发行人进行辅导、督导。

尽职推荐，保荐人核查发行申请人是否符合证券公开发行的条件，核查之后如果符合则进行推荐，推荐的意思就是要担保。推荐不是简单地写个推荐函，而是要在尽职调查的基础上推荐。现在有同学要去留学，找老师写推荐信，有的写好了推荐信，让老师签个名字，可有时候老师可能并不了解这位同学，推荐信也不能随便签字。推荐一个不靠谱的人，推荐人的声誉就会受损。保荐，不是申请公开发行证券之前一刻找人保荐，保荐人是在之前两三年就开始介入发行人的发行上市准备工作，对发行人的公司经营情况、财务情况、管理层、经营面临的风险等都有深入的、专业的了解，对发行人的申请文件和信息披露资料进行专业的认真核查，排除各种可能的疑点，在这个基础上写出保荐工作报告，最后才能写保荐书。对发行人申请文件、证券发行募集文件中有证券服务机构及其签字人员出具专业意见的内容，保荐机构可以合理信赖，对相关内容应当保持职业怀疑、运用职业判断进行分析，存在重大异常、前后重大矛盾，或者与保荐机构获得的信息存在重大差异的，保荐机构应当对有关事项进行调查、复核，并可聘请其他证券服务机构提供专业服务。

对发行人申请文件、证券发行募集文件中无证券服务机构及其签字人员专业意见支持的内容，保荐机构应当获得充分的尽职调查证据，在对各种证据进行综合分析的基础上对发行人提供的资料和披露的内容进行独立判断，并有充分理由确信所作的判断与发行人申请文件、证券发行募集文件的内容不存在实质性差异。

保荐某种程度上等于是"担保"，是说发行人在发行证券后，如果将来出了事，也就是发行人发行时披露的信息有虚假、误导或重大的遗漏等，或者是发行之后发行人公司没有规范运行，比如没有按照规定披露信息等，保荐人就需要承担责任，也可以称为连带责任，民间的说法是"拴在一根绳上的蚂蚱"，发行人与保荐人串联起来，发行人违法违规了，保荐人也要负责，所以保荐人不能随便出保荐函，保荐人不能只拿钱，不承担责任。

持续督导是说证监会同意发行注册，之后证券发行了，保荐人在一定的时间之内还要继续工作，督促发行人遵守《证券法》《公司法》等法律法规和有关规范性文件，规范经营，披露信息。督导，还有辅导、教育的意思。保荐人从介入保荐工作开始，就要对发行人的董事、监事、高级管理人员等以及其他相关人士进行教育培训，让他们了解公司法、证券法，熟悉公司运行规范并按照规范执行，信守承诺，将来要按照规定去披露信息。保荐机构在推荐发行人首次公开发行股票并上市前，应当对发行人进行辅导。辅导内容包括，对发行人的董事、监事和高级管理人员、持有5%以上股份的股东和实际控制人（或者其法定代表人）进行系统的法规知识、证券市场知识培训，使其全面掌握发行上市、规范运作等方面的有关法律法规和规则，知悉信息披露和履行承诺等方面的责任和义务，树立进入证券市场的诚信意识、自律意识和法制意识，以及证监会规定的其他事项。

首次公开发行股票并在主板上市的，持续督导的期间为证券上市当年剩余时间及其后两个完整会计年度；主板上市公司发行新股、可转换公司债券的，持续督导的期间为证券上市当年剩余时间及其后一个完整会计年度。

首次公开发行股票并在创业板、科创板上市的，持续督导的期间为证券上市当年剩余时间及其后三个完整会计年度；创业板、科创板上市公司发行新股、可转换公司债券的，持续督导的期间为证券上市当年剩余时间及其后两个完整会计年度。

保荐机构履行保荐职责，应当指定品行良好、具备组织实施保荐项目专业能力的保荐代表人具体负责保荐工作。保荐代表人应当熟练掌握保荐业务相关的法律、会计、财务管理、税务、审计等专业知识，最近5年内具备36个月以上保荐相关业务经历、最近12个月持续从事保荐相关业务，最近3年未受到证券交易所等自律组织的重大纪律处分或者证监会的行政处罚、重大行政监管措施。

第五节　证券承销

一、承销

承销，通俗地说就是销售，证券商将发行人发行的证券出售给投资者。以承销方式发行，也叫间接发行。发行人自己直接面向投资者销售证券，是直接发行，一般在非公开发行中可以不聘用承销商。公开发行证券，发行募资规模大，涉及的技术复杂，工作环节较多，发行人通常聘用证券商承销证券。

《证券法》第26条第1款规定：

发行人向不特定对象发行的证券，法律、行政法规规定应当由证券公司承销的，发行人应当同证券公司签订承销协议。证券承销业务采取代销或者包销方式。

第六章 证券公开发行与不公开发行

证券代销，也称为尽力销售，证券代销是指证券公司代发行人发售证券，在承销期结束时，将未售出的证券全部退还给发行人的承销方式。拟发行的证券存在不能全部销售出去的风险，即发行人不能足额获得准备募集的资金，这一风险由发行人自行承担。《证券法》第33条规定股票发行采用代销方式，代销期限届满，向投资者出售的股票数量未达到拟公开发行股票数量70%的，为发行失败。发行人应当按照发行价并加算银行同期存款利息返还股票认购人。代销的承销人的收费相对于包销收费费率要低。

证券包销，是指证券公司将发行人的证券按照协议全部购入或者在承销期结束时将售后剩余证券全部自行购入的承销方式。包销分全额包销和余额包销，包销对发行人有利的是，发行人拟募集资金都能够募资到，不存在发行失败，包销的证券商承担证券不能卖出去的风险，需要较多的资金准备，责任较大，收费的费率较高。

承销团，多个证券商签订合同、临时组合为一个整体承销证券是承销团承销。《证券法》第30条规定，向不特定对象发行证券聘请承销团承销的，承销团应当由主承销和参与承销的证券公司组成。承销团成员之间是临时合伙，需要指定主承销商，如果承销证券募集金额大，也可以设副主承销商。承销团也叫"辛迪加"，中国法律没有专门针对承销团的规定，但一般理解承销团成员之间的关系是合伙关系，是一种临时合伙，是通过签订合同或者协议的方式，把很多个承销商临时组合在一起，大家共同去卖某个发行人所发行的证券。既然是很多承销商，就需要有领导，承销团总的负责组织的人叫牵头承销商，或者叫主承销商。

承销期。具体的某一次证券发行会限定一个期限，就叫承销期。为什么要界定一个时间？很重要的一点是发行人披露的信息是有时效的。如果承销期时间非常长，在后期可能披露的信息已经过时了、失效了。因此，要定一个可以发行出售证券的期间。在现实中承销期通常没有法律规定的那么长，可能一二十天也就足够了。

《证券法》第31条规定：

证券的代销、包销期限最长不得超过九十日。

证券公司在代销、包销期内，对所代销、包销的证券应当保证先行出售给认购人，证券公司不得为本公司预留所代销的证券和预先购入并留存所包销的证券。

二、尽力销售

承销商不能自己认为证券将来行情比较好，就自己留下证券，不卖了，这是不可以的。当然一般来说承销商也不会这样做，因为承销商买下证券要用钱，有没有足够的钱是个问题，因为承销商的工作是专门替别人来卖证券。不是卖一家的证券，一年要多次承销，如果每次都是自己买下来一部分，就没有多余的钱周转了。当然某些时候有的承销商会自己买下来，所以法律有规定，承销的证券应该尽量卖给公众投资者，当然实在没卖掉的，承销商可以自己买下来，但是也通常会限定一个时间，将来还是要卖掉的。过了承销期，还可以按照规定再卖掉。

三、承销商的责任

承销商按照目前证券法的规定，需要对公开发行募集文件的真实性、准确性、完整性进行核查，发现有虚假记载、误导

第六章 证券公开发行与不公开发行

性陈述或者重大遗漏的，不得进行销售活动。已经销售的必须立即停止销售活动，并采取纠正措施。这是法律规定的。看起来好像承销商是在卖证券时候才介入这个工作，其实在现实中并不是这样，承销商和保荐人，特别是承销团的主承销商和保荐人，通常是同一个公司的，所以承销商其实在承销之前就介入准备发行的工作了，这样才可能真正地对所披露信息的真实性、准确性进行核查。这个核查不是一般的核查，同样是尽职调查。

四、证券发行价格

证券承销的过程中有一个发行证券的价格如何确定的问题，法律上也有所规定。发行价格理论上有三种定价方式。

第一种是平价发行，也就是按照证券的票面价来发行，比如说股票的票面，我们现在通常是一股一元，一股卖一元。

第二种是折价发行，低于票面价来发行。但是折价发行中国法律是不允许的，尤其是股票不能折价发行，这一点是因为与我们公司法上讲的资本制度有关，我们要求资本真实确定，一股一元，如果这个公司有5000万股，注册资本就是5000万元，如果说发行股票的时候一股卖了0.8元，公司实收资本就不够了，等于注册资本就不够了，将来如何补上是个问题。尤其是公开发行股票，折价发行就行不通。如果是非公开发行，不允许认购人转让股票，看起来还有可行性，可以将来再要求股东补足款项。而债券折价发行并无太大障碍。

第三种是溢价发行，就是以超过票面价的价格来发行，票面是1元，卖5元或者卖10元等，绝大多数公司，或者目前来讲，百分之百都是溢价发行。股票采取溢价发行的有很多。债券通常是平价发行，有的国家也有折价发行，债券基本上不采取溢价发行。股票发行之所以溢价发行，一是因为股票较为稀缺，大家都愿意买它。二是因为买股票大家买的是一个未来，就是说现在的价格，包括了公司将来的盈利，将来的盈利已经反映在它的价格上了。当然也有一种实际情况，就是说它表面上一股一元，但是有可能一股对应的净资产超过一元，当然就不能卖一元了，就是一股对应的净资产可能是 5 元，票面是一块钱，这是完全可能的，这时候就不能卖一元一股了。加上前面讲的因素，买股票买的是公司的前景，投资者看重的是将来，将来公司盈利前景很好，一股净资产 5 元，但每股可能要卖 10 元、20 元。具体定价多少其实不是一个法律问题，而是一个市场问题、投资问题，主要在于投资者怎样看。比方说考虑市盈率，发行价格跟净资产其实没关系，真正的市场价格，更多的是跟它的盈利，每股盈利的水平有关。当然这个所谓的市盈率定在什么标准上，比如说是 10 倍还是 20 倍或更高，各种情况都有，如果是现在讲的新经济公司，有些市盈率可能上百倍，发行之后也可能涨得更多。

确定价格的具体方法。根据证监会规定，首次公开发行股票，可以通过向网下投资者询价的方式确定股票发行价格，也可以通过发行人与主承销商自主协商直接定价等其他合法可行的方式确定发行价格。公开发行股票数量在 2000 万股（含）以下且无老股转让计划的，可以通过直接定价的方式确定发行价格。发行人和主承销商应当在招股意向书（或招股说明书）和发行公告中披露本次发行股票的定价方式。

同一次发行同股同权。同一类别的股票发行购买条件应该是一样的。

第六节 对豁免注册或豁免核准的探讨

一、概述

豁免注册是指，有些证券发行，发行规模较小，或者投资者是合格投资者，或不公开发行，符合法律规定的一定条件的，可以不向监管机构注册，不适用一般的证券公开发行的程序。

向监管机构注册发行证券，程序复杂，花费的成本高。对于一些初创企业或者中小企业而言，通过注册程序公开融资是一个巨大的负担。豁免注册制度的存在将有利于中小企业方便地、低成本地获得融资。同时，如果证券发行的投资者属于金融机构投资者，他们是有专业能力和谈判能力获得信息、分析证券价值的，因此仅面向这样的机构投资者的证券发行无须注册制度的保护。

二、美国联邦证券法的豁免注册制度的基本要点

美国证券法规定，不涉及向公众要约的证券发行可豁免注册，也就是私募或非公开发行可以豁免注册。但如果非公开发行的投资者是个人投资者，情况就很复杂了。根据判例，如果投资者足够明智能够自我保护，能获得信息或已经被提供充分的重大信息，证券发行可以豁免注册。投资者人数是判断是否公开发行的一个应考虑的因素，但并非绝对的因素。

为了明确规则，支持中小企业融资，SEC根据授权制定了D条例（Regulation D），对豁免的条件分类作出详尽规定[1]。这里简要地概括一下（概述，不精确，我们这里目的是理解其核

---

[1] 参考［美］詹姆斯·D.考克斯、罗伯特·W.希尔曼、唐纳德·C.兰格沃特：《证券管理法：案例与资料》，中信出版社2003年版。

心意思），豁免注册需要同时满足以下条件：

（1）发行证券融资的规模不超过规定金额。按照 D 条例的第 504 条规则（Rule 504），在 12 个月内多次融资的规模总额封顶，不超过一定金额如 100 万美元或 500 万美元。在 D 条例的第 506 条规则（Rule 506）之下募资规模无限制。

（2）主要是向合格投资者（accredited investors）募集资本。规则规定了合格投资者的标准，如金融行业机构投资者，大企业，企业内部普通合伙人、董事或高级管理人员，富人和高收入的个人、风险投资机构，等等。

（3）对合格投资者人数方面没有绝对限制。但如果证券购买者包括非合格投资者，则非合格投资者人数不超过 35 名，关联人投资视为一人。在 Rule 506 之下非合格投资者应满足明智标准（sophistication standards）。

（4）通常不允许公开劝募。仅能向之前已经认识的人推销，实际上需要借助证券商的协助向潜在投资者推销，因为这样证券商或金融机构才能认识、熟悉数量足够多的有能力投资的人。如某些规则允许公开劝募，则投资者必须是合格投资者。

（5）披露信息。投资者即使是合格投资者也应当向他们提供足够的信息（企业经营、财务方面和经营风险等方面的信息），如果是融资企业自身的高级管理人员一般因其职位已经掌握相关信息而可以不提供信息，但要受到防止欺诈法律的约束，因此，投资者已经被提供信息或能够获得信息是一个必要条件。发行企业应该向非合格投资者主动披露企业财务信息等（类似于简要的招股说明书）。两类投资者都应该有机会向企业提问，了解企业经营情况。

（6）转售限制。除非得到豁免或办理注册，不能转售。

（7）通知 SEC。尽管可以免于注册，发行人仍向监管机构发出通知,进行备案。

为防止利用豁免制度规避证券发行的注册程序,在豁免制度的适用中还有一个原则:整体原则(integration),可能某次证券发行符合豁免条件,但在 6 个月之内多次从事证券发行,多次发行筹资目的都是服务于同一项目,则视为一次发行,其中某一次不符合豁免条件的,即整体上不符合豁免条件。[1]

A 条例(Regulation A)是关于公开发行可豁免注册的制度,对符合规则的企业 12 个月内发行不超过 2000 万(1 类)或 5000 万(2 类)美元的证券予以豁免注册,但发行人需要备案被认可合格。发行人须披露信息,发行 2 类证券的发行人财务信息应审计且应持续披露信息。对投资 2 类证券的非合格投资者投资额不超过家庭年收入或净资产的 10%。

美国 SEC 还根据授权制定了企业员工股权激励计划豁免注册的规则。

针对小企业的豁免。融资规模不超过 500 美元,证券转售没有限制,可以向公众劝募。

另外对于存在证券违法违规记录的公司及其高级管理人员,不能适用豁免注册制度。

三、我国豁免注册制度探讨

我国证券法没有明确规定证券发行豁免注册或豁免核准的制度,但按照有规则就有例外的基本原理,并考虑到证券市场应服务于企业融资、便利企业融资,我国也应该建立豁免注册制度。在 2015 年启动的《证券法》修改中,《证券法(修订草案)》中包括了豁免注册制度。按照修订草案,向合格投资者

---

[1] 人性是相同的,商业世界也有很多相同的事,前几年我国也出现过一些地方交易所与互联网平台合作分割、分批发行私募债等变相公开发行证券的情况。

发行、众筹发行、小额发行、实施股权激励计划或员工持股计划等可以豁免注册。遗憾的是 2019 年《证券法》最终修改没有包括豁免注册制度，仅对实施员工持股计划致使持股人数超过 200 人作出豁免注册的规定。

根据我国企业的规模、融资需求和投资者情况，建立符合我国市场实际的注册豁免制度是必要的。其中募资金额应该是一个随着物价变动可调整的金额。

四、股权众筹的豁免注册

众筹（crowdfunding）也可以说是小规模公开发行的特殊情形。股权众筹是在互联网时代出现的一种新的现象，是个人或者小企业利用互联网平台向公众募集小额资金的活动。前几年中国官方也准备推出股权众筹，证券业协会曾制定过一个关于众筹的规定草案，公开征求意见，但最终没有公布。

美国也是股权众筹的先行者，2012 年美国国会通过了一部法律，简称"JOBS ACT"，其中对众筹作了规定，美国 SEC 制定了实施细则。其一，众筹是一种公开发行。它的特点在于利用互联网平台募资，而不是线下劝募。众筹平台可以是证券经纪商运营，也可以是在监管机构或行业协会注册的互联网平台。其二，募资总额有控制。募集到的资金总额低于一定限度，等于说它是小规模发行中的一种特殊情况。按照 2017 年标准，12 个月合计最高融资额是 107 万美元（这个标准随着通货膨胀率调整）。其三，涉及投资者人数多，但是每个人投的钱比较少。小额投资是它的特点，但对投资者的资质仍有一定要求。美国的有关法律规定（2017 年标准），一个人年收入或净资产少于 10.7 万美元，12 个月内投入到众筹上的资金不超过 2200 美元或不高于年收入或净资产的 5%；或者如果一个人年收入和净资产

第六章 证券公开发行与不公开发行

大于等于 10.7 万美元，则投资限额不高于 10%。无论投资者年收入或净资产有多少，在 12 个月内通过众筹出售给投资者的证券总额不能超过 10.7 万美元。其实还是一个类似我们前面讲的合格投资者的概念。只不过说合格投资者在不同情形下，它的具体标准是有差异的。比如说一个月工资是 5000 元，投 200 元，一年投 2400 元，这也行，对生活没有什么太大影响。但如果说一个人一年工资才 10 万元，他一下就投资了 10 万元，这个投资一旦失败，恐怕对他的影响非常大。有的人是没有风险承担能力的，所以要限定投资者的资质和投资额。其四，众筹的发行人也需要披露信息，要将信息提交到监管机构的信息披露系统。其五，对众筹的股份转售有一定限制。

在美国，股权众筹之所以出现，是为了让中小企业更方便地筹集到资金，从而扩大就业，因为中小企业提供了大多数的就业岗位。在中国，中小企业实际上也是解决就业非常重要的渠道。所以政府也十分重视中小企业的融资问题，解决其融资难、融资贵的问题。中小企业要通过正规渠道融资是不容易的，因为它的规模小，没有可抵押、质押的财产，所以从银行贷款不容易。如果允许众筹，或许是中小企业融资的一个渠道。

但是从证券法的角度讲，股权众筹活动也是需要规范的，就是防范出现欺诈性的事件。一般来说法律主要是从四个方面规范，其一，筹资人要符合一定条件才可以通过股权众筹的方式来筹集资金。筹资人的条件需要有一个标准，法律上需要有一个限定，如筹资人是诚信经营，有真实的项目需要资金。那些有不良记录的人没有资格用众筹方式筹资。其二，筹资额不应该太高。现在筹集资金不超过 300 万元，就算是小额。筹资额的标准到底应该定到 300 万元还是 200 万元需要再研究，但额度不能太高。其三，筹资的互联网平台需要一定资质。众筹是通过互联网平台发布筹资信息、获得筹资，运营互联网筹资平台的公司，其实和传统的证券公司所做的承销证券是类似的。众筹平台其实就是做了承销商的工作，但是如果限定只有证券商能做，不利于互联网的发展，也不利于众筹的发展。众筹平台需要一个标准，但标准相对可能要放低一些。同时平台对发行人也有一定的审核义务，要尽职调查，不能随意发布筹资信息。其四，投资者参与众筹需要符合一个相对而言比较低的合格投资者的标准。私募基金的合格投资者的标准是个人年收入要50万元以上，如果是众筹的投资者，可以定一个年收入12万元的标准就可以，类似这个意思，标准可以稍微低一些，但是不能没有任何标准。同时，这个标准要随着通货膨胀、物价变动而调整。

五、不公开发行

我国证券法没有对不公开发行（私募）作出全面规定。按照逻辑，公开发行需要向监管机构注册，那么非公开发行就不需要向监管机构注册。

非公开发行无须注册的理由是，一般发行规模不大，或者投资者是专业投资者，能够与发行人谈判获得信息，或者投资者本来已经了解发行人的经营情况和财务信息等，投资者具有一定的风险识别能力和风险承担能力，无须法律提供强力保护，投资者自己能够保护自己。这种投资者应限定于合格投资者。

从我国《公司法》和《证券法》等法律法规的规定来看，下列非公开发行证券是合法的：

（1）以发起方式成立股份公司，发起人不超过200人，且不采用公开方式向不特定投资者劝募股份。

（2）面向合格投资者非公开发行公司证券、资产管理产品、信托计划、资产支持证券、理财产品等，累计人数不超过200

人，不得采取公开方式劝募。

（3）企业实施股权激励计划或员工持股计划而发行股票，人数可以超过 200 人。对上市公司股权激励计划，证监会制定了《上市公司股权激励管理办法》。激励对象可以包括上市公司的董事、高级管理人员、核心技术人员或者核心业务人员，以及公司认为应当激励的对公司经营业绩和未来发展有直接影响的其他员工，但不应当包括独立董事和监事。外籍员工任职上市公司董事、高级管理人员、核心技术人员或者核心业务人员的，可以成为激励对象。

上市公司可用限制性股票、股票期权实行股权激励。限制性股票，是指激励对象按照股权激励计划规定的条件，获得的转让等部分权利受到限制的本公司股票。股票期权，是指上市公司授予激励对象在未来一定期限内以预先确定的条件购买本公司一定数量股份的权利。激励对象获授的股票期权不得转让、用于担保或偿还债务。

（4）上市公司向不超过 35 名特定对象发行股票。但是按照目前证监会的规定，上市公司非公开发行股票也需要向证监会申报并获得核准。证监会如此规定的理由大概是，上市公司非公开发行股票，可能影响公众股东的利益。按照规定，非公开发行的股份自发行结束之日起，6 个月内不得转让；控股股东、实际控制人及其控制的企业认购的股份，18 个月内不得转让。

（5）股转系统挂牌公司向特定对象发行证券后证券持有人累计不超过 200 人的，证监会豁免核准，由全国中小企业股份转让系统有限责任公司受理相关申请材料并进行审查。

第七节 上市公司关系人减持或二级发行

二级发行，在我国证券法上没有规定，但是在实践中其实也是存在的。它指的是什么情况呢？有一些人在上市公司公开发行之前持有公司股票，比如说小明创建的公司公开发行股票在创业板挂牌，小明仍然持股20%。公司上市一年后他想把5%的股票卖掉换一部分钱去消费或者另外投资等，这样大规模地出售股票，就区别于在二级市场上日常的交易，日常的交易量不是很大。我们认为这种大规模的销售比较特殊，它对市场秩序会有冲击或者影响，所以法律上应该对它有所规范。

前面讲到的股票公开发行是发行人向公众投资者公开出售股票，投资者一旦购买股票可以在市场再销售，没有限制。如果发行人在某交易所申请上市了，投资者可以在交易所交易股票。

发行人公开发行的股票只占其总股份的一部分，还有一部分股票是由公司发起人包括大股东和董事、监事和高级管理人员持有，或者发行人通过非公开方式发行了股票，或者发行人发行了一定数量负有转售限制条件的股票。这些股票如果不受限制地在交易市场销售、交易，会大大增加同一公司股票的供应量，影响股票的市场价格。同时，大股东和董监高掌握公司的信息，如果不加任何限制允许他们在交易所公开出售所持有的公司股票，也会使公众投资者与他们处于严重的信息不对称状态，他们可能利用地位优势进行交易获取利益，也会使公众怀疑他们对上市公司经营前景的信心，最终影响股票市场行情。

为此，美国证券法规定了二级发行（secondary distributions）的制度。公开发行股票的公司的控制人控制的股票和受限证券，如果要在公开市场包括交易所出售、交易，控制人或受限证券持有人必须向 SEC 履行注册手续，向公众公开信息。所谓控制人证券是证券发行人的关联方（包括董事、高级管理人员），直接或间接持有的发行人的证券，此控制人可以是通过股权或协

第六章 证券公开发行与不公开发行

议等任何方式控制发行人的决策、管理的人。受限证券是指在非公开发行中发行的转让受到限制的证券、或者其他豁免注册程序中发行的转让受到限制的证券。这个问题非常复杂，美国证监会规定，符合一定条件的情况下，可以豁免注册（简称安全港，safe harbor），但要遵守信息披露（发行人已经上市并按照法律要求定期披露信息）、持股已经达到一定期限和交易节奏控制的规则。

非公开发行的证券（私募证券）如果以私募方式转让，购买人能够获得信息，也可免于注册；进一步，如果购买人是符合一定条件的机构投资者，证券不在交易所交易，也可免于注册。

我国证券市场在早期存在流通股和非流通股之分。流通股是面向公众投资者发行的股票，非流通股是发起人、大股东持有的股票，非流通股不得在交易市场交易。后来通过对股权分置的改革，这个区分不再存在了。但上市公司的发起人、大股东持股减持、公开转让始终是投资者关注的问题。

2019年修改的《证券法》第一次对减持问题作出规定。但并未提出注册要求和豁免注册条件。根据《证券法》规定，区分为两种情况：一是公开发行前持有的股份；二是上市公司非公开发行的股份。证券法明确将实际控制人转让股份也列在限制之列。证券法规定实际是授权监管机构对减持问题作出规定。

《证券法》第36条规定：

依法发行的证券，《中华人民共和国公司法》和其他法律对其转让期限有限制性规定的，在限定的期限内不得转让。

上市公司持有百分之五以上股份的股东、实际控制人、董事、监事、高级管理人员，以及其他持有发行人首次公开发行前发行的股份或者上市公司向特定对象发行的股份的股东，转让其持有的本公司股份的，不得违反法律、行政法规和国务院证券监督管理机构关于持有期限、卖出时间、卖出数量、卖出方式、信息披露等规定，并应当遵守证券交易所的业务规则。

《公司法》第141条规定：

发起人持有的本公司股份，自公司成立之日起一年内不得转让。公司公开发行股份前已发行的股份，自公司股票在证券交易所上市交易之日起一年内不得转让。

公司董事、监事、高级管理人员应当向公司申报所持有的本公司的股份及其变动情况，在任职期间每年转让的股份不得超过其所持有本公司股份总数的百分之二十五；所持本公司股份自公司股票上市交易之日起一年内不得转让。上述人员离职后半年内，不得转让其所持有的本公司股份。公司章程可以对公司董事、监事、高级管理人员转让其所持有的本公司股份作出其他限制性规定。

证监会专门制定了《上市公司股东、董监高减持股份的若干规定》（2019年《证券法》修改前的规定）。根据该规定，减持规则主要内容是：

第一，减持要遵守公司法等法律法规关于股份转让期限限制的规定；自愿承诺的一定期限不转让的具有效力，应遵守承诺。非自愿的减持如股份被拍卖等也适用同样的规则。大股东减持其通过证券交易所集中竞价交易买入的上市公司股份，不适用本规定。

第二，减持应按照规定预先披露减持计划并按照规定的比例、时限减持。

上市公司大股东、董监高计划通过证券交易所集中竞价交易减持股份，应当在首次卖出的 15 个交易日前向证券交易所报告并预先披露减持计划，由证券交易所予以备案。减持计划的内容应当包括但不限于：拟减持股份的数量、来源、减持时间区间、方式、价格区间、减持原因。减持时间区间应当符合证券交易所的规定。减持时间区间内，大股东、董监高应当按照证券交易所的规定披露减持进展情况。减持计划实施完毕后，大股东、董监高应当在两个交易日内向证券交易所报告，并予公告；在预先披露的减持时间区间内，未实施减持或者减持计划未实施完毕的，应当在减持时间区间届满后的两个交易日内向证券交易所报告，并予公告。

上市公司大股东在 3 个月内通过证券交易所集中竞价交易减持股份的总数，不得超过公司股份总数的 1%。

股东通过证券交易所集中竞价交易减持其持有的公司首次公开发行前发行的股份、上市公司非公开发行的股份，应当符合前款规定的比例限制。

股东持有上市公司非公开发行的股份，在股份限售期届满后 12 个月内通过集中竞价交易减持的数量，还应当符合证券交易所规定的比例限制。

第三，减持可以通过交易所的交易进行，也可以通过协议或其他合法方式进行。

第四，上市公司、大股东或董监高存在违法违规情形被调查或追责期间及被处罚后一定期间不得减持。

另外，关于首次公开发行股票和上市，证监会规定，在公开发行的同时，发起人股东可以向公众投资者出售持有的部分股份，在招股说明书中应对此予以披露。

第八节 境外发行股票

中国境内的公司可以在境外发行股票。境外发行股票,当然必须首先符合发行地和上市地的法律和交易所的规则。但是过去我国证券法要求境内企业到境外发股票,应当获得中国官方的同意才可以。中国企业到境外发行股票,有些是发行股票,但上市交易的是存托凭证。

也有一些公司是通过协议控制模式上市,也就是形式上是境外注册的公司在境外发行股票并上市,但是境外公司的主要经营资产、经营地在中国境内,该境外公司在中国境内投资设立公司,或者在中国境内设立的公司的控制权通过股东协议的方式委托给境外公司,比如境内公司的股东将股权投票权委托给境外公司行使;境内公司与境外公司签订技术服务、技术许可协议等将境内公司的主要利润转移给境外公司;等等。协议控制模式在境外发行股票也需要获得证监会的同意。

2019年修改后的《证券法》第224条规定,"境内企业直接或者间接到境外发行证券或者将其证券在境外上市交易,应当符合国务院的有关规定"。符合国务院有关规定所指确切含义不明,如果这个"有关规定"是指过去已经发布的规定,那到境外发行股票并上市就仍然需要获得证监会批准。考虑到国务院有关规定已经不完全适应当前情况,这一规定也隐含将来改革的可能。

第七章

资产支持证券的发行

第一节 中国的资产证券化概述

一、信贷资产证券化

2005年4月20日中国人民银行、中国银行业监督管理委员会发布了《信贷资产证券化试点管理办法》，开始试点信贷资产证券化。根据该办法，信贷资产证券化是，银行业金融机构作为发起机构，将信贷资产信托给受托机构，由受托机构以资产支持证券的形式向投资机构发行受益证券，以该财产所产生的现金支付资产支持证券收益的结构性融资活动。

信贷资产证券化采用信托的形式。信贷资产证券化受托机构由信托公司担任，受托机构以信托财产为限向投资机构承担支付资产支持证券收益的义务。受托机构分别委托贷款服务机构、资金保管机构、证券登记托管机构及其他为证券化交易提供服务的机构履行相应职责。

中国人民银行、中国银保监会直接负责监管信贷资产证券化。

二、证监会监管的资产证券化

证监会对资产证券化也作出了具体规定，资产证券化主要采取信托的形式。2014年11月19日公布《证券公司及基金管理公司子公司资产证券化业务管理规定》，根据该规定第2条，资产证券化业务，是指以基础资产所产生的现金流为偿付支持，通过结构化等方式进行信用增级，在此基础上发行资产支持证券的业务活动。第3条规定，基础资产，是指符合法律法规规定，权属明确，可以产生独立、可预测的现金流且可特定化的财产权利或者财产。基础资产可以是单项财产权利或者财产，也可以是多项财产权利或者财产构成的资产组合。财产权利或者财产，其交易基础应当真实，交易对价应当公允，现金流应当持续、稳定。基础资产可以是企业应收款、租赁债权、信贷资产、信托受益权等财产权利，基础设施、商业物业等不动产财产或不动产收益权，以及证监会认可的其他财产或财产权利。

按照《上海证券交易所基础设施类资产支持证券挂牌条件确认指南》，基础设施类资产支持证券，是指证券公司、基金管理公司子公司作为管理人，通过设立资产支持专项计划开展资产证券化业务，以燃气、供电、供水、供热、污水及垃圾处理等市政设施，公路、铁路、机场等交通设施，教育、健康养老等公共服务产生的收入为基础资产现金流来源所发行的资产支持证券。

三、其他资产支持证券

中国银行间市场交易商协会2012年发布《银行间债券市场非金融企业资产支持票据指引》（2017年修改）规定，资产支持票据，是指非金融企业在银行间债券市场发行的，由基础资产所产生的现金流作为还款支持的，约定在一定期限内还本付息的债务融资工具。基础资产是指符合法律法规规定，权属明确，能够产生可预测现金流的财产、财产权利或财产和财产权利的组合。基础资产不得附带抵押、质押等担保负担或其他权利限制。

2020年6月中国人民银行公布《标准化票据管理办法》,根据该办法,标准化票据是指存托机构归集核心信用要素相似、期限相近的商业汇票组建基础资产池,以基础资产池产生的现金流为偿付支持而创设的等分化受益凭证。实际上,标准化票据也是一种资产支持证券。

综上,目前我国的资产证券化存在两大类,由证监会监管的资产证券化和人民银行、银保监会监管的资产证券化。证监会监管的资产证券化,主导者是证券公司或基金管理公司子公司,须具备客户资产管理业务资格。人民银行、银保监会监管的资产证券化主导者是商业银行和信托公司。当然在市场上,证券公司、基金管理公司子公司和信托公司也有合作,共同参与资产证券化业务的案例也有不少。

第二节 资产证券化的法律结构

资产证券化的基本流程是,由信托公司或者证券公司或基金管理公司子公司(统称受托管理人)设立特殊目的载体,发起人或基础资产权益人(原始权益人)与受托管理人签订协议,将基础资产权益转移给特殊目的载体。受托管理人以特殊目的载体为依托发行受益凭证,投资者认购受益凭证,发起人或基础资产权益人获得出售基础资产权益的收益,投资者按照约定获得约定收益。

一、特殊目的载体(SPV)

特殊目的载体,是指为开展资产证券化业务专门设立的信托或者其他特殊目的载体。其他特殊目的载体的法律形式也可以是专门设立的公司,但目前我国资产证券化业务中很少采用这种形式。信贷资产证券的规章中明确规定,设立特定目的信托。但证监会的规定中特殊目的载体名称为资产支持专项计划,大约是故意回避"信托"一词,但特殊目的载体的法律性质无疑就是信托。

二、特殊目的载体的财产独立性

发起人或基础资产权益人转移给特殊目的载体的财产构成特殊目的载体的财产,受托管理人因特殊目的载体的管理、运用、处分或者其他情形而取得的财产,归入特殊目的载体财产。特殊目的载体财产独立于发起人、原始权益人、受托管理人、托管人及其他业务参与人的固有财产。

因处理特殊目的载体事务所支出的费用、对第三人所负债务,以特殊目的载体的财产承担。受托管理人管理、运用和处分特殊目的载体的财产所产生的债权,不得与发起人、原始权益人、管理人、托管人、资产支持证券投资者及其他业务参与人的固有财产产生的债务相抵销。管理人管理、运用和处分不同特殊目的载体的财产所产生的债权债务,不得相互抵销。

1. 破产隔离

破产隔离是设立特殊目的载体的基本目的之一。通常强调原始权益人破产清算的,特殊目的载体的财产不属于其破产财产。当然如果受托管理人、托管人及其他业务参与人因依法解散、被依法撤销或者宣告破产等原因进行清算的,特殊目的载体的财产也不属于其清算财产。实际上信托财产的基本特征就是破产隔离,在资产证券化业务中,强调这一点大概是考虑资产是否真的出售给特殊目的载体。

2. 真实出售

原始权益人在设立信托后,将其拥有的基础资产权益转移给特殊目的载体,原始权益人即对转移的基础资产权益不再享有任何权利,不能再支配该资产。一般来说,对特殊目的载体清算后的剩余财产也没有索取权。

但是根据约定,如果转移的资产权益存在瑕疵,原始权益人一般有补足或者替换资产的义务。

有些资产证券化案例中,存在原始权益人回购基础资产权益的安排,这种做法是否影响真实出售,存在不同看法。

基础资产权益转让给特殊目的载体,债权类资产如何通知债务人,相关规定不是特别明确,一般做法是发公告或者在发生违约事件时个别通知,如何通知债务人需要进一步探讨。基础资产权益如果是附有担保的债权,在债权转让给特殊目的载体之后,担保权包括抵押权、质押权等如何变更登记存在不同做法,也值得继续研究。

三、资产支持证券的有关当事人

1. 原始权益人

原始权益人是指按照规定和约定向特殊目的载体转移其合法拥有的基础资产以获得资金的主体。在信贷资产证券化业务中,原始权益人称为发起人,发起人通过发放贷款获得了信贷资产(债权),在资产证券化中,发起人将其债权出售给特殊目的载体。

原始权益人不得侵占、损害特殊目的载体的财产,并应当履行下列职责:①依照规定或者约定移交基础资产;②配合并支持管理人、托管人以及其他为资产证券化业务提供服务的机构履行职责;③资产证券化法律文件约定的其他职责。

原始权益人向管理人等有关业务参与人提交的文件应当真实、准确、完整，不存在虚假记载、误导性陈述或者重大遗漏。原始权益人应当确保基础资产真实、合法、有效，不存在虚假或欺诈性转移等任何影响特殊目的载体设立的情形。

对特殊目的载体以及资产支持证券投资者的利益产生重大影响的原始权益人（简称特定原始权益人）还应当符合下列条件：①生产经营符合法律、行政法规、特定原始权益人公司章程或者企业、事业单位内部规章文件的规定；②内部控制制度健全；③具有持续经营能力，无重大经营风险、财务风险和法律风险；④最近3年未发生重大违约、虚假信息披露或者其他重大违法违规行为；⑤监管机构规定的其他条件。特定原始权益人，在特殊目的载体存续期间，应当维持正常的生产经营活动或者提供合理的支持，为基础资产产生预期现金流提供必要的保障。发生重大事项可能损害资产支持证券投资者利益的，应当及时书面告知管理人。

为保证资产支持证券的质量，在信贷资产证券化业务中，要求发起人要自留5%的信用风险。

2. 受托管理人

管理人是指为资产支持证券持有人之利益，对资产支持专项计划进行管理及履行其他法定及约定职责的信托公司或证券公司、基金管理公司子公司等。

管理人主要职责：①对相关交易主体和基础资产进行全面的尽职调查，可聘请会计师事务所、资产评估机构等相关中介机构出具专业意见；②在特殊目的载体存续期间，督促原始权益人以及为特殊目的载体提供服务的有关机构，履行法律规定及合同约定的义务；③办理资产支持证券发行事宜；④按照约定及时将募集资金支付给原始权益人；⑤为资产支持证券投资者的利益管理资产支持专项计划资产；⑥建立相对封闭、独立的基础资产现金流归集机制，切实防范特殊目的载体资产与其他资产混同以及被侵占、挪用等风险；⑦监督、检查特定原始权益人持续经营情况和基础资产现金流状况，出现重大异常情况的，管理人应当采取必要措施，维护资产支持专项计划资产安全；⑧按照约定向资产支持证券投资者分配收益；⑨履行信息披露义务；⑩负责特殊目的载体的终止清算；⑪法律、行政法规以及资产支持证券说明书约定的其他职责。

管理人应当为特殊目的载体单独记账、独立核算，不同的特殊目的载体在账户设置、资金划拨、账簿记录等方面应当相互独立。

3. 托管人

托管人是指为资产支持证券持有人之利益，按照规定或约定对特殊目的载体相关资产进行保管，并监督特殊目的载体运作的商业银行或其他机构。一般商业银行、中国证券登记结算有限责任公司、具有托管业务资格的证券公司等机构担任机构托管。在信贷资产证券化业务中相应机构成为资金保管机构。

托管人的主要职责：①为特殊目的载体开设专用账户，安全保管资产支持专项计划相关资产；②监督管理人的管理运作，发现管理人的管理指令违反说明书或者托管协议约定的，应当要求改正；③出具资产托管报告；④说明书以及相关法律文件约定的其他事项。

4. 资产支持证券的投资者

出资认购资产支持计划的人是资产支持证券的投资者。原始权益人可以持有资产支持证券，可以作为受益人行使受益人权利。有些规定要求原始权益人必须保留一定比例的受益权利。

按照证监会规定，资产支持证券应当面向合格投资者发行，发行对象不得超过 200 人，单笔认购不少于 100 万元人民币发行面值或等值份额。合格投资者应当符合《私募投资基金监督管理暂行办法》规定的条件，依法设立并受国务院金融监督管理机构监管，并由相关金融机构实施主动管理的投资计划不再穿透核查最终投资者是否为合格投资者和合并计算投资者人数。

资产支持证券是投资者享有资产支持专项计划权益的证明，可以依法继承、交易、转让或出质。资产支持证券投资者不得主张分割特殊目的载体的资产，不得要求特殊目的载体回购资产支持证券。

资产支持证券投资者享有下列权利：①分享资产支持专项计划收益；②按照认购协议及计划说明书的约定参与分配清算后的资产支持专项计划剩余资产；③按规定或约定的时间和方式获得资产管理报告等资产支持专项计划信息披露文件，查阅或者复制专项计划相关信息资料；④依法以交易、转让或质押等方式处置资产支持证券；⑤根据证券交易场所相关规则，通过回购进行融资；⑥认购协议或者说明书约定的其他权利。

发行资产支持证券，应当在说明书中约定资产支持证券持有人会议的召集程序及持有人会议规则，明确资产支持证券持有人通过持有人会议行使权利的范围、程序和其他重要事项。

5. 信用增级与担保人、保险人

资产证券化可以通过内部或者外部信用增级方式提升资产支持证券信用等级。

内部信用增级方式有：①受益权分层，或所谓结构化，同一项资产证券化发行的资产支持证券可以划分为不同种类，不同种类的权益顺序不同，可以分为优先级和次级（劣后级）或更多层级，优先级证券持有者优先获得受益。同一种类的资产支持证券，享有同等权益，承担同等风险。②追索权，受益证券持有人在特定情形下有权向原始权益人追索。③折价转让资产或超额担保。

外部增信方式有：①其他企业担保；②保险；③保函或备用信用证等。

6. 信用评级机构

对资产支持证券进行评级的，应当由具有资信评级业务资格的资信评级机构进行初始评级和跟踪评级。

7. 其他受托管理人委托的代理人

受托管理人可以委托其他机构担任资产支持证券的代理人处理有关事务，如信贷资产证券化业务中，委托发起人作为贷款服务机构，代为收取借款人的还款；委托支付机构，代为支付资产支持证券的收益；委托证券登记结算机构办理资产支持证券的登记结算事务。

8. 律师事务所、会计师事务所、资产评估机构

他们分别为资产证券化提供专业服务，其中律师事务所进行法律尽职调查、出具法律意见书等。

第三节 资产支持证券的设立和运行

一、信贷资产支持证券

信贷资产支持证券由受托管理人向人民银行申请核准发行，人民银行核准后才可以发行。

信贷资产支持证券可以采用承销团方式发行。在银行间债券市场发行的，发行后可以在该市场交易。定向发行的资产支持证券只能在认购人之间转让。受托机构应当在资产支持证券发行前和存续期间依法披露信托财产和资产支持证券信息。

二、证监会监管的资产支持证券

应当指定资产支持证券募集资金专用账户,用于资产支持证券认购资金的接收与划转。

资产支持证券按照计划说明书约定的条件发行完毕,资产支持专项计划设立完成。

发行期结束时,资产支持证券发行规模未达到计划说明书约定的最低发行规模,或者资产支持专项计划未满足计划说明书约定的其他设立条件,资产支持专项计划设立失败。管理人应当自发行期结束之日起 10 个工作日内,向投资者退还认购资金,并加算银行同期活期存款利息。

管理人应当自资产支持专项计划成立之日起 5 个工作日内将设立情况报中国基金业协会备案,同时抄送对管理人有辖区监管权的证监会派出机构。中国基金业协会应当制定备案规则,对备案实施自律管理。未按规定进行备案的,证券交易场所不得为其提供转让服务。

资产支持证券可以按照规定在证券交易所、全国中小企业股份转让系统、机构间私募产品报价与服务系统、证券公司柜台市场以及证监会认可的其他证券交易场所进行挂牌、转让。资产支持证券仅限于在合格投资者范围内转让。转让后,持有资产支持证券的合格投资者合计不得超过 200 人。资产支持证券初始挂牌交易单位所对应的发行面值或等值份额应不少于 100 万元人民币。资产支持证券申请在证券交易场所挂牌转让的,还应当符合证券交易所或其他证券交易场所规定的条件。

管理人及其他信息披露义务人应当及时、公平地履行披露义务,所披露或者报送的信息必须真实、准确、完整,不得有虚假记载、误导性陈述或者重大遗漏。

资产支持证券计划终止的，管理人应当按照计划说明书的约定成立清算组，负责资产支持专项计划资产的保管、清理、估价、变现和分配。管理人应当自资产支持专项计划清算完毕之日起 10 个工作日内，向托管人、资产支持证券投资者出具清算报告，并将清算结果向中国证券投资基金业协会报告，同时抄送对管理人有辖区监管权的证监会派出机构。管理人应当聘请具有证券期货相关业务资格的会计师事务所对清算报告出具审计意见。

三、基础设施的证券化

根据证监会的规定，由符合条件的取得公募基金管理资格的证券公司或基金管理公司，依法依规设立公开募集基础设施证券投资基金，经证监会注册后，公开发售基金份额募集资金，通过购买同一实际控制人所属的管理人设立发行的基础设施资产支持证券，完成对标的基础设施的收购，开展基础设施的证券化业务。公开募集基础设施证券投资基金符合《证券法》《证券投资基金法》规定的，可以申请在证券交易所上市交易。

第八章

证券投资基金与资产管理

很多人想炒股票,如前面提到的大明或理发师,但钱少、时间少、不专业,这时大家就会把钱集中起来交给专业人士替大家炒股,赚了钱按照每个人出资比例分配,同时给专业人士支付一定报酬。专业人士受人之托,替人理财。有时人们把这种做法称为委托理财,有时称为资产管理,其实这也是证券投资基金的基本原理。尽管这三者的实质是相同的,但在法律上还是存在不同规定,下面就分别介绍证券投资基金和资产管理。

第一节 证券投资基金概述

一、证券投资基金的定义

证券投资基金形态多样,统一定义也是有难度的,我们尝试定义,证券投资基金是一种集合资金、由专业人士从事证券组合投资的一种投资产品。

基金的资金来自众多人,是募集而来,可以是公开募集,也可以不公开募集(私募),基金是将很多的资金集合在一起,成为一个池子。出资的人为投资者,出资是为了获得投资收益,投资者享有收益权。资金通常由专门委托的专业人士或机构即管理人来负责运作。看起来基金与股票类似,投资者属于消极投资者，但不同的是，证券投资基金的资金或资产主要投资于证券市场或金融市场，投资于股票、债券、货币市场等，基金不从事其他实业，或经营其他实业不是主要业务。

也可以说，证券投资基金是利益共享、风险共担的集合证券投资方式，基金也是一种金融工具或投资工具。

我国《证券投资基金法》第2条规定：

在中华人民共和国境内，公开或者非公开募集资金设立证券投资基金（以下简称基金），由基金管理人管理，基金托管人托管，为基金份额持有人的利益，进行证券投资活动，适用本法；本法未规定的，适用《中华人民共和国信托法》《中华人民共和国证券法》和其他有关法律、行政法规的规定。

证券投资基金法规范的基金资产投资于证券市场和规定允许的金融市场。

投资证券投资基金优于个人投资证券，一般的理由是：证券投资基金集中了大量资金，具有规模经济，能够聘请专业人士或机构管理运用资金进行投资，能够利用先进的专业技术和设备，能够与证券经纪商协商获得较低的交易佣金待遇。大量资金用于投资，也使得运用组合投资、进行风险控制成为可能。

二、证券投资基金分类

1. 根据组织形态的不同，投资基金可分为公司型基金（信托型）、契约型基金和有限合伙基金

（1）公司型基金是具有共同投资目的的投资者依据公司法组成的以营利为目的的专门投资于金融工具（各种有价证券等）的股份有限公司。美国的投资基金大都采用公司形式，所谓共同基金"mutual fund"多属这一类。我国法律也允许公司型基

金存在。公司型基金可以是有限公司或股份有限公司。

（2）信托型基金，我国目前公开发行的基金（公募基金）均属信托型基金，法律上称为契约型基金。这种基金是由基金发起人与基金托管人、基金管理人依据基金契约发行基金份额、筹集资金组成的一种基金。基金本身不是独立法人，以信托形式存在（见图8.1）。

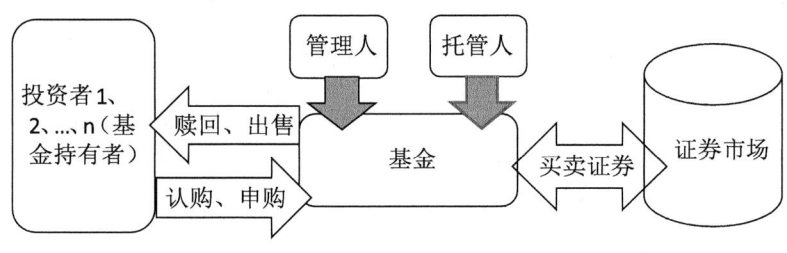

图 8.1　信托基金

（3）有限合伙基金，为从事证券投资活动而依据合伙企业法成立的有限合伙，通常普通合伙人为基金的管理人，有限合伙人为投资者（见图8.2）。

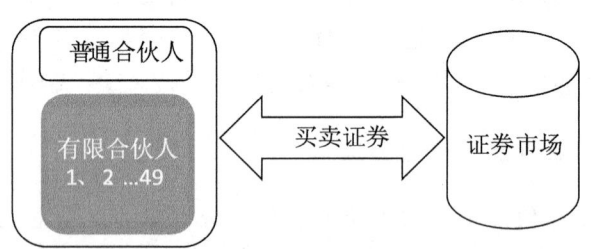

图 8.2　有限合伙基金

2. 根据基金份额（单位）是否公开募集，基金分为公募基金和私募基金

从资金的来源和募集方式区分，向公众投资者公开募集资

金设立的基金是公募基金。基金份额或基金单位，是指基金按一定标准将基金设置的基金投资的最小单位，类似股份公司的股份。

按照《证券投资基金法》规定，公开募集基金，包括向不特定对象募集资金、向特定对象募集资金累计超过200人，以及法律、行政法规规定的其他情形。公开募集基金应当由基金管理人管理，基金托管人托管。目前我国的公募基金都采用了信托型。

私募基金是向特定的合格投资者募集资金设立的基金。私募基金可以采用信托型、公司型和有限合伙型。按照《证券投资基金法》规定，合格投资者累计不得超过200人。合格投资者，是指达到规定资产规模或者收入水平，并且具备相应的风险识别能力和风险承担能力、其基金份额认购金额不低于规定限额的单位和个人。合格投资者的具体标准由证券监管机构规定。

3. 根据基金的运作方式，基金可以分为开放式基金和封闭式基金

（1）封闭式（close-ended）基金，是指基金份额总额在基金合同期限内固定不变，基金份额可以在依法设立的证券交易场所交易，但基金份额持有人不得申请赎回的基金。封闭式基金通常会规定基金的存续期间。封闭式基金类似于公司，公司注册资本不能每日时时增减变化，股东可以转让股权但不能退股。封闭式基金交易价格类似股票价格，是波动的。当然基金份额经过合法程序也是可以变更的。我国在1997年开始发行的公募基金采用了封闭式，目前这种形式的公募基金较为少见。

（2）开放式（open-ended）基金，是指基金份额总额不固定，基金份额可以在基金合同约定的时间和场所申购或者赎回

的基金。申购是在基金开放期间内出资购买基金的份额，投资者成为基金投资者。赎回是持有基金份额的投资者退回基金份额、获得相应资金。如果以公司类比，就是公司的股份总额在交易日可以时时变化，股东可以退股（赎回）、可认购新股（申购），赎回和申购价格按照公布的基金份额净值计算。目前我国公募基金大都属于开放式基金，一般可通过商业银行、证券公司或其他代销机构申购和赎回。

（3）其他形式，在我国目前主要有上市开放式基金（LOF）和交易型开放式基金（ETF）两种。

上市开放式基金，是指可在证券交易所认购、申购、赎回及交易的开放式证券投资基金。投资者既可通过证券交易所场内证券经营机构认购、申购、赎回及交易上市开放式基金份额，也可通过场外基金销售机构认购、申购和赎回上市开放式基金份额。投资者既可以选择在银行等代销机构按当日收市的基金份额净值申购、赎回基金份额，也可以选择在交易所各会员证券营业部按撮合成交价买卖基金份额。

交易型开放式基金也称为交易所交易基金，投资于特定指数所对应组合证券或基金合同约定的其他投资标的的开放式基金，其基金份额用组合证券、现金或基金合同约定的其他对价进行申购，赎回基金份额得到的不是现金而是对应指数的一定量的组合证券，基金份额在交易所按照市场价格交易。交易型开放式基金实际上属于一种指数基金，存在于申购、赎回市场和交易所市场。

4. 根据基金的投资方向或投资风险构成等因素对基金分类

这个分类不是纯法律的，而是从投资角度分类。根据证监会的规定：

80%以上的基金资产投资于股票的，为股票基金，通常在

第八章 证券投资基金与资产管理

基金名称中会标出，如中欧价值发现股票基金。

80%以上的基金资产投资于债券的，为债券基金，如大摩强收益债券基金。

仅投资于货币市场工具的，为货币市场基金，大家日常使用支付宝或微信支付，其中有余额宝、零钱通，都是货币市场基金，接近于活期存款，对银行存款也存在挤压。

投资于股票、债券和货币市场工具，并且股票投资和债券投资的比例不符合关于股票基金或债券基金规定的，为混合基金。

80%以上的基金资产投资于其他基金份额的，为基金中基金。

保本基金，不是基于投资方向的定义，但实践中这个称呼常常容易引起误解，以为保本基金绝对不会有风险，其实不是这样。保本基金是对投资额的一定比例保本，而且有投资时长的限制，只有在到期时才能对投资额的约定比例保本，不到期或者超期都不保本。

分级基金，是基于约定将同一基金的份额划分为风险与收益不同的两个类别或多个类别子份额，基金的基础份额为母基金份额，预期风险和收益均较低的子份额为 A 类份额，预期风险和收益较高的子份额为 B 类份额，A 类份额获得相对稳定的收益，基金资产仍作为一个整体运营管理，基金份额或某类别子份额可以在交易所交易。这是一种风险较高、构成比较复杂的证券投资基金。

5. 非证券投资基金

有些投资基金主要业务不是投资于证券市场、金融市场，而是投资于非公开交易的股权，称为股权投资基金或私募股权基金（PE, private equity），还可以再区分为风险投资、成长企业投资、并购基金等,大都采用私募方式募集资金,但不公开募集资金的基本规范与私募证券投资基金基本相同。此类基金大都采用有限合伙的组织形式。证监会关于私募基金的规章也适用于非证券类的私募基金,主要是从规范资金募集的角度出发,认为非公开募集基金有共同之处。对此实践总有一些不同看法,有些人认为股权投资基金应有专门规范,不应与证券投资基金适用同一套规范。

三、证券投资基金法对基金财产的特别规定

尽管基金的法律组织形式不同,但按照基金的一般实践,基金通常都是由专门的管理人管理,管理人负责基金的投资决策。在有些国家或者有些形式的基金,基金聘请投资顾问,实际由投资顾问作为基金的管理人。根据我国法律,基金一般应设托管人,由托管人托管基金的财产,可以理解为对基金财产的保管和监督。从信托角度来说,管理人和托管人都属于信托的受托人。基金投资者,或称为基金份额持有人,人数众多很难对基金财产的管理进行有效监督。

法律特别对基金财产的保护作出了特别规定,这一规定实际主要是根据信托原理对基金财产性质的重申,即基金财产是一种信托财产。

1. 基金财产

《证券投资基金法》第5条第1款规定,基金财产的债务由基金财产本身承担,基金份额持有人以其出资为限对基金财产的债务承担责任。但基金合同依照本法另有约定的,从其约定。

信托型基金尽管不具有法人资格,但基金财产责任仍是有限责任。信托型基金的基金投资者既是信托委托人,也是受益人,他们对信托并不承担责任。而公司型基金、有限合伙型基

金的投资者（有限合伙人）也都是以其出资额为限承担风险。有限合伙中的普通合伙人，自己同时是投资者，作为普通合伙人对有限合伙的债务承担无限责任。

"基金财产的债务由基金财产本身承担"，意味着基金持有者不对基金债务承担责任，但该规定是否意味基金财产自身的有限责任？即基金债务仅限于以基金财产承担？如果没有明确约定基金债务仅限于以基金财产承担，可以解释为受托人也应对基金财产的债务承担一定责任。

2. 基金财产的管理、运用收入归基金财产

基金管理人、基金托管人因基金财产的管理、运用或者其他情形而取得的财产和收益，归入基金财产。

3. 基金财产独立性

基金的财产属于基金自身。公司型基金和有限合伙都是民事主体，基金都可以以自己的名义直接开户，包括银行存款和证券账户。信托型基金，不具有民事主体资格，尽管在名义上基金财产是基金管理人开户记账的，但一般会在账户名称中写明基金的名称。

基金财产独立于基金管理人、基金托管人的固有财产。基金管理人、基金托管人不得将基金财产归入其固有财产。固有财产，是指本来就属于他们自身的财产，不包括他们管理、托管的他人财产。基金的财产与管理人、托管人的固有财产要分别记账、分开管理，不允许混同。

基金管理人、基金托管人因依法解散、被依法撤销或者被依法宣告破产等原因进行清算的，基金财产不属于其清算财产。他们管理、托管的基金财产应移交给新选任的管理人、托管人。

4. 基金财产债权与债务

《证券基金法》第 6 条规定：

基金财产的债权，不得与基金管理人、基金托管人固有财产的债务相抵销；不同基金财产的债权债务，不得相互抵销。

《证券基金法》第 7 条规定：

非因基金财产本身承担的债务，不得对基金财产强制执行。

尤其是在信托型基金中，应当把基金看作独立的主体享有的独立财产。例如，基金管理人管理的基金 F 的债权与基金管理人自己 M 的债权在实际效果上是两个主体的债权，债务也是这样。某甲对基金管理人管理的基金 F 负有债务，同时某甲对基金管理人 M 享有债权，这实质上可以理解为是某甲与两个不同主体 F、M 的债权债务关系，因此某甲对 M 的债权不能与对 F 的债务抵销。同一管理人管理之下或者同一托管人托管之下的不同基金 A、B，也是相互独立的基金，可以视为两个独立的主体，某乙对 A 基金的债务不能与某乙对 B 的债权抵销。

只有因基金财产自身的债务才可以对基金财产强制执行。

案例 1：任映雪等与刘丹丹案外人执行异议之诉

私募基金管理人因管理运用基金财产而从事股权投资，管理人登记为被投资公司股东之一，股东协议约定管理人是为基金投资。因与基金管理人有纠纷，他人申请法院查封冻结管理人持有的股权；继而要求将股权作为管理人固有财产执行。私募基金投资者向法院提出异议，要求中止执行，并解除对该股权的冻结，要求确认管理人持有的股权为基金财产并归基金投资者所有。法院判决驳回原告的诉请。[1]

管理人登记为股东时未标明为信托持股或类似意思，股东之间约定是否能对抗非股东？基金财产登记在基金管理人名下时，是否必须标明并公示为基金财产，而非基金管理人固有财产？

可以对照案例 2 研究分析：未明确登记为基金财产的股权被认定为基金财产。

案例 2：俞建模与优势亿丰（大连）股权投资管理有限公司执行异议之诉

关于原告俞建模提出"只能依据相关工商行政部门登记的权属信息来确认本案诉争的股权系被告所有，因此原告依据生效的判决书作为执行依据，要求继续执行"一节，本院认为，私募基金是以非公开的方式向投资者募集资金设立的投资基金，投资基金由基金管理人管理，基金管理人根据法律、法规和基金合同的约定负责基金的经营和管理运作。《中华人民共和国证券投资基金法》第 5 条规定和第 7 条规定，基金财产是独立于基金管理人、基金托管人的固有财产，基金财产只对基金本身的债务承担责任，对非基金本身的债务不承担责任。

本案中，根据优势亿丰公司提供的私募投资基金备案证明、投资协议及基金合同可以证明，本院冻结的优势亿丰公司持有的国丰公司、天豪公司、乐红公司、远东机床公司的股权均是投资人的私募股权基金。原告并无证据否定上述被冻结股权属基金财产性质，故本院（2019）辽 02 执异 353 号执行裁定中止对被冻结股权的执行，于法有据，并无不当。[2]

---

[1] 北京市第三中级人民法院（2019）京 03 民初 370 号民事判决书。
[2] 辽宁省大连市中级人民法院（2019）辽 02 民初 1423 号民事判决书。

四、基金法律法规

2003年10月28日我国《证券投资基金法》通过,2004年6月1日起施行。2012年12月28日修订通过,自2013年6月1日起施行。证券投资基金的运作和当事人的权利义务除适用《证券投资基金法》外,该法没有规定的事项,适用《信托法》《证券法》等法律法规的规定。

第二节 基金的当事人及其权利义务

信托型基金由三方当事人构成,基金管理人、基金托管人和基金份额持有人。基金份额持有人既是委托人也是受益人,也称基金持有人或基金投资者。尽管有其他形式的基金,但证券投资基金法以信托型基金、公募基金为基金的典型形式,对基金当事人的权利义务作了规定。

截至2018年底全国基金管理公司管理公募基金规模13.03万亿元,存续产品5792只;基金公司专户规模4.37万亿元;受托管理社保基金规模11 560.89亿元;受托管理企业年金规模5167.11亿元。公募基金管理公司共有120家(据基金业协会官网,2020年7月公募基金管理人现有143家),管理资产合计19.08万亿元。[1]因此,证券投资基金法对公募基金相关规则作出详尽的规定,对公募基金管理人进行严格的监管。

证券投资基金法规定的基金持有人的权利同样适用于非信托型基金,只是具体称谓上公司型基金的投资者实际是公司的股东,有限合伙型基金的投资者是有限合伙的有限合伙人。

---

[1] "中国证券监督管理委员会年报(2018)",载http://www.csrc.gov.cn/pub/newsite/zjhjs/zjhnb/201908/P020190829581306942441.pdf,最后访问日期:2020年8月15日。

第八章　证券投资基金与资产管理

总体上，基金管理人，基金托管人作为受托人，具有信义义务，在管理、运用基金财产过程中应当恪尽职守，履行诚实信用、谨慎勤勉的义务。

一、基金管理人

1. 基金管理人由依法设立的公司或者合伙企业担任

监管机构可以参照关于公募基金管理人的职责和义务等原则制定关于私募基金管理人的管理规范。

2. 公募基金管理人的资格应获得监管机构核准

公开募集基金的管理人，由专门设立的公募基金管理公司或者经监管机构按照规定核准的其他机构担任。

设立管理公开募集基金的基金管理公司，应经监管机构批准。设立管理公募基金的基金管理公司应具备证券投资基金法规定的条件。

基金管理公司变更持有5%以上股权的股东，变更公司的实际控制人，或者变更其他重大事项，应当报经监管机构批准。监管机构应当自受理申请之日起60日内作出批准或者不予批准的决定，并通知申请人；不予批准的，应当说明理由。

对公募基金管理人的任职资格管理实行审慎监管原则，监管机构有权根据市场竞争情况、金融形势和管理人的诚信记录等酌情作出判断和决定。

3. 公募基金管理人的董事、监事、高级管理人员和其他从业人员任职资格与责任

（1）消极条件。有下列情形之一的，不得担任公募基金董监高：①因犯有贪污贿赂、渎职、侵犯财产罪或者破坏社会主义市场经济秩序罪，被判处刑罚的；②对所任职的公司、企业因经营不善破产清算或者因违法被吊销营业执照负有个人责任

的董事、监事、厂长、高级管理人员,自该公司、企业破产清算终结或者被吊销营业执照之日起未逾5年的;③个人所负债务数额较大,到期未清偿的;④因违法行为被开除的基金管理人、基金托管人、证券交易所、证券公司、证券登记结算机构、期货交易所、期货公司及其他机构的从业人员和国家机关工作人员;⑤因违法行为被吊销执业证书或者被取消资格的律师、注册会计师和资产评估机构、验证机构的从业人员、投资咨询从业人员;⑥法律、行政法规规定不得从事基金业务的其他人员。

(2)积极条件。公募基金的管理人的董事、监事和高级管理人员,应当熟悉证券投资方面的法律、行政法规,具有3年以上与其所任职务相关的工作经历;高级管理人员还应当具备基金从业资格。

任职条件审核制。公募基金的管理人的法定代表人、经营管理主要负责人和从事合规监管的负责人的选任或者改任,应当报经国务院证券监督管理机构依照本法和其他有关法律、行政法规规定的任职条件进行审核。

利益申报与利益冲突避免。公开募集基金的管理人的董事、监事、高级管理人员和其他从业人员,其本人、配偶、利害关系人进行证券投资,应当事先向基金管理人申报,并不得与基金份额持有人发生利益冲突。

公开募集基金的管理人应当建立前款规定人员进行证券投资的申报、登记、审查、处置等管理制度,并报国务院证券监督管理机构备案。

(3)任职回避。公开募集基金的管理人的董事、监事、高级管理人员和其他从业人员,不得担任基金托管人或者其他基金管理人的任何职务,不得从事损害基金财产和基金份额持有人利益的证券交易及其他活动。

4. 公募基金管理人的主要职责

管理人最核心的职责是对基金财产的运用作出决策,也就是决定基金何时买卖何种证券多少数量,这是所谓管理的主要意思,其他职责都是履行这一职责的准备与程序。

管理人的职责:①依法募集基金,办理或者委托经国务院证券监督管理机构认定的其他机构代为办理基金份额的发售、申购、赎回和登记事宜;②办理基金备案手续;③对所管理的不同基金财产分别管理、分别记账,进行证券投资;④按照基金合同的约定确定基金收益分配方案,及时向基金份额持有人分配收益;⑤进行基金会计核算并编制基金财务会计报告;⑥编制中期和年度基金报告;⑦计算并公告基金资产净值,确定基金份额申购、赎回价格;⑧办理与基金财产管理业务活动有关的信息披露事项;⑨召集基金份额持有人大会;⑩保存基金财产管理业务活动的记录、账册、报表和其他相关资料;⑪以基金管理人名义,代表基金份额持有人利益行使诉讼权利或者实施其他法律行为;⑫证券监督管理机构规定的其他职责。

信托型基金无民事主体资格,因此基金权益受损,应由管理人以受托人身份维护基金权益。我国法律采用了"以基金管理人名义,代表基金份额持有人利益行使诉讼权利"的措辞,其实管理人代表的应该是基金的利益,此利益间接地归属于基金持有人。在"兴业全球基金公司诉熔盛重工缔约过失责任纠纷案"中,兴业全球基金公司即是代表其管理的基金提起诉讼。[1]

---

[1] 最高人民法院(2013)民申字第1881号民事裁定书。

5. 基金管理人和基金托管人的信义义务

基金管理人和基金托管人及其董事、监事、高级管理人员和其他从业人员不得有下列行为：①将其固有财产或者他人财产混同于基金财产从事证券投资；②不公平地对待其管理的不同基金财产；③利用基金财产或者职务之便为基金份额持有人以外的人牟取利益；④向基金份额持有人违规承诺收益或者承担损失；⑤侵占、挪用基金财产；⑥泄露因职务便利获取的未公开信息、利用该信息从事或者明示、暗示他人从事相关的交易活动（俗称"老鼠仓"）；⑦玩忽职守，不按照规定履行职责；⑧法律、行政法规和国务院证券监督管理机构规定禁止的其他行为。

案例3：马乐利用未公开信息交易案

2011年3月9日至2013年5月30日，被告人马乐担任博时基金管理有限公司旗下的博时精选股票证券投资经理，全权负责投资基金投资股票市场，掌握了博时精选股票证券投资基金交易的标的股票、交易时间和交易数量等未公开信息。马乐在任职期间利用其掌控的上述未公开信息，从事与该信息相关的证券交易活动，操作自己控制的"金某""严某甲""严某乙"3个股票账户，通过临时购买的不记名神州行电话卡下单，先于（1—5个交易日）、同期或稍晚于（1—2个交易日）其管理的"博时精选"基金账户买卖相同股票76只，累计成交金额10.5亿余元，非法获利19 120 246.98元。法院最终判决马乐犯利用未公开信息交易罪，判处有期徒刑3年，并处罚金人民币1913万元；违法所得人民币19 120 246.98元依法予以追缴，上缴国库。[1]

---

[1] 最高人民法院："指导案例61号：马乐利用未公开信息交易案"，载 http://www.court.gov.cn/shenpan-xiangqing-27541.html，最后访问日期：2020年9月15日。

6. 公募基金管理人的内部治理与风险准备金

公募基金管理人管理庞大的资金，对公众投资者负有信义义务，良好的内部治理是管理人良好管理的基本条件。管理人的工作人员滥用工作中的信息和职位优势，也会给基金和投资者造成重大损失。因此既需要规则约束，也需要激励工作人员勤勉尽责工作。

《证券投资基金法》规定，公募基金的管理人可以实行专业人士持股计划，建立长效激励约束机制。公募基金的管理人的股东、董事、监事和高级管理人员在行使权利或者履行职责时，应当遵循基金份额持有人利益优先原则。

公募基金管理人应当从管理基金的报酬中计提风险准备金。公募基金管理人因违法违规、违反基金合同等原因给基金财产或者基金份额持有人合法权益造成损失，应当承担赔偿责任的，可以优先使用风险准备金予以赔偿。

基金管理人是组织，不是自然人，但是实际的管理决策是由高级管理人员、专业工作人员等自然人来做的。这些工作人员具有同样的信义义务，工作人员违反信义义务就是管理人违反信义义务，只有如此才能真正维护基金和基金投资者的权益。不能区分个人的行为与组织的行为，如果工作人员的不当行为是个人的行为，组织不承担责任，那就会造成无人承担责任的局面。因此，《证券投资基金法》规定，从业人员具有信义义务，那么从业人员违反信义义务给基金造成损失，也应该使用风险准备金赔偿。

7. 监管机构对公募基金管理人的监管措施

公募基金管理人的股东、实际控制人具有重大事项报告义务。股东、实际控制人不得有下列行为：①虚假出资或者抽逃出资；②未依法经股东会或者董事会决议擅自干预基金管理人的基金经营活动；③要求基金管理人利用基金财产为自己或者他人牟取利益，损害基金份额持有人利益；④国务院证券监督管理机构规定禁止的其他行为。

管理人的股东、实际控制人具有上述禁止行为或者股东不再符合法定条件的，监管机构应当责令其限期改正，并可视情节责令其转让所持有或者控制的基金管理人的股权。在改正违法行为、转让股权前，监管机构可以限制有关股东行使股东权利。

公募基金管理人违法违规，或者其内部治理结构、稽核监控和风险控制管理不符合规定的，监管管理机构应当责令其限期改正；逾期未改正，或者其行为严重危及该基金管理人的稳健运行、损害基金份额持有人合法权益的，监管机构可以区别情形，对其采取下列措施：①限制业务活动，责令暂停部分或者全部业务；②限制分配红利，限制向董事、监事、高级管理人员支付报酬、提供福利；③限制转让固有财产或者在固有财产上设定其他权利；④责令更换董事、监事、高级管理人员或者限制其权利；⑤责令有关股东转让股权或者限制有关股东行使股东权利。

公募基金管理人的董事、监事、高级管理人员未能勤勉尽责，致使基金管理人存在重大违法违规行为或者重大风险的，监管机构可以责令更换。

公募基金管理人违法经营或者出现重大风险，严重危害证券市场秩序、损害基金份额持有人利益的，国务院证券监督管理机构可以对该基金管理人采取责令停业整顿、指定其他机构托管、接管、取消基金管理资格或者撤销等监管措施。

在公募基金管理人被责令停业整顿、被依法指定托管、接管或者清算期间，或者出现重大风险时，经监管机构批准，可以对该基金管理人直接负责的董事、监事、高级管理人员和其他直接责任人员采取下列措施：①通知出境管理机关依法阻止其出境；②申请司法机关禁止其转移、转让或者以其他方式处分财产，或者在财产上设定其他权利。

8. 基金管理人职责终止

发生这些情形的，管理人职责终止：①管理人被依法取消基金管理资格；②被基金份额持有人大会解任；③依法解散、被依法撤销或者被依法宣告破产；④基金合同约定的其他情形。

管理人职责终止应向基金持有人大会选定的新管理人或监管指定的临时管理人办理基金业务移交手续。

二、基金托管人

（1）托管人资格。证券投资基金托管，是指由依法设立并取得基金托管资格的商业银行或者其他金融机构担任托管人，按照法律法规的规定及基金合同的约定，对基金履行安全保管基金财产、办理清算交割、复核审查资产净值、开展投资监督、召集基金份额持有人大会等职责的行为。基金托管人由依法设立的商业银行或者其他金融机构担任。商业银行担任基金托管人的，由证券监管机构会同银保监会核准。其他金融机构担任基金托管人的，由证券监管机构核准。对公募基金管理人的高级管理人员、从业人员任职资格、基本义务等有关规定适用于基金托管人的专门基金托管部门的高级管理人员和其他从业人员。

（2）基金托管人与基金管理人不得为同一人，不得相互出资或者持有股份。

（3）托管人的职责：①安全保管基金财产；②按照规定开设基金财产的资金账户和证券账户；③对所托管的不同基金财产分别设置账户，确保基金财产的完整与独立；④保存基金托管业务活动的记录、账册、报表和其他相关资料；⑤按照基金合同的约定，根据基金管理人的投资指令，及时办理清算、交割事宜；⑥办理与基金托管业务活动有关的信息披露事项；⑦对基金财务会计报告、中期和年度基金报告出具意见；⑧复核、审查基金管理人计算的基金资产净值和基金份额申购、赎回价格；⑨按照规定召集基金份额持有人大会；⑩按照规定监督基金管理人的投资运作；⑪国务院证券监督管理机构规定的其他职责。

基金托管人发现基金管理人的投资指令违反法律、行政法规和其他有关规定，或者违反基金合同约定的，应当拒绝执行，立即通知基金管理人，并及时向国务院证券监督管理机构报告。基金托管人发现基金管理人依据交易程序已经生效的投资指令违反法律、行政法规和其他有关规定，或者违反基金合同约定的，应当立即通知基金管理人，并及时向国务院证券监督管理机构报告。

（4）证券监管机构和银保监会有权对托管机构监管，并根据具体情形采取相应监管措施，具体的监管措施类似对基金管理人的监管措施。

（5）出现下列情况时，基金托管人职责终止：①被证监会或银保监会依法取消基金托管资格；②被基金份额持有人大会解任；③依法解散、被依法撤销或者被依法宣告破产等。职责终止后，托管人应向新托管人或临时托管人办理托管业务的移交手续。

三、基金持有人

（1）基金持有人是持有基金份额的投资者，在法律地位上类似于公司股东。

（2）基金持有人享有下列权利：①分享基金财产收益；②参与分配清算后的剩余基金财产；③依法转让或者申请赎回其持有的基金份额；④按照规定要求召开或召集基金份额持有人大会；⑤对基金份额持有人大会审议事项行使表决权；⑥查阅或者复制公开披露的基金信息资料；⑦对基金管理人、基金托管人、基金份额发售机构损害其合法权益的行为依法提起诉讼；⑧基金合同约定的其他权利。

非公开募集基金的基金份额持有人对涉及自身利益的情况，有权查阅基金的财务会计账簿等财务资料。

（3）基金持有人大会。基金份额持有人大会由全体基金份额持有人组成。按照基金合同约定，基金份额持有人大会可以设立日常机构，具体议事规则由基金合同约定。持有人大会职权：一是决定基金扩募或者延长基金合同期限；二是决定修改基金合同的重要内容或者提前终止基金合同；三是决定调整基金管理人、基金托管人的报酬标准；四是更换基金管理人、基金托管人；五是基金合同约定的其他事项。

基金份额持有人大会由基金管理人召集。基金份额持有人大会设立日常机构的，由该日常机构召集；该日常机构未召集的，由基金管理人召集。基金管理人未按规定召集或者不能召开的，由基金托管人召集。

代表基金份额10%以上的基金份额持有人就同一事项要求召开基金份额持有人大会，而基金份额持有人大会的日常机构、基金管理人、基金托管人都不召集的，代表基金份额10%以上的基金份额持有人有权自行召集，并报国务院证券监督管理机构备案。

在现实中，基金持有人大会很少召开。基金持有人共益权受到损害也很难提主张权利，不知道该起诉管理人还是托管人、起诉案由是什么。可以考虑,将持有人作为信托当事人,其可以对受托人主张权利;或者是持有人类似股东,拥有派生诉讼权。有些基金合同约定了解决争议方式为仲裁,但申请仲裁的案件受理费较高。

第三节 公募基金的募集、运营和信息披露

一、公募基金的募集和成立

1. 公募基金的募集实行注册制

公募基金应向证监会注册才可以公开募集。

基金管理人依法公开发售基金份额,募集基金,应当向证券监管机构提交下列文件:申请报告;基金合同草案;基金托管协议草案;招募说明书草案;基金管理人和基金托管人的资格证明文件;经会计师事务所审计的基金管理人和基金托管人最近3年或者成立以来的财务会计报告;律师事务所出具的法律意见书等。

《证券投资基金法》对基金合同的主要内容、招募说明书的主要内容作出了要求,此处不详列。

证券监管机构应当自受理公开募集基金的募集注册申请之日起6个月内依照法律、行政法规及证券监管机构的规定进行审查,作出注册或者不予注册的决定,并通知申请人;不予注册的,应当说明理由。

2. 基金募集申请经注册后,方可发售基金份额

基金份额的发售,由基金管理人负责办理;基金管理人可以委托即证券监管机构认定的其他机构代为办理。一般商业银行、证券公司、信托公司和专门的有证券投资基金销售资格的机构可以销售证券投资基金。

基金管理人应当在基金份额发售的3日前公布招募说明书、

基金合同及其他有关文件。公开的文件应当真实、准确、完整。

对基金募集所进行的宣传推介活动，应当符合有关法律、行政法规的规定以及关于信息披露的规定。

3. 基金备案

基金募集期限届满，封闭式基金募集的基金份额总额达到准予注册规模的80%以上，开放式基金募集的基金份额总额超过准予注册的最低募集份额总额，并且基金份额持有人人数符合国务院证券监督管理机构规定的，基金管理人应当自募集期限届满之日起10日内聘请法定验资机构验资，自收到验资报告之日起10日内，向证券监管机构提交验资报告，办理基金备案手续，并予以公告。

4. 基金合同成立与生效

投资人缴纳认购的基金份额的款项时，基金合同成立。认购是投资者在基金的募集期出资购买拟设立的基金的份额。

基金管理人依照法律的规定向证券监管机构办理基金备案手续，基金合同生效。

5. 基金不能成立的后果

基金募集期限届满，不能满足法律规定的基金成立条件的，基金管理人应当承担下列责任：①以其固有财产承担因募集行为而产生的债务和费用；②在基金募集期限届满后30日内返还投资人已缴纳的款项，并加计银行同期存款利息。

二、公募基金的投资运作

证监会就公募基金的投资运作制定了《公开募集证券投资基金运作管理办法》。

（1）基金管理人运用基金财产进行证券投资，应当采用资产组合的方式。资产组合的具体方式和投资比例，依照法律和证券监管机构的规定在基金合同中约定。

（2）基金财产应当用于下列投资：一是上市交易的股票、债券；二是证券监管机构规定的其他证券及其衍生品种。

（3）基金财产不得用于下列投资或者活动：①承销证券；②违反规定向他人贷款或者提供担保；③从事承担无限责任的投资；④买卖其他基金份额，但是证券监管机构另有规定的除外；⑤向其基金管理人、基金托管人出资；⑥从事内幕交易、操纵证券交易价格及其他不正当的证券交易活动；⑦依照法律、行政法规有关规定，由证券监管机构规定禁止的其他活动。运用基金财产买卖基金管理人、基金托管人及其控股股东、实际控制人或者与其有其他重大利害关系的公司发行的证券或承销期内承销的证券，或者从事其他重大关联交易的，应当遵循基金份额持有人利益优先的原则，防范利益冲突，符合证券监管机构的规定，并履行信息披露义务。

三、公募基金的信息披露

公募基金类似于向公众发行证券的公司，应向公众投资者持续披露信息，披露信息包括定期披露年报、中期报告、季度报告和重大事件披露。证监会就公募基金的信息披露制定了《公开募集证券投资基金信息披露管理办法》。

基金管理人、基金托管人和其他基金信息披露义务人应当依法披露基金信息，并保证所披露信息的真实性、准确性和完整性。基金信息披露义务人应当确保应予披露的基金信息在证券监管机构规定时间内披露，并保证投资人能够按照基金合同约定的时间和方式查阅或者复制公开披露的信息资料。

公开披露基金信息，不得有下列行为：①虚假记载、误导性陈述或者重大遗漏；②对证券投资业绩进行预测；③违规承诺收益或者承担损失；④诋毁其他基金管理人、基金托管人或者基金份额发售机构；⑤依照法律、行政法规有关规定，由国务院证券监督管理机构规定禁止的其他行为。

第四节　非公开募集基金（私募基金）

一、私募基金行业概述

近年来，我国私募基金业发展迅速。据中国证券投资基金业协会网站统计，2020年7月我国私募基金管理人数量为24 457家，私募产品数量88 051只，管理基金规模14.96万亿元，从业人员149 000余人。在私募基金行业的发展成长中，也出现了不少违法违规、侵犯投资者权益的事件。

私募基金的投资者是合格投资者，能够一定程度保护自己利益，但私募基金作为一个行业对金融市场有很大影响，为维护金融市场秩序，防范金融风险，对私募基金仍须有一定的监管。目前对私募行业的日常监管实际主要由基金业协会负责，基金业协会根据法律法规和行业自律规范对私募基金业开展行业自律，协调行业关系，提供行业服务，促进行业发展。当然证券监管机构仍会直接行使监管权力、查处违法违规行为。根据规定，基金业协会应当建立与证监会及其派出机构和其他相关机构的信息共享机制，定期汇总分析私募基金情况，及时提供私募基金相关信息。

证监会制定的《私募投资基金监督管理暂行办法》（以下简称《私募基金暂行办法》），是规范私募基金相关主体和活动的重要规范。《私募基金暂行办法》规范的私募基金适用于证券投资基金，也适用于股权投资基金、创业投资基金等非证券投资基金。2020年12月30日证监会公布了《关于加强私募投资基金监管的若干规定》，进一步强化对私募基金的监管。

二、私募基金

1. 私募基金合格投资者

私募基金是以非公开方式向投资者募集资金设立的投资基金。私募基金只能向合格投资者募集资金,且合格投资者人数累计不得超过200人。合格投资者也称为专业投资者。

按照证监会的规定,私募基金合格投资者是指具备相应风险识别能力和风险承担能力,投资于单只私募基金的金额不低于100万元且符合下列相关标准的单位和个人:①净资产不低于1000万元的单位;②金融资产不低于300万元或者最近3年个人年均收入不低于50万元的个人。金融资产包括银行存款、股票、债券、基金份额、资产管理计划、银行理财产品、信托计划、保险产品、期货权益等。

下列投资者视为合格投资者:①社会保障基金、企业年金等养老基金,慈善基金等社会公益基金;②依法设立并在基金业协会备案的投资计划;③投资于所管理私募基金的私募基金管理人及其从业人员;④证监会规定的其他投资者。

以合伙企业、契约等非法人形式,通过汇集多数投资者的资金直接或者间接投资于私募基金的,私募基金管理人或者私募基金销售机构应当穿透核查最终投资者是否为合格投资者,并合并计算投资者人数。但是,符合上述第①②④项规定的投资者投资私募基金的,不再穿透核查最终投资者是否为合格投资者和合并计算投资者人数。

2. 私募基金管理人登记制度

私募基金管理人应在基金业协会登记。

《证券投资基金法》第89条规定:

担任非公开募集基金的基金管理人,应当按照规定向基金

第八章 证券投资基金与资产管理

行业协会履行登记手续,报送基本情况。

《证券投资基金法》第 90 条规定:

未经登记,任何单位或者个人不得使用"基金"或者"基金管理"字样或者近似名称进行证券投资活动;但是,法律、行政法规另有规定的除外。

根据《私募基金暂行办法》,各类私募基金管理人应当根据基金业协会的规定,向基金业协会申请登记,报送以下基本信息:①工商登记和营业执照正副本复印件;②公司章程或者合伙协议;③主要股东或者合伙人名单;④高级管理人员的基本信息;⑤基金业协会规定的其他信息。

基金业协会应当在私募基金管理人登记材料齐备后的 20 个工作日内,通过网站公告私募基金管理人名单及其基本情况的方式,为私募基金管理人办结登记手续。

登记并非许可,但目前基金业协会采取了较为严格的标准,要求报送符合规定的文件才能获得登记。基金业协会对基金管理人的股东、公司治理、内控机制、公司资本、公司高级管理人员任职资格、工作人员、办公场地等方面都提出了基本要求,同时申请登记的基金管理人应聘请律师事务所出具法律意见。已经登记的管理人如公司控股股东或实际控制人、法定代表人或执行事务合伙人等发生变化或发生其他重大变化,也要进行登记并由律师事务所出具法律意见书。基金业协会可以采取约谈高级管理人员、现场检查等方式核查登记信息。

登记后,并不发放任何登记证或许可证,公众可在基金业协会网站查询到基金管理人的信息。获得登记后,私募基金管理人自登记完成后的 10 个工作日内主动与注册地所属地方证监局取得联系。

私募基金管理人依法解散、被依法撤销、或者被依法宣告破产的,其法定代表人或者普通合伙人应当在20个工作日内向基金业协会报告,基金业协会应当及时注销基金管理人登记并通过网站公告。

3. 私募基金募集完毕后应在基金业协会备案

《证券投资基金法》第94条第1款规定:

> 非公开募集基金募集完毕,基金管理人应当向基金行业协会备案。对募集的资金总额或者基金份额持有人的人数达到规定标准的基金,基金行业协会应当向国务院证券监督管理机构报告。

根据《私募基金暂行办法》规定,各类私募基金募集完毕,私募基金管理人应当根据基金业协会的规定,办理基金备案手续,报送以下基本信息:①主要投资方向及根据主要投资方向注明的基金类别。②基金合同、公司章程或者合伙协议。资金募集过程中向投资者提供基金招募说明书的,应当报送基金招募说明书。以公司、合伙等企业形式设立的私募基金,还应当报送工商登记和营业执照正副本复印件。③采取委托管理方式的,应当报送委托管理协议;委托托管机构托管基金财产的,还应当报送托管协议。④基金业协会规定的其他信息。

向基金业协会备案是表明私募基金合法性的重要标准。备案也是为了掌握私募基金管理的资金规模、行业动态,获得信息,是防范金融风险的基础工作。基金业协会向证券监管机构报告,也是为了让监管机构能够充分掌握市场动态,为监管机构决策和监管工作提供基础信息。备案的法律性质究竟为何?是否私募基金合同生效的要件,并无明确规定。

讨论:私募基金的备案与基金合同;私募合同的成立与生

效、合同解除；认购、申购、赎回。

案例4：邹嵘与中信建投证券股份有限公司等合同纠纷

经审理查明：

2015年3月29日，邹嵘作为基金投资者、宽华公司作为基金管理人、中信建投公司作为基金托管人共同签署《基金合同》，其中，二十六其他事项约定：本合同一式三份，基金份额持有人、基金管理人、基金托管人各执一份，每份具有同等的法律效力。邹嵘在其持有的合同文本中的风险揭示书、合格投资者承诺书、投资者告知书、合同正文第45页"基金投资者填写"栏及签字页、附件1《基金账户申请与交易表》、附件2《风险承受能力调查问卷》处进行了填写和签字。其中，合同正文第45页"基金投资者填写"栏填写了其基金投资者账户信息、可支配资金8820万元，未对认购/申购进行勾选；附件1《基金账户申请与交易表》"申请类型"中对"认购、申购、转换、赎回"选项中的"认购"进行了勾划选择，认购（申购/转换/赎回）金额为8820万元；附件2《风险承受能力调查问卷》未回答问卷问题。宽华公司和中信建投公司持有的合同文本中，邹嵘在风险揭示书、合格投资者承诺书、投资者告知书、合同正文第45页"基金投资者填写"栏及签字页、附件1《基金账户申请与交易表》、附件2《风险承受能力调查问卷》处进行了填写和签字，并均签署有日期"2015年3月29日"。其中，在合同正文第45页"基金投资者填写"栏只填写了姓名、身份证号码、联系电话及联系地址，未填写基金账户信息及可支配资金金额，未对认购/申购进行勾选；附件1《基金账户申请与交易表》"申请类型"中未对"认购、申购、转换、赎回"选项中的"认购"进行勾划选择，认购（申购/转换/赎回）金额为8820万元；附件2《风险承受能力调查问卷》逐一回答了问卷问题……《基金合同》正文约定：二、释义10：载明外包服务机构指接受基金管理人委托，根据与其签订的金融外包服务协议中约定的服务范围，为本基金提供份额注册登记、基金估值等服务的机构，本基金的外包服务机构为中信建投公司。17：载明开放日指基金管理人办理基金申购、赎回业务的工作日。30：募集期指本基金的初始销售期限。32：认购指在募集期间，基金投资者按照本合同的约定购买本基金份额的行为。33：申购：指在基金开放日，基金投资者按照本合同的规定购买本基金份额的行为……[1]

案例5：励琛（上海）投资管理有限公司与沈惠仙证券投资基金交易纠

上诉人励琛公司上诉请求：撤销一审判决，改判驳回被上诉人沈惠仙的诉讼请求。事实和理由：①一审法院认定"安信稳健系列新三板定向股权投资基金"（以下简称"安信稳健新三板基金"）已到期并进行清算分配、沈惠仙产生损失错误。事实上，基金清算分配尚未完成，本次仅为第一次分配收益，3月底前会进行第二次分配。②沈惠仙系仔细阅读合同后自愿与励琛公司签订合同，应充分阅读风险提示书中的内容，且金融行业中高收益高风险是行业常识。③励琛公司于2016年7月收到行政监管措施决定书，行政机关对"安信稳健新三板基金"募集、投资过程中所发生的问题采取了行政监管措施。根据一事不二罚原则，相关处罚已认定该合同有效。④基金合同系基于信托关系，基本原则为卖者尽责、买者自负。基金存续三年内，沈惠仙未提出解除合同的诉求，其在得知基金已到期但收益不及预期后提出解除合同，真实诉求在于刚性兑付。[2]

---

[1] 北京市高级人民法院（2018）京民终483号民事判决书。
[2] 上海金融法院（2019）沪74民终123号民事判决书。

4. 私募基金的托管问题

私募基金是否必须委托托管人托管，基金法并未强制的统一要求。一般应当由托管人托管，也可以根据基金合同约定不实行托管。实际上，就是允许合同约定不实行托管。不托管，在目前的社会信用环境下，投资者利益容易受到损害。但私募基金投资者是合格投资者，他们可以自行选择，通过市场竞争淘汰不诚信的私募基金管理人。

根据基金业协会的规定，契约型（信托型）私募投资基金应当由依法设立并取得基金托管资格的托管人托管，基金合同约定设置能够切实履行安全保管基金财产职责的基金份额持有人大会日常机构或基金受托人委员会等制度安排的除外。私募资产配置基金应当由依法设立并取得基金托管资格的托管人托管。私募投资基金通过公司、合伙企业等特殊目的载体间接投资底层资产的，应当由依法设立并取得基金托管资格的托管人托管。托管人应当持续监督私募投资基金与特殊目的载体的资金流，事前掌握资金划转路径，事后获取并保管资金划转及投资凭证。管理人应当及时将投资凭证交付托管人。

5. 私募基金合同与有关文件的主要内容

根据《证券投资基金法》第92条第1款规定，非公开募集基金，应当制定并签订基金合同。基金合同应当包括下列内容：

①基金份额持有人、基金管理人、基金托管人的权利、义务；
②基金的运作方式；
③基金的出资方式、数额和认缴期限；
④基金的投资范围、投资策略和投资限制；
⑤基金收益分配原则、执行方式；
⑥基金承担的有关费用；
⑦基金信息提供的内容、方式；

⑧基金份额的认购、赎回或者转让的程序和方式;

⑨基金合同变更、解除和终止的事由、程序;

⑩基金财产清算方式;

⑪当事人约定的其他事项。

有限合伙基金,按照基金合同约定,非公开募集基金可以由部分基金份额持有人作为基金管理人负责基金的投资管理活动,并在基金财产不足以清偿其债务时对基金财产的债务承担无限连带责任。

有限合伙基金的基金合同还应载明:

①承担无限连带责任的基金份额持有人和其他基金份额持有人的姓名或者名称、住所;

②承担无限连带责任的基金份额持有人的除名条件和更换程序;

③基金份额持有人增加、退出的条件、程序以及相关责任;

④承担无限连带责任的基金份额持有人和其他基金份额持有人的转换程序。

6. 私募基金的投资方向

非公开募集基金财产的证券投资,包括买卖公开发行的股份有限公司股票、债券、基金份额,以及证券监管机构规定的其他证券及其衍生品种。证监会规定,私募基金财产的投资包括买卖股票、股权、债券、期货、期权、基金份额及投资合同约定的其他投资标的。

在现实中,基金业协会不投资于证券的私募基金也进行自律监管。

7. 基金份额持有人转让基金份额

私募基金投资者转让基金份额或基金权益,必须符合两个标准:一是受让人只能限于合格投资者,不能向非合格投资者

第八章 证券投资基金与资产管理

转让；二是不能公开转让，受让对象不能是公开的不特定对象，实际就是不允许通过公告、公开劝募方式等寻找受让人。

三、私募基金的募集

1. 募集方式

既然是私募基金就不能采取任何公开的方式募集资金，不能像一般公众募集资金。私募基金不得向合格投资者之外的单位和个人募集资金，不得通过报刊、电台、电视台、互联网等公众传播媒体或者讲座、报告会、分析会等方式向不特定对象宣传推介。

私募基金的募集机构仅可以通过合法途径公开宣传私募基金管理人的品牌、发展战略、投资策略、管理团队、高级管理人员信息以及由基金业协会公示的已备案私募基金的基本信息。

2. 投资者风险自担

私募基金管理人、私募基金销售机构不得向投资者承诺投资本金不受损失或者承诺最低收益。

3. 募集程序

私募基金管理人自行销售私募基金的，应当采取问卷调查等方式，对投资者的风险识别能力和风险承担能力进行评估，由投资者书面承诺符合合格投资者条件；应当制作风险揭示书，由投资者签字确认。

私募基金管理人委托销售机构销售私募基金的，私募基金销售机构应当采取法律规定的评估、确认等措施。

基金业协会根据证监会要求按照不同类别私募基金的特点制定了投资者风险识别能力和承担能力问卷及风险揭示书的内容与格式指引等。

基金业协会制定了自律规范《私募投资基金募集行为管理

办法》，对推介私募基金、发售基金份额（权益）、办理基金份额（权益）认购或申购（认缴）、赎回（退出）等活动进行规范。根据基金业协会自律规范，私募基金募集应当履行下列程序：

（1）特定对象确定：在向投资者推介私募基金之前，募集机构应当采取问卷调查等方式履行特定对象确定程序，对投资者风险识别能力和风险承担能力进行评估。投资者应当以书面形式承诺其符合合格投资者标准。未经特定对象确定程序，不得向任何人宣传推介私募基金。

（2）投资者适当性匹配：募集机构应当根据私募基金的风险类型和评级结果，向投资者推介与其风险识别能力和风险承担能力相匹配的私募基金。

（3）基金风险揭示：募集机构应当向投资者说明有关法律法规，说明投资冷静期、回访确认等程序性安排以及投资者的相关权利，重点揭示私募基金风险，并与投资者签署风险揭示书。

（4）合格投资者确认：募集机构应当要求投资者提供必要的资产证明文件或收入证明。募集机构应当合理审慎地审查投资者是否符合私募基金合格投资者标准（具体标准前面已经介绍）。各方应当在完成合格投资者确认程序后签署私募基金合同。

（5）投资冷静期：基金合同应当约定给投资者设置不少于24小时的投资冷静期，募集机构在投资冷静期内不得主动联系投资者。私募证券投资基金合同应当约定，投资冷静期自基金合同签署完毕且投资者交纳认购基金的款项后起算。

（6）回访确认：基金合同应当约定，投资者在募集机构回访确认成功前有权解除基金合同。出现前述情形时，募集机构应当按合同约定及时退还投资者的全部认购款项。未经回访确认成功，投资者交纳的认购基金款项不得由募集账户划转到基金财产账户或托管资金账户，私募基金管理人不得投资运作投资者交纳的认购基金款项。

3. 私募基金的风险评级与投资者能力匹配

私募基金管理人自行销售或者委托销售机构销售私募基金，应当自行或者委托第三方机构对私募基金进行风险评级，向风险识别能力和风险承担能力相匹配的投资者推介私募基金。

基金产品或者服务的风险等级按照风险由低到高顺序，至少划分为：R1、R2、R3、R4、R5 五个等级。

关于未回访，基金认购人是否有权解除基金合同的问题，请看案例 6。

案例 6：上海生宏金股权投资基金管理有限公司与李付景委托理财合同纠纷

本院认为，被上诉人李付景于一审提交了《合同解除通知函》、EMS 邮寄单及邮件查询记录等证据，证明上诉人生宏金基金已于 2018 年 8 月 21 日收到了《合同解除通知函》。上诉人生宏金基金辩解未收到《合同解除通知函》，但未提供相应证据推翻李付景提交的证据及陈述的事实，本院对此不予采纳。一审法院认定李付景的解约通知已于 2018 年 8 月 21 日到达生宏金基金，《基金合同》于 2018 年 8 月 21 日解除并无不当。生宏金基金应根据《基金合同》的约定在 7 个工作日之内，即 2018 年 8 月 30 日前（含），退还李付景全部认购款。现上诉人生宏金基金未对原审判决第一、二项主文提出上诉，但仍未退还被上诉人投资本金，纯属恶意拖欠，理应赔偿被上诉人李付景相应的利息损失。综上所述，原审判决认定事实清楚，适用法律正确，应予维持。依照《民事诉讼法》第 170 条第 1 款第 1 项、第 175

条之规定,判决如下:驳回上诉,维持原判。二审案件受理费人民币93元,由上诉人上海生宏金股权投资基金管理有限公司负担。本判决为终审判决。〔1〕

四、私募基金信息披露

为维护私募基金的投资者权益,法律也要求私募基金向其投资者披露信息,但这种信息披露是不公开的披露,每个私募基金单独向该基金的投资者披露信息,不需要向非投资者披露信息。按照基金业协会的要求,私募基金的管理人应向基金业协会指定的系统提交披露的信息,但对信息予以保密。按照《私募基金暂行办法》规定,私募基金管理人、私募基金托管人应当按照合同约定,如实向投资者披露基金投资、资产负债、投资收益分配、基金承担的费用和业绩报酬、可能存在的利益冲突情况以及可能影响投资者合法权益的其他重大信息,不得隐瞒或者提供虚假信息。信息披露规则由基金业协会另行制定。

私募基金管理人应当根据基金业协会的规定,及时填报并定期更新管理人及其从业人员的有关信息、所管理私募基金的投资运作情况和杠杆运用情况,保证所填报内容真实、准确、完整。发生重大事项的,应当在10个工作日内向基金业协会报告。私募基金管理人应当于每个会计年度结束后的4个月内,向基金业协会报送经会计师事务所审计的年度财务报告和所管理私募基金年度投资运作基本情况。

五、私募基金管理和运行的基本准则

私募基金管理人作为受托人负有信义义务,其行为准则与

---

〔1〕 上海金融法院(2019)沪74民终275号民事判决书。

公募基金管理人的行为准则并无本质差异。

按照《私募基金暂行办法》规定，同一私募基金管理人管理不同类别私募基金的，应当坚持专业化管理原则；管理可能导致利益输送或者利益冲突的不同私募基金的，应当建立防范利益输送和利益冲突的机制。

按照《私募基金暂行办法》第23条规定，私募基金管理人、私募基金托管人、私募基金销售机构及其他私募服务机构及其从业人员从事私募基金业务，不得有以下行为：

①将其固有财产或者他人财产混同于基金财产从事投资活动；

②不公平地对待其管理的不同基金财产；

③利用基金财产或者职务之便，为本人或者投资者以外的人牟取利益，进行利益输送；

④侵占、挪用基金财产；

⑤泄露因职务便利获取的未公开信息，利用该信息从事或者明示、暗示他人从事相关的交易活动；

⑥从事损害基金财产和投资者利益的投资活动；

⑦玩忽职守，不按照规定履行职责；

⑧从事内幕交易、操纵交易价格及其他不正当交易活动；

⑨法律、行政法规和证监会规定禁止的其他行为。

案例7：挪用基金财产

北京丰利（是三个基金的管理人），为恢复长安丰利24号交易权限，通过伪造《丰利久赢证券投资基金合同补充协议》《长安基金说明函》《投资人说明函》的方式，挪用丰利经证及丰利久赢4240万元为长安丰利24号补资的行为，违反《证券投资基金法》第123条第1款，《私募投资基金监督管理暂行办法》（证监会令105号）第23条第4项的相关规定，构成挪用基金财产的违法行为,直接负责的主管人员为北京丰利时任董事长毛凤丽及时任总经理张永辉。

我会决定:责令丰利财富(北京)国际资本管理股份有限公司改正,并处以 100 万元的罚款;对毛凤丽等人分别给予警告,并处以 30 万元的罚款。[1]

案例 8:是不公平对待管理的不同基金,还是利用基金财产为自己牟利

(华泰资管计划,富航投资担任华泰资管计划投资顾问,向管理人提供投资顾问服务;富航 1 号私募基金管理人为富航投资。)

富航 1 号与华泰资管计划自 2017 年 2 月 24 日起开始相互成交,在 2017 年 2 月 24 日至 2017 年 5 月 12 日之间的 53 个交易日中,32 个交易日有相互成交,累计相互成交 123 笔、共 327 手。相互成交均发生在沪深 300 股指期货和中证 500 股指期货远月合约上,其中沪深 300 股指期货有 29 笔、95 手,中证 500 股指期货有 94 笔、232 手。相互成交量占富航 1 号上述期间总成交量的 67.56%,占华泰资管计划上述期间总成交量的 21.14%。以委托成交时市场前一笔最新价作为市场价基准计算成交价格偏离市场基准价的盈亏,扣除手续费后,富航 1 号通过相互成交盈利 733 700 元,华泰资管计划亏损 1 376 000 元。

根据《富航投资神州 1 号私募基金合同》,富航 1 号基金的运营服务费率为年费率 1%,业绩报酬提取比例为 10%。富航投资通过富航 1 号与华泰资管计划互相成交获利,富航 1 号共计多盈利 733 700 元,共多提取业绩报酬 73 370 元。[2]

---

[1] 中国证监会行政处罚决定书(丰利财富、毛凤丽、张永辉)〔2019〕43 号。

[2] 中国证监会行政处罚决定书〔2019〕29 号。

第八章 证券投资基金与资产管理

案例9：私募基金管理人的实际控制人向投资者承诺收益的效力

案件概要：

定增3号基金为私募基金，张俊向基金投资1500万元，该私募基金的管理人为东方公司。张俊与熊仁红、张建伟、陈永芳签订《补充协议》，约定，张俊为定增3号基金的投资人，熊仁红、张建伟、陈永芳是东方公司的实际控制人，熊仁红、张建伟、陈永芳就定增3号基金的业绩向张俊作出承诺：如该基金产品清算后（扣除各项成本后）资产单位净值小于1元，则熊仁红、张建伟、陈永芳或熊仁红、张建伟、陈永芳指定第三方须在10个工作日内在差价范围内补足。熊仁红、张建伟、陈永芳承诺一般级基金份额持有人的本金及在认购本金的15%（年化）的投资收益范围内优先分配等。

法院判决：认为《补充协议》实为熊仁红、张建伟、陈永芳对张俊投资定增3号基金作出的保底承诺，即在定增3号基金清算后，张俊出现亏损时，由熊仁红、张建伟、陈永芳个人进行补足。基金管理人向投资者作出的保底承诺违反法律、行政法规的强制性规定，属于《中华人民共和国合同法》第52条规定的无效合同。本案中，保底承诺的作出方虽系熊仁红、张建伟、陈永芳个人，而非基金管理人东方公司，但熊仁红系东方公司法定代表人及间接股东，陈永芳系东方公司间接股东，而张建伟则系定增3号基金的基金经理，三人与东方公司实际上系利益共同体。而且，从《补充协议》的约定来看，双方在签订该协议时亦均已知悉熊仁红、张建伟、陈永芳为东方公司实际控制人的事实。因此，案涉《补充协议》实为双方为规避法律、行政法规的监管而作出的约定，内容违反了市场基本规律和资本市场规则，严重破坏资本市场的合理格局，不利于金

融市场的风险防范，有损社会公共利益，依法应认定为无效合同。〔1〕

第五节 资产管理

一、证券资产管理业务的由来

《证券法》禁止证券公司在经纪业务中接受客户的全权委托买卖证券。但是在现实中，有部分客户希望证券公司能利用各专业能力为客户进行证券投资，替客户管理资产，或者接受客户委托、为客户理财。一些证券公司在并无规范依据的情况下就开始从事证券资产管理业务。监管机构逐渐承认了这一业务。

2003年12月18日中国证监会令第17号《证券公司客户资产管理业务试行办法》规定，资产管理业务，是指证券公司作为资产管理人，依照有关法律法规及《证券公司客户资产管理业务试行办法》的规定与客户签订资产管理合同，根据资产管理合同约定的方式、条件、要求及限制，对客户资产进行经营运作，为客户提供证券及其他金融产品的投资管理服务的行为。资产管理业务在监管层面合法化。

2005年《证券法》修改正式承认证券公司可以从事客户资产管理业务。《证券公司监督管理条例》规定，证券公司可以依照《证券法》和本条例的规定，从事接受客户的委托、使用客户资产进行的证券资产管理业务，投资所产生的收益由客户享有，损失由客户承担，证券公司可以按照约定收取管理费用。

客户资产管理业务分为三种：

第一，为单一客户办理定向资产管理业务。证券公司应当与客户签订定向资产管理合同，通过专门账户为客户提供资产

---

〔1〕 广东省广州市中级人民法院（2019）粤01民终17501号。

管理服务。

第二，为多个客户办理集合资产管理业务。应当设立集合资产管理计划，与客户签订集合资产管理合同，将客户资产交由取得基金托管业务资格的资产托管机构托管，通过专门账户为客户提供资产管理服务。

第三，为客户办理特定目的的专项资产管理业务。应当签订专项资产管理合同，针对客户的特殊要求和基础资产的具体情况，设定特定投资目标，通过专门账户为客户提供资产管理服务。

二、目前的规范依据

在证券公司之外，信托公司、商业银行、保险公司、基金管理公司等都以资产管理或者理财等类似名义开展资产管理业务，但也出现了一些乱象。为防止金融行业不同机构之间适用不同标准，防止监管套利，防范金融风险，由中国人民银行牵头银保监会、证监会和国家外汇管理局共同制定了《资管新规》。随后证监会制定了《证券期货经营机构私募资产管理业务管理办法》，废止了过去公布的多个资产管理方面的规章，证监会监管范围的金融机构的资产管理业务适用统一的规范。

三、证监会对证券资产管理的规定

1. 资产管理计划财产

资产管理计划财产的债务由资产管理计划财产本身承担，投资者以其出资为限对资产管理计划财产的债务承担责任。但资产管理合同依照《证券投资基金法》另有约定的，从其约定。

资产管理计划财产独立于证券期货经营机构和托管人的固有财产，并独立于证券期货经营机构管理的和托管人托管的其他财产。证券期货经营机构、托管人不得将资产管理计划财产归入其固有财产。

证券期货经营机构、托管人因资产管理计划财产的管理、运用或者其他情形而取得的财产和收益，归入资产管理计划财产。

证券期货经营机构、托管人因依法解散、被依法撤销或者被依法宣告破产等原因进行清算的，资产管理计划财产不属于其清算财产。

非因资产管理计划本身的债务或者法律规定的其他情形，不得查封、冻结、扣划或者强制执行资产管理计划财产。

2. 关于资产管理计划具体业务的规定

单一资产管理计划：为单一投资者设立单一资产管理计划，可以接受货币资金委托，或者接受投资者合法持有的股票、债券或证监会认可的其他金融资产委托。单一资产管理计划可以不设份额。

集合资产管理计划：集合资产管理计划的投资者人数不少于2人，不得超过200人。原则上应当接受货币资金委托，证监会认可的情形除外。集合资产管理计划应当设定为均等份额。开放式集合资产管理计划不得进行份额分级。封闭式集合资产管理计划可以根据风险收益特征对份额进行分级。同级份额享有同等权益、承担同等风险。分级资产管理计划优先级与劣后级的比例应当符合法律、行政法规和证监会的规定。

3. 资产管理计划可以投资于以下资产

（1）银行存款、同业存单，以及符合《资管新规》规定的标准化债权类资产，包括但不限于在证券交易所、银行间市场等国务院同意设立的交易场所交易的可以划分为均等份额、具有合理公允价值和完善流动性机制的债券、中央银行票据、资产支持证券、非金融企业债务融资工具等；

（2）上市公司股票、存托凭证，以及证监会认可的其他标准化股权类资产；

（3）在证券期货交易所等国务院同意设立的交易场所集中交易清算的期货及期权合约等标准化商品及金融衍生品类资产；

（4）公募基金，以及证监会认可的比照公募基金管理的资产管理产品；

（5）第（1）至（3）项规定以外的非标准化债权类资产、股权类资产、商品及金融衍生品类资产；

（6）第（4）项规定以外的其他受国务院金融监督管理机构监管的机构发行的资产管理产品；

（7）证监会认可的其他资产。

上述第（1）项至第（4）项为标准化资产，第（5）项至第（6）项为非标准化资产。证监会对证券期货经营机构从事私募资产管理业务投资于第（5）项规定资产另有规定的，适用其规定。

四、资产管理产品的法律性质

从上述证监会关于资产管理计划财产的规定可以看出，该规定完全参照了《证券投资基金法》关于基金财产的规定，资产管理计划财产实质上属于信托财产。因此资产管理计划实质上是信托产品。信托原理在我国金融行业已经有了极其普遍的运用。

私募资产管理计划在法律关系的实质上与基金并无不同，因此我们不再对关于资产管理计划的具体规定作进一步介绍。

五、资产管理计划管理者的信义义务

案例 10：西能科技公司诉国泰君安证券公司委托管理资产合同纠纷案

法院认为，资产管理人根据资产管理委托协议，在股市证券买卖交易中，基于商业判断而作出的正常投资行为，只要尽到了善良管理义务，不存在明显的过错，就不应承担交易损失的后果。[1]

信义义务并非一项具体的义务，而是一项行为准则。在我国现行的法律层面并没有关于"信义义务"的上位概念。现行相关规定多以"诚实守信、谨慎、勤勉尽责、卖者尽责"等作为对信义义务之表述，且散见于相关法规中。因此，根据案例10的判决可知，只要资产管理人未作出有违行为准则的事情，对交易损失就不需要承担责任。

---

[1] 最高人民法院（2003）民二终字第 182 号民事判决书。

第九章

证券上市

第一节 证券上市概述

一、证券上市的概念与特征

1. 证券上市的概念

证券上市,是指依法获准公开发行的证券在证券交易所挂牌交易。发行的股票在交易所挂牌交易的,发行人称为上市公司。结合相关法律,证券上市在我国具有如下三点特征。

第一,证券上市在我国特指证券到证券交易所上市。关于证券交易市场,我国相关法律使用了两个不同名词:"证券交易场所"和"证券交易所"。证券交易场所,不仅包括证券交易所,而且包括诸如证券公司的交易柜台、网上竞价交易市场等。证券交易所则是依《证券法》规定、国务院批准设立的提供证券集中竞价交易的法人单位,现在特指上海证券交易所和深圳证券交易所。因此,我国证券上市是指依法获准公开发行的证券在上述两个证券交易所挂牌交易。

第二,证券上市需要符合证券交易所规定的条件。依照《公司法》《证券法》和其他法规规定,公开发行证券的公司若欲将其证券在证券交易所挂牌交易,必须符合法定条件,并经证券交易所同意。

第三,证券上市是已依法公开发行的证券挂牌交易,非公开发行的证券不能上市交易。

2. 证券上市与发行概念的比较

证券上市不同于证券的发行,表现在以下三个方面。

第一,证券上市主要目的是取得二级市场的交易资格,而发行则是为发行人募集资金。证券交易所是最为重要的二级证券交易市场,为投资者交易已发行的证券提供服务,这些服务包括要求发行人按照交易所规定披露信息、为所有投资者提供有关证券交易的信息、减少证券交易的障碍等。证券发行,主要目的则是为发行人募集资金,发行人主要关注发行是否成功。

第二,证券一旦上市,发行人将受到证券交易所的监管。通常而言,证券交易所要求发行人必须履行信息披露义务,并要求发行人在法人治理结构方面满足一定要求。除此之外,证券交易所还有权对发行人进行日常监管,有权决定停牌和复牌、暂停上市和恢复上市、终止上市等。证券发行,则主要受到证监会和其他证券监督机构的发行监管。

第三,对证券上市的监管目的主要在于提高上市公司质量、平等保护投资者,特定证券是否被允许上市、上市证券的规模是由交易所根据上市公司质量和证券交易的流动性为标准来考虑的。而证券发行的监管目的受到国家宏观经济政策和特定时代下经济环境的左右。

不过,我国目前实行发行上市连续制。证监会规定了首次公开发行和上市的条件,公开发行和上市条件并没有严格分开。

第九章　证券上市

二、证券上市的经济意义以及对上市监管的目的

1. 证券上市的经济意义

证券交易所是证券集中、竞价和常规化交易的场所，其最重要的功能是为证券交易提供流动性支持。对投资者来说，只需要交纳少量手续费，就能方便地买卖证券，低成本地实现资产与货币的交换。资产的流动性程度对资产定价特别重要，若资产的可流动性程度低，那么意味着未来的购买方少、资金稀缺，由于这种预期，资产的现在购买者将只愿意支付更低价格购买资产。若资产的可流动性程度高，这将意味着投资者将以更低成本、更少时间和精力去发现合适的资产购买方，因此，流动性程度高的资产将吸引更多的闲散资金投资。

证券一旦上市，如果流动性程度很高，就可以吸引商业银行、保险公司、基金等机构投资者的投资，这样，发行人就能够以更高价格出售股票。上市的预期为发行人降低融资成本提供支持。

在现代社会，世界上有很多证券市场，各个市场之间的流动性程度差异很大。例如，纽约证券交易所和伦敦证券交易所的流动性程度就很高，而纳斯达克市场上的证券流动性程度很低，我国很多在纳斯达克上市的证券流动性程度都很低，所以造成发行人只能一次性融资，再次融资非常困难。另外，各个投资品种在证券交易所上市后的交易活跃程度也是不一样的，一般讲，股票流动性高于债券、优质企业交易活跃程度高于劣质企业。二级市场测量流动的最重要的指标是换手率，尤其是平均换手率，一般股票的换手率为1%—2%（当日的交易量占全部流通股的比例）。如果换手率非常高，股票的风险就非常大，因为这意味着现有股东倾向于出售股票；如果换手率非常

低，往往说明市场交易非常寡淡。

由于流动性对投资的重要性，证券交易所实际上就是现代社会最重要的筹资中心，而证券在交易所上市，能够帮助发行人筹集资金和降低筹资成本。

2. 证券上市监管的原因

对证券上市监管的主要原因是提高上市公司质量、督促上市公司履行信息披露义务、为证券流动性提供支持以及促进投资者被公平对待。之前，股票或者债券上市是由证券交易所决定。2019年《证券法》修改后，股票、公司债券的上市由证券交易所审核决定。

我国与国际市场相比，有一些特殊点：

第一，我国证券交易所是政府主导的市场，而主要西方发达国家证券市场交易所是自发性、私人所有市场，尤其在20世纪80年代以后，像纽约证券交易所、伦敦证券交易所都改组为公司。

第二，我国证券上市以及证券监管受到政府机关行政权力影响很大，在西方则主要以市场培育、市场健康为主导。在我国，资本市场和证券交易所由于垄断性，上市资格具有稀缺性（随着注册制的推行，情况可能改善），交易所和交易所的官员能够索取相对较高的垄断利润和额外费用，主要表现在上市费用较高，而这些费用都转移到了投资者身上，投资者的投资收益就会相对较低。在西方发达国家，由于市场具有很强的竞争性，市场对上市公司的健康、合法性和投资者保护就更加重视，相对于中国来说，风险较低、收益相对稳定。

第三，在我国，政策尤其中央政府的政策对市场影响特别大，而中央政府政策又是权力部门多方博弈的结果，所以二级市场必须密切关注权力机关的运作，对二级市场和上市公司的监管也主要由中央政府主导。而在西方发达国家，市场相对独立，因此能够维持市场经济为主导的竞争市场。

第二节　股票上市和终止上市

一、股票上市的一般条件

《证券法》规定，证券的上市条件由交易所的上市规则确定。一般而言，股票上市应当符合如下条件：

（1）股票经合法注册向公众公开发行（若私自发行或者非公开发行，这样的股票不允许上市）。

（2）发行人经营年限达到一定标准，通常是要求在同一管理层管理之下持续经营3年以上。

（3）发行人财务状况良好。是否要求发行人已经盈利，一般主板上市公司要求必须盈利，而创业板公司可以不做要求。

（4）股权有一定的分散程度，规定比例的股票为公众投资者持有。主要为股票流动性提供支持：因为如果公众股东持有的股票数量很小，全部股份都由控制股东持有，控制股东可能通过操纵股票价格来盈利。而且，公众股东持有股票很少，一般意味着股票交易相对寡淡，不利于市场活跃。

（5）公司规模达到一定程度。发行前公司股本总额不少于3000万元，公众持股至少为25%；如果发行时股本总额超过4亿元，发行比例可以降低，但不得低于10%。

（6）发行人有良好的诚信记录如公司最近三年无重大违法行为，财务会计报告无虚假记载。

（7）证券交易所有不同的交易板块，在不同板块挂牌的公司，交易所可以规定不同的上市条件。目前，上海证券交易所有两个交易板块，科创板和主板。深圳证券交易所有三个交易板块，主板、创业板和中小企业板。不同板块上市条件存在差异。

二、上市程序

初次申请其股票上市，发行人应当与证券交易所签订上市协议，并且应当按照交易所规定履行上市之前的信息披露义务。上市公司申请其发行的新股上市，也应当向证券交易所递交申请并履行信息披露义务。

为什么在我国，新发行的股票在上市首日会上涨得如此高？大盘股最高1倍以上；小盘股，一般1倍以上。中石油在上市首日达到48元/股，发行价32元，其港股价格在当日为16港元。金风科技（小盘）：2007年11月发行，发行价为36元/股，最低认购数量500股，上市首日，最低127元，最高为175.6元，其后几日最高能接近179元。

第一，因为资本市场是稀缺市场，老百姓投资渠道有限，资金流入和流出都受到政府的监管。很多人担心通货膨胀，并且这么多年来，我们银行存款利率一直非常低。比如2000年—2005年，银行一年期定期存款利率为1.98%，如果扣除20%利息税，实际利率为1.8%。而在同期，每年通货膨胀率为2%—3%，真实利率水平为负。所以大家愿意拿钱购买股票。

第二，这是一种市场操纵策略。例如，据统计，上市首日购买股票的个人投资者有70%—80%亏损，如果在上市后的5日内购买股票，亏损投资者占全部已经购买股票的投资者的比例也是60%以上。对机构来说，由于已经在一级市场上申购到股票，而上市首日出售股票人一般都是个人投资者，他们持有股票数量少、规模小（25%以内）。如果在上市首日购买，一开盘就以大量资金购买，由于上市首日无涨跌幅限制，这样就可以拉高股票价格，然后在当日或者其后出售股票就有利可图。

三、股票暂停上市

暂停上市,指上市公司不具备法定的上市条件或者出现重大违法事由,上市公司股票暂停在证券交易所的上市交易。

证券交易所享有决定暂停和恢复证券上市的权利。暂停上市是针对那些不再具备上市条件或者发生重大违法事由的上市公司而采取的措施,并且在实践中往往作为终止上市的前奏,因而是对上市公司比较严厉的惩罚措施。对暂停上市的公司来说,其股票不能在证券交易所挂牌交易,也不能通过证券公司的交易柜台办理交易,上市公司在暂停期间还需要连续披露为恢复上市而采取的措施,而且若在上市暂停后规定时间未恢复上市,将被终止上市。

一个容易与暂停上市混淆的概念是停牌。所谓停牌,指上市公司的股票于短期间内在证券交易所暂停交易。停牌通常是为应对突发性事件而设置的信息消化措施。在发生突发性事件时,股票价格通常发生异常波动,影响人们对股票价值和价格的判断。因此,证券交易所常常设定一定的暂停交易期间,投资者可以在此期间内消化这些信息并判断证券的价格。例如,召开股东大会期间、公司发布红利分配、送股、重组、重大资产购买信息,这些信息对股票价格都有重大影响,所以停牌可以让所有公众股东享有平等机会获取信息与消化信息带来的影响。不过,停牌有时也是证券交易所履行日常监管权力时的惩罚措施,对于上市公司拒绝证券交易所的日常监管建议或者违反"交易所股票上市规则",证券交易所也可以决定对该公司股票停牌。停牌之后,待突发性事件信息经过一段消化时间,或者上市公司按照证券交易所的决定履行了相关义务之后,证券交易所可以决定对暂停交易的证券复牌。

四、终止上市

终止上市,是指上市公司不具备法定上市条件或者出现重大违法事由,上市公司股票在证券交易所的交易被终止。终止上市,一般被认为是对上市公司的最严厉的惩罚,因为股票的可流通性与可投资性大大减弱,上市公司也因此将丧失发行新股的可能性,终止上市条件由证券交易所规定。

终止上市的发生事由包括:

(1) 公司股本总额、股权分布等发生变化不再具备上市条件,在证券交易所规定的期限内仍不能达到上市条件;

(2) 公司不按照规定公开其财务状况,或者对财务会计报告作虚假记载,且拒绝纠正;

(3) 公司在规定年限连续亏损或者财务指标不符合交易所的规定;

(4) 股票价格在一定的期间低于规定标准的;

(5) 存在严重的违法违规情形;

(6) 公司解散或者被宣告破产。

上市公司被证券交易所决定终止上市后,如公司继续存续,其股票交易进入全国股转系统转让,意味着投资者少、流动性降低。终止上市期间,股份公司仍然应当按照法律法规、有关规则履行信息披露义务。

第三节 公司债券上市、暂停上市和终止上市

一、公司债券上市条件与程序

公司债券上市的一般条件为:

(1) 期限条件:公司债券的期限为一年以上,也就是说上市公司债券必须为中期债券和长期债券(短期金融债券在银行

间票据交易市场上市)。

(2) 债券规模条件：公司债券实际发行额不少于 5000 万元。

(3) 债券合法公开发行，公司申请债券上市时仍然符合证券法规定的发行条件。

发行人申请公司债券上市，应当与证券交易所签订上市协议书，在上市之前应当履行信息披露义务。

通常，公司债券上市往往代表着这家公司实力比较雄厚，因为发行债券的资格比较高、公司资产的盈利能力也比较高，这意味着公司依靠负债运营从而提高股东每股收益率。发行债券，也为公司管理者施加较大的压力，债券必须每年支付利息，并且到期还本付息，否则，公司必须破产；股票不同，如果公司亏损，而且连年亏损，公司仍然不会破产。

二、公司债券的暂停上市和终止上市

1. 证券交易所可以决定暂停债券上市

(1) 发行人有重大违法行为：虚假陈述、募集资金用途被更改、把资金借贷或者转移到房产、股票这些投资。

(2) 企业情况发生重大变化，不符合债券上市条件，如公司债务和净资产比例，公司发生合并，而合并后公司资产结构发生变化。

(3) 债券所募集资金不按照审批机关批准的用途使用。

因为债券属于固定收益投资品种，原则上，购买人之所以购买债券是因为已经对发行人的投资项目做了评估。如果发行人转移资金用途，例如，从电力网建设转移到股票投资，那么，如果股票赚钱，发行债券的公司可以赚取高风险利润，额外风险却是债券购买人承担，即如果股票投资亏损，债券持有人可能完全不能收回投资。

（4）未按照债券募集办法履行义务。

（5）企业最近2年连续亏损。

2. 终止上市

发行人有上述第（1）项、第（4）项所列情形之一，经查实后果严重的，或者有第（2）项、第（3）项、第（5）项所列情形之一，在限期内未能消除的，将构成终止上市的事由。

若公司解散或者被宣告破产的，公司债券也终止上市。

第十章

信息披露制度

第一节 信息披露制度的基本理论

一、信息披露制度概述

信息披露制度,即公开发行证券的发行人、证券法规定的与发行人有关的主体公开发行人财产、经营、财务、治理等方面信息以及其他对投资者进行投资决策有影响的重要信息的法律制度,其核心组成部分如下。

第一,信息披露制度包括强制信息披露与自愿信息披露,强制信息披露指负有披露义务的主体必须按照规定的标准和要求披露发行人或证券交易相关重要信息的制度;自愿信息披露指负有披露义务的主体主动披露其他信息,这些信息可能与投资者评估证券价格或者作出投资决策具有相关性,但并不在法律法规明确规定的必须披露的信息范围内。

第二,信息披露义务人,主要是公开发行证券的发行人,但也有其他主体,例如,收购人、为发行人制作有关文件的中介机构、公司大股东或实际控制人、持有超过一定比例的持股人等;划定是否属于信息披露义务人的标准在于,上述人员与公众投资者之间存在占有证券相关信息的不对称、不均衡，这种不对称、不均衡很容易导致证券发行与交易的不公平问题。

第三，信息，指可能影响公众投资者对证券价值的评估和决定是否投资某证券相关的重要信息或重大信息（Materiality），包括必须披露信息与自愿披露的信息。必须强调，一方面，应披露的信息应是重大信息，披露信息不能过多、过滥、过于琐碎，防止披露信息成为发行人或其他披露义务人的严重负担，如果不加防止信息披露会加重企业经营的负担，也会让投资者无从选择，增加决策的困扰。另一方面，信息也不应该过于匮乏，投资者缺少足够的信息对相关证券的投资价值进行分析。判断信息重大性的标准是，从一般理性投资者的角度对其证券相关决策而言重要的信息即重大信息。当然从立法的角度，也需要将重大信息客观化，因此法律可以列举属于重大信息的具体信息。

第四，披露行为必须符合法定标准和要求，包括符合真实、准确、完整和及时的实质性标准，以及符合公平、易懂和易得的程序标准。

第五，未履行信息披露义务或者披露行为不符合法定标准和要求，披露义务人应当承担相应民事、行政或刑事法律责任。

信息披露制度是证券市场和《证券法》的核心制度，其建立于两个假设之上，第一个假设是证券价格依赖于市场参与者对证券价值的评估和投资选择，而证券价值则依赖于社会行为和自然事件对证券发行人收入和利润的影响，因此，证券价格依赖于市场参与者对各种宏观和微观信息的含义理解之上。第二个假设是包括发行人、上市公司大股东、收购人等在内的这些交易者，与公众投资者之间存在信息占有的不均衡、不对称，并且大股东、高级管理人员、收购人可能利用信息占有的不对称而实施不公平交易行为。第一个假设在信息与证券价格之间建立相关性联系,包括参与者愿意阅读相关信息并有能力理解和评估相关信息的含义和对证券价格影响的程度等,第二个假设则基于人的机会主义行为的社会现实,如果不对包括公司大股东、高级管理人员、收购人等施加特别的信息披露义务,这些主体可能会不公平地利用信息占有不均衡而实施交易,这种不公平交易会影响和破坏证券市场作为一个直接融资市场的功能发挥。

二、需要强制信息披露制度的原因

1. 强制信息披露制度的来源

世界历史上,强制信息披露制度取得其在证券市场制度中的核心地位是从美国颁布《1933年证券法》和《1934年证券交易法》开始的。虽然英国曾有公开信息的一些规定,但是,鉴于一直未成立一个权限广泛的专家管理机构、法律规则的要求缺乏具体性,因此,强制信息披露制度一直未放在法律规则和政府监管的中心。美国的法律不同。当初,美国的证券立法有两种思路,一种是实质监管思路,即由政府确定公开发行的证券的品质,但由于美国各州证券监管法(有时被称为"蓝天法",该名称源于堪萨斯州一位法官认为,法律应当保护投资者免于那些宣称除了出售几片蓝天没有任何其他基础的冒险计划的欺骗)采取这种管理模式并且收效甚微,受到很多议员的反对。另一种是信息披露的思路,该思路认为,"阳光是最好的防腐剂,灯光是最好的警察"。1933年证券法和1934年证券交易法要求发行人应当填写并注册登记一系列的发行信息、可能影响证券交易价格的信息,禁止操纵市场和内幕交易等,建立了以强制信息披露制度为中心的证券发行和交易规则。美国成立了具有广泛权限的证券交易委员会,负责这两个法律的执行和管理,该委员会后来颁布了大量的与证券发行和交易相关的信息披露文件。自此以后,不仅美国,其他许多国家的证券法律制度也主要以信息披露制度为中心,强制信息披露制度得以确立其核心地位。

强制信息披露制度通过要求发行人披露一切影响投资者决策的重大信息,从而能够使投资者自己决策,与此同时,证券市场中的发行、交易、信息分析和咨询等则交付给金融市场决定,证券监管的目标是努力促成交易双方有较为公平和透明的信息基础,而不是通过政府机关审核和评估证券价值作为保护公众投资者的方式。

2. 关于强制信息披露制度的理论争议[1]

自20世纪60年代起,美国一些学者,尤其是经济学学者,曾提出一些质疑强制信息披露制度的价值。这些学者并不是否定信息披露的价值,而是质疑强制信息披露制度的价值,关于强制信息披露制度的理论争论,兹述如下:

(1) 投资者保护与投资者信心。

关于信息与证券价格之间的关系,或者说证券的定价效率,国外许多学者进行了实证研究并提出一些理论,其中,引述最广泛的是"有效资本市场假说"理论,该理论由芝加哥大学教授尤金·法马(Eugene. F. Fama)等学者于20世纪60年代、20世纪70年代提出并完善。根据该理论,在一个自由竞争市场中,"如果根据一组信息从事交易而无法赚取经济利润,那么资本市场就是有效的","如果有用的信息以不带任何偏见的

---

[1] 参考 [美] 罗伯特·罗曼诺编著:《公司法基础》(第二版),罗培新译,北京大学出版社2013年版。

第十章　信息披露制度

方式全部在证券价格中得到反映,那么可以认为市场是有效的"。也就是说,能够影响证券价格的信息都在证券价格中得到反映,而无关信息对证券价格没有影响,那么证券的定价就是有效率的。作为结果,因为所有的有用信息已经反映在证券价格之中,所以投资者不能通过其持有的信息取得击败市场的超额利润。

该理论根据证券价格对信息的反映程度,对证券的定价效率作了分类:弱式有效、半强式有效、强式有效。当证券价格反映了过去的信息和交易记录,则为"弱式有效"。在弱式有效市场,投资者不能从过去的价格信息推导出将来的证券价格,证券价格的波动也是随机的。当证券价格充分反映了所有公开信息,不仅包括过去信息和交易记录,而且也包括所有现在公开的可得到的信息,则为"半强式有效"。在半强式有效市场,因为证券价格已经反映了所有公开信息,所以投资者一般不能通过所拥有的公开信息取得超额利润。强式有效市场则是,"在这里股票的价格反映了全部的信息,无论是可以公开获得的或仅仅由内部人士如公司管理者或董事掌握的信息"。

赞成强制信息披露制度的观点认为,强制信息披露制度由于要求发行人充分披露重大信息,能给投资者提供据以决策的信息,这对投资者评估证券质量和价值尤其重要。由于信息是投资者理性决策的基础,证券价格才能更真实地反映发行人的品质和未来盈利前景,否则,证券价格将无异于买卖双方的赌博叫价。投资者信心和市场效率,是强制信息披露制度存在的最重要理由。

反对意见则认为,经过对纽约证券交易所、伦敦证券交易所历史几十年的实际考察,这两个交易所已经建立的半强式有效市场,发行人相关信息能够以非常短的时间在证券市场传播,证券价格也能够非常迅速地反映市场刚刚得到的信息,这种实证研究的推论之一,是因为定期披露中所包含的信息大部分是已经披露的信息,包括年报、半年报这样的定期信息披露对证券价值评估并无太大价值,投资者被大量已经披露和复杂无用的信息淹没,降低了证券监管给投资者本应带来的证券估值和投资者保护的价值。

(2) 防止欺诈。

这种观点奉行"阳光是最好的防腐剂",认为由于发行人具有动机隐瞒不好的信息,自愿信息披露不可行;通过信息披露相关责任加大发行人的欺诈成本;通过强制披露能够降低低效率定价的可能性,增强资源分配的效率。

第一,在自愿信息披露下,信息披露将受到发行人管理者复杂动机的影响。很明显,管理者更愿意披露经营良好和收益良好的信息,而对经营上的瑕疵、发行人前景黯淡方面的信息披露持保留态度。管理者具有采取这种行为模式的直接动机,因为良好的信息有利于管理者职位的保持和收入增长。如果考虑管理者或其从属利益群体也买卖股票,或者考虑公司收购、市场竞争等因素,那么,管理者自愿信息披露的动机将更为复杂,夸大良好信息的披露、延迟或者拒绝披露不良信息的可能性将大大增加。

第二,与强制信息披露相比,自愿披露可能伴随更多的虚假陈述、内幕交易或者操纵市场等现象,原因是,自愿披露可能导致市场进入一个欺诈的"恶性循环"。自愿披露下,发行人具有披露良好信息、延迟或拒绝披露不良信息的动机,而且,发行人还具有动机掩盖信息披露行为的瑕疵。假定市场上的这种行为很多,那么,投资者将更为谨慎,管理者将增加打击证券欺诈的投入,而采取欺诈行为的管理者将投入更多的资源用于瑕疵披露和掩盖行为。这种"恶性循环"意味着,无论是投资的成本、募集资金的成本,还是欺诈投入成本、打击欺诈的成本都将上升,而很多投入成本本来是可以节约的。

(3) 市场失效理论。

这种观点认为,政府干预市场的一个重要理由是市场失效,当市场失效时,政府干预和调节行为能够弥补市场由于各种原因而产生的低效率状况。对证券市场来说,证券市场信息具有"公共产品"的特性。所谓"公共产品",诸如天气预报、国防服务等,与私人产品相对,不具有消费上的排他性,而且界定产品的所有权将非常困难。如果某个投资者发现了某个有价值信息并且公布,那么,市场上的所有投资者都将受益,但该信息发现者并不能获得补偿或者充分补偿。证券信息的这种特性,导致的结果之一是市场上公开发布的信息将短缺,根据这些信息难以评价证券的价格。可能导致的另一个结果是,信息生产的过量投入。如果信息开发的收益超过其投入,那么很多私人投资者将投入成本开发信息,并且采取措施防止他人盗用。就很多私人投资者开发同样的信息并且采取保护措施而言,自愿信息披露市场上对信息生产的投入将高于强制信息披露市场上的投入。

此外,强制信息披露由于强调统一的规范披露形式、原则和时间,从而容易被投资者消化吸收,也能够降低信息过量和复杂的成本。

第二节 中国强制信息披露制度

一、中国信息披露制度的体系

调整信息披露的规则,由三种具有不同效力等级的规则构成:法律规则、行政规章和自治调整规则。法律规则主要是

《公司法》《证券法》的相关规则。行政规章主要由证监会颁布的《上市公司信息披露管理办法》《公开发行证券的公司信息披露内容与格式准则》（以下简称《内容与格式准则》）、《公开发行证券公司信息披露编报规则》（以下简称《编报规则》）、《公开发行证券的公司信息披露规范问答》（以下简称《规范问答》）。其中，《内容与格式准则》主要对证券的发行、上市、持续信息披露、公司收购以及其他公告内容的格式与标准予以规范，是调整信息披露的主要规则；《编报规则》主要是就财务报告的一般编制标准、特殊行业公司如商业银行的公告的特别规定予以规范；"规范问答"则就一些特殊概念与问题如非经常性损益、支付会计师事务所的报酬等问题作出规范性解释。自治调整规则，主要由证券交易所颁布的自律监管规则、中国证券业协会颁布的有关规则组成。

上述信息披露规则建立了我国的强制信息披露制度，该制度体系见表10.1：

表10.1 强制信息披露制度体系

	义务人	信息披露义务类别		信息披露义务涉及的法律规则与自治规则
强制信息披露制度体系	发行人披露义务	信息披露义务的原则要求		《证券法》78条
		发行与上市信息披露义务	招股说明书 公司债券募集办法	《证券法》第20、23条；《内容与格式准则》
			上市公告书	证券交易所的自律规则，如上海证券交易所发布的《股票上市公告书内容与格式指引》

第十章 信息披露制度

续表

义务人		信息披露义务类别		信息披露义务涉及的法律规则与自治规则
强制信息披露制度体系	发行人披露义务	持续信息披露义务	定期报告 年度报告	《证券法》第79条；《内容与格式准则》
			定期报告 中期报告	《证券法》第79条；《内容与格式准则》
			定期报告 季度报告	《编报规则》
			临时报告 重大事件报告	《证券法》第80条；《深圳证券交易所股票上市规则》；《上海证券交易所股票上市规则》《股份转让公司信息披露实施细则》
			临时报告 其他报告	《深圳证券交易所股票上市规则》；《上海证券交易所股票上市规则》《股份转让公司信息披露实施细则》
	非上市公众公司	定期报告和重大事件报告		《证券法》第79条和第80条；《非上市公众公司信息披露管理办法》；《非上市公众公司信息披露内容与格式准则》
	收购人披露义务	持股预警披露	权益变动报告	《证券法》第63条、64条

续表

义务人		信息披露义务类别		信息披露义务涉及的法律规则与自治规则
强制信息披露制度体系	收购人披露义务	要约收购披露	普通要约收购	《上市公司收购管理办法》；《内容与格式准则》；《全国中小企业股份转让系统挂牌公司要约收购业务指引》
			强制要约收购	《证券法》第66条；《上市公司收购管理办法》；《公开发行证券的公司信息披露内容与格式准则》；《全国中小企业股份转让系统挂牌公司要约收购业务指引》
		协议收购披露	协议收购	《证券法》第71条；《上市公司收购管理办法》；《内容与格式准则》；（交易所）《收购业务指引》
		收购后的披露	收购情况报告	《证券法》第76条
	持股人和实际控制人义务	权益变动报告		《证券法》第80条；《内容与格式准则》
	违反信息披露义务的法律责任：民事责任、行政责任、刑事责任	《证券法》85条、第181条、第182条、第197条、《刑法》第160条、第161条		

二、信息披露义务人

1. 发行人

（1）发行人被作为基本信息披露义务人的原因。

发行人，指根据《证券法》和《证券投资基金法》规定负担信息披露义务的任何公开或非公开发行证券的公司、基金，包括首次公开发行股票的公司、股票上市公司、非公开发行股票的公众公司、基金、发行债券的公司等。存托凭证对应的基础证券的发行人应作为信息披露义务人。

初看起来，发行人作为基本信息披露义务人似乎很正常，因为所有证券发行都与发行人相关，发行人承担信息披露义务符合法律关系的基本链条，但是如果我们把发行人视为一种商业交易结构，发行人不过是公司大股东或实际控制人、管理者与公众投资者关于资金募集与使用的一种交易结构。发行人作为基本信息披露义务人并且在出现虚假陈述时承担相关法律责任，存在着向公众投资人、不能控制公司的股东施加义务和惩罚的现象，普通公众股东、不能控制公司的股东也承担着信息披露成本和惩罚虚假陈述的费用，但这些人并不能控制公司发布信息的内容与时间，承担信息披露成本和惩罚对他们并不公平。那么，为什么发行人在法律上被作为最重要和最基本的信息披露义务人呢？笔者认为，主要有以下理由：①发行人是公司大股东、内部管理者、相关中介机构与公众投资者之间的法律基本连接点，通过向发行人施加信息披露义务，可以对公司大股东、实际控制人、中介机构施加信息披露义务；②通过向发行人施加义务，可以凸显发行人公司内部治理结构的问题，发行人的信息披露义务在本质上是建立一种公司大股东、管理者与公众投资者之间的关于资金募集和使用的背景性交易的信息结构，这种背景性交易结构可以帮助公众投资者了解公司大股东和管理者通过发行人在干什么、经营管理效率、产品与经营成本与利润问题。

但是，发行人作为基本信息披露义务人并且承担虚假陈述或违规信息披露的成本，毕竟对普通公众投资者和不能控制公司的股东存在商业交易的不公平，因此，如何在将发行人作为信息披露义务人的优点与公司大股东、管理者与公众投资者交易公平之间设计法律上的平衡成为一个问题。笔者认为，发行人被法律设计为基本信息披露义务人是以系统化的其他法律制度予以配合为假设，这些假设对发行人信息披露的质量高低和资金募集和使用的交易公平性具有重要影响。

第一，发行人为基本信息披露义务人以法律鼓励和保护信息的自由发掘和流通为制度背景，发行人发布的信息是否真实、准确、完整和及时必须存在社会公众可使用的检验制度和检验标准，例如，存在相对中立的媒体调查和监督、保护公司内部吹哨人的法律制度、允许且保护细节上存在差异但内容基本真实的信息自由流通等制度。如果社会公众可自由使用的检验制度和检验标准不存在或存在严重缺陷，例如，法律制度只允许证监会决定发行人信息披露是否符合标准，那么，由于发行人信息披露本身受到政府权力体制的约束、社会公众缺乏基本的制约政府机关和发行人的措施，将发行人作为信息披露义务人并由此构建关于资金募集和使用的背景交易信息结构将存在严重缺陷。

第二，发行人作为信息披露义务人应当以公司大股东、实际控制人、公司管理者、相关中介机构等持有信息相对优势者被施加的信息披露义务和严格的法律责任为该制度背景，因为发行人在本质上是一种关于资金使用的交易结构，交易各方分别是公司大股东、实际控制人与公众投资者、公司管理者与公司股东、公司内部人与证券公司、会计师事务所和律师事务所等中介机构，上述交易各方交易的公平性和有效率性依赖于公司大股东、实际控制人、公司管理者、中介机构是否对虚假陈述和欺诈行为承担严格和严重的法律责任，因此发行人为信息披露义务人必须以持有信息相对优势者的信息披露义务和法律责任为基本法律制度背景。

第三，发行人信息披露义务以公司大股东、实际控制人、公司管理者承担《公司法》义务和责任为配合性法律制度，因为《证券法》以证券发行与交易的信息披露作为公司内部人与公众投资者交易的信息背景结构，这种结构未包括公司小股东、不能控制公司的股东对公司大股东、实际控制人和公司管理者的制约机制，当发行人承担虚假陈述的法律责任时，发行人股票或债券价值的减损也损害了小股东和不能控制公司股东的权益。因此，发行人承担基本信息披露义务必须以小股东、不能控制公司股东能够向包括公司大股东、实际控制人和公司管理者在内的公司内部人提起公司诉讼或衍生诉讼且得到法律的优先性保护作为最基本的发行人公司治理机制的组成部分。

（2）发行人作为基本信息披露义务人的内容。

发行人作为基本信息披露义务人，将负担与发行人相关的所有能够影响投资者决策的信息披露，对这种信息披露义务，可以按照不同标准进行分类。

第一，发行披露与持续信息披露，区分标准是信息披露的阶段与信息披露的功能，发行披露发生于发行人证券首次公开发行或再次发行，持续信息披露发生于对已经发行的证券相关信息的披露，另外，发行信息披露的功能为发行人资金募集，在发行人与购买发行人证券的人之间构成合同关系，持续信息披露的功能为证券持有人与潜在公众投资者提供证券交易背景信息，发行人与证券交易者之间不存在合同关系，但发行人信息披露行为将影响证券持有人与公众投资者间的交易。这种区分的法律意义有三点：一是直接从发行人购买证券的投资者享有我国《民法典》中的合同欺诈撤销权和《证券法》中的虚假陈述民事赔偿请求权，因持续信息披露而买卖证券的投资者只享有《证券法》中虚假陈述民事赔偿请求权；二是包括证监会和交易所在内的证券市场监管者，可以对发行中的信息披露瑕疵进行预先考查和纠正，甚至在必要时撤销证券发行许可，但对持续信息披露中的瑕疵只能进行行政处罚或自律组织监管处罚，不享有撤销证券市场交易的权力；三是发行中信息披露的违规往往包括证券公司、会计师、资产评估师和律师在内的中介机构，发行信息披露的虚假或违规行为也往往使上述中介机构成为适格的诉讼被告，持续信息披露涉及的中介机构则较少，可能在定期报告中涉及审计师、会计师和律师，在临时报告中甚至不涉及中介机构出具相关意见。

第二，发行人可单独决定的信息披露与需要第三方配合的信息披露，区分标准是发行人持有的信息是否必须由第三方提供，发行人可单独决定信息披露的特征为发行人基本信息源，发行人具有可单独自主决定信息发布的控制能力，需要第三方配合的信息披露则是除非第三方法律主体向发行人提供信息，否则发行人并不享有可自身获取和控制的信息来源，发行人只能依赖于第三方法律主体提供的信息披露。这种区分的法律意义有三点：一是对需要第三方配合的信息披露，如公司大股东、实际控制人、公司管理者持股权益变动信息，信息披露的基础义务人在上述第三方，如果上述第三方不通知发行人，发行人缺乏可行的获取信息渠道，因此，笔者认为，对因第三方配合的信息披露不真实、重大遗漏或不及时产生的发行人信息披露法律责任，应当使发行人向应当配合的第三方进行法律责任追责；二是发行人可单独决定的信息披露的关键义务人是公司董事、监事和高级管理人员，无论对发行披露、定期披露还是临时报告，发行人的董监高都负有忠实、勤勉与谨慎义务披露信息且对信息披露的虚假或不及时承担法律责任，但是，对需要第三方配合的信息披露，只要发行人董监高履行了勤勉和谨慎义务，其不应当对第三方提供的信息披露虚假或不及时承担法律责任。

对发行人可单独决定的信息披露，根据《证券法》的规定，发行人董监高承担如下法律义务：①发行人董监高应当对发行文件和定期报告签署书面确认意见；②发行人董监高负担保证发行人所披露的发行与定期报告信息符合信息披露的标准与要求；③发行人董监高如果不能保证或对发行文件、定期报告文件存在异议的，应当书面陈述意见，并且享有直接申请披露的权利。

2. 持有公司 5% 以上股份的股东或者实际控制人和发行人的董监高

与发行人证券有关的信息发生源头在大股东或实际控制人或董监高等的情况下，他们有义务将信息及时报告发行人，由发行人披露信息。如果他们没有及时报告信息或事件，或隐瞒信息，致使未按照规定披露信息的，应承担法律责任。

《证券法》第 80 条第 3 款规定，公司的控股股东或者实际控制人对重大事件的发生、进展产生较大影响的，应当及时将其知悉的有关情况书面告知公司，并配合公司履行信息披露义务。

证券法对控股股东或实际控制人影响信息披露实现规定了严厉的法律责任，这一规定，有助于迫使控股股东、实际控制

人遵守信息披露规定,保证信息披露的实现。关于董监高自身的有关信息如董监高个人被调查或拘留或逮捕、生病不能履职等,董监高个人应有披露义务,但证券法未明确规定。

3. 收购人

收购上市公司或者其他非上市公众公司的投资者应当根据证券规定履行信息披露义务,何为收购人、何种情况下应披露信息,在本书公众公司的收购和重组章有具体介绍。

三、强制披露与自愿披露并存

《证券法》规定了强制信息披露制度,明确披露信息是信息披露义务人必须履行、不能回避的义务,同时《证券法》也承认和鼓励自愿披露信息。自愿披露信息是选择性的,但是一旦披露信息就要按照法律规定标准披露信息,要对披露信息的合规合法负责,如果存在虚假、误导等情形,披露人应承担法律责任。

《证券法》第84条规定:

除依法需要披露的信息之外,信息披露义务人可以自愿披露与投资者作出价值判断和投资决策有关的信息,但不得与依法披露的信息相冲突,不得误导投资者。

发行人及其控股股东、实际控制人、董事、监事、高级管理人员等作出公开承诺的,应当披露。不履行承诺给投资者造成损失的,应当依法承担赔偿责任。

四、信息披露的原则性义务要求

根据相关法律规则,披露的信息应当满足真实、准确、完整、及时、公平、易得及规范性等原则要求,前4项要求可以被称为"实质性"原则,后 3 项原则可以被称为"形式性要求"。

如上所述,实施强制信息披露的目的是促进证券价格定价的效率,使得投资者能够取得评价证券投资价值的实证参考资料。所以,证券的定价效率和投资者的投资决策将极大地依赖于披露信息的客观真实,也就是说,所披露信息对当前事件和状况的如实反映是非常重要的。同时,对披露方式的形式性要求也将影响证券定价的效率,对公平原则、易得原则的违反可能使某些"消息灵通者"获益,但证券价格可能歪曲,对规范性原则的违反则使信息深奥难懂、复杂混乱并可能阻碍人们对证券价格的评价。

1. 信息披露的"实质性"原则要求

之所以将真实、准确、完整、及时等原则称为"实质性"原则,是因为这些原则是从不同角度观察信息、如实反映事件和状况的综合性要求。从语言学角度上说,符合这些原则的信息陈述将如实反映事件与状况,违反任何一项原则的信息陈述都可能歪曲信息对事件和状况的反映,所以,这些原则是信息如实反映事件和状况的统一要求。

但这些原则对信息和客观事实的联系从不同的角度提出要求。"真实性"是以信息陈述事实的存在作为信息陈述"真""假"值条件:当信息反映的事实在客观世界存在,则信息陈述为"真",否则信息陈述为"假"。"准确性"是以信息陈述与信息反映的事实之间的"一一对应关系"作为信息陈述"真""假"值条件:当两者之间存在"一一对应关系",则信息陈述为"真",当信息陈述可能指涉两种以上的事实或者指涉的事实相互矛盾,则信息陈述"真""假"值难以判定,我们可以将这种陈述称为"假"陈述。"完整性"是以信息陈述事实与已经或者将要发生的全部客观事实之间的对照关系作为信息陈述"真""假"值条件：当信息陈述事实与全部客观事实完全符合，则信息陈述为"真"，当信息陈述事实仅仅是全部客观事实的一部分，则信息陈述为"假"。"及时性"是以当前的信息陈述符合当前的客观事实作为信息陈述"真""假"值条件：若当前的信息陈述反映了当前的客观事实，则信息陈述为"真"，若当前的信息陈述反映了过去的客观事实但没有反映已经变化的客观事实，则信息陈述为"假"。因此，虽然这些原则是信息如实反映事件和状况的统一要求，但这些原则又从不同观察角度提出了具体要求。

上述语言学上的结论也可以在法律规则中找到证明。根据《证券法》第 19 条、第 78 条，下列语词构成反义语词对："真实"与"虚假记载""准确"与"误导性陈述""完整"与"重大遗漏"。又根据最高法《关于审理证券市场因虚假陈述引发的民事赔偿案件的若干规定》第 17 条，"及时"与"未在适当期限内"披露相对。虽然法律法规没有解释和量化这些语词含义，但从信息陈述与客观世界事实之间的指涉关系上说，若信息陈述含有虚假记载、歧义、矛盾、遗漏或者已经过时，那么，当前的信息陈述就没有如实反映当前的事件与状况。

虽然上述原则从不同角度阐述了信息陈述的要求，但认定是否符合这些原则仍然存在一个困难：以何种主体、何种标准来认定信息陈述是否符合上述原则？现实世界的状况是，不同主体尤其是发行人、有经验的投资者、普通公众观察事件的角度、评价信息对证券价格的影响、作出决策的考量因素显然不同，因此，这些主体对信息陈述是否符合上述原则的判断准则也将不同。关于此标准，法律法规提供了两个不同准则，即"公司的股票交易价格产生较大影响"（《证券法》第 80 条）和

"投资者作出价值判断和投资决策所必需的信息"(《证券法》第 19 条)。这两个准则的差异在于:

第一,法条预设的判断主体不同,前一个标准预设的判断主体是发行人或其他信息披露义务人,后一标准预设的判断主体是投资者;

第二,两个准则指涉的信息范围不同,一个信息可能对证券价格没有影响,但可能影响某些投资者的决策;

第三,两个准则对信息披露要求的严格性也不同,对"交易价格产生较大影响"的信息显然是影响投资决策的因素之一,但按照后一标准,不仅应当披露影响交易价格的信息,而且凡对投资者决策有影响的信息都应当披露;

第四,两个准则所依赖的基础性标准截然不同,前一准则依赖于某个特定证券市场的定价效率,根据证券市场定价效率的不同,评价发行人信息披露是否符合上述原则要求也将不同,后一准则依赖于典型投资者的典型决策行为,若一个信息能够影响典型投资者的典型决策行为,那么不管该信息是否影响以及如何影响证券价格,发行人或其他义务主体都应当披露该信息。

有些学者认为我国法律应当采取"对投资者作出投资决策有重大影响的信息",这种意见可予认同。该标准的优点在于,首先,这个准则有理论依据。该准则以证券市场上典型投资者的典型行为作为判断的最终基础依据,因此符合语言学上语言使用的规律——语言的使用以典型"日常生活世界"的典型使用为基础。其次,这个准则具有统一性,摆脱了前一准则判断的不统一。前一准则,可能因为不同发行人或义务人、不同证券市场而产生不同的适用标准;后一准则,尽管可能因为不同时空条件下的典型投资者而产生适用上的不同,但就短暂的时期而言，后一准则具有统一性。最后，该准则也能指引发行人或其他义务人的行为，促使披露义务人考虑典型投资者的典型行为，从而转变发行人的行为模式。

虽然对投资者作出投资决策有重大影响的信息都应当披露，但法律法规也允许发行人向证监会申请豁免某些信息的披露，这种信息主要涉及核心技术的保密资料、商业合同具体内容以及其他商业秘密性质的信息。经证监会批准之后，发行人可以被豁免披露这些信息。

2. 信息披露的"形式性"原则要求

之所以将公平、易得和规范等原则称为"形式性"原则要求，是从信息披露的方式来讲的。就像民事诉讼的程序和方式一样，信息披露的方式也应当满足一定要求，因为不适当的方式可能影响证券定价效率、违反证券市场的公平性。

第一，公平原则，公平原则的法律依据是《证券法》第3条、第82条。公平原则要求，信息披露应当面向所有投资者，而不是某些投资者或者其他利益主体。公平原则与"选择性披露"相对。所谓"选择性披露"，是指将重大的未公开信息仅仅向证券分析师、机构投资者或其他人披露，而不是向所有市场上的投资者披露。为了实现公平性原则要求，我国建立了相关人"静默期"制度，即发行人、证券推荐人、承销商和相关中介机构，在特定的期限内不得向外界任何人透露任何信息。

《证券法》禁止内幕交易，内幕信息知情人不仅不能自己买卖证券，而且也不能泄露该信息或者建议他人买卖证券，其意义在于让公众投资者有公平的机会获得证券相关信息。

根据《证券法》第78条，证券同时在境内境外公开发行、交易的，其信息披露义务人在境外披露的信息，应当在境内同时披露。这是为了确保境内外投资者同步获得信息，不得差别

第十章 信息披露制度

对待不同市场的投资者。

第二,易得原则,即披露的信息容易为一般公众投资者获取。关于此方面,《证券法》第86条和证监会颁布的相关规则要求,应当在证监会规定的报刊和网站上刊登,同时将其置备于公司住所、证券交易所,供社会公众查阅。现在,发行人的披露信息一般都能通过报纸、互联网发布以供查询。易得原则对于促进证券定价效率很有帮助,原因是,若普通投资者获取信息的成本很高,那么某只证券面向的投资者范围将受局限,进而影响证券价格。

证监会制定了《关于证券市场信息披露媒体条件的规定》。根据最新公布的名单,以下媒体可从事证券市场信息披露业务:金融时报、经济参考报、中国日报、中国证券报、证券日报、上海证券报、证券时报,以及其依法开办的互联网网站,证券交易所的网站也有专门栏目公开上市公司的信息。

随着网络技术的普及,以电子形式进行信息披露是一个经济的、方便的披露方式,有些国家已经实行集中统一的电子化披露制度,我国监管也有推动这一制度的规划。证监会官方网站有专门的信息披露板块。

第三,规范原则,即信息披露应当按照证监会、证券交易所规定的内容、格式与术语标准发布。为此,证监会发布了一系列的《内容与格式准则》《编报规则》,发行人或者其他义务主体的信息发布应当符合这些规则要求。规范原则对于投资者理解证券市场上的披露信息具有非常重要的意义,若各个披露义务人使用不同的术语、选择披露不同方面的信息、格式不统一,将造成投资者理解的障碍,从而限制证券定价效率。

证券公司或证券投资咨询机构或其他机构投资者到上市公司调研是常见的现象,调研过程中上市公司工作人员的言论是不是一种信息披露,如何规范需进一步明确。

第三节 信息披露的具体内容

一、证券发行中的信息披露制度

这里主要介绍公开发行股票和公开发行债券的信息披露。

经证监会同意注册,公开发行股票的发行人在发行之前应当公开招股说明书,招股说明书是发行人披露信息的法律文件,招股说明书应全面披露发行人的业务、经营、财产、财务、治理结构等信息,同时介绍发行股票的具体情况等。

经证监会同意注册,公开发行公司债券,发行人在发行前公开债券募集章程,即公开披露信息的文件。

1. 招股说明书(prospectus)

2006年中国证监会制定了《公开发行证券的公司信息披露内容与格式准则第1号——招股说明书》,对招股说明书的内容与格式作出了详细规定。

招股说明书的常规内容如下:

封面、扉页、目录

招股说明书全文文本扉页应载有如下内容:①发行股票类型;②发行股数;③每股面值;④每股发行价格;⑤预计发行日期;⑥拟上市的证券交易所;⑦发行后总股本,发行境外上市外资股的公司还应披露在境内上市流通的股份数量和在境外上市流通的股份数量;⑧本次发行前股东所持股份的流通限制、股东对所持股份自愿锁定的承诺;⑨保荐人、主承销商;⑩招股说明书签署日期。

招股说明书扉页应载有如下声明及承诺:

"发行人及全体董事、监事、高级管理人员承诺招股说明书

第十章 信息披露制度

及其摘要不存在虚假记载、误导性陈述或重大遗漏，并对其真实性、准确性、完整性承担个别和连带的法律责任。"

"公司负责人和主管会计工作的负责人、会计机构负责人保证招股说明书及其摘要中财务会计资料真实、完整。"

"保荐人承诺因其为发行人首次公开发行股票制作、出具的文件有虚假记载、误导性陈述或者重大遗漏，给投资者造成损失的，将先行赔偿投资者损失。"

"中国证监会、其他政府部门对本次发行所做的任何决定或意见，均不表明其对发行人股票的价值或投资者的收益作出实质性判断或者保证。任何与之相反的声明均属虚假不实陈述。"

"根据《证券法》的规定，股票依法发行后，发行人经营与收益的变化，由发行人自行负责，由此变化引致的投资风险，由投资者自行负责。"

"投资者若对本招股说明书及其摘要存在任何疑问，应咨询自己的股票经纪人、律师、会计师或其他专业顾问。"

第一节 释义 发行人应对可能造成投资者理解障碍及有特定含义的术语作出释义。

第二节 概览：发行人应披露发行人及其控股股东、实际控制人的简要情况，发行人的主要财务数据及主要财务指标，本次发行情况及募集资金用途等。

第三节 本次发行概况

发行人应披露本次发行的基本情况，主要包括：①股票种类；②每股面值；③发行股数、占发行后总股本的比例；④每股发行价；⑤标明计算基础和口径的市盈率；⑥预测净利润及发行后每股收益（如有）；⑦发行前和发行后每股净资产；⑧标明计量基础和口径的市净率；⑨发行方式与发行对象；⑩承销方式；⑪预计募集资金总额和净额；⑫发行费用概算（包括承销费用、保荐费用、审计费用、评估费用、律师费用、发行手续费用、审核费等)。

第四节 风险因素：发行人应当遵循重要性原则，按顺序披露可能直接或间接对发行人生产经营状况、财务状况和持续盈利能力产生重大不利影响的所有因素。发行人应针对自身的实际情况，充分、准确、具体地描述相关风险因素。发行人应对所披露的风险因素做定量分析，无法进行定量分析的，应有针对性地作出定性描述。有关风险因素可能对发行人生产经营状况、财务状况和持续盈利能力有严重不利影响的，应作"重大事项提示"。

第五节 发行人基本情况：发行人应披露其基本情况包括名称、注册资本、法定代表人、成立日期、住所、电话等；发行人应详细披露改制重组情况；发行人应详细披露设立以来股本的形成及其变化和重大资产重组情况，包括其具体内容、所履行的法定程序以及对发行人业务、管理层、实际控制人及经营业绩的影响；发行人应简要披露设立时发起人或股东出资及设立后历次股本变化的验资情况，披露设立时发起人投入资产的计量属性。全面披露发起人、持有发行人5%以上股份的主要股东、实际控制人，控股股东、实际控制人所控制的其他企业，发行人的职能部门、分公司、控股子公司、参股子公司，以及其他有重要影响的关联方。发行人应披露发起人、持有发行人5%以上股份的主要股东及实际控制人的基本情况等等。

第六节 业务和技术：发行人应披露其主营业务、主要产品（或服务）及设立以来的变化情况。发行人从事多种业务和产品（或服务）生产经营的，业务和产品（或服务）分类的口径应前后一致。如果发行人的主营业务和产品（或服务）分属不同行业，则应按不同行业分别披露相关信息。发行人应披露

第十章 信息披露制度

其所处行业的基本情况,发行人应披露其在行业中的竞争地位;发行人应根据重要性原则披露主营业务的具体情况,发行人应列表披露与其业务相关的主要固定资产及无形资产,发行人应披露主要产品生产技术所处的阶段,如处于基础研究、试生产、小批量生产或大批量生产阶段。

第七节 同业竞争与关联交易:发行人应披露已达到发行监管对公司资产、人员、财务、机构和业务等方面独立性的基本要求;发行人应披露是否存在与控股股东、实际控制人及其控制的其他企业从事相同、相似业务的情况。对存在相同、相似业务的,发行人应对是否存在同业竞争作出合理解释。发行人应根据《公司法》和《企业会计准则》的相关规定披露关联方、关联关系和关联交易。发行人应披露是否在章程中对关联交易决策权力与程序作出规定。公司章程是否规定关联股东或利益冲突的董事在关联交易表决中的回避制度或做必要的公允声明。

第八节 董事、监事、高级管理人员与核心技术人员:发行人应披露董事、监事、高级管理人员及核心技术人员的简要情况;这些人员的及其亲属的持股情况、对外投资情况、相互间的亲属关系情况等等。

第九节 公司治理:发行人应披露股东大会、董事会、监事会、独立董事、董事会秘书制度的建立健全及运行情况,说明上述机构和人员履行职责的情况。发行人应披露战略、审计、提名、薪酬与考核等各专门委员会的设置情况。发行人应披露近三年内是否存在违法违规行为,若存在违法违规行为,应披露违规事实和受到处罚的情况,并说明对发行人的影响;若不存在违法违规行为,应明确声明等等。

第十节 财务会计信息:发行人在招股说明书及其摘要中

披露的财务会计资料应有充分的依据,所引用的发行人的财务报表、盈利预测报告(如有)应由具有资格的会计师事务所审计或审核。发行人运行三年以上的,应披露最近三年及一期的资产负债表、利润表和现金流量表;运行不足三年的,应披露最近三年及一期的利润表以及设立后各年及最近一期的资产负债表和现金流量表。发行人编制合并财务报表的,应同时披露合并财务报表和母公司财务报表。发行人应披露会计师事务所的审计意见类型。

第十一节 管理层讨论与分析:发行人应主要依据最近三年及一期的合并财务报表分析披露发行人财务状况、盈利能力及现金流量的报告期内情况及未来趋势。讨论与分析不应仅限于财务因素,还应包括非财务因素;不应仅以引述方式重复财务报表的内容,应选择使用逐年比较、与同行业对比分析等便于理解的形式进行分析。

第十二节 业务发展目标:发行人应披露发行当年和未来两年的发展计划,包括提高竞争能力、市场和业务开拓、筹资等方面的计划。

第十三节 募集资金运用:发行人应披露:①预计募集资金数额;②募集资金原则上应用于主营业务。按投资项目的轻重缓急顺序,列表披露预计募集资金投入的时间进度及项目履行的审批、核准或备案情况;③若所筹资金不能满足项目资金需求的,应说明缺口部分的资金来源及落实情况。

第十四节 股利分配政策:发行人应披露最近三年股利分配政策、实际股利分配情况以及发行后的股利分配政策。

第十五节 其他重要事项:发行人应披露有关信息披露和投资者关系的负责部门、负责人、电话号码等。重要合同、担保事项、重大诉讼仲裁、管理层涉诉情况等等。

第十六节　董事、监事、高级管理人员及有关中介机构声明。

第十七节　备查文件：备查文件包括下列文件：①发行保荐书；②财务报表及审计报告；③盈利预测报告及审核报告（如有）；④内部控制鉴证报告；⑤经注册会计师核验的非经常性损益明细表；⑥法律意见书及律师工作报告；⑦公司章程（草案）；⑧证监会核准本次发行的文件；⑨其他与本次发行有关的重要文件。

2. 债券募集说明书

债券募集说明书也称为债券募集章程，主要内容包括：发行债券的基本信息；债券风险因素；发行人和债券的资信状况；增信措施和偿债计划等；发行人基本情况包括股权结构、主要股东、董监高情况、公司治理、主要业务、所处行业等；财务信息；公司主要合同、对外担保、重大诉讼仲裁等重大事项；募集资金的运用；债券持有人会议；债券受托人；等等。

二、证券上市时的信息披露

公开发行的证券在证券交易所挂牌称为上市，上市前应公开信息，披露信息的形式为上市公告书。目前公开发行的股票在发行后即上市，招股说明书已经详尽披露信息，上市公告书即可以简略。股票上市的具体条件和程序由交易所确定，上市时的信息披露标准也由交易所确定。

三、持续信息披露制度

公开发行证券公司应持续不断地向公众投资者披露公司的信息，因为证券在交易所挂牌交易或股转系统挂牌，公众投资者及时获得公司的当期信息才能对证券的市场价值作出判断。

持续信息公开分为定期披露和临时披露。定期披露的具体形式包括年度报告、中期报告、季度报告。季度报告是证监会的监管要求。临时报告也称为重大事件报告。

（一）定期披露制度

《证券法》第79条规定：

上市公司、公司债券上市交易的公司、股票在国务院批准的其他全国性证券交易场所交易的公司，应当按照国务院证券监督管理机构和证券交易场所规定的内容和格式编制定期报告，并按照以下规定报送和公告：

①在每一会计年度结束之日起四个月内，报送并公告年度报告，其中的年度财务会计报告应当经符合本法规定的会计师事务所审计；

②在每一会计年度的上半年结束之日起二个月内，报送并公告中期报告。

1. 年度报告

证监会制定有《公开发行证券的公司信息披露内容与格式准则第2号——年度报告的内容与格式》。年度报告的财务报告应由审计机构审计。

2. 中期报告

证券法规定所指中期报告也称为半年度报告。证监会也制定了内容和格式准则。中期报告的财务报告不要求审计。其内容相对年度报告内容简单一些。

3. 季度报告

证监会制定了季度报告内容与格式的特别规定。

证券发行人应在会计年度前3个月、9个月结束后的30日内编制季度报告。季度报告报告期系指季度初至季度末3个月

第十章 信息披露制度

期间。第一季度报告的披露时间不得早于上一年年度报告。

（二）临时披露制度

临时报告包括两类：重大事件报告，发行人作为披露义务人；上市公司和非上市公众公司收购中的信息披露，收购人作为信息披露人。关于公众公司收购中的信息披露在公众公司收购和重组章有介绍，此处不再涉及。

重大事件报告，为了更及时地让投资者获得发行人有关信息，在发生重大事件之后，发行人要及时披露信息、澄清信息。

重大事件，可以分成三大类，第一类是发行人自身的决策、经营等方面的事件，有关此类事件的信息是发行人可以主动控制的信息。第二类是发行人不控制、发生在公司外部的但与发行人经营有密切关联的事件信息，如公司生产经营的外部条件发生的重大变化，具体事例如发生破坏性地震或其他自然灾害等影响公司经营、法律政策的重大改变等。第三类是有些重大事件，涉及发行人与他人的关系，发行人并不能完全控制信息的发布或散布流传，事件的相对方如重大合同的另一方、发行人的债权人、对发行人提起诉讼的原告、对发行人或其董监高进行调查的公权力机构；等等。如果这些非信息披露义务人随意发布有关发行人的重大信息，同样会对证券市场交易秩序造成影响，如何规范这些与发行人有关事件的一方擅自披露与发行人有关的信息，仍是一个未完全解决的问题。《证券法》第83条第2款规定，任何单位和个人不得非法要求信息披露义务人提供依法需要披露但尚未披露的信息。任何单位和个人提前获知的前述信息，在依法披露前应当保密。将这类人归为内幕信息知情人员并不是很恰当。

证券法对重大事件采取了定义加列举的方式规定。重大事件的重大，主要是从事件对证券交易影响的程度来判断，即事件属于具有价格敏感性的事件。前面已经有所论述，此处不再展开。证监会在《上市公司信息披露管理办法》对哪些情形属于重大事件有进一步的详细规定。

关于报告的时限，《证券法》采用了"立即"一词，但在实际中，如何掌握"立即"的具体时间尺度，如何判断披露义务人拖延了报告时间、报告不够及时，要根据具体事件发生时间点和重大性而定。如果是在证券市场交易日交易时段发生的重大事件、突发事件，不是发行人自己控制的信息，而是外部事件，信息披露的时限应按照分钟计算，如果来不及详细披露信息，也应当先行报告交易所、申请临时停牌等（如"光大乌龙指事件"）。如果属于发行人可控信息，应最迟于作出决定或事件发生的下一个交易日披露信息，防止跨越多个交易日，有知情人利用信息从事内幕交易。根据证监会《上市公司信息披露管理办法》：及时，是指自起算日起或者触及披露时点的两个交易日内。

上市公司应当在最先发生的以下任一时点，及时履行重大事件的信息披露义务：①董事会或者监事会就该重大事件形成决议时；②有关各方就该重大事件签署意向书或者协议时；③董事、监事或者高级管理人员知悉该重大事件发生时。

在前款规定的时点之前出现下列情形之一的，上市公司应当及时披露相关事项的现状、可能影响事件进展的风险因素：①该重大事件难以保密；②该重大事件已经泄露或者市场出现传闻；③公司证券出现异常交易情况。

上市公司披露重大事件后，已披露的重大事件出现可能对上市公司证券交易价格产生较大影响的进展或者变化的，应当及时披露进展或者变化情况、可能产生的影响。

第十章 信息披露制度

下面是《证券法》关于重大事件披露的规定。

《证券法》第80条规定：

发生可能对上市公司、股票在国务院批准的其他全国性证券交易场所交易的公司的股票交易价格产生较大影响的重大事件，投资者尚未得知时，公司应当立即将有关该重大事件的情况向国务院证券监督管理机构和证券交易场所报送临时报告，并予公告，说明事件的起因、目前的状态和可能产生的法律后果。

前款所称重大事件包括：

①公司的经营方针和经营范围的重大变化；

②公司的重大投资行为，公司在一年内购买、出售重大资产超过公司资产总额百分之三十，或者公司营业用主要资产的抵押、质押、出售或者报废一次超过该资产的百分之三十；

③公司订立重要合同、提供重大担保或者从事关联交易，可能对公司的资产、负债、权益和经营成果产生重要影响；

④公司发生重大债务和未能清偿到期重大债务的违约情况；

⑤公司发生重大亏损或者重大损失；

⑥公司生产经营的外部条件发生的重大变化；

⑦公司的董事、三分之一以上监事或者经理发生变动，董事长或者经理无法履行职责；

⑧持有公司百分之五以上股份的股东或者实际控制人持有股份或者控制公司的情况发生较大变化，公司的实际控制人及其控制的其他企业从事与公司相同或者相似业务的情况发生较大变化；

⑨公司分配股利、增资的计划，公司股权结构的重要变化，公司减资、合并、分立、解散及申请破产的决定，或者依法进入破产程序、被责令关闭；

⑩涉及公司的重大诉讼、仲裁、股东大会、董事会决议被依法撤销或者宣告无效；

⑪公司涉嫌犯罪被依法立案调查，公司的控股股东、实际控制人、董事、监事、高级管理人员涉嫌犯罪被依法采取强制措施；

⑫国务院证券监督管理机构规定的其他事项。

公司的控股股东或者实际控制人对重大事件的发生、进展产生较大影响的，应当及时将其知悉的有关情况书面告知公司，并配合公司履行信息披露义务。

《证券法》第81条规定：

发生可能对上市交易公司债券的交易价格产生较大影响的重大事件，投资者尚未得知时，公司应当立即将有关该重大事件的情况向国务院证券监督管理机构和证券交易场所报送临时报告，并予公告，说明事件的起因、目前的状态和可能产生的法律后果。

前款所称重大事件包括：

①公司股权结构或者生产经营状况发生重大变化；

②公司债券信用评级发生变化；

③公司重大资产抵押、质押、出售、转让、报废；

④公司发生未能清偿到期债务的情况；

⑤公司新增借款或者对外提供担保超过上年末净资产的百分之二十；

⑥公司放弃债权或者财产超过上年末净资产的百分之十；

⑦公司发生超过上年末净资产百分之十的重大损失；

⑧公司分配股利，作出减资、合并、分立、解散及申请破产的决定，或者依法进入破产程序、被责令关闭；

第十章 信息披露制度

⑨涉及公司的重大诉讼、仲裁;

⑩公司涉嫌犯罪被依法立案调查,公司的控股股东、实际控制人、董事、监事、高级管理人员涉嫌犯罪被依法采取强制措施;

⑪国务院证券监督管理机构规定的其他事项。

第十一章

违反信息披露义务的法律责任

第一节 违反信息披露义务的行政责任和刑事责任

一、违反信息披露义务行为的类型

信息披露是证券法的基石。违反信息披露义务必须承担法律责任,只有这样信息披露制度才能成为长牙的老虎,才能真正地落地。

构成应受处罚的违反信息披露义务的行为有两个重要条件:违法性和重大性。违法是指违反证券法的规定和违反行政法规、证券监管规章和规范性文件的规定。重大性的判断依据是《证券法》第 19 条、第 80 条、第 81 条的概括规定和具体列举事项、证监会规定的应予披露的事项。(当然一般而言,受处罚的行为人主观上应当存在过错,此处不展开。)

(1)根据信息披露的环节,可将违反信息披露义务的行为区分为申请发行阶段的违法、公开发行文件中的违法和公开发行后上市或公开挂牌交易时及其后的持续信息披露违法。(简便起见,一般将披露的信息存在虚假、误导性陈述和重大遗漏的行为统称为虚假陈述行为。)

第一,申请发行阶段的违法。公司申请公开发行证券,已

第十一章 违反信息披露义务的法律责任

经向交易所或者证监会提交了注册申请,向公众预披露信息,证监会在审核过程发现申请人的申请文件中存在虚假陈述,尽管此类虚假陈述尚未损害投资者权益,但阻吓违法行为。现在证券法将此类行为明确规定为违法,需要承担行政责任。

第二,公开发行文件中的违法。在招股说明书或债券公开说明书等发行文件中存在虚假陈述,证券已经公开发行,一般将此类行为称为欺诈发行。

第三,公开发行后上市或公开挂牌交易时及其后的持续信息披露违法。证券公开发行后,证券在交易所或者其他公开的交易场所如股转系统挂牌的,证券发行有持续信息披露义务。在股转系统挂牌公司可能没有公开发行股票,在股转系统挂牌类似于股票上市,挂牌时公开信息存在虚假陈述,也应归在这一类别。

(2)违反信息披露义务的表现形式可以分为:

第一,发行人不履行报送报告的义务或者不履行信息披露义务,或者拖延履行信息披露义务,结果表现为投资者未能获得信息或者未能及时获得信息。发行人的控股股东、实际控制人组织、指使发行人不履行报送报告的义务或者不履行信息披露义务等,也属于范围信息披露义务的违法行为。

第二,有配合义务的人不配合信息披露,发行人的控股股东、实际控制人隐瞒应予报告的事项,致使发行人不能或不能及时披露信息。

第三,信息披露不规范的行为,如披露信息的形式不符合法律或规章规则要求,未同步披露信息,不公平对待投资者等。

第四,披露的信息质量不符合法律要求的行为,违反信息披露的实质性原则的要求。根据证券法的规定,披露信息的内容应当真实、准确、完整,不得有虚假记载、误导性陈述或重

大遗漏。

（3）根据《最高人民法院关于审理证券市场因虚假陈述引发的民事赔偿案件的若干规定》（以下简称《虚假陈述民事案件规定》），证券市场虚假陈述，是指信息披露义务人违反证券法律规定，在证券发行或者交易过程中，对重大事件作出违背事实真相的虚假记载、误导性陈述，或者在披露信息时发生重大遗漏、不正当披露信息的行为。（证券市场虚假陈述是对各类违反信息披露义务行为的习惯上的统称。）

虚假记载，是指信息披露义务人在披露信息时，将不存在的事实在信息披露文件中予以记载的行为。误导性陈述，是指虚假陈述行为人在信息披露文件中或者通过媒体，作出使投资人对其投资行为发生错误判断并产生重大影响的陈述。重大遗漏，是指信息披露义务人在信息披露文件中，未将应当记载的事项完全或者部分予以记载。不正当披露，是指信息披露义务人未在适当期限内或者未以法定方式公开披露应当披露的信息。

（4）从虚假陈述的主体区分，虚假陈述可分为信息披露义务人的虚假陈述与非直接披露义务人的虚假陈述。

第一，信息披露义务人是法律规定的负有直接向投资者披露信息义务的人，包括公开发行股票、公司企业债券的发行人、上市公司或在公开市场挂牌公司、公众公司收购中的收购人、被收购公司管理层等。

第二，保荐人、证券专业服务机构出具的向公众投资者公开的文件存在虚假、误导性陈述或重大遗漏。保荐人、证券专业服务机构并不单独向公众投资者披露信息，但在从事与证券发行、上市或收购、重组、持续信息披露相关业务或专业服务时，他们出具的文件依法应当公开，通常是由发行人在公开信息的同时将这些文件同时公开。这些文件公开,就可能影响投资者的判断,影响证券市场。如果存在信息内容具有虚假、误导性陈述或重大遗漏,即应承担法律责任。关于专业服务机构的法律另章有介绍。

二、违反信息披露义务的行政责任

(1) 发行过程虚假陈述的行政责任,包括尚未发行证券(申请发行注册,预披露)和已经发行证券两种情形。

《证券法》第 181 条规定:

发行人在其公告的证券发行文件中隐瞒重要事实或者编造重大虚假内容,尚未发行证券的,处以二百万元以上二千万元以下的罚款;已经发行证券的,处以非法所募资金金额百分之十以上一倍以下的罚款。对直接负责的主管人员和其他直接责任人员,处以一百万元以上一千万元以下的罚款。

发行人的控股股东、实际控制人组织、指使从事前款违法行为的,没收违法所得,并处以违法所得百分之十以上一倍以下的罚款;没有违法所得或者违法所得不足二千万元的,处以二百万元以上二千万元以下的罚款。对直接负责的主管人员和其他直接责任人员,处以一百万元以上一千万元以下的罚款。

(2) 保荐人虚假陈述或不履行法定职责的行政责任。

未明确区分被保荐公司未发行证券和已经发行证券,从监管保荐工作过程的角度而言,应理解为处罚不以被保荐人已经发行证券为前提。

《证券法》第 182 条规定:

保荐人出具有虚假记载、误导性陈述或者重大遗漏的保荐书，或者不履行其他法定职责的，责令改正，给予警告，没收业务收入，并处以业务收入一倍以上十倍以下的罚款；没有业务收入或者业务收入不足一百万元的，处以一百万元以上一千万元以下的罚款；情节严重的，并处暂停或者撤销保荐业务许可。对直接负责的主管人员和其他直接责任人员给予警告，并处以五十万元以上五百万元以下的罚款。

（3）关于不披露和不正当披露行为的行政责任。

《证券法》第197条第1款规定，信息披露义务人未按照本法规定报送有关报告或者履行信息披露义务的，责令改正，给予警告，并处以50万元以上500万元以下的罚款；对直接负责的主管人员和其他直接责任人员给予警告，并处以20万元以上200万元以下的罚款。发行人的控股股东、实际控制人组织、指使从事上述违法行为，或者隐瞒相关事项导致发生上述情形的，处以50万元以上500万元以下的罚款；对直接负责的主管人员和其他直接责任人员，处以20万元以上200万元以下的罚款。

（4）披露信息内容质量不符合法律规定的行政责任。

《证券法》第197条第2款规定，信息披露义务人报送的报告或者披露的信息有虚假记载、误导性陈述或者重大遗漏的，责令改正，给予警告，并处以100万元以上1000万元以下的罚款；对直接负责的主管人员和其他直接责任人员给予警告，并处以50万元以上500万元以下的罚款。发行人的控股股东、实际控制人组织、指使从事上述违法行为，或者隐瞒相关事项导致发生上述情形的，处以100万元以上1000万元以下的罚款；对直接负责的主管人员和其他直接责任人员，处以50万元以上500万元以下的罚款。

（5）关于"直接负责的主管人员和其他直接责任人员"的

第十一章 违反信息披露义务的法律责任

具体范围。

《证券法》第82条规定，发行人的董事、高级管理人员应当对证券发行文件和定期报告签署书面确认意见。发行人的董事、监事和高级管理人员应保证发行人及时、公平地披露信息，所披露的信息真实、准确、完整。董事、监事和高级管理人员无法保证证券发行文件和定期报告内容的真实性、准确性、完整性或者有异议的，应当在书面确认意见中发表意见并陈述理由，发行人应当披露。发行人不予披露的，董事、监事和高级管理人员可以直接申请披露。因此，证券发行人的董事、监事和高级管理人员一般可以被认定为违反信息披露义务的"直接负责的主管人员和其他直接责任人员"。如果他们被告知将被处罚或受到行政处罚，而提出申辩或不服处罚，应当提供其对相关信息披露行为已尽忠实、勤勉义务等证据。具体而言，董事、监事或高级管理人员应当提供自己在董事会或监事会或其他会议上提出异议并被记录在案的证据、或者会议表决时投反对票的记录等。关于高级管理人员的具体范围，一般包括董事会秘书、总经理或类似职位的人、财务负责人以及其他实际参与披露信息形成过程的高级管理人员。

根据最高法院的意见，董事、监事、高级管理人员之外的人员，监管机构认定其为上市公司信息披露违法行为直接负责的主管人员或者其他直接责任人员并给予处罚的，应当证明被处罚人具有下列情形之一：①实际履行董事、监事和高级管理人员的职责，并与信息披露违法行为存在直接关联；②组织、参与、实施信息披露违法行为或直接导致信息披露违法。[1]

---

[1] 最高人民法院印发《关于审理证券行政处罚案件证据若干问题的座谈会纪要》的通知（法〔2011〕225号）。

三、违反信息披露义务的刑事责任

（1）证券发行中的虚假陈述的刑事责任（欺诈发行股票、债券罪）。

2020年修正后的《刑法》第160条规定，在招股说明书、认股书、公司、企业债券募集办法等发行文件中隐瞒重要事实或者编造重大虚假内容，发行股票或者公司、企业债券、存托凭证或者国务院依法认定的其他证券，数额巨大、后果严重或者有其他严重情节的，处5年以下有期徒刑或者拘役，并处或者单处罚金；数额特别巨大、后果特别严重或者有其他特别严重情节的，处5年以上有期徒刑，并处罚金。控股股东、实际控制人组织、指使实施前款行为的，处5年以下有期徒刑或者拘役，并处或者单处非法募集资金金额20%以上1倍以下罚金；数额特别巨大、后果特别严重或者有其他特别严重情节的，处5年以上有期徒刑，并处非法募集资金金额20%以上1倍以下罚金。单位犯前两款罪的，对单位判处非法募集资金金额20%以上1倍以下罚金，并对其直接负责的主管人员和其他直接责任人员，依照第1款的规定处罚。

（2）持续信息披露中违法行为的刑事责任（违规披露、不披露重要信息罪）。

《刑法》第161条规定，依法负有信息披露义务的公司、企业向股东和社会公众提供虚假的或者隐瞒重要事实的财务会计报告，或者对依法应当披露的其他重要信息不按照规定披露，严重损害股东或者其他人利益，或者有其他严重情节的，对其直接负责的主管人员和其他直接责任人员，处5年以下有期徒刑或者拘役，并处或者单处罚金；情节特别严重的，处5年以上10年以下有期徒刑，并处罚金。前款规定的公司、企业的控

第十一章 违反信息披露义务的法律责任

股股东、实际控制人实施或者组织、指使实施前款行为的，或者隐瞒相关事项导致前款规定的情形发生的，依照前款的规定处罚。犯前款罪的控股股东、实际控制人是单位的，对单位判处罚金，并对其直接负责的主管人员和其他直接责任人员，依照第一款的规定处罚。

第二节 违反信息披露义务的民事赔偿责任

一、民事责任优先

民事责任是指由违法行为人向投资者承担赔偿损失的民事责任。行政处罚和刑事责任能够威慑潜在的违法行为人，阻止违法活动，在事后惩罚违法者，但不弥补投资者遭受的损失。只有赔偿投资者的损失，投资的损失才能挽回，才能恢复投资者对证券市场的信息。因此，让违法者承担民事责任在证券市场上有重要的意义。

《证券法》第220条规定，违反本法规定，应当承担民事赔偿责任和缴纳罚款、罚金、违法所得，违法行为人的财产不足以支付的，优先用于承担民事赔偿责任。

二、证券市场虚假陈述民事赔偿责任的法律依据、责任主体与归责原则

在证券已经公开发行并上市或公开交易的情况下，证券投资者要求违反信息披露义务的人赔偿损失，双方之间是侵权之债的关系。违反信息披露义务的人通常所谓虚假陈述人为侵权人，投资者为被侵权人。

被侵权人提起民事诉讼，要求虚假陈述人承担赔偿责任的法律依据。

《证券法》第85条规定：

信息披露义务人未按照规定披露信息，或者公告的证券发行文件、定期报告、临时报告及其他信息披露资料存在虚假记载、误导性陈述或者重大遗漏，致使投资者在证券交易中遭受损失的，信息披露义务人应当承担赔偿责任；发行人的控股股东、实际控制人、董事、监事、高级管理人员和其他直接责任人员以及保荐人、承销的证券公司及其直接责任人员，应当与发行人承担连带赔偿责任，但是能够证明自己没有过错的除外。

按照这一规定，民事赔偿的责任主体有两类：一是信息披露义务人主要是指发行人，也包括公众公司收购中的收购人等信息披露义务人；二是发行人的控股股东、实际控制人、董事、监事、高级管理人员和其他直接责任人员以及保荐人、承销的证券公司及其直接责任人员。

信息披露义务人只要存在不正当披露信息或有虚假陈述行为就应当对损失承担赔偿责任，至于他们主观上是否存在故意或过失，并不需要证明，也就是只需要证明他们行为的违法性。

发行人的控股股东、实际控制人、董事、监事、高级管理人员和其他直接责任人员以及保荐人、承销的证券公司及其直接责任人员的责任是推定过错责任，即允许他们举证证明自己没有过错，如无过错即不承担责任，如不能证明自己无过错就应当承担责任。

另外，《证券法》第29条规定，证券公司承销证券，不得进行虚假的或者误导投资者的广告宣传或者其他宣传推介活动等行为，如有这类行为，给其他证券承销机构或者投资者造成损失的，应当依法承担赔偿责任。

三、提起民事诉讼的前置条件问题

证券法对投资者以虚假陈述起诉上述责任主体要求赔偿损失,并未设置任何特别的前置条件,即投资者认为信息披露义务人等存在虚假陈述、给投资者造成损失,投资者就有权起诉。与其他民事案件一样,投资者作为原告当然需要举证,但虚假陈述民事赔偿案件在实践中有一些特殊的问题。

一般的民事侵权案件,被告人是否存在侵权行为,被告人行为是否违法,由当事人举证,法院根据法律和证据认定事实,判断被告是否存在侵权行为。

在虚假陈述民事赔偿案件中,法官根据当事人的举证,依据法律判断被告是否存在虚假陈述行为(披露的信息有虚假记载、误导性陈述,或者在披露信息时发生重大遗漏、不正当披露信息的行为)。但是,认定信息披露义务人是否存在虚假陈述是一个相当专业性的、复杂的问题,对证券市场的秩序也会产生重要影响。可能是考虑到法官经验的不足,在2001年投资者起诉要求上市公司承担民事赔偿责任的事件爆发后[1],最高人民法院采取了谨慎的立场。

《虚假陈述民事案件规定》中规定,投资人以自己受到虚假陈述侵害为由,依据有关机关的行政处罚决定或者人民法院的

---

[1] 广夏(银川)实业股份有限公司(以下简称"银广夏"),1994年6月17日起在深圳证券交易所上市。在2000年的沪深股市大牛市中,银广夏以全年440%以上的涨幅高居所有上市A股涨幅的第一名,被称为第一蓝筹股。2001年8月,《财经》杂志发表封面文章《银广夏陷阱》,揭露了银广夏财务舞弊的行为,银广夏虚假陈述被曝光。证监会随即展开了调查,并于9月5日以发言人谈话的形式公布了初步的调查结果,证实了《财经》报道的准确性。已经查明银广夏通过伪造购销合同等手段,虚构主营业务收入,虚构巨额利润达7.45亿元。此后有大批投资者到法院起诉要求赔偿损失。这一事件也是推动最高人民法院制定审理虚假陈述民事赔偿案件司法解释的直接动因。

刑事裁判文书，对虚假陈述行为人提起的民事赔偿诉讼，符合《民事诉讼法》第108条规定的，人民法院应当受理。据此规定，投资者提起民事诉讼的前置条件是信息披露义务人已经被处罚，已经有相应的行政处罚决定或法院判决书。行政处罚决定通常是由证监会作出的行政处罚决定，如果涉及证券专业服务机构，也可以是其他行政机关作出的行政处罚决定。前置条件的设置，明确了法院受案条件，为投资者获得民事赔偿打开了法律通道。前置条件的存在，也使法院审理案件的难度、复杂度降低。

但前置条件的设置，也使投资者的权利受到限制。法院在一定程度上也放弃了司法对行政行为的监督功能，放弃了法院通过判决解释法律、澄清法律含义为监管机构树立更权威的认定虚假陈述的标准的机会。尽管《虚假陈述民事案件规定》至今没有修改，但对前置条件的要求有放松的趋向。

《全国法院审理债券纠纷案件座谈会纪要》（法〔2020〕185号）规定，债券持有人、债券投资者以自己受到欺诈发行、虚假陈述侵害为由，对欺诈发行、虚假陈述行为人提起的民事赔偿诉讼，符合《民事诉讼法》第119条规定的，人民法院应当予以受理。欺诈发行、虚假陈述行为人以债券持有人、债券投资者主张的欺诈发行、虚假陈述行为未经有关机关行政处罚或者生效刑事裁判文书认定为由请求不予受理或者驳回起诉的，人民法院不予支持。由此可以认为，提起民事诉讼的前置条件已经不再是必须的。

《最高人民法院关于证券纠纷代表人诉讼若干问题的规定》（法释〔2020〕5号）中规定，提起代表人诉讼的，原告需要提交有关行政处罚决定、刑事裁判文书、被告自认材料、证券交易所和国务院批准的其他全国性证券交易场所等给予的纪律处

第十一章 违反信息披露义务的法律责任

分或者采取的自律管理措施等证明证券侵权事实的初步证据。由此也可以反面推断，如果是非代表人诉讼，则不一定需要满足此前置条件。

四、虚假陈述与损失之间因果关系的推定

通常在侵权纠纷案件中，被告承担侵权责任的前提是被告的违法行为与被侵权人的损失之间存在因果关系。

在虚假陈述民事赔偿案件中，虚假陈述行为与投资者的损失之间是否存在因果关系是一个重要问题，按照通常的因果关系判断标准很难确定两者之间的因果关系，证券法对如何认定因果也没有特别的规定。

具体来说，因果关系包括两个层次，一是投资者需要证明购买相关证券的决策是虚假陈述所致，投资者应证明自己阅读了包含虚假记载或误导性陈述的披露信息，证明自己依赖该信息进行了证券投资（投资决策的因果关系）。二是投资者需要证明其遭受的投资损失是虚假陈述行为造成的（损失因果关系）。而事实上，很多投资者不会真的阅读发行人披露的信息，即使个别投资者确实阅读了披露的信息，如何证明自己阅读了这些并且是受到虚假陈述直接作用而购买证券也是一个难题。

推定因果关系是先进国家采用的因果关系认定方法，我国司法实践也采用了这一方法，投资者符合规定条件的即推定虚假陈述与投资者购买相关证券之间存在因果关系、虚假陈述与投资者损失之间存在因果关系。但司法解释没有明确区分这两个因果关系。

《虚假陈述民事案件规定》中规定，投资人具有以下情形的，人民法院应当认定虚假陈述与损害结果之间存在因果关系：①投资人所投资的是与虚假陈述直接关联的证券。②投资人在虚假陈述实施日及以后，至揭露日或者更正日之前买入该证券。③投资人在虚假陈述揭露日或者更正日及以后，因卖出该证券发生亏损，或者因持续持有该证券而产生亏损。

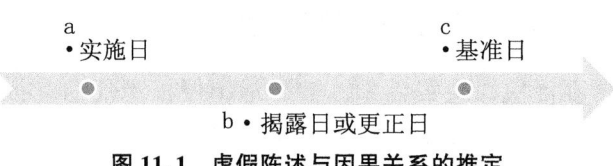

图 11.1　虚假陈述与因果关系的推定

如图 11.1，在时间 a 与 b 之间购买相关证券的投资者可以推定是受到虚假陈述影响而购买证券的，即投资决策的因果关系成立。

《虚假陈述民事案件规定》中规定了被告举证证明原告具有以下情形的，人民法院应当认定虚假陈述与损害结果之间不存在因果关系：①在虚假陈述揭露日或者更正日之前已经卖出证券；②在虚假陈述揭露日或者更正日及以后进行的投资；③明知虚假陈述存在而进行的投资；④损失或者部分损失是由证券市场系统风险等其他因素所导致；⑤属于恶意投资、操纵证券价格的。

无论在何时购入证券，在时间点 b 之前已经出售证券的投资者，投资决策的因果关系不成立，因为投资者并不知道存在虚假陈述，是在信假为真的情形下购买并出售证券，假信息并未被戳破，证券市场不存在假信息被戳破后的相应变化。在时间点 b 之后购买证券的，投资决策的因果关系也不成立，推定投资者已经知道假信息被戳破，对假信息并无信赖。

《虚假陈述民事案件规定》所指的虚假陈述实施日，是指作出虚假陈述或者发生虚假陈述之日。虚假陈述揭露日，是指虚假陈述在全国范围发行或者播放的报刊、电台、电视台等媒体上，首次被公开揭露之日。虚假陈述更正日，是指虚假陈述行

第十一章 违反信息披露义务的法律责任

为人在证监会指定披露证券市场信息的媒体上,自行公告更正虚假陈述并按规定履行停牌手续之日。

司法实践中如何认定揭露日。

案例1:上海大智慧股份有限公司与王军证券虚假陈述责任纠纷

在证券虚假陈述责任纠纷案件中,揭露日的认定对于确定投资者损失范围、推定虚假陈述行为与投资者损失之间的因果关系具有重要意义。揭露日的确定,除上述规定的应当满足首次性、全国性的要求外,一般理解还应当具备揭露内容相对具体明确,揭露力度足以对投资者产生警示以及揭露后股价有明显反应等相关条件。

证券监管部门对上市公司虚假陈述行为立案调查之后,若拟决定作出行政处罚,根据《行政处罚法》等法律法规,需要向拟被处罚的上市公司或者责任人送达《事先告知书》,告知拟处罚内容以及被处罚人的相关权利,上市公司依法对《事先告知书》进行公告。《事先告知书》披露的虚假陈述内容非常明确、具体,且与之后证监会正式作出的《行政处罚决定书》的实质内容相一致。就这些具体的虚假陈述内容而言,往往也是首次充分、全面地披露,具有权威性和影响力,足以引起证券市场中理性投资者的警惕,基本符合虚假陈述揭露日的一般认定标准或者条件。据此,本案一审判决确定《事先告知书》公告日为虚假陈述揭露日有相应的依据。[1]

《虚假陈述民事案件规定》中规定,损失或者部分损失是由证券市场系统风险等其他因素所导致,虚假陈述与损害结果之

---

[1] 本案一审法院认定揭露日是大智慧公司公告《行政处罚及市场禁入事先告知书》(简称"《事先告知书》")之日。上海市高级人民法院(2020)沪民终524号民事判决书。

间不存在因果关系。这实际是关于损失因果关系的规定。即使存在投资决策的因果关系,损失因果关系仍需要酌情决定。司法实践中对证券市场系统风险及扣减比例的认定仍有不同认识。

案例 2:上海大智慧股份有限公司与王军证券虚假陈述责任纠纷案

根据《若干规定》第 19 条第 4 项的规定,证券市场系统风险是证券虚假陈述责任纠纷案件中上市公司的法定免责或者减责事由。系统风险一般是指对证券市场产生普遍影响的风险因素,其因共同因素所引发,对证券市场中的所有股票价格均产生影响,并且这种影响为个别企业或者行业所不能控制,投资者亦无法回避、不可分散。若投资者全部或者部分损失系因证券市场系统风险,而非因上市公司虚假陈述行为所致,则在计算投资者损失时应予相应扣除。2015 年 6 月至 8 月和 2016 年 1 月初,沪深股市出现大幅波动、千股跌停等异常情况,包括大智慧股票在内的大部分股票均大幅下跌。可以据此认定系争股票在此期间价格下跌,系证券市场系统风险因素所致,投资者的部分损失与大智慧公司的虚假陈述行为缺乏必要的关联性,该部分损失不应属于大智慧公司的赔偿范围。一审法院根据当时市场具体情况,遵循保护投资者利益的原则,酌定各扣除 15%系统风险因素,合情合理,本院予以确认。

由于证券市场的复杂性,股票价格的涨跌、投资者的损失通常是由多种因素所造成,大智慧公司股价与上证指数及行业板块指数的走势也并非完全一致,且存在上市公司经营情况等其他非系统风险干扰因素,故现在尚没有证据证明某种系统风险扣除的计算方式是完全客观、科学、准确的,并已经得到司法实践的反复验证。大智慧公司关于系统风险所导致的交易损失至少在

89%以上的上诉理由,缺乏事实和法律依据,本院不予采纳。[1]

案例3:许武慧、杨平证券虚假陈述责任纠纷再审审查与审判监督案

对于系统风险因素比例应以何种方式确定,目前没有明确的法律规定,就司法实践来看,存在以个股跌幅与市场的综合指数跌幅占比计算、以个股跌幅占同类板块跌幅占比计算、以同类板块跌幅与综合指数跌幅的平均数计算等多种方法,尚无绝对统一的计算标准,应该具体案件具体分析。本案中,因方正证券公司股票是券商股,证监会资本市场服务板块与方正证券公司股票最具关联性,也最能体现系统风险对方正证券公司股价的实际影响力,故原审判决选择证监会资本市场服务板块股价作为参照,计算系统风险影响比例,并无不当,也不存在与主流司法实践不一致的问题。[2]

五、损失的认定

根据《虚假陈述民事案件规定》,虚假陈述行为人在证券交易市场承担民事赔偿责任的范围,以投资人因虚假陈述而实际发生的损失为限。投资人实际损失包括:①投资差额损失;②投资差额损失部分的佣金和印花税(备注:交易所手续费也应计算在内)。所涉资金利息,自买入至卖出证券日或者基准日,按银行同期活期存款利率计算。

投资人在基准日及以前卖出证券的,其投资差额损失,以买入证券平均价格与实际卖出证券平均价格之差,乘以投资人所持证券数量计算。

---

[1] 上海市高级人民法院(2020)沪民终524号民事判决书。
[2] 中华人民共和国最高人民法院(2020)最高法民申3148-3154号民事裁定书。

投资人在基准日之后卖出或者仍持有证券的，其投资差额损失，以买入证券平均价格与虚假陈述揭露日或者更正日起至基准日期间，每个交易日收盘价的平均价格之差，乘以投资人所持证券数量计算。

投资差额损失计算的基准日，是指虚假陈述揭露或者更正后，为将投资人应获赔偿限定在虚假陈述所造成的损失范围内，确定损失计算的合理期间而规定的截止日期。基准日分别按下列情况确定：①揭露日或者更正日起，至被虚假陈述影响的证券累计成交量达到其可流通部分100%之日。但通过大宗交易协议转让的证券成交量不予计算。②按前项规定在开庭审理前尚不能确定的，则以揭露日或者更正日后第30个交易日为基准日。③已经退出证券交易市场的，以摘牌日前一交易日为基准日。④已经停止证券交易的，可以停牌日前一交易日为基准日；恢复交易的，可以本条第①项规定确定基准日。

投资人持股期间基于股东身份取得的收益，包括红利、红股、公积金转增所得的股份以及投资人持股期间出资购买的配股、增发股和转配股，不得冲抵虚假陈述行为人的赔偿金额。

已经除权的证券，计算投资差额损失时，证券价格和证券数量应当复权计算。

在具体案件中，投资者买卖虚假陈述相关证券的情况是很复杂的，可能有很多笔交易、交易时间点跨越虚假陈述实施日前后，在虚假陈述实施日与揭露日或更正日之间也可能有多笔交易，如何排除不具有投资因果关系的交易，如何计算买卖证券的平均价格是需要明确的问题。在排除不具有投资因果关系的交易时，一般采用先进先出法。买卖证券的平均价格有算术平均和几何平均等多种算法，目前并无统一方法。

第十一章 违反信息披露义务的法律责任

参考资料：

万福生科是创业板上市公司，后被证监会认定为上市过程信息披露存在虚假，平安证券有限责任公司（以下简称"平安证券"）作为万福生科（湖南）农业开发股份有限公司（以下简称"万福生科"）首次公开发行并在创业板上市的保荐机构。平安证券采用"先偿后追"的处理模式，主动独家出资3亿元人民币设立专项基金，先行补偿符合条件投资者的损失。

本着有利于投资者的原则确定符合补偿条件的投资者范围，本着充分补偿的原则确定补偿金额的计算方法：[1]

首先，将"首次公开发行信息披露日"2011年9月14日作为虚假陈述实施日，将2013年3月2日作为"2008年至2011年财务信息虚假陈述更正日"。

其次，将"被立案稽查公告日"2012年9月15日作为对市场产生重大影响的重要日期，视同虚假陈述揭露日。同时，将2012年10月26日认定为"中报虚假陈述更正日"，将因中报虚假陈述而遭受损失的投资者纳入基金补偿对象。

最后，根据《万福生科（湖南）农业开发股份有限公司2011年年度权益分派实施公告》，万福生科2011年年度权益分派方案为：以总股本67 000 000股为基数，向全体股东每10股派3元人民币现金，同时，以资本公积金向全体股东每10股转增10股。2012年6月11日为权益分派股权登记日，2012年6月12日为除权除息日。

在计算投资者差额损失时，应当对股票价格及数量做复权调整。依据有利于投资者及充分补偿原则，对于2012年6月11

---

[1] "《平安证券有限责任公司关于设立万福生科虚假陈述事件投资者利益补偿专项基金的公告》问答"，载http://stock.pingan.com/a/20130510/2999800.shtml，最后访问日期：2020年9月15日。

日及之前的交易,做如下处理:

调整后成交价格=实际成交价格÷2,

调整后成交股数=实际成交股数×2。

六、诉讼方式

虚假陈述民事赔偿案件的原告可以选择单独诉讼或者共同诉讼方式提起诉讼。最高人民法院就代表人诉讼制定了专门的司法解释,关于代表人诉讼将另外介绍。

第十二章

公众公司收购和重组

第一节 上市公司收购概述

一、上市公司的收购

《证券法》并未对上市公司的收购作严格的定义，但专设了一章规范上市公司的收购。在广义上，上市公司被收购，或者收购上市公司，是指投资者通过购入一定比例的特定上市公司已发行的有表决权的股份而实现对该上市公司一定程度的控制。关于上市公司的收购，证监会制定了《上市公司收购管理办法》，就上市公司收购的具体程序和规则作出了详细规定。实际上由于证券法规定得不尽合理和周全，《上市公司收购管理办法》也弥补了证券法的一些漏洞。

购入上市公司股份的一方称为收购人。股份被购买的上市公司为目标公司或被收购人。

收购人对公司的控制，是指股东通过直接或间接持有的公司股份或其他协议、安排能够在股东会中影响、决定或控制股东会决议、公司董事选任或解聘、影响或控制公司的经营决策。

股东对上市公司的控制力主要与两个因素有关：一是股东持股比例多少；二是上市公司的股权分散程度。上市公司可能发行多种类别股份，普通股股东拥有表决权，要影响或控制上市公司经营决策，需持有的股份为有表决权的普通股，持有优先股很难对上市公司拥有影响力。如上市公司存在超级投票权股票，通过常规的市场收购，上市公司的普通股就不可能实现对上市公司的控制，这类公司数量很少。证券法规定在措辞上没有考虑类别股份存在的可能，在规定上市公司收购时只是明确收购"已发行有表决权股份"的比例（本章以下没有特别说明，持股、股份所指股份均为已发行有表决权股份）。所谓已发行股份，就是不包括已经注册可发行但未发行的股份。已发行股份包括公司自己持有的本公司股份，但依据公司法规定该部分股份无表决权，且应当披露持股数量等有关信息。在法律上一般认为，持有有表决权股份5%以上即可能对上市公司有一定影响力，持股比例达到50%以上的，就绝对控制上市公司了（考虑公司法关于股份公司股东大会开会的规则）。上市公司的大股东持有上市公司的有表决权股份的比例有高有低，公众持股比例同样有高有低。有些上市公司上市之初，公众股东持股比例可能只有25%，少数大股东持有其余股份；也有上市公司公众股东持股达到80%甚至更多，大股东持股比例只有百分之十几或百分之几（个位数）。后一种情况，我们可以说股权分散程度高。对股权分散程度高的公司，股东持股比例绝对数不需要太高就可以控制公司。据研究，截至2017年2月底，我国上市公司中有589家公司的第一大股东持股比例低于20%，有828家公司第一大股东持股比例为20%—30%。也就是说，按照当时的数据，有45.63%的上市公司，持股比例不到30%就能够获得其控制权。[1]

---

〔1〕 袁钰菲："上市公司收购监管研究——以收购的界定为视角"，载郭锋主编：《证券法律评论》（2017年卷），中国法制出版社2017年版，第218页。

参考资料：

以上市公司方正科技为例，截至2020年4月30日该公司股东人数有20.27万户，第一大股东北大方正信息产业集团有限公司持股12.59%，第二大股东曾远彬持股比例4.83%，第三大股东是华夏基金管理的一项资产管理计划持股比例2.85%，第四大股东以下的股东持股比例均不足1%。这是比较典型的股权分散程度很高的公司。方正科技的前身为上海证券交易所最早上市的一批上市公司之一——延中实业，2008年5月11日，北大方正集团所属企业通过交易所交易购入超过5%的延中实业股份实现了对延中实业的控制，随后延中实业更名方正科技。1993年9月发生的中国证券市场第一例公开收购事件，被收购人即延中实业，收购人是深圳宝安集团，该事件发生的重要因素之一就是延中实业股权极度分散，通过证券交易所的交易买入相对不是特别高比例的股份就能够取得对该公司的控制。

根据《上市公司收购管理办法》规定，有下列情形之一的，为拥有上市公司控制权：①投资者为上市公司持股50%以上的控股股东；②投资者可以实际支配上市公司股份表决权超过30%；③投资者通过实际支配上市公司股份表决权能够决定公司董事会半数以上成员选任；④投资者依其可实际支配的上市公司股份表决权足以对公司股东大会的决议产生重大影响；⑤证监会认定的其他情形。

二、上市公司收购本质和监管上市公司收购的原因

上市公司控制权的转移是上市公司收购的实质。上市公司收购引起上市公司大股东或有影响力股东的变化或即将变化。上市公司尽管是公众持股，但公众股东并不真正影响上市公司的经营决策，是少数有控制力或影响力的股东决定上市公司的

经营决策。公众股东在上市公司经营决策方面是搭便车的人。控制权发生变化，公司的管理层可能发生变化，直接影响公司的经营业绩，影响公司的股票市场价格，影响公众股东的利益。

在上市公司控制权发生转移之际，应该向公众投资者披露信息，公众投资者可以在获得充分信息的基础上交易证券。应该给公众投资者一个选择去留的机会，即公司控制权发生转移，公众股东有机会决定是否继续持股、是否继续作为股东。例如，有投资者买了腾讯股票，因为他信任马化腾，相信马化腾作为公司的主要创始人、主要决策者和管理者的能力。如果有人收购腾讯，腾讯的管理层发生变化，主要决策人和管理者不是马化腾而是张三或李四，那就要告知公众投资者，披露信息，让投资者考虑是否继续作为股东持股。

就上市公司收购的过程而言，也是容易发生操纵证券市场交易、内幕交易的时机，需要对上市公司收购的过程进行监管，防止这些不公平交易的发生，防止损害公众投资者利益。

一般认为，股价大体反映了公司的业绩，股价低迷的上市公司经常成为收购的目标公司，上市公司被收购，由于控制权的转移，上市公司管理层可能发生改变，担心失去职位的管理层就会改善经营，提高公司的业绩。收购制度（收购市场）的存在有利于促进上市公司不断提高经营管理水平。收购的存在，使资本重组实现证券市场资本配置效率化成为可能。当然也不能说每一件收购案的结局都是对社会有利的、都是对被收购公司有利的。

对上市公司收购以法律进行规范有利于维护中小投资者利益、维持证券市场的公平、公正秩序。对上市公司的收购的规范，重点是落实信息披露，收购的各方要及时、充分、诚信披露信息。

具体的收购规制措施需要平衡效率与秩序。证券市场可以看作公司的控制权市场。过分的管制会压制市场的效率，不利于上市公司提高经营业绩。具体的规制措施效果也需要从这一角度进行评价。

三、收购人的含义

《证券法》相关条款中关于收购人的说法是"通过证券交易所的证券交易，投资者持有或者通过协议、其他安排与他人共同持有一个上市公司已发行的有表决权股份……"因此，上市公司的收购中，收购人不限于单一收购人即单个的持有上市公司股票的个人或法人，也包括共同收购人（一致行动人），即表面上是多人持股但存在共同行动的人应合并计算他们持有的股份比例，将他们共同视为收购人。进一步，收购人还应包括通过间接持股等方式实际控制上市公司的人，例如，通过受让股权等安排成为上市公司的股东也可以控制上市公司；收购人还包括拟采用直接持股与间接持股、协议指控等混合方式控制上市公司的人。

事例1：安徽全柴动力股份有限公司（以下简称"全柴动力"，上市公司）于2011年4月28日公告《要约收购报告书（摘要）》，称江苏熔盛重工有限公司（以下简称"熔盛重工"）通过产权交易方式受让全椒县人民政府所持安徽全柴集团有限公司（以下简称"全柴集团"）100%的股权，成为全柴集团控股股东并通过全柴集团间接控制全柴动力44.39%的股权而触发要约收购。2011年6月29日，全柴动力发布《关于延期上报有关补正材料的公告》，称"熔盛重工已向中国证监会申请延期上报有关补正材料，待取得国务院国有资产监督管理委员会关于国有股权转让的核准及中华人民共和国商务部关于反垄断审查的核准后立即将补正材料上报中国证监会。"[1]

证监会《上市公司收购管理办法》引入了一致行动的概念：一致行动人，是指通过协议、合作、关联方关系等合法途径扩大其对一个上市公司股份的控制比例，或者巩固其对上市公司的控制地位，在行使上市公司表决权时采取相同意思表示的两个以上的自然人、法人或者其他组织。采取相同意思表示的情形包括共同提案、共同推荐董事、委托行使未注明投票意向的表决权等情形。

《上市公司收购管理办法》第83条规定，一致行动是指投资者通过协议、其他安排，与其他投资者共同扩大其所能够支配的一个上市公司股份表决权数量的行为或者事实。

在上市公司的收购及相关股份权益变动活动中有一致行动情形的投资者，互为一致行动人。如无相反证据，投资者有下列情形之一的，为一致行动人：

（1）投资者之间有股权控制关系；

（2）投资者受同一主体控制；

（3）投资者的董事、监事或者高级管理人员中的主要成员，同时在另一个投资者担任董事、监事或者高级管理人员；

（4）投资者参股另一投资者，可以对参股公司的重大决策产生重大影响；

（5）银行以外的其他法人、其他组织和自然人为投资者取得相关股份提供融资安排；

（6）投资者之间存在合伙、合作、联营等其他经济利益关系；

（7）持有投资者30%以上股份的自然人，与投资者持有同

---

[1] 熔盛重工VS全柴动力：'联姻'迷局，载http://stock.jrj.com.cn/2012/08/09153114070298.shtml，最后访问日期：2020年9月15日。

一上市公司股份；

（8）在投资者任职的董事、监事及高级管理人员，与投资者持有同一上市公司股份；

（9）持有投资者30%以上股份的自然人和在投资者任职的董事、监事及高级管理人员，其父母、配偶、子女及其配偶、配偶的父母、兄弟姐妹及其配偶、配偶的兄弟姐妹及其配偶等亲属，与投资者持有同一上市公司股份；

（10）在上市公司任职的董事、监事、高级管理人员及其前项所述亲属同时持有本公司股份的，或者与其自己或者其前项所述亲属直接或者间接控制的企业同时持有本公司股份；

（11）上市公司董事、监事、高级管理人员和员工与其所控制或者委托的法人或者其他组织持有本公司股份；

（12）投资者之间具有其他关联关系。

一致行动人应当合并计算其所持有的股份。投资者计算其所持有的股份，应当包括登记在其名下的股份，也包括登记在其一致行动人名下的股份。

投资者认为其与他人不应被视为一致行动人的，可以向证监会提供相反证据。

根据《上市公司收购管理办法》第84条规定，有下列情形之一的，为拥有上市公司控制权：

（1）投资者为上市公司持股50%以上的控股股东；

（2）投资者可以实际支配上市公司股份表决权超过30%；

（3）投资者通过实际支配上市公司股份表决权能够决定公司董事会半数以上成员选任；

（4）投资者依其可实际支配的上市公司股份表决权足以对公司股东大会的决议产生重大影响；

（5）证监会认定的其他情形。

股份控制人控制的股份应合并计算，将其相关人视为共同收购人，一致行动人分别持有的股份比例应合并计算，将他们视为一人或共同收购人。

在证券市场还存在一种现象，由证券投资基金或证券投资信托计划、资产管理产品持有上市公司股份的情况，尽管证券法未规定，但在证监会执法中会面临此类问题。按照证监会的意见，受到同一人实际控制、管理的私募基金或资产管理计划持股应当合并计算比例，并按照证券法规定履行披露信息等义务。但是信托计划、资管计划等持股通常是以财务投资为目的，其持股控制上市公司，究竟应该谁才是股东？信托受托人名义上是股东，但受托人应按自己的意愿行使表决权，还是按照投资者的意思行使表决权，存在不同看法。

如何认定一致行动人的案例。

案例1：福建道冲被处罚案

福建道冲控制使用"张某"等多家证券公司9个个人证券账户和"福建道冲""上海道策信息技术有限公司"等多家证券公司3个公司证券账户。同时，福建道冲还担任"中信建投-道冲量化1号""道冲量化2号基金"等8只私募基金的基金管理人和"华润信托-道冲生水之道恒远1号集合资金信托计划"的投资顾问，实质管理该9个产品账户，上述21个账户简称"张某"账户组。

2017年5月31日开始，福建道冲控制使用"张某"账户组大量买入"建研集团"，除中间有少量卖出外，持续增持"建研集团"。2017年7月11日，福建道冲通过"张某"账户组持有"建研集团"17 479 074股，超过建研集团总股本5%。福建道冲在持股达建研集团总股本5%时未停止交易，未履行报告及公告义务，继续交易"建研集团"。2017年9月7日，福建道冲通过"张某"账户组最高持有"建研集团"34 535 074股,达到建研集团总股本9.98%。[1]

案例2:浙江思考投资管理股份有限公司、张寿清、岳志斌被处罚案

思考投资属于《证券法》第86条规定的投资者。一是本案中,思考投资是时节好雨19号等产品的管理人或投资顾问,但根据合同等证据材料,思考1号、思考20号是管理型产品,其他产品均为结构型产品。管理型产品投资人依照合同约定承担损益,按照约定思考投资实际出资并担任管理人。结构型产品投资人分为优先级(收取约定利息)及劣后级,按照约定思考投资是劣后权益份额持有人并同时从事顾问管理,承担风险,获取扣除成本费用后的收益。二是尽管华宝信托、中融信托、云南信托公司事后出具《回复函》表示未将本案所涉产品持有股票的表决权授予给思考投资,但相关合同签署时均没有规定信托计划的具体投资标的,也没有限制投资顾问的表决权,而由思考投资负责相关产品投资标的的交易决策。因此,在信托机构对思考投资发出的投资建议只做形式审核的情况下,思考投资实质上已经能够控制其担任投资顾问的信托计划账户进行证券交易并具有支配投票表决权的能力,应当认定为"慧球科技"投资者。[2](案例中《证券法》为2005年修改版)。

四、"坏小子"不得收购

收购人及其实际控制人应当具有良好的诚信记录。任何人不得利用上市公司的收购损害被收购公司及其股东的合法权益。

---

[1] 中国证监会行政处罚决定〔2020〕11号。
[2] 中国证监会行政处罚决定书〔2018〕5号。

《上市公司收购管理办法》规定，有下列情形之一的，不得收购上市公司：

（1）收购人负有数额较大债务，到期未清偿，且处于持续状态；

（2）收购人最近3年有重大违法行为或者涉嫌有重大违法行为；

（3）收购人最近3年有严重的证券市场失信行为；

（4）收购人为自然人的，存在《公司法》第146条规定情形；

（5）法律、行政法规规定以及证监会认定的不得收购上市公司的其他情形。

而《公司法》第146条的规定是：有下列情形之一的，不得担任公司的董事、监事、高级管理人员：

（1）无民事行为能力或者限制民事行为能力；

（2）因贪污、贿赂、侵占财产、挪用财产或者破坏社会主义市场经济秩序，被判处刑罚，执行期满未逾5年，或者因犯罪被剥夺政治权利，执行期满未逾5年；

（3）担任破产清算的公司、企业的董事或者厂长、经理，对该公司、企业的破产负有个人责任的，自该公司、企业破产清算完结之日起未逾3年；

（4）担任因违法被吊销营业执照、责令关闭的公司、企业的法定代表人，并负有个人责任的，自该公司、企业被吊销营业执照之日起未逾3年；

（5）个人所负数额较大的债务到期未清偿。

五、收购应遵守原则

（1）收购人对其所收购的上市公司及其股东负有诚信义务，

并应当就其承诺的具体事项提供充分有效的履行保证。

（2）收购人在收购中应公平对待所有股东。

（3）目标公司方面应遵守的原则。

被收购公司的控股股东或者实际控制人不得滥用股东权利损害被收购公司或者其他股东的合法权益。

被收购公司的控股股东、实际控制人及其关联方有损害被收购公司及其他股东合法权益的，控股股东、实际控制人在转让被收购公司控制权之前，应当主动消除损害；未能消除损害的，应当就其出让相关股份所得收入用于消除全部损害做出安排，对不足以消除损害的部分应当提供充分有效的履约担保或安排，并依照公司章程取得被收购公司股东大会的批准。

被收购公司的董事、监事、高级管理人员对公司负有忠实义务和勤勉义务，应当公平对待收购本公司的所有收购人。

被收购公司董事会针对收购所作出的决策及采取的措施，应当有利于维护公司及其股东的利益，不得滥用职权对收购设置不适当的障碍，不得利用公司资源向收购人提供任何形式的财务资助，不得损害公司及其股东的合法权益。

六、收购的分类

收购上市公司可以依据一定的标准做一些分类。

1. 场内收购、要约收购与协议收购（直接、间接收购）

场内收购，是指通过在证券交易所的交易购入一定比例的上市公司股票实现对上市公司的某种控制。

要约收购（tender offer），也称为标购，收购人在交易所的常规交易之外公开地向上市公司所有股东发出在一定期限内按照确定价格购买股票的意思表示。根据《证券法》的规定及一般理论，要约收购分为强制性要约收购和自愿要约收购。《上市公司收购管理办法》第 46 条除要约方式外，投资者不得在证券交易所外公开求购上市公司的股份。这一规定可以避免某一收购行为是否属于要约收购的争论，也就是说，在交易所外公开求购上市公司股份就构成要约收购，必须按照要约的程序和条件办，未遵守规则即是违法。

协议收购是收购人与上市公司的个别股东直接协商购入后者持有的较大比例的上市公司股票从而实现对上市公司的控制。我国有相当数量的上市公司大股东持股比例较高，收购人通过交易所的交易或要约收购很难获得这些上市公司的控制权，因此协议收购成为我国证券市场上流行的一种收购方式。在协议收购中也经常出现间接收购的情况。

2. 友好收购与敌意收购

这种区分并非法律上的区分，而是商业上的。在协议收购之外的情形中，会存在收购人并未与被收购人协商、未获得被收购人同意的情况，如果被收购人不愿意被收购，收购人的收购就被视为敌意收购，有时收购人被称为"野蛮人"。如收购受到欢迎，或者是受到邀请的收购，称为友好收购。

第二节 梯级收购与预警

一般来说，持有上市公司 5% 的股份已经能够影响上市公司的决策、甚至有很强的控制力（取决于上市公司股权的分散程度）。

所谓梯级收购是收购人通过交易所的交易买入上市公司股份要逐级而上，每级为 5%，每上一个阶梯要暂停休息、披露信息，持股比例最大可以到达 30%。

这一制度平衡了收购人与公众投资者的利益，既使收购成为可能，又确保了公众投资者的知情权，有利于维护市场的稳定。所谓使收购成为可能，是指考虑收购控股需要的时间与购买股票的价格成本,相比更低的持股比例或者更高的比例限制,目前规定的5%适中。假如要求持股每增加2%就会要暂停交易并披露信息,用时会相对更长。而公众预期到进一步的收购,股价就可能上涨,收购人的收购成本会提高。如果这个持股比例设定为10%,则有利于收购人,但公众投资者就少了很多机会。

一、场内梯级收购的具体规定

《证券法》第63条规定:

通过证券交易所的证券交易,投资者持有或者通过协议、其他安排与他人共同持有一个上市公司已发行的有表决权股份达到百分之五时,应当在该事实发生之日起三日内,向国务院证券监督管理机构、证券交易所作出书面报告,通知该上市公司,并予公告,在上述期限内不得再行买卖该上市公司的股票,但国务院证券监督管理机构规定的情形除外。

投资者持有或者通过协议、其他安排与他人共同持有一个上市公司已发行的有表决权股份达到百分之五后,其所持该上市公司已发行的有表决权股份比例每增加或者减少百分之五,应当依照前款规定进行报告和公告,在该事实发生之日起至公告后三日内,不得再行买卖该上市公司的股票,但国务院证券监督管理机构规定的情形除外。

投资者持有或者通过协议、其他安排与他人共同持有一个上市公司已发行的有表决权股份达到百分之五后,其所持该上市公司已发行的有表决权股份比例每增加或者减少百分之一,应当在该事实发生的次日通知该上市公司,并予公告。

违反第一款、第二款规定买入上市公司有表决权的股份的,在买入后的三十六个月内,对该超过规定比例部分的股份不得行使表决权。

这一条规定包括梯级收购和预警制度。

1. 收购人持股达到5%时暂停交易并披露信息

收购人无论原来持股较少或不持股，只要达到5%就要暂停交易，不能继续买入也不能再卖出同一上市公司股票，在市场上有时比例难以绝对精确控制，但一般能够掌握持股比例不超过5.1%时即暂停。暂停交易至作出公告。

信息披露时限和具体方式：收购人应当在持股达到5%的事实发生之日起3日内披露信息；而具体的方式是向国务院证券监督管理机构、证券交易所作出书面报告，通知相应的上市公司，并予公告。

法律似乎有一个漏洞，即如持股比例下降到5%以下时没有明确要求披露信息。

2. 收购人持股达到5%之后，以后每增加或减少5%应暂停交易并披露信息

5%是每个台阶的高度，上了持股5%这个台阶后，即继续通过交易所交易买入股票每增加5%时（合计比例分别到达10%，15%，20%，25%，30%时要暂停），要再次暂停并披露信息，信息披露时限和披露方式同上所述。

既然是台阶，如果是下台阶，也就是持股比例每下降5%也应当暂停交易并披露信息，规则同上。

3. 增减1%预警

上了持股5%这个台阶后，持股比例每增加或减少1%，应当在该事实发生的次日通知相应上市公司，并予公告。这只是单纯的对公众投资者的提醒，不要求停止交易。

4. 协议持股或非交易方式持股达到5%及其后的披露义务

通过协议方式受让上市公司股权或通过行政划转或者变更、执行法院裁定、继承、赠与等方式拥有权益的股份变动达到5%

的,以及其后增减达到5%的,也应遵守前述停止交易和披露规则。

二、超比例持股的法律后果

过去《证券法》对超比例持股没有规定控制权方面的不利后果。

事例2:1993年9月13日,深圳宝安集团旗下宝安上海、宝安华东保健品公司和深圳龙岗宝灵电子灯饰公司在交易所收购延中实业的股票。9月29日,上述3家公司已经分别持有延中实业4.56%、4.52%和1.657%的股份,合计持有10.6%。9月30日,宝安继续增持延中实业的股票,持股比例达到15.98%。随后宝安才发布公告宣称持有延中5%以上的股票。后证监会对宝安集团罚款100万元,持股有效。[1]

2019年修改后的《证券法》第一次明确,违法超比例持股限制持股人的表决权,在36个月内不得行使表决权。对此规定,也存在一些观点。

有些投资者并无控制上市公司的打算,但持股或共同持股超过了5%,对这种情况,证监会也只能施以行政处罚。大额持股变动的披露不仅具有收购预警功能,还具有揭示供求关系、增加市场透明度的作用。投资者不能因为不具有收购目的或功能就豁免大额持股变动的信息披露义务。

对违法违规的超比例持股或出售,也可以考虑引入其他形式的制裁措施,如强制出售、停止交易等。

---

[1] "宝延风波——中国上市公司收购第一案",载 https://www.docin.com/p-1007940609.html,最后访问日期:2020年9月15日。

三、权益披露

1. 预警公告

持股达到前述5%之后及其后的变动,应当公告。

根据《证券法》第64条规定,公告应当包括下列内容:
①持股人的名称、住所;
②持有的股票的名称、数额;
③持股达到法定比例或者持股增减变化达到法定比例的日期、增持股份的资金来源;
④在上市公司中拥有有表决权的股份变动的时间及方式。

投资者在一个上市公司中拥有的权益,包括登记在其名下的股份和虽未登记在其名下但该投资者可以实际支配表决权的股份。投资者及其一致行动人在一个上市公司中拥有的权益应当合并计算。

投资者可以通过在证券交易所的证券交易购入上市公司的股票,实现对上市公司的相对控股。但通过这种方式购入股票,只能最多持有一个上市公司已发行股份的30%,并且投资者增加持股量达到该比例前须依法多次公告、暂停买卖该上市公司股票。

2. 证监会规定的简式权益报告书

持股达到或超过5%但未达到20%的收购人(投资者及其一致行动人)披露简式权益变动报告书:
①投资者及其一致行动人的姓名、住所;投资者及其一致行动人为法人的,其名称、注册地及法定代表人;
②持股目的,是否有意在未来12个月内继续增加其在上市公司中拥有的权益;

③上市公司的名称、股票的种类、数量、比例；

④在上市公司中拥有权益的股份达到或者超过上市公司已发行股份的5%或者拥有权益的股份增减变化达到5%的时间及方式、增持股份的资金来源；

⑤在上市公司中拥有权益的股份变动的时间及方式；

⑥权益变动事实发生之日前6个月内通过证券交易所的证券交易买卖该公司股票的简要情况；

⑦证监会、证券交易所要求披露的其他内容。

3. 详式权益变动报告书

持有上市公司股份达到20%但不足30%的收购人，或者持股比例为5%—20%的上市公司第一大股东或实际控制人，除须披露简式权益披露的信息外，还应当披露以下内容：

①投资者及其一致行动人的控股股东、实际控制人及其股权控制关系结构图；

②取得相关股份的价格、所需资金额，或者其他支付安排；

③投资者、一致行动人及其控股股东、实际控制人所从事的业务与上市公司的业务是否存在同业竞争或者潜在的同业竞争，是否存在持续关联交易；存在同业竞争或者持续关联交易的，是否已做出相应的安排，确保投资者、一致行动人及其关联方与上市公司之间避免同业竞争以及保持上市公司的独立性；

④未来12个月内对上市公司资产、业务、人员、组织结构、公司章程等进行调整的后续计划；

⑤前24个月内投资者及其一致行动人与上市公司之间的重大交易；

⑥不存在《上市公司收购管理办法》规定的禁止收购的情形；

⑦能够按照《上市公司收购管理办法》规定的第50条的规

定提供相关文件。

前述收购人为上市公司第一大股东或者实际控制人的，还应当聘请财务顾问对上述权益变动报告书所披露的内容出具核查意见。

第三节 要约收购

一、强制要约收购

发出收购要约的投资者称为收购要约人或要约收购人，要约收购是在证券交易所之外进行的，收购要约向被收购人所有的股东发出，收购价格由收购人根据市场情况和有关规定单方确定。

1. 触发强制性要约收购的条件

无论是通过交易所的交易或者协议收购，收购人持有的一个上市公司股份达到30%时，如果要继续增加持股比例，应当发出收购要约，此收购要约为法律要求应当发出的，或收购人有义务发出收购要约，故称为强制要约收购。

通过交易所交易买入持有一个上市公司的股份达到30%时，要停止继续收购，即使履行信息披露义务，仍不能继续收购；如果要增加持股比例，就必须发出收购要约。如果并无增加持股比例的意图，可以就此停止，也无须发出收购要约。

如果通过协议收购持有上市公司股份达到30%时，要继续增加持股比例，也应当发出收购要约。证券法的这一规定，在措辞上会让理解发生困难。实际情况往往是，通过协议收购所收购的上市公司股份比例并不是刚好30%，而是大于30%，例如，在前述熔盛重工收购全柴动力的案例中，熔盛重工收购100%全柴集团的股权从而间接持有全柴动力44.39%的股权。协议收购中股权的出让方一般不会同意将自己持有的股份拆分

第十二章　公众公司收购和重组

出30%出售。这样,在协议收购中,收购人收购的股份比例常常超过30%,在履行协议收购的同时就应向上市公司其余股东发出收购要约。

《证券法》第65条第1款规定:

通过证券交易所的证券交易,投资者持有或者通过协议、其他安排与他人共同持有一个上市公司已发行的有表决权股份达到百分之三十时,继续进行收购的,应当依法向该上市公司所有股东发出收购上市公司全部或者部分股份的要约。

强制要约收购制度存在的原因是,此时收购人已成为上市公司的大股东,其继续增加持股会使上市公司处于其绝对控制之下,应当给予其他股东合理机会来决定是否继续持股。同时这一制度也意在防止操纵股票市场的发生。

这里要提出的问题是,如果收购人没有遵守法律规定,继续在交易所购买股份而没有发出收购要约,应承担什么法律责任?证券法对此并无规定。

另一个值得思考的问题是,收购人已经表示要继续增加持股比例、公开表示将会发出收购要约,在之后是否能撤回其继续收购的意思,从而不再发出收购要约。

事例3:2012年8月全柴动力发布公告称,熔盛重工8月17日已向证监会申请撤回"向全柴动力除全柴集团之外的全体股东发出收购股份的要约的行政许可申请材料"。熔盛重工在取得国务院国资委、商务部反垄断局的相关批准文件后长达将近一年的时间内,并未上报证监会,同时,在将近一年的时间段内,存在隐瞒收购进展实际情况、隐瞒其对"其他补正相关问题"的准备情况等与要约收购相关的重要事实。熔盛重工应承担什么责任?行政责任?民事责任?是否对全柴动力的公众股

东损失负责?〔1〕

在熔盛重工收购全柴动力事件发生后,又发生了一起民事案件——购买了大量全柴动力股份的兴业全球基金公司起诉了熔盛重工。

案例3:兴业全球基金管理有限公司与江苏熔盛重工有限公司缔约过失责任纠纷

熔盛重工在证监会行政许可后,应当向全柴动力所有股东发出全面收购股份要约。对此,即系所谓的强制要约收购。但是,从全柴动力公开发布的公告来看,上述《产权交易合同》在国资委、商务部相关批准文件有效期内并未实施,至今亦无直接有效的证据显示熔盛重工通过其他投资关系、协议、安排,间接拥有全柴动力权益的股份超过该公司已发行股份的30%。这种情况下,强制熔盛重工发出全面收购要约的条件尚不具备,依法其仍享有自愿订立合同的权利。因此,二审判决认定熔盛重工向证监会撤回行政许可申请材料,取消全面要约收购全柴动力股份计划,不违背诚实信用原则。兴业基金申请再审提出熔盛重工违背诚实信用原则的理由,缺乏法律依据,不能成立〔2〕。

2. 全面收购和有限要约收购

《证券法》规定,"应当依法向该上市公司所有股东发出收购上市公司全部或者部分股份的要约"。也就是说,收购人可以自己决定收购上市公司除自己持有的股份之外其余所有股份(全面要约收购),也可以自己确定只收购其余股份的一部分(有限要约收购)。但是对于有限要约收购应当至少收购多大比例的股份,证券法并未提出要求。

---

〔1〕"熔盛重工VS全柴动力:'联姻'迷局",载http://stock.jrj.com.cn/2012/08/09153114070298.shtml,最后访问日期:2020年9月15日。

〔2〕最高人民法院(2013)民申字第1881号民事裁定书。

全面要约收购。收购人为终止上市公司的上市地位而要约收购的,应发出全面要约,或者因不符合收购办法规定的豁免要约条件而继续以非要约方式增持股份的应发出全面要约。全面要约收购应当以现金支付收购价款。以依法可以转让的证券支付收购价款的,应当同时提供现金方式供被收购公司股东选择。

在有限要约收购中,收购人要确定一个预定收购的股份数额或预定最低收购比例。根据《上市公司收购管理办法》规定,有限要约收购中收购人预定收购的股份比例不得低于该上市公司已发行股份的5%。

在有限要约收购中,如股东愿意出售股份数额 X 大于预定收购数额 Y,则收购人按比例收购,即每一愿意出售股份的股东实际可出售比例为 Y/X。《证券法》第 65 条第 2 款规定,收购上市公司部分股份的要约应当约定,被收购公司股东承诺出售的股份数额超过预定收购的股份数额的,收购人按比例进行收购。

二、自愿要约收购

《证券法》未对自愿要约收购作出规定,但根据《上市公司收购管理办法》规定,投资者可以自愿采取要约方式收购上市公司。自愿要约收购可以是全面要约收购,也可以是有限要约收购。

投资者在其持股未达到一个上市公司已发行股份的 30% 时,按要约收购规定的程序发出收购要约,使其持股比例达到或超过 30%。这样做,可以不通过梯级收购方式,更快速、直接地控制一个上市公司。

根据《上市公司收购管理办法》的规定,持有、控制一个上市公司的股份低于该公司已发行股份的 30% 的收购人，以要约收购方式增持该上市公司股份的，其预定收购的股份比例不得低于 5%。

三、要约收购的一般规则

1. 收购报告书

以要约方式收购上市公司股份的，收购人应当编制要约收购报告书，聘请财务顾问，通知被收购公司，同时对要约收购报告书摘要作出提示性公告。

采取协议方式收购上市公司股份超过 30% 而触发要约收购的，应先对要约收购报告书摘要作出提示性公告。收购人作出要约收购提示性公告后，在公告要约收购报告书之前，拟自行取消收购计划的，应当公告原因，自公告之日起 12 个月内，该收购人不得再次对同一上市公司进行收购。

《证券法》第 66 条规定：

依照前条规定发出收购要约，收购人必须公告上市公司收购报告书，并载明下列事项：

①收购人的名称、住所；
②收购人关于收购的决定；
③被收购的上市公司名称；
④收购目的；
⑤收购股份的详细名称和预定收购的股份数额；
⑥收购期限、收购价格；
⑦收购所需资金额及资金保证；
⑧公告上市公司收购报告书时持有被收购公司股份数占该公司已发行的股份总数的比例。

《上市公司收购管理办法》规定，要约收购报告书，应当载明下列事项：

（1）收购人的姓名、住所；收购人为法人的，其名称、注册地及法定代表人，与其控股股东、实际控制人之间的股权控制关系结构图。

（2）收购人关于收购的决定及收购目的，是否拟在未来12个月内继续增持。

（3）上市公司的名称、收购股份的种类。

（4）预定收购股份的数量和比例。

（5）收购价格。

（6）收购所需资金额、资金来源及资金保证，或者其他支付安排。

（7）收购要约约定的条件。

（8）收购期限。

（9）公告收购报告书时持有被收购公司的股份数量、比例。

（10）本次收购对上市公司的影响分析，包括收购人及其关联方所从事的业务与上市公司的业务是否存在同业竞争或者潜在的同业竞争，是否存在持续关联交易；存在同业竞争或者持续关联交易的，收购人是否已作出相应的安排，确保收购人及其关联方与上市公司之间避免同业竞争以及保持上市公司的独立性。

（11）未来12个月内对上市公司资产、业务、人员、组织结构、公司章程等进行调整的后续计划。

（12）前24个月内收购人及其关联方与上市公司之间的重大交易。

（13）前6个月内通过证券交易所的证券交易买卖被收购公司股票的情况。

（14）证监会要求披露的其他内容。

收购人发出全面要约的,应当在要约收购报告书中充分披露终止上市的风险、终止上市后收购行为完成的时间及仍持有上市公司股份的剩余股东出售其股票的其他后续安排;收购人发出以终止公司上市地位为目的的全面要约,无须披露前款第10项规定的内容。

2. 要约收购期限

收购期限不得少于30日并不得超过60日。在收购要约有效期限内,收购人不得撤回其收购要约。

3. 要约收购的条件

收购要约中提出的各项收购条件,平等适用于被收购公司所有的股东。上市公司发行不同种类股份的,收购人可以针对不同种类股份提出不同的收购条件。

收购人在收购期限内,不得卖出被收购公司的股票,也不得采取要约规定以外的形式和超出要约的条件买入被收购公司的股票。例如,不得以协议方式另行购入上市公司股份。

收购人不得随意变更收购要约中的事项。收购人需要变更收购要约的,应当及时公告,载明具体变更事项,且不得存在下列情形:①降低收购价格;②减少预定收购股份数额;③缩短收购期限;④国务院证券监督管理机构规定的其他情形。

反面推论,变更收购要约条件的,可以提高收购价格;可以增加预定收购股份数额;可以延长收购期限。通常是出现竞争性收购要约时,允许收购人变更要约条件并公告、通知上市公司。

4. 要约收购价格

《上市公司收购管理办法》第35条规定,收购人按照本办法规定进行要约收购的,对同一种类股票的要约价格,不得低于要约收购提示性公告日前6个月内收购人取得该种股票所支付的最高价格。

要约价格低于提示性公告日前30个交易日该种股票的每日加权平均价格的算术平均值的，收购人聘请的财务顾问应当就该种股票前6个月的交易情况进行分析，说明是否存在股价被操纵、收购人是否有未披露的一致行动人、收购人前6个月取得公司股份是否存在其他支付安排、要约价格的合理性等。

可以思考一下，《上市公司收购管理办法》是否有必要对要约收购的价格作出限定。如果价格过低，被要约股东可以不出售股份。市场机制对收购人能否形成有效约束。

收购对价的支付方式。《上市公司收购管理办法》第36条规定，收购人可以采用现金、证券、现金与证券相结合等合法方式支付收购上市公司的价款。收购人聘请的财务顾问应当说明收购人具备要约收购的能力。收购人以证券支付收购价款的，应当提供该证券的发行人最近3年经审计的财务会计报告、证券估值报告，并配合被收购公司聘请的独立财务顾问的尽职调查工作。收购人以在证券交易所上市的债券支付收购价款的，该债券的可上市交易时间应当不少于一个月。收购人以未在证券交易所上市交易的证券支付收购价款的，必须同时提供现金方式供被收购公司的股东选择，并详细披露相关证券的保管、送达被收购公司股东的方式和程序安排。

收购人聘请的财务顾问应当对收购人支付收购价款的能力和资金来源进行充分的尽职调查，详细披露核查的过程和依据，说明收购人是否具备要约收购的能力。收购人应当在作出要约收购提示性公告的同时，提供以下至少一项安排保证其具备履约能力：①以现金支付收购价款的，将不少于收购价款总额的20%作为履约保证金存入证券登记结算机构指定的银行。收购人以在证券交易所上市交易的证券支付收购价款的，将用于支付的全部证券交由证券登记结算机构保管,但上市公司发行新股的除外。②银行对要约收购所需价款出具保函。③财务顾问出具承担连带保证责任的书面承诺,明确如要约期满收购人不支付收购价款,财务顾问进行支付。

以未在交易所上市证券交换上市股票的问题。此未上市证券应是已经注册的公开发行证券,如是未注册证券,则涉及变相公开发行证券的问题。

5. 要约收购股份的过户

《上市公司收购管理办法》规定,预受是指被收购公司股东同意接受要约的初步意思表示,在要约收购期限内不可撤回之前不构成承诺。同意接受收购要约的股东称为预受股东,预受股东应当委托证券公司办理预受要约的相关手续。收购人应当委托证券公司向证券登记结算机构申请办理预受要约股票的临时保管。证券登记结算机构临时保管的预受要约的股票,在要约收购期间不得转让。在要约收购期限届满3个交易日前,预受股东可以委托证券公司办理撤回预受要约的手续,证券登记结算机构根据预受要约股东的撤回申请解除对预受要约股票的临时保管。在要约收购期限届满前3个交易日内,预受股东不得撤回其对要约的接受。在要约收购期限内,收购人应当每日在证券交易所网站上公告已预受收购要约的股份数量。

收购期限届满,发出部分要约的收购人应当按照收购要约约定的条件购买被收购公司股东预受的股份,预受要约股份的数量超过预定收购数量时,收购人应当按照同等比例收购预受要约的股份。以终止被收购公司上市地位为目的的,收购人应当按照收购要约约定的条件购买被收购公司股东预受的全部股份。因不符合豁免要约收购义务条件而发出全面要约的收购人应当购买被收购公司股东预受的全部股份。

收购期限届满后 3 个交易日内，接受委托的证券公司应当向证券登记结算机构申请办理股份转让结算、过户登记手续，解除对超过预定收购比例的股票的临时保管；收购人应当公告本次要约收购的结果。

四、竞争性要约

竞争性要约是指在已经有收购人发出收购要约的情况下，又出现针对同一上市公司股东的新的收购要约，后出现的收购要约被称为竞争性要约。在先发出的收购要约称为初始要约。竞争性要约并不限于一个。

发出竞争要约的收购人最迟不得晚于初始要约收购期限届满前 15 日发出要约收购的提示性公告，并应当根据《上市公司收购管理办法》关于收购要约的规定履行公告义务。

出现竞争要约时，发出初始要约的收购人变更收购要约距初始要约收购期限届满不足 15 日的，应当延长收购期限，延长后的要约期应当不少于 15 日，不得超过最后一个竞争要约的期满日，并按规定追加履约保证。

出现竞争要约时，接受初始要约的预受股东撤回全部或者部分预受的股份，并将撤回的股份售予竞争要约人的，应当委托证券公司办理撤回预受初始要约的手续和预受竞争要约的相关手续。

五、要约收购中的目标公司

被收购公司董事会应当对收购人的主体资格、资信情况及收购意图进行调查，对要约条件进行分析，对股东是否接受要约提出建议，并聘请独立财务顾问提出专业意见。在收购人公告要约收购报告书后 20 日内，被收购公司董事会应当公告被收购公司董事会报告书与独立财务顾问的专业意见。

收购人对收购要约条件做出重大变更的,被收购公司董事会应当在3个工作日内公告董事会及独立财务顾问就要约条件的变更情况所出具的补充意见。

六、反收购

反收购是指被收购公司的管理层、大股东不同意收购人的收购从而做出一定的活动抵御收购。

反收购措施可以分为两类,一类是预防性措施,在没有发生敌意收购的情况下预先采取的防御性措施;一类是主动性措施,是发生敌意收购之后采取的措施。

预防性反收购措施包括在公司章程中规定一些条款,为不受欢迎的收购人设置掌握公司控制权的障碍,例如,公司的双层股权(设有超级投票权股份)结构式方式收购的一种预防措施;公司章程规定董事分期改选制,董事任期不同、到期时间不同,每次改选部分董事,收购人无法短期内控制公司董事会或者需要向提前解聘的董事支付巨额补偿;公司章程约定某些事项的决议需要特定多数通过等;股东提案的程序限制等;对提前解聘的高级管理人员支持巨额补偿金的金降落伞;等等。有些公司为预防敌意收购设计了所谓"毒丸计划",在发生敌意收购时,收购人之外的其他股东可以通过行使优先认股权等方式使公司股份数量大大增加,敌意收购人持股比例被稀释,收购难度加大。"毒丸计划"在中国法律环境下的可行性存在难度和不确定。

主动性的反收购措施可以有"白马骑士",目标公司在面临敌意收购时邀请友好第三方发起竞争性收购。其他一些常被提及的反收购措施在中国法律环境下存在合法性问题,如皇冠上的明珠,即出售公司核心资产使收购价值下降等,在中国是不被允许的。

被收购公司的董事、监事、高级管理人员针对收购行为所作出的决策及采取的措施,不得损害公司及其股东的合法权益。出现竞争的收购要约(两个或多个收购要约)时,被收购公司董事会应当公平对待所有要约收购人。《上市公司收购管理办法》规定,收购人作出提示性公告后至要约收购完成前,被收购公司除继续从事正常的经营活动或者执行股东大会已经作出的决议外,未经股东大会批准,被收购公司董事会不得通过处置公司资产、对外投资、调整公司主要业务、担保、贷款等方式,对公司的资产、负债、权益或者经营成果造成重大影响。

这一规定,是对于反收购的措施的限制,可以防止被收购人管理层损害股东利益。

在证券市场上,收购上市公司不一定都涉及收购要约,如果上市公司是一家股权较为分散的公司,第一大股东持股比例不是很高时,股东持股比例均不超过30%,收购与反收购的攻防战也会发生。《上市公司收购管理办法》对被收购公司的限制以发出要约收购提示公告为前提,这个前提是否必要仍可讨论。

参考资料:2015 年到 2016 年宝能与万科的收购攻防战

2015 年 7 月初中国股市暴跌,万科股份公司当时的最大股东华润仅持有万科 14.89%股份,当时股价在 14 元左右。宝能是深圳特区一家企业。2012 年宝能发起成立了前海人寿保险公司。2015 年 7 月 11 日前海人寿披露通过二级市场买入万科约 5.53 亿股,占万科总股本约 5%。此后,宝能关联公司及管理的资管计划继续购买万科股份。2015 年 12 月 4 日宝能一致行动人合计持股 20.008%,为万科公司第一大股东。2015 年 12 月 17 日万科时任董事会主席王石宣称不欢迎宝能,万科以重大资产重组为由申请暂停交易。

2016年6月26日，宝能系提议召开临时股东大会，要求罢免所有董事。6月28日的股东大会上，华润系、宝能系均对2015年度董事会报告、监事会报告投出反对票，宝能系亦对2015年年度报告投出反对票。

2016年7月1日的董事会上，万科全体董事反对宝能系提起召开临时股东大会。

2016年8月4日，恒大公告，恒大系购入万科A股股票，持股比例约4.68%。此后恒大系多次增持万科股票，2016年11月29日恒大发布公告，其共持有万科A股股票占万科总股本14.07%。

2017年1月13日，万科发布公告，华润系将名下15.31%的万科股票转让深圳地铁集团，深圳地铁成为万科第二大股东。转让事宜已获得国资委批复。1月25日，股权转让完成过户登记。

2017年3月16日，万科发布公告，恒大将持有的万科14.07%股权的表决权、提案权及参加股东大会的权利不可撤销地委托给地铁集团，期限一年。地铁集团拥有万科29.38%的股权权利，成为万科实际上的第一大股东。

2017年2月24日，保监会对前海人寿编制虚假资料、违规运用保险资金等事项进行处罚，给予姚振华禁止进入保险业10年处罚。

2017年6月9日，恒大发布公告，将所持有15.53亿股万科股票出售给深圳地铁。地铁集团持有万科29.38%股票，拥有万科相对控股权。[1]

---

[1] 参考"中国第一商战'宝石之争'详细回顾"，载http://www.p5w.net/live/lthyzb/wanke2016/201706/t20170630_1858822.html，最后访问日期：2020年9月15日。

第十二章　公众公司收购和重组

七、要约收购结束

收购期限届满，被收购公司股权分布不符合证券交易所规定的上市交易要求的，该上市公司的股票应当由证券交易所依法终止上市交易；其余仍持有被收购公司股票的股东，有权向收购人以收购要约的同等条件出售其股票，收购人应当收购。收购行为完成后，被收购公司不再具备股份有限公司条件的，应当依法变更企业形式。

在上市公司收购中，收购人持有的被收购的上市公司的股票，在收购行为完成后的 18 个月内不得转让。此处收购行为确切的含义不够明确，一般认为包括要约收购和协议收购，不包括场内阶梯收购。当然从更严格规范上市公司的角度来说，如果不包括场内阶梯收购可能会存在漏洞，法律应当进一步明确收购行为的含义。收购人在被收购公司中拥有权益的股份在同一实际控制人控制的不同主体之间进行转让不受前述 12 个月不得转让的限制，但应当遵守《上市公司收购管理办法》关于豁免条件和程序的规定申请豁免义务。

收购行为完成后，收购人与被收购公司合并，并将该公司解散的，被解散公司的原有股票由收购人依法更换。收购行为完成后，收购人应当在 15 日内将收购情况报告国务院证券监督管理机构和证券交易所，并予公告。

第四节　协议收购

协议收购是指收购人在证券交易场所之外同被收购人的特定股东进行直接协商谈判，购入其持有的被收购人的股票从而达到对被收购人的控制。

收购人通过协议方式在一个上市公司中拥有权益的股份达

到或者超过该公司已发行股份的5%，但未超过30%的，按照《上市公司收购管理办法》关于权益披露的规定办理。

采取协议收购方式的，收购人收购或者通过协议、其他安排与他人共同收购一个上市公司已发行的有表决权股份达到30%时，继续进行收购的，应当依法向该上市公司所有股东发出收购上市公司全部或者部分股份的要约。但是，按照监管机构的规定免除发出要约的除外。

以协议方式收购上市公司时，达成协议后，收购人必须在3日内将该收购协议向监管机构及证券交易所作书面报告，并予公告。在作出公告前不得履行收购协议。根据《上市公司收购管理办法》第48条规定，以协议方式收购上市公司股份超过30%，收购人拟依据《上市公司收购管理办法》的相关规定免于发出要约的，应当在与上市公司股东达成收购协议之日起3日内编制上市公司收购报告书，通知被收购公司，并公告上市公司收购报告书摘要。收购人应当在收购报告书摘要公告后5日内，公告其收购报告书、财务顾问专业意见和律师出具的法律意见书。

采取协议收购方式的，协议双方可以临时委托证券登记结算机构保管协议转让的股票，并将资金存放于指定的银行。收购人依照规定以要约方式收购上市公司股份，应当遵守证券法关于要约收购的一般规定。

第五节 对强制要约收购的豁免

一、概述

触发强制要约收购条件的，发出收购要约是一项义务。如果确实存在特殊情况，虽然形式上触发条件，但是不损害公众投资者利益的或有更重要的公共利益的，可以向监管机构申请免除该义务。

参考资料:

TCL集团为TCL通信的控股股东,2003年9月29日,TCL集团与TCL通信签署《合并协议》,TCL集团以吸收合并方式合并TCL通信。在本次合并的同时,TCL集团受让其全资子公司TCL通信设备(香港)有限公司持有的TCL通信25%的股份。本次股权转让完成后,TCL集团将直接持有TCL通信56.7%的法人股股份。

2003年10月24日,商务部批准TCL集团受让TCL通信设备(香港)有限公司持有的TCL通信25%的股份。11月20日,中国证监会同意豁免TCL集团因增持TCL通信47 027 200股外资发起人股而应履行的要约收购义务。[1]

《证券法》第65条第1款规定的强制要约收购(通过交易所收购持股达到30%后拟继续增持)和第73条第1款规定的强制要约收购(协议收购持股比例超过30%)都应该允许申请豁免,但证券法仅规定了后者可以申请豁免。

投资者及其一致行动人可以向证监会申请下列豁免事项:①免于以要约收购方式增持股份;②存在主体资格、股份种类限制或者法律、行政法规、证监会规定的特殊情形的,可以申请免于向被收购公司的所有股东发出收购要约。

未取得豁免的,投资者及其一致行动人应当在收到证监会通知之日起30日内将其或者其控制的股东所持有的被收购公司股份减持到30%或者30%以下,拟以要约以外的方式继续增持股份的,应当发出全面要约。

---

[1] "要约收购义务被豁免 TCL整体上市迈出第一步",载https://business.sohu.com/2003/11/25/26/article216022644.shtml,最后访问日期:2020年9月15日。

二、豁免要约义务的条件

根据《上市公司收购管理办法》的规定，有下列情形之一的，收购人可以向证监会提出免于以要约方式增持股份的申请（可以以非要约方式增持股份）：

（1）收购人与出让人能够证明本次股份转让是在同一实际控制人控制的不同主体之间进行，未导致上市公司的实际控制人发生变化；

（2）上市公司面临严重财务困难，收购人提出的挽救公司的重组方案取得该公司股东大会批准，且收购人承诺3年内不转让其在该公司中所拥有的权益；

（3）证监会为适应证券市场发展变化和保护投资者合法权益的需要而认定的其他情形。

有下列情形之一的，投资者可以免于发出要约：

（1）经政府或者国有资产管理部门批准进行国有资产无偿划转、变更、合并，导致投资者在一个上市公司中拥有权益的股份占该公司已发行股份的比例超过30%的；

（2）因上市公司按照股东大会批准的确定价格向特定股东回购股份而减少股本，导致投资者在该公司中拥有权益的股份超过该公司已发行股份的30%；

（3）经上市公司股东大会非关联股东批准，投资者取得上市公司向其发行的新股，导致其在该公司拥有权益的股份超过该公司已发行股份的30%，投资者承诺3年内不转让本次向其发行的新股，且公司股东大会同意投资者免于发出要约；

（4）在一个上市公司中拥有权益的股份达到或者超过该公司已发行股份的30%的，自上述事实发生之日起一年后，每12个月内增持不超过该公司已发行的2%的股份（增持不超过2%

的股份锁定期为增持行为完成之日起 6 个月）；

（5）在一个上市公司中拥有权益的股份达到或者超过该公司已发行股份的 50% 的，继续增加其在该公司拥有的权益不影响该公司的上市地位（每累计增持股份比例达到上市公司已发行股份的 2% 的，在事实发生当日和上市公司发布相关股东增持公司股份进展公告的当日不得再行增持股份）；

（6）证券公司、银行等金融机构在其经营范围内依法从事承销、贷款等业务导致其持有一个上市公司已发行股份超过 30%，没有实际控制该公司的行为或者意图，并且提出在合理期限内向非关联方转让相关股份的解决方案；

（7）因继承导致在一个上市公司中拥有权益的股份超过该公司已发行股份的 30%；

（8）因履行约定购回式证券交易协议购回上市公司股份导致投资者在一个上市公司中拥有权益的股份超过该公司已发行股份的 30%，并且能够证明标的股份的表决权在协议期间未发生转移；

（9）因所持优先股表决权依法恢复导致投资者在一个上市公司中拥有权益的股份超过该公司已发行股份的 30%；

（10）证监会为适应证券市场发展变化和保护投资者合法权益的需要而认定的其他情形。

收购人报送的豁免申请文件符合规定，并且已经按照办法的规定履行报告、公告义务的，证监会予以受理；不符合规定或者未履行报告、公告义务的，证监会不予受理。证监会在受理豁免申请后 20 个工作日内，就收购人所申请的具体事项作出是否予以豁免的决定；取得豁免的，收购人可以继续增持股份。

三、豁免要约义务的简易程序及其条件

《上市公司收购管理办法》规定，有下列情形之一的，当事

人可以向证监会申请以简易程序免除发出要约:

(1) 经政府或者国有资产管理部门批准进行国有资产无偿划转、变更、合并,导致投资者在一个上市公司中拥有权益的股份占该公司已发行股份的比例超过 30%;

(2) 在一个上市公司中拥有权益的股份达到或者超过该公司已发行股份的 30% 的,自上述事实发生之日起一年后,每 12 个月内增加其在该公司中拥有权益的股份不超过该公司已发行股份的 2%;

(3) 在一个上市公司中拥有权益的股份达到或者超过该公司已发行股份的 50% 的,继续增加其在该公司拥有的权益不影响该公司的上市地位;

(4) 因上市公司按照股东大会批准的确定价格向特定股东回购股份而减少股本,导致当事人在该公司中拥有权益的股份超过该公司已发行股份的 30%;

(5) 证券公司、银行等金融机构在其经营范围内依法从事承销、贷款等业务导致其持有一个上市公司已发行股份超过 30%,没有实际控制该公司的行为或者意图,并且提出在合理期限内向非关联方转让相关股份的解决方案;

(6) 因继承导致在一个上市公司中拥有权益的股份超过该公司已发行股份的 30%;

(7) 证监会为适应证券市场发展变化和保护投资者合法权益的需要而认定的其他情形。

证监会 5 个工作日内未提出异议的,相关投资者可以向证券交易所和证券登记结算机构申请办理股份转让和过户登记手续。证监会不同意其以简易程序申请的,相关投资者应当按照《上市公司收购管理办法》规定的一般程序提出豁免申请。

第六节　上市公司收购中的财务顾问

根据《上市公司收购管理办法》的规定，上市公司收购中收购人应聘请财务顾问。

财务顾问应当履行以下职责：

（1）对收购人的相关情况进行尽职调查；

（2）应收购人的要求向收购人提供专业化服务，全面评估被收购公司的财务和经营状况，帮助收购人分析收购所涉及的法律、财务、经营风险，就收购方案所涉及的收购价格、收购方式、支付安排等事项提出对策建议，并指导收购人按照规定的内容与格式制作公告文件；

（3）对收购人进行证券市场规范化运作的辅导，使收购人的董事、监事和高级管理人员熟悉有关法律、行政法规和证监会的规定，充分了解其应当承担的义务和责任，督促其依法履行报告、公告和其他法定义务；

（4）对收购人是否符合本办法的规定及公告文件内容的真实性、准确性、完整性进行充分核查和验证，对收购事项客观、公正地发表专业意见；

（5）与收购人签订协议，在收购完成后 12 个月内，持续督导收购人遵守法律、行政法规、证监会的规定、证券交易所规则、上市公司章程，依法行使股东权利，切实履行承诺或者相关约定。

第七节　非上市公众公司收购

非上市公众公司，是股票公开发行但股票未在证券交易所上市而是在全国股份转让系统（新三板）公开转让的公司，其股票定向发行但累计超过 200 名股东或非公开发行，但因股票在区域性股权市场转让导致持股人数超过 200 人的公司也属于非上市公众公司。证监会制定了《非上市公众公司收购管理办法》，适用于股转系统公开转让公司。

进行公众公司收购，收购人或者其实际控制人应当具有健全的公司治理机制和良好的诚信记录。收购人不得以任何形式从被收购公司获得财务资助，不得利用收购活动损害被收购公司及其股东的合法权益。诚信记录不符合规定的人不得收购非上市公众公司。

收购上市公司的一般原则也适用于非上市公众公司的收购。

一、持股达到 10% 及其后增减 5% 的梯级预警信息披露

1. 持股达到 10% 的预警

有下列情形之一的，投资者及其一致行动人应当在该事实发生之日起 2 日内编制并披露权益变动报告书，报送全国股份转让系统，同时通知该公众公司；自该事实发生之日起至披露后 2 日内，不得再行买卖该公众公司的股票。

（1）通过全国股份转让系统的做市方式、竞价方式进行证券转让，投资者及其一致行动人拥有权益的股份达到公众公司已发行股份的 10%；

（2）通过协议方式，投资者及其一致行动人在公众公司中拥有权益的股份拟达到或者超过公众公司已发行股份的 10%。

2. 持股达到 10% 之后增减 5% 的预警

投资者及其一致行动人拥有权益的股份达到公众公司已发行股份的 10% 后，其拥有权益的股份占该公众公司已发行股份的比例每增加或者减少 5%（即其拥有权益的股份每达到 5% 的整数倍时），应当依照前款规定进行披露。自该事实发生之日起至披露后 2 日内，不得再行买卖该公众公司的股票。

3. 非交易持股变动的预警

投资者及其一致行动人通过行政划转或者变更、执行法院裁定、继承、赠与等方式导致其直接拥有权益的股份变动达到10%及其后增减5%比例的，应当按照前述规定履行披露义务。

4. 间接控制股份的预警

投资者虽不是公众公司的股东，但通过投资关系、协议、其他安排等方式进行收购导致其间接拥有权益的股份变动达到规定的预警比例的，应当按照前述规定履行披露义务。

5. 持股比例被动变动免于披露

因公众公司向其他投资者发行股份、减少股本导致投资者及其一致行动人拥有权益的股份变动出现达到应当预警披露的比例情形的，投资者及其一致行动人免于履行披露义务。公众公司应当自完成增加股本、减少股本的变更登记之日起2日内，就因此导致的公司股东拥有权益的股份变动情况进行披露。

二、控制权变动披露

1. 新的第一大股东或实际控制人信息披露

通过全国股份转让系统的证券转让，投资者及其一致行动人拥有权益的股份变动导致其成为公众公司第一大股东或者实际控制人，或者通过投资关系、协议转让、行政划转或者变更、执行法院裁定、继承、赠与、其他安排等方式拥有权益的股份变动导致其成为或拟成为公众公司第一大股东或者实际控制人且拥有权益的股份超过公众公司已发行股份10%的，应当在该事实发生之日起2日内编制收购报告书，连同财务顾问专业意见和律师出具的法律意见书一并披露，报送全国股份转让系统，同时通知该公众公司。

收购公众公司股份需要取得国家相关部门批准的，收购人

应当在收购报告书中进行明确说明,并持续披露批准程序进展情况。

2. 协议收购

以协议方式进行公众公司收购的,自签订收购协议起至相关股份完成过户的期间为公众公司收购过渡期(以下简称"过渡期")。在过渡期内,收购人不得通过控股股东提议改选公众公司董事会,确有充分理由改选董事会的,来自收购人的董事不得超过董事会成员总数的1/3;被收购公司不得为收购人及其关联方提供担保;被收购公司不得发行股份募集资金。

在过渡期内,被收购公司除继续从事正常的经营活动或者执行股东大会已经作出的决议外,被收购公司董事会提出拟处置公司资产、调整公司主要业务、担保、贷款等议案,可能对公司的资产、负债、权益或者经营成果造成重大影响的,应当提交股东大会审议通过。

3. 新的第一大股东或者实际控制人转让股份的限制

按照《上市公司收购管理办法》进行公众公司收购后,收购人成为公司第一大股东或者实际控制人的,收购人持有的被收购公司股份,在收购完成后12个月内不得转让。

收购人在被收购公司中拥有权益的股份在同一实际控制人控制的不同主体之间进行转让不受前述12个月的限制。

三、要约收购

1. 自愿要约收购

投资者自愿选择以要约方式收购公众公司股份的,可以向被收购公司所有股东发出全面要约,也可以向被收购公司所有股东发出部分要约。

收购人自愿以要约方式收购公众公司股份的,其预定收购的股份比例不得低于该公众公司已发行股份的5%。

2. 全面要约收购的触发条件由公司章程规定

公众公司应当在公司章程中约定,在公司被收购时,收购人是否需要向公司全体股东发出全面要约收购,并明确全面要约收购的触发条件以及相应制度安排。

收购人根据被收购公司章程规定需要向公司全体股东发出全面要约收购的,对同一种类股票的要约价格,不得低于要约收购报告书披露日前6个月内取得该种股票所支付的最高价格。

3. 要约收购报告书及其披露

以要约方式收购公众公司股份的,收购人应当聘请财务顾问,并编制要约收购报告书,连同财务顾问专业意见和律师出具的法律意见书一并披露,报送全国股份转让系统,同时通知该公众公司。

要约收购的其他事项参照适用要约收购上市公司的规定。

第八节 上市公司重大重组

一、概述

上市公司及其控股或者控制的公司在日常经营活动之外购买、出售资产或者通过其他方式进行重大资产交易,导致上市公司的主营业务、资产、收入发生重大变化的资产交易行为构成重大资产重组。上市公司发生公司合并、分立等影响股东权益的重大事件也应该属于重大重组。

前面讲过,股票的基本价值在于它所代表的公司的资产,发行股票的公司的资产发生重大变动,也就是股票所代表的资产发生变化,股票的实际价值也发生变化,势必影响股票投资者的权益,引起股价波动。重大资产重组的过程,也是最容易发生操纵证券市场行为和内幕交易的时机。因此,有必要规范上市公司的重大资产重组。

考虑到以上情况，对重大重组的规范，核心就在于规范信息披露，要及时、公平、真实、充分和准确地向公众投资者披露信息。同时，为了确保信息披露的质量，有必要采取某种形式的核准制或注册制，由监管机构对信息披露的质量进行控制。

从理论上说，《证券法》应该对重大资产重组作出规定，但《证券法》没有规定。证监会制定了《上市公司重大资产重组管理办法》（以下简称《重组办法》），是规范重大资产重组的基本规范。规范上市公司重大资产重组是必要的，但缺少上位法依据，证监会有自我授权之嫌，事出不得已。以下简要介绍《重组办法》的主要规定。

二、重大资产重组的原则

第一，上市公司重大资产重组或者发行股份购买资产应向证监会申请审核。证监会在发行审核委员会中设立上市公司并购重组审核委员会（简称"并购重组委"），并购重组委以投票方式对提交其审议的重大资产重组或者发行股份购买资产申请进行表决，提出审核意见。

第二，《重组办法》规定，上市公司实施重大资产重组，应当就本次交易符合下列要求作出充分说明，并予以披露：

①符合国家产业政策和有关环境保护、土地管理、反垄断等法律和行政法规的规定；

②不会导致上市公司不符合股票上市条件；

③重大资产重组所涉及的资产定价公允，不存在损害上市公司和股东合法权益的情形；

④重大资产重组所涉及的资产权属清晰，资产过户或者转移不存在法律障碍，相关债权债务处理合法；

⑤有利于上市公司增强持续经营能力，不存在可能导致上市公司重组后主要资产为现金或者无具体经营业务的情形；

⑥有利于上市公司在业务、资产、财务、人员、机构等方面与实际控制人及其关联人保持独立，符合证监会关于上市公司独立性的相关规定；

⑦有利于上市公司形成或者保持健全有效的法人治理结构。

三、重大资产重组的标准

第一标准，《重组办法》第12条规定，上市公司及其控股或者控制的公司购买、出售资产，达到下列标准之一的，构成重大资产重组：

①购买、出售的资产总额占上市公司最近一个会计年度经审计的合并财务会计报告期末资产总额的比例达到50%以上；

②购买、出售的资产在最近一个会计年度所产生的营业收入占上市公司同期经审计的合并财务会计报告营业收入的比例达到50%以上，且超过5000万元人民币；

③购买、出售的资产净额占上市公司最近一个会计年度经审计的合并财务会计报告期末净资产额的比例达到50%以上，且超过5000万元人民币。

购买、出售资产未达到前款规定标准，但证监会发现涉嫌违反国家产业政策、违反法律和行政法规、违反证监会的规定、可能损害上市公司或者投资者合法权益的重大问题的，可以根据审慎监管原则，责令上市公司暂停交易、按照本办法的规定补充披露相关信息、聘请符合《证券法》规定的独立财务顾问或者其他证券服务机构补充核查并披露专业意见。

第二标准，在控制权发生变化之后规定期间内的重大资产重组。

《重组办法》第 13 条第 1 款规定，上市公司自控制权发生变更之日起 36 个月内，向收购人及其关联人购买资产，导致上市公司发生以下根本变化情形之一的，构成重大资产重组，应当按照本办法的规定报经证监会核准：

①购买的资产总额占上市公司控制权发生变更的前一个会计年度经审计的合并财务会计报告期末资产总额的比例达到 100%以上；

②购买的资产在最近一个会计年度所产生的营业收入占上市公司控制权发生变更的前一个会计年度经审计的合并财务会计报告营业收入的比例达到 100%以上；

③购买的资产净额占上市公司控制权发生变更的前一个会计年度经审计的合并财务会计报告期末净资产额的比例达到 100%以上；

④为购买资产发行的股份占上市公司首次向收购人及其关联人购买资产的董事会决议前一个交易日的股份的比例达到 100%以上；

⑤上市公司向收购人及其关联人购买资产虽未达到上述第①至第④项标准，但可能导致上市公司主营业务发生根本变化；

⑥证监会认定的可能导致上市公司发生根本变化的其他情形。

四、重大资产重组的程序

（1）初步磋商应采取保密措施，与证券服务机构等签订保密协议。如有信息在市场传播或股价异动，应立即公告说明情况。

（2）上市公司应当聘请独立财务顾问、律师事务所以及具有相关证券业务资格的会计师事务所等证券服务机构就重大资产重组出具意见。

独立财务顾问和律师事务所应当审慎核查重大资产重组是否构成关联交易，并依据核查确认的相关事实发表明确意见。重大资产重组涉及关联交易的，独立财务顾问应当就本次重组对上市公司非关联股东的影响发表明确意见。

资产交易定价以资产评估结果为依据的，上市公司应当聘请具有相关证券业务资格的资产评估机构出具资产评估报告。

证券服务机构在其出具的意见中采用其他证券服务机构或者人员的专业意见的，仍然应当进行尽职调查，审慎核查其采用的专业意见的内容，并对利用其他证券服务机构或者人员的专业意见所形成的结论负责。

上市公司及交易对方与证券服务机构签订聘用合同后，非因正当事由不得更换证券服务机构。确有正当事由需要更换证券服务机构的，应当披露更换的具体原因以及证券服务机构的陈述意见。

（3）上市公司应当在重大资产重组报告书的管理层讨论与分析部分，就本次交易对上市公司的持续经营能力、未来发展前景、当年每股收益等财务指标和非财务指标的影响进行详细析。

（4）董事会决议和股东会批准。上市公司进行重大资产重组，应当由董事会依法作出决议，并提交股东大会批准。

第一，董事会决议。

上市公司董事会应当就重大资产重组是否构成关联交易作出明确判断，并作为董事会决议事项予以披露。

上市公司独立董事应当在充分了解相关信息的基础上，就重大资产重组发表独立意见。重大资产重组构成关联交易的，独立董事可以另行聘请独立财务顾问就本次交易对上市公司非关联股东的影响发表意见。上市公司应当积极配合独立董事调阅相关材料,并通过安排实地调查、组织证券服务机构汇报等方式,为独立董事履行职责提供必要的支持和便利。

第二,董事会决议后的信息披露和重大资产重组报告书。

上市公司应当在董事会作出重大资产重组决议后的次一工作日至少披露下列文件:一是董事会决议及独立董事的意见;二是上市公司重大资产重组预案。

本次重组的重大资产重组报告书、独立财务顾问报告、法律意见书以及重组涉及的审计报告、资产评估报告或者估值报告至迟应当与召开股东大会的通知同时公告。上市公司自愿披露盈利预测报告的,该报告应当经符合《证券法》规定的会计师事务所审核,与重大资产重组报告书同时公告。

第三,股东大会。

上市公司股东大会就重大资产重组作出的决议,至少应当包括下列事项:①本次重大资产重组的方式、交易标的和交易对方;②交易价格或者价格区间;③定价方式或者定价依据;④相关资产自定价基准日至交割日期间损益的归属;⑤相关资产办理权属转移的合同义务和违约责任;⑥决议的有效期;⑦对董事会办理本次重大资产重组事宜的具体授权;⑧其他需要明确的事项。

上市公司股东大会就重大资产重组事项作出决议,必须经出席会议的股东所持表决权的2/3以上通过。

上市公司重大资产重组事宜与本公司股东或者其关联人存在关联关系的,股东大会就重大资产重组事项进行表决时,关联股东应当回避表决。

交易对方已经与上市公司控股股东就受让上市公司股权或者向上市公司推荐董事达成协议或者合意,可能导致上市公司的实际控制权发生变化的，上市公司控股股东及其关联人应当回避表决。

上市公司就重大资产重组事宜召开股东大会，应当以现场会议形式召开，并应当提供网络投票和其他合法方式为股东参加股东大会提供便利。除上市公司的董事、监事、高级管理人员、单独或者合计持有上市公司5%以上股份的股东以外，其他股东的投票情况应当单独统计并予以披露。

第四，股东大会后的信息披露。

上市公司应当在股东大会作出重大资产重组决议后的次一工作日公告该决议，以及律师事务所对本次会议的召集程序、召集人和出席人员的资格、表决程序以及表决结果等事项出具的法律意见书。

符合第二标准的重大资产重组，上市公司还应当按照证监会的规定委托独立财务顾问，在作出决议后3个工作日内向证券交易所提出申请。

第五，交易当事人的承诺。

上市公司全体董事、监事、高级管理人员应当公开承诺，保证重大资产重组的信息披露和申请文件不存在虚假记载、误导性陈述或者重大遗漏。

重大资产重组的交易对方应当公开承诺，将及时向上市公司提供本次重组相关信息，并保证所提供的信息真实、准确、完整，如因提供的信息存在虚假记载、误导性陈述或者重大遗漏，给上市公司或者投资者造成损失的，将依法承担赔偿责任。

交易双方单位和相关个人还应当公开承诺，如本次交易因涉嫌所提供或者披露的信息存在虚假记载、误导性陈述或者重大遗漏，被司法机关立案侦查或者被证监会立案调查的，在案件调查结论明确之前，将暂停转让其在该上市公司拥有权益的股份。

五、重大重组实施

上市公司重大资产重组完成相关批准程序后,应当及时实施重组方案,并于实施完毕之日起3个工作日内编制实施情况报告书,向证券交易所提交书面报告,并予以公告。

上市公司聘请的独立财务顾问和律师事务所应当对重大资产重组的实施过程、资产过户事宜和相关后续事项的合规性及风险进行核查,发表明确的结论性意见。独立财务顾问和律师事务所出具的意见应当与实施情况报告书同时报告、公告。

自完成相关批准程序之日起60日内,本次重大资产重组未实施完毕的,上市公司应当于期满后次一工作日将实施进展情况报告,并予以公告;此后每30日应当公告一次,直至实施完毕。属于《重组办法》第44条规定的交易情形的,自收到证监会核准文件之日起超过12个月未实施完毕的,注册文件失效。

上市公司在实施重大资产重组的过程中,发生法律、法规要求披露的重大事项的,应当及时作出公告;该事项导致本次交易发生实质性变动的,须重新提交股东大会审议,涉及发行股份购买资产的,还须按照《重组办法》的规定向证券交易所重新提出申请。

六、发行股份购买资产

上市公司发行股份购买资产,应当符合下列规定:①充分说明并披露本次交易有利于提高上市公司资产质量、改善财务状况和增强持续盈利能力,有利于上市公司减少关联交易、避免同业竞争、增强独立性;②上市公司最近一年及一期财务会计报告被注册会计师出具无保留意见审计报告;被出具保留意见、否定意见或者无法表示意见的审计报告的，须经注册会计师专项核查确认，该保留意见、否定意见或者无法表示意见所涉及事项的重大影响已经消除或者将通过本次交易予以消除；③上市公司及其现任董事、高级管理人员不存在因涉嫌犯罪正被司法机关立案侦查或涉嫌违法违规正被证监会立案调查的情形，但是，涉嫌犯罪或违法违规的行为已经终止满3年，交易方案有助于消除该行为可能造成的不良后果，且不影响对相关行为人追究责任的除外；④充分说明并披露上市公司发行股份所购买的资产为权属清晰的经营性资产，并能在约定期限内办理完毕权属转移手续；⑤证监会规定的其他条件。

上市公司为促进行业的整合、转型升级，在其控制权不发生变更的情况下，可以向控股股东、实际控制人或者其控制的关联人之外的特定对象发行股份购买资产。所购买资产与现有主营业务没有显著协同效应的，应当充分说明并披露本次交易后的经营发展战略和业务管理模式，以及业务转型升级可能面临的风险和应对措施。

特定对象以现金或者资产认购上市公司发行的股份后，上市公司用同一次发行所募集的资金向该特定对象购买资产的，视同上市公司发行股份购买资产。

上市公司发行股份购买资产应当遵守关于重大资产重组的规定，编制发行股份购买资产预案、发行股份购买资产报告书，并向证监会提出申请。上市公司可以向特定对象发行可转换为股票的公司债券、定向权证、存托凭证等用于购买资产或者与其他公司合并。

参考资料：天津磁卡重组方案

天津磁卡拟向渤化集团非公开发行股份购买其持有的渤海石化100%股权，并向不超过10名（含10名）特定投资者定向发行股份募集配套资金,募集配套资金不超过180 000万元,不超过本次交易中以发行股份方式购买资产的交易价格的100%,配套数量不超过上市公司本次交易前总股本的20%,即122 254 209股(含122 254 209股)。本次交易完成后渤海石化将成为天津磁卡的全资子公司,天津磁卡将直接持有渤海石化100%的股权。本次交易前,上市公司总股本为611 271 047股。根据本次交易方案,本次发行股份购买资产拟发行391 135 219股股份,不考虑募集配套资金的情况下,交易完成后上市公司总股本将增加至1 002 406 266股,上市公司控股股东渤化集团及其一致行动人磁卡集团持股比例将由本次交易前的28.09%变为56.15%,天津市国资委仍为上市公司的实际控制人。2020年1月8日,本次交易取得中国证监会核准。[1]

---

[1] 参见"天津环球磁卡股份有限公司发行股份购买资产并募集配套资金暨关联交易实施情况暨新增股份上市公告书摘要",载http://static.sse.com.cn/disclosure/listedinfo/announcement/c/2020-01-17/600800_ 20200117_ 6.pdf,最后访问日期:2020年9月15日。

第十三章

证券交易与证券交易市场

第一节 证券交易概述

一、证券交易

认购了发行人发行的证券的投资者,不时会有将证券出售以获得资金的需要,没有能在发行时买到证券的投资者也有投资证券的需要,如此有人出售证券,有人购买证券,购买了证券的人又出售证券,有买有卖,这就是交易,这就有了证券交易市场,或者称证券二级市场。交易市场给投资者提供了配置资产、分散风险的机会。

我国的证券交易市场由多层次市场构成,证券交易所称为场内市场,其他市场称为场外市场。场外市场目前包括全国股转系统、区域性股权市场、机构间私募产品报价与服务系统、证券公司柜台市场等。

1. 合法交易

《证券法》规定,证券交易当事人依法买卖的证券,必须是依法发行并交付的证券。非依法发行的证券,不得买卖。

公开发行证券或者不公开发行都应当依法进行。非依法发行的证券,其买卖也是不受法律保护的。

2. 公开交易和不公开交易

证券法规定,公开发行的证券,应当在依法设立的证券交易所上市交易或者在国务院批准的其他全国性证券交易场所交易。目前,我国证券交易所只有两家即上海证券交易所和深圳证券交易所。国务院批准的其他全国性证券交易场所即全国股转系统。

非公开发行的证券,可以在证券交易所、国务院批准的其他全国性证券交易场所、按照国务院规定设立的区域性股权市场转让。非公开发行的证券,只要是合法发行当然可以交易,但法律限定只能在规定的市场转让。这一规定反映了我国证券市场仍存在一定的局限性。非公开发行,可以交易,参与交易的投资者应该是具有一定的投资经验和风险承担能力的合格投资者。

3. 在交易所交易以公开竞价交易为主

证券在证券交易所上市交易,采用公开的竞价交易方式或者国务院证券监督管理机构批准的其他方式。其他方式包括股票大宗交易等。

4. 交易所现货交易当日交割

我国证券交易所的证券现货交易,当日清算交割,没有远期交割,购入股票次日可出卖。

融资融券交易中,投资者与经纪商之间发生融资融券关系,投资者参与的市场的买卖仍是当日清算交割。

5. 股票期权交易

交易所的股票期权交易实际是期权合约交易。根据上交所规定,期权合约,是指交易所统一制定的、规定买方可以在将来特定时间以特定价格买入或者卖出约定股票或者跟踪股票指数的交易型开放式指数基金等标的物的标准化合约。

目前上海证券交易所交易的期权合约品种有两种：一是上证50ETF期权的合约，其标的为"上证50交易型开放式指数证券投资基金"；二是沪深300ETF期权的合约，其标的为"华泰柏瑞沪深300交易型开放式指数证券投资基金"。

二、限制证券

原则上，合法发行的证券，证券持有者有转让的自由，但为保护公众投资者利益和证券交易市场秩序，法律也对特定的证券转让有限制，如有限制规定或约定，应当遵守该限制。这些转让限期和方式有限制的证券，为限制证券。

（1）公司法关于限制证券的规定。

某些证券在发行文件中规定在一定期限内不得转让，或者持有证券者或认购证券者自愿承诺一定期限不转让证券。

《公司法》第141条规定，发起人持有的本公司股份，自公司成立之日起一年内不得转让。公司公开发行股份前已发行的股份，自公司股票在证券交易所上市交易之日起一年内不得转让。公司董事、监事、高级管理人员应当向公司申报所持有的本公司的股份及其变动情况，在任职期间每年转让的股份不得超过其所持有本公司股份总数的25%；所持本公司股份自公司股票上市交易之日起一年内不得转让。上述人员离职后半年内，不得转让其所持有的本公司股份。公司章程可以对公司董事、监事、高级管理人员转让其所持有的本公司股份作出其他限制性规定。

（2）证券法关于限制证券的规定：二次发行。

公司首次公开发行前持有的公司股份或上市公司向特定对象发行的股份，均属于限制证券，这些股份在交易市场转让构成二次发行。

持有5%以上股份的股东、实际控制人、董事、监事、高级管理人员，以及其他持有发行人首次公开发行前发行的股份或者上市公司向特定对象发行的股份的股东，转让其持有的本公司股份的，不得违反法律、行政法规和国务院证券监督管理机构关于持有期限、卖出时间、卖出数量、卖出方式、信息披露等规定，并应当遵守证券交易所的业务规则。

关于二次发行，在证券发行部分已经有专门介绍，此处不再重复。

三、对特定主体参与证券交易的限制

1. 证券行业从业者投资股票受限制

证券行业从业者拥有信息优势，为防止内幕交易或利用未公开信息交易、与客户利益冲突等不公平交易，法律规定限制他们从事股票或其他具有股权性质的证券。这一限制是对他们投资自由的限制，具有一定合理性，但也受到质疑，是否过分限制了权利。有建议可以实行申报和审查制度，证券行业从业者应向任职单位申报本人及其配偶的证券账户，在买卖后要申报买卖情况，不得与任职单位或工作职责存在利益冲突。还有一种替代方案，采取证券账户信托的方式，即证券行业从业者在任职期间不能自己管理自己的账户，应委托信托机构管理。

《证券法》第40条规定，证券交易场所、证券公司和证券登记结算机构的从业人员，证券监督管理机构的工作人员以及法律、行政法规规定禁止参与股票交易的其他人员，在任期或者法定限期内，不得直接或者以化名、借他人名义持有、买卖股票或者其他具有股权性质的证券，也不得收受他人赠送的股票或者其他具有股权性质的证券。任何人在成为法律所列禁止持有、买卖股票的人员时，其原已持有的股票或者其他具有股

权性质的证券，必须依法转让。实施股权激励计划或者员工持股计划的证券公司的从业人员，可以按照国务院证券监督管理机构的规定持有、卖出本公司股票或者其他具有股权性质的证券。

尽管存在上述限制，但仍然时常出现一些证券行业从业者违法从事证券交易的案例。其他具有股权性质的证券，我们理解主要包括认股权证、存托凭证。

2. 证券专业服务机构与人员买卖证券的限制

证券专业服务机构与人员为证券发行人和上市公司或者收购人、资产重组的当事人等提供专业服务，能够了解到发行人和上市公司的内幕信息，为防范内幕交易，法律限制他们在一定期限内买卖与他们提供专业相关的证券。证券专业服务机构包括会计师事务所、律师事务所、资产评估机构、资信评级机构、财务顾问机构等。

《证券法》第42条规定，为证券发行出具审计报告或者法律意见书等文件的证券服务机构和人员，在该证券承销期内和期满后6个月内，不得买卖该证券。为发行人及其控股股东、实际控制人，或者收购人、重大资产交易方出具审计报告或者法律意见书等文件的证券服务机构和人员，自接受委托之日起至上述文件公开后5日内，不得买卖该证券。实际开展上述有关工作之日早于接受委托之日的，自实际开展上述有关工作之日起至上述文件公开后5日内，不得买卖该证券。

四、短线交易收益归入

为防范内幕交易，证券法规定了短线交易收益归入发行人的制度。

短线交易收入归入。《证券法》第44条规定，上市公司、股票在国务院批准的其他全国性证券交易场所交易的公司持有5%以上股份的股东、董事、监事、高级管理人员，将其持有的该公司的股票或者其他具有股权性质的证券在买入后6个月内卖出，或者在卖出后6个月内又买入，由此所得收益归该公司所有，公司董事会应当收回其所得收益。但是，证券公司因购入包销售后剩余股票而持有5%以上股份，以及有国务院证券监督管理机构规定的其他情形的除外。前款所称董事、监事、高级管理人员、自然人股东持有的股票或者其他具有股权性质的证券，包括其配偶、父母、子女持有的及利用他人账户持有的股票或者其他具有股权性质的证券。

股东的派生诉讼权。公司董事会不按照规定收回短线交易收益的，股东有权要求董事会在30日内执行。公司董事会未在上述期限内执行的，股东有权为了公司的利益以自己的名义直接向人民法院提起诉讼。

董事的赔偿责任。公司董事会不按照规定收回短线交易收益的，负有责任的董事依法承担连带责任。

五、程序化交易

随着技术的发展，利用计算机程序自动进行证券交易已经成为现实。为规范程序化交易，《证券法》第45条规定，通过计算机程序自动生成或者下达交易指令进行程序化交易的，应当符合国务院证券监督管理机构的规定，并向证券交易所报告，不得影响证券交易所系统安全或者正常交易秩序。

第二节　证券交易所

一、证券交易所定义

证券交易所是提供证券集中交易的场所和设施、组织和监督证券交易的机构。

《证券法》规定，证券交易所必须在其名称中标明证券交易所字样。其他任何单位或者个人不得使用证券交易所或者近似的名称。

二、证券交易所的设立

我国证券交易所的设立、变更和解散，由国务院决定。交易所章程的制定和修改，必须经过证监会的批准。证券交易所实行自律管理，依法登记，取得法人资格。

证券交易所设理事会、监事会。证券交易所设总经理一人，由国务院证券监督管理机构任免。

三、证券交易所的主要职能

（1）证券交易所的基本职能：①为证券交易提供场所、设施；②依法制定证券集中竞价交易的具体规则、证券交易所会员管理规章；③对在交易所进行的证券交易实行实时监控；④对上市公司披露信息进行监督；⑤即时公布证券交易行情、公布按交易日制作的证券市场行情表等。交易所有自律监管的功能，监督上市公司的信息披露，以及会员证券商的交易行为。

（2）证券交易所履行自律管理职能，应当遵守社会公共利益优先原则，维护市场的公平、有序、透明。

（3）交易所业务规则的制定和执行。

证券交易所依照法律、行政法规和国务院证券监督管理机构的规定,制定上市规则、交易规则、会员管理规则和其他有关业务规则,并报国务院证券监督管理机构批准。

在证券交易所从事证券交易,应当遵守证券交易所依法制定的业务规则。违反业务规则的,由证券交易所给予纪律处分或者采取其他自律管理措施。

证券交易所可以按照业务规则的规定,决定上市交易股票的停牌或者复牌。

(4) 证券市场行情公布。

证券交易所应当为组织公平的集中交易提供保障,实时公布证券交易即时行情,并按交易日制作证券市场行情表,予以公布。

证券交易即时行情的权益由证券交易所依法享有。未经证券交易所许可,任何单位和个人不得发布证券交易即时行情。

(5) 突发性事件的停牌、停市。

因不可抗力、意外事件、重大技术故障、重大人为差错等突发性事件而影响证券交易正常进行时,为维护证券交易正常秩序和市场公平,证券交易所可以按照业务规则采取技术性停牌、临时停市等处置措施,并应当及时向国务院证券监督管理机构报告。

因上述的突发性事件导致证券交易结果出现重大异常,按交易结果进行交收将对证券交易正常秩序和市场公平造成重大影响的,证券交易所按照业务规则可以采取取消交易、通知证券登记结算机构暂缓交收等措施,并应当及时向国务院证券监督管理机构报告并公告。

证券交易所对其依照上述规定采取措施造成的损失,不承担民事赔偿责任,但存在重大过错的除外。

第十三章　证券交易与证券交易市场

（6）实时监控。

证券交易所对证券交易实行实时监控，并按照国务院证券监督管理机构的要求，对异常的交易情况提出报告。

证券交易所根据需要，可以按照业务规则对出现重大异常交易情况的证券账户的投资者限制交易，并及时报告国务院证券监督管理机构。

（7）重大异常波动处置。

证券交易所应当加强对证券交易的风险监测，出现重大异常波动的，证券交易所可以按照业务规则采取限制交易、强制停牌等处置措施，并向国务院证券监督管理机构报告；严重影响证券市场稳定的，证券交易所可以按照业务规则采取临时停市等处置措施并公告。

证券交易所对其依照本条规定采取措施造成的损失，不承担民事赔偿责任，但存在重大过错的除外。

（8）风险基金。

证券交易所应当从其收取的交易费用和会员费、席位费中提取一定比例的金额设立风险基金。风险基金由证券交易所理事会管理。风险基金提取的具体比例和使用办法，由国务院证券监督管理机构会同国务院财政部门规定。证券交易所应当将收存的风险基金存入开户银行专门账户，不得擅自使用。

（9）交易结果效力的特殊规定。

按照依法制定的交易规则进行的交易，不得改变其交易结果，但证券法规定的突发性事件导致的重大异常交易除外。对交易中违规交易者应负的民事责任不得免除；在违规交易中所获利益，依照有关规定处理。

四、证券交易所组织形态

从各国的情况看，证券交易所可以采取公司形式，也可以采取会员制形式。

有不少知名证券交易所采取了公司制的形式,甚至有些交易所公开发行股票,股票在本交易所上市。公司制交易所存在自律监管职责与追求利润之间的冲突,交易所设立不同子公司分别负责不同的业务。

会员制证券交易所,不以盈利为目的,交易所的收益不能向会员分配。证券交易所的积累归会员所有,其权益由会员共同享有,其存续期间,不得将其积累分配给会员。目前我国上交所和深交所均是会员制交易所。

证券交易所会员主要是证券商,只有会员证券商在交易所拥有席位、可向证券交易所交易系统申报交易。其他投资者只能委托证券经纪商买卖证券。证券交易所不得允许非会员直接参与股票的集中交易。

五、交易所的市场层次

证券交易所可以设置不同的交易板块(board)或市场层次,主要是根据证券品种、行业特点、公司规模等因素区分设置。

上交所的市场分为主板市场和科创板。深交所的市场分为主板市场、中小企业板、创业板。

六、交易所的收费

证券交易所的收费:①上市费用包括上市初费和年费;②向买卖双方分别收费的交易经手费;③向交易所会员收取的交易单元费。交易所还代收证券交易印花税、监管机构收取的证管费。

第三节　证券交易所的证券交易

一、投资者与证券经纪商

普通投资者买卖在证券交易的证券，必须委托证券经纪商代为买卖。

1. 开户

投资者应当与证券公司签订证券交易委托协议，并在证券公司实名开立账户，以书面、电话、自助终端、网络等方式，委托该证券公司代其买卖证券。

证券公司为投资者开立账户，应当按照规定对投资者提供的身份信息进行核对。证券公司不得将投资者的账户提供给他人使用。投资者应当使用实名开立的账户进行交易。

2. 买卖申报

投资者向其证券经纪商发出买卖指令，证券公司根据投资者的委托，按照证券交易规则提出交易申报，参与证券交易所场内的集中交易。

3. 清算交收

作为经纪商的证券公司根据成交结果承担相应的清算交收责任。证券登记结算机构根据成交结果，按照清算交收规则，与证券公司进行证券和资金的清算交收，并为证券公司客户办理证券的登记过户手续。

二、证券集中竞价交易具体规则（以上交所为例）

1. 交易时间

每周一至周五为交易日，国家节假日停止交易。股票交易采用竞价交易方式的，每个交易日的9：15至9：25为开盘集合竞价时间，9：30至11：30或13：00至14：57为连续竞价时间，

14：57至15：00为收盘集合竞价时间。基金、债券、债券回购交易，每个交易日的9：15至9：25为开盘集合竞价时间，9：30至11：30或13：00至15：00为连续竞价时间。

2. 竞价规则

集合竞价是指在规定时间内接受的买卖申报一次性集中撮合的竞价方式。连续竞价是指对买卖申报逐笔连续撮合的竞价方式。

证券竞价交易按价格优先、时间优先的原则撮合成交。

成交时价格优先的原则为：较高价格买入申报优先于较低价格买入申报，较低价格卖出申报优先于较高价格卖出申报。成交时时间优先的原则为：买卖方向、价格相同的，先申报者优先于后申报者。先后顺序按交易主机接受申报的时间确定。

3. 委托价格

限价委托是指客户委托会员按其限定的价格买卖证券，会员必须按限定的价格或低于限定的价格申报买入证券；按限定的价格或高于限定的价格申报卖出证券。

市价委托是指客户委托会员按市场价格买卖证券。

4. 整数交易

股票的买卖，正常的申报买入或卖出以100股为最低单位和进阶单位，即申报买卖股票的数量必须是100股或其整数倍，100股为1手。卖出股票、基金、权证时，余额不足100股（份）的部分，应当一次性申报卖出。

债券竞价交易中，债券交易的申报数量应当为1手或其整数倍，债券质押式回购交易的申报数量应当为100手或其整数倍，债券买断式回购交易的申报数量应当为1000手或其整数倍。

债券交易和债券买断式回购交易以人民币1000元面值债券

第十三章 证券交易与证券交易市场

为1手,债券质押式回购交易以人民币1000元标准券为1手。另有规定的除外。

股票、基金、权证交易单笔申报最大数量应当不超过100万股(份),债券交易和债券质押式回购交易单笔申报最大数量应当不超过10万手,债券买断式回购交易单笔申报最大数量应当不超过5万手。

对股票、基金交易实行价格涨跌幅限制,涨跌幅比例为10%。股票上市首日无涨跌幅限制。

三、交易所内的大宗交易

大宗交易不纳入交易所即时行情和指数的计算,成交量在大宗交易结束后计入该证券成交总量。

按照上交所规则,在该交易所进行的证券买卖符合以下条件的,可以采用大宗交易方式:

(1) A股单笔买卖申报数量应当不低于30万股,或者交易金额不低于200万元人民币;

(2) B股单笔买卖申报数量应当不低于30万股,或者交易金额不低于20万元美元;

(3) 基金大宗交易的单笔买卖申报数量应当不低于200万份,或者交易金额不低于200万元人民币;

(4) 债券及债券回购大宗交易的单笔买卖申报数量应当不低于1000手,或者交易金额不低于100万元人民币;

大宗交易实行协商定价和盘后定价交易两种方式。

买卖双方就大宗交易达成一致后,应当委托会员通过交易业务单元向交易所交易系统提出成交申报。

四、债券回购交易

债券回购交易包括债券买断式回购交易和债券质押式回购

交易。

债券买断式回购交易，是指债券持有人将债券卖给购买方的同时，交易双方约定在未来某一日期，卖方再以约定价格从买方购回相等数量同种债券的交易。

债券质押式回购交易，是指债券持有人在将债券质押的同时，将相应债券以标准券折算比率计算出的标准券数量为融资额度而进行的质押融资，交易双方约定在回购期满后返还资金和解除质押的交易。

第四节 证券场外市场

场外交易市场，传统上又称柜台市场、店头交易市场，是指在交易所之外的由证券买卖双方直接协商成交的市场，如证券商柜台，甚至街头巷尾。但随着技术发展，交易所之外的证券市场的交易设施和规则开始向交易所靠拢，证券交易报价系统等形式的交易市场与传统场外市场明显不同。

我国政府的政策是建立多层次股权交易市场，因此在交易所之外存在有形的、有专门机构组织管理的证券交易场所。

一、历史

我国改革开放后，证券市场最早也是先出现场外市场，后来才有交易所。场外市场中曾有两个有特色的市场。

STAQ 系统，1990 年 12 月 5 日开始运行。该系统是利用计算机网络提供证券交易服务的市场。系统中心设在北京。NET 系统，由中国证券交易系统有限公司开发，也是一个计算机网络交易系统，1993 年 4 月 28 日由中国人民银行批准运行。系统中心设立在北京。两系统在 1999 年 9 月 9 日被关闭。

2001 年 5 月中国证券业协会设立证券公司代办股份转让系

统，试点开展原 STAQ、NET 系统流通股转让业务，随后又承接了沪深证券交易所退市公司的股份转让职责。

二、全国股转系统

全国股转系统，一般称"新三板"，其运营机构为全国中小企业股份转让系统有限责任公司（以下简称"股转系统公司"），于 2012 年 8 月 22 日获得证监会同意组建，2013 年 1 月 16 日正式运营。

股转系统是经国务院批准，依据证券法设立的全国性证券交易场所，主要为创新型、创业型、成长型中小微企业发展服务。境内符合条件的股份公司均可通过主办券商申请在全国股份转让系统挂牌，公开转让股份，进行股权融资、债权融资、资产重组等。

股转系统设置单独交易板块，整体承接原证券公司代办股份转让系统挂牌的 STAQ、NET 系统公司（简称"两网公司"）、沪深证券交易所退市公司及今后新增退市公司（简称"退市公司"）的股份转让业务。

在股转系统挂牌的股票转让可以采取做市方式、协议方式、竞价方式或证监会批准的其他转让方式。

股转系统挂牌公司属于非上市公众公司。股转系统挂牌公司依法纳入非上市公众公司监管，股东人数可以超过 200 人。

股东人数未超过 200 人的股份公司申请在股转系统挂牌，证监会豁免核准。挂牌公司向特定对象发行证券，且发行后证券持有人累计不超过 200 人的，证监会豁免核准。

股转系统公司的职能包括：①建立、维护和完善股票转让相关技术系统和设施；②制定和修改股转系统业务规则；③接受并审查股票挂牌及其他相关业务申请，安排符合条件的公司股票挂牌；④组织、监督股票转让及相关活动；⑤对主办券商等股转系统参与人进行监管；⑥对挂牌公司及其他信息披露义务人进行监管；⑦管理和公布股转系统相关信息；⑧证监会批准的其他职能。

制定规则。股转系统公司应当就股票挂牌、股票转让、主办券商管理、挂牌公司管理、投资者适当性管理等依法制定基本业务规则。股转系统公司制定与修改基本业务规则，应当经证监会批准。制定与修改其他业务规则，应当报证监会备案。

股转系统挂牌新的证券品种应当向证监会报告，采用新的转让方式应当报证监会批准。

自律监管。股转系统实行主办券商制度。在股转系统从事主办券商业务的证券公司称为主办券商。主办券商业务包括推荐股份公司股票挂牌，对挂牌公司进行持续督导，代理投资者买卖挂牌公司股票，为股票转让提供做市服务及其他股转系统公司规定的业务。

股转系统公司依法对股份公司股票挂牌、定向发行等申请及主办券商推荐文件进行审查，出具审查意见。股转系统公司应当与符合条件的股份公司签署挂牌协议，确定双方的权利义务关系。

股转系统公司应当督促申请股票挂牌的股份公司、挂牌公司及其他信息披露义务人，依法履行信息披露义务，真实、准确、完整、及时地披露信息，不得有虚假记载、误导性陈述或者重大遗漏。

挂牌公司应当符合股转系统持续挂牌条件，不符合持续挂牌条件的，股转系统公司应当及时作出股票暂停或终止挂牌的决定，及时公告，并报证监会备案。

股转系统公司应当建立市场监控制度及相应技术系统，配备专门的市场监察人员,依法对股票转让实行监控,及时发现、及时制止内幕交易、市场操纵等异常转让行为。对违反法律法规及业务规则的,股转系统公司应当及时采取自律监管措施,并视情节轻重或根据监管要求,及时向证监会报告。

股转系统公司应当督促主办券商、律师事务所、会计师事务所等为挂牌转让等相关业务提供服务的证券服务机构和人员,诚实守信、勤勉尽责,严格履行法定职责,遵守法律法规和行业规范,并对出具文件的真实性、准确性、完整性负责。

股转系统公司发现相关当事人违反法律法规及业务规则的,可以依法采取自律监管措施,并报证监会备案。依法应当由证监会进行查处的,股转系统公司应当向证监会提出查处建议。

股转系统实行投资者适当性管理制度。参与股票转让的投资者应当具备一定的证券投资经验和相应的风险识别和承担能力,了解熟悉相关业务规则。

三、区域性股权市场

根据《证券法》规定,区域性股权市场为非公开发行证券的发行、转让提供场所和设施。

根据《区域性股权市场监督管理试行办法》规定,区域性股权市场是为其所在省级行政区域内中小微企业证券非公开发行、转让及相关活动提供设施与服务的场所。除区域性股权市场外,地方其他各类交易场所不得组织证券发行和转让活动。

省级人民政府依法对区域性股权市场进行监督管理,负责风险处置。省级人民政府指定地方金融监管部门承担对区域性股权市场的日常监督管理职责,依法查处违法违规行为,组织开展风险防范、处置工作。

证监会及其派出机构对地方金融监管部门的区域性股权市

场监督管理工作进行指导、协调和监督，对市场规范运作情况进行监督检查，对市场风险进行预警提示和处置督导。

地方金融监管部门与证监会派出机构应当建立区域性股权市场监管合作及信息共享机制。

各省、自治区、直辖市、计划单列市行政区域内设立的运营机构不得超过一家。

省级人民政府对运营机构实施监督管理，向社会公告运营机构名单，并报证监会备案。未经公告并备案，任何单位和个人不得组织、开展区域性股权市场相关活动。

符合条件的企业可在区域性股权市场发行股票和可转换为股票的债券。

在区域性股权市场发行证券，应当向合格投资者发行。单只证券持有人数量累计不得超过200人，法律、行政法规另有规定的除外。在区域性股权市场发行证券，不得通过拆分、代持等方式变相突破合格投资者标准。

在区域性股权市场发行证券，不得采用广告、公开劝诱等公开或者变相公开方式。通过互联网络、广播电视、报刊等向社会公众发布招股说明书、债券募集说明书、拟转让证券数量和价格等有关证券发行或者转让信息的，属于前述公开或者变相公开方式。

在区域性股权市场转让证券的，不得采取集中竞价、连续竞价、做市商等集中交易方式。投资者在区域性股权市场买入后卖出或者卖出后买入同一证券的时间间隔不得少于5个交易日。

四、机构间私募产品报价与服务系统

机构间私募产品报价与服务系统是由中证机构间报价系统股份有限公司运营的场外市场。

第十三章　证券交易与证券交易市场

中证机构间报价系统股份有限公司，原名中证资本市场发展监测中心有限责任公司，2013年2月27日成立，2015年2月10日更名改制，是经证监会批准并由中国证券业协会按照市场化原则管理的金融机构。

公司的业务范围是：①提供以非公开募集方式设立产品的报价、发行与转让服务；②提供证券公司柜台市场、区域性股权交易市场等私募市场的信息和交易联网服务，并开展相关业务合作；③提供以非公开募集方式设立产品的登记结算和担保品第三方管理等服务；④管理和公布机构间私募产品报价与服务系统（以下简称"报价系统"）相关信息，提供私募市场的监测、统计分析服务；⑤制定报价系统业务规则，对其参与人和信息披露义务人进行监督管理，进行私募市场和私募业务的开发、推广、研究、调查与咨询；⑥建设和维护报价系统的技术支持系统；⑦经中国证券业协会授权和证监会依法批准的其他业务。

报价系统参与人来自中国证券业协会、中国期货业协会、中国证券投资基金业协会、中国上市公司协会或中国证券业协会认可的其他自律组织会员，包含证券公司、私募基金、公募基金、银行、信托、保险、支付公司、投资咨询公司、地方股权交易中心及其他机构。

在机构间私募产品报价与服务系统发行转让的产品种类有：资管计划、收益凭证、私募基金、债券（证券公司短期债、次级债、可交换债券）、私募股权融资、资产支持证券等产品。[1]

五、银行间债券市场

中国人民银行是全国银行间债券市场的主管部门。银行间

---

[1] 以上信息来自中证机构间报价系统股份有限公司官方网站。

债券市场不属于证监会监管范围,但该市场属于广义证券市场的一部分。

中国外汇交易中心(全国银行间同业拆借中心)同时为银行间债券市场提供交易系统并组织交易,同时履行市场监测职能。

全国银行间债券市场参与者有:在中国境内具有法人资格的商业银行及其授权分支机构;在中国境内具有法人资格的非银行金融机构(财务公司、证券公司、信托公司、保险公司、基金管理公司、资产管理公司、期货公司、货币经纪公司等)和非金融机构;经中国人民银行批准经营人民币业务的外国银行分行。

银行间债券市场交易的证券包括政府债券、政策性金融债券、金融债券、非金融企业债券、非金融企业短期融资券、非金融企业债券融资工具、信贷资产支持证券等。

债券交易品种包括现券交易和回购交易。

2020年7月19日,中国人民银行、证监会决定同意银行间债券市场与交易所债券市场相关基础设施机构开展互联互通合作。互联互通,是指银行间债券市场与交易所债券市场的合格投资者通过两个市场相关基础设施机构连接,买卖两个市场交易流通债券的机制安排。银行间债券市场和交易所债券市场电子交易平台可联合为投资者提供债券交易等服务。

第十四章

被禁止的交易和法律责任

第一节 内幕交易及其法律责任

案例1：周文伟内幕交易案

2012年12月至2013年7月，被告人周文伟利用其担任上海证券交易所上市公司监管一部总监助理的职务便利，使用自己的工作账号和密码进入上海证券交易所《上市公司信息披露电子化系统》，浏览并获取上市公司提交审核的有关业绩增长、分红、重大合同等利好信息后，用办公室外网电脑，登录其实际控制的证券账户并买入相关股票15只，买入总金额共计852万余元，卖出总金额871万余元，非法获利17万余元。

法院认为，被告人周文伟利用其职务便利，作为证券交易内幕信息知情人，在涉及对证券交易价格有重大影响的信息尚未公开前买入该证券，于次日信息公告披露后卖出该证券，其行为已构成内幕交易罪，且情节特别严重，应依法惩处。周文伟案发后坦白罪行，积极退赃，认罪悔罪，依法可以从轻处罚。据此，以内幕交易罪判处周文伟有期徒刑5年，并处罚金人民币50万元。

本案中，被告人在证券交易所工作，因职务便利掌握特定上市公司的利好消息，先于公众投资者了解信息，依据这些信息进行相关股票交易,对公众投资者是非常不公平的,被告人的行为损害了市场的公平性,损害了投资者对市场的信心。[1]

一、内幕交易行为概念

根据《证券法》第 50 条,内幕交易行为指证券交易内幕信息的知情人和非法获取内幕信息的人利用内幕信息从事证券交易的行为,有时简称为内幕交易。内幕交易的概念由 4 个部分构成。

1. 行为主体指持有内幕信息的主体,内幕信息的知情人

参与证券市场交易的主体数量众多、类型多样,每天参与证券交易的主体除了包括上百万的个人投资者外,还包括数量众多的证券公司从业人员、基金经理、证券分析师、理财经理,信息在人数众多和类型复杂的参与者中的分布并不一样,有些人员因其工作关系而持有公众不知晓的信息,有些人员则凭借其专业能力解析出包括公司财务、经营前景、市场需求甚至宏观经济信息,也就是说,信息在证券市场参与者中的分布不均衡是常态,有些参与者持有更多更优质的社会未公开信息,有些参与者则仅仅知晓已经被报纸杂志或其他媒体广泛报道的信息,而且,正是由于信息分布的不均衡才激励一些投资人进行信息投资,如成立专业分析团队、成立专业调查团队或者购买证券分析师的咨询和分析建议。同时,发行人的高级管理人员、交易场所工作人员、证券市场监管机构工作人员由于其职位关系总是可以先于社会公众知晓公司内部信息或对市场影响较大的事件,如果他们利用公众未知晓的信息进行交易也会使公众

---

〔1〕 最高人民法院:"周文伟内幕交易案——证券交易所人员从事内幕交易,情节特别严重",载 http://www.chinacourt.org/article/detail/2020/09/id/5471351.shtml,最后访问日期:2020 年 9 月 15 日。

第十四章 被禁止的交易和法律责任

产生一种交易的不公平感、财产被盗窃的感觉,公众往往要求禁止这些人员利用未公开信息进行交易并惩罚那些从事交易的人员。考虑到信息分布不均衡的现实,哪些人员应当被禁止利用其持有的未公开信息进行交易,哪些人员可以利用其持有的未公开信息进行交易成为一个问题。将那些被禁止内幕交易的人员与合法从事交易人员区分的标准是什么?

《证券法》将区分标准确定为违反法律义务,主要包括因任职关系产生的法律义务、因合同关系产生的法律义务、以合法手段取得信息的义务,还包括遵守禁止内幕交易行为的《证券法》一般原则的义务。

因任职关系产生的法律义务,例如,发行人高级管理人员依据《公司法》对公司承担忠实义务,不得以其任职便利窃取公司财产。证监会、证券交易所工作人员依据公职人员、证券交易所规范负担保密义务,不得利用其监管职位为自己牟取利益。

因合同关系产生的法律义务,例如,证券公司、律师、会计师与其服务的发行人、委托人之间存在合同法上的商业秘密保密义务,不得利用因合同服务关系获取的他人商业秘密为自己或第三人取得利益。

以合法手段取得信息的义务,例如,任何证券参与者都不得通过盗窃、胁迫、贿赂等手段获取公众不知晓信息,也不得利用朋友、亲属或其他裙带关系诱使他人违反法律义务向自己泄露未公开信息,或者明知他人违反法律义务向自己泄露信息并且利用了该信息为自己或第三人谋取利益。

除了自然人,内幕交易行为人是否包括公司、非营利组织等法人、非法人主体?《证券法》第51条规定证券交易内幕信息的知情人包含的主体类型有:发行人以及董事、监事在内的公司高级管理人员、股东、公司、收购人、实际控制人、工作人员等，上述主体类型可分为三种：一是只能为自然人的主体，如董事、监事、高级管理人员、工作人员；二是只能为法人的主体，如发行人、公司；三是既可以是自然人也可以是法人或非法人组织的主体，如股东、收购人、实际控制人。因此，内幕交易行为主体包括公司、非营利法人、非法人主体等。

由于内幕交易行为人还包括发行人，问题是发行人如果参与内幕交易违反了什么法律义务？笔者认为违反了《证券法》第5条禁止内幕交易的一般义务。《证券法》第5条规定，"证券的发行、交易活动，必须遵守法律、行政法规；禁止欺诈、内幕交易和操纵证券市场的行为"，根据该条，不得从事内幕交易行为属于证券市场所有参与主体都必须遵守的义务，发行人作为主要的参与者之一也应当遵守该义务。发行人属于禁止从事内幕交易行为主体之一的法律意义在于，发行人在依据《公司法》买卖本公司股票时也应当遵守禁止内幕交易行为的义务。《公司法》第142条规定，以员工股权计划或股权激励、满足对公司合并或分立持异议股东的股票回购请求权、实施可转换公司债券的股票转换、维护公司价值及股东权益为目的，上市公司可回购本公司股票并在规定期间内转让或注销该回购的股票，因此，上市公司有权利以上述目的进行买卖本公司股票，但在买卖时应当遵守《证券法》上的禁止内幕交易行为制度，包括内幕信息向社会的披露、回购或出售行为获得本公司股东大会决议或授权并经董事会决议、决议内容、回购或出售期间的披露等，在上述信息披露之前，发行人不得进行本公司股票的回购或出售。

2. 内幕信息指未公开的重大信息，但该信息应该公开

证券市场是一个信息市场，证券价格依赖于参与者对证券

第十四章 被禁止的交易和法律责任

价值的评估,证券价值依赖于社会行为和自然事件对证券发行人收入和利润的影响,同时证券价格也部分地依赖于包括股票、房产、外汇、古董、黄金白银贵金属等具有资产属性的能够产生未来现金流的相对比较价值大小上,因此,证券市场是一个信息决定的市场,并且是对信息具有高度敏感性的市场,无论微观上的上市公司聘用某个具有特殊专业能力人士为本公司技术专家,例如,中芯国际公司聘用台积电公司原副总工程师为雇员,还是宏观上货币贷款利率调整、进出口贸易中的贸易摩擦和技术限制等信息都可能对某具体公司或某行业甚至整个证券市场全部公司的收入和利润产生影响,并因此影响股票或债券的价格。

借助于通信技术发展和信息传递的即时性,当今社会新信息的传播速度非常快,其速度有时甚至以毫秒计,但是,信息与证券价格之间的联系媒介是证券市场众多参与者对信息含义的评估及因此产生的证券买卖行为,无论对信息的评估还是证券买卖行为都需要时间。有些简单信息,例如,公司利润增长或下跌能够迅速被大部分市场参与者理解,证券价格能够迅速反映该信息的意义;有些复杂信息,例如,上市公司对新技术研发的突破则需要专业人士进行专门评估,证券价格对该信息的准确反映需要更长时间。考察内幕交易者利用内幕信息获利的情形,其获利模型恰恰是建立于持有人相对于其他人更早地得知未公开信息,更早获知未公开信息使持有人有更长时间研究和理解信息对证券价格的含义,也使持有人可以更早地采取买或卖的行为。因此,构成内幕交易的第二个要件是交易者持有尚未公开的重大信息。

"未公开的重大信息"有两个要求:"未公开"和"重大性"。"未公开"指没有向一般社会公众公开,一般社会公众指涉人数众多的一般投资者，这些投资者与具有专门任职关系、合同关系或裙带关系的投资者的区别在于，除了依赖于公开发行的媒体和信息服务平台，一般投资者缺乏获取未公开信息的特殊途径，因此，评价某信息是否公开的标准是发行人或信息发布人是否已经通过公开媒体或信息服务平台发布了该信息。"重大性"指涉信息对证券价格具有重要影响，由于证券价格必须通过投资者的买卖行为反映某信息，"重大性"实际上指涉信息对普通投资者买或卖行为决策的影响，如果某信息能够影响普通投资者的买卖行为决策，那么该信息就具有重大性。

内幕信息还有一个特点，尽管内幕交易发生时内幕信息未公开，但根据《证券法》规定，内幕信息性质上是应当公开，只是暂未公开。内幕信息知情人先于公众掌握了信息，其依法或依合同应当保密，但未予保密。持有信息但不得利用信息进行交易。

判断信息是否公开，一般采用形式标准，即信息披露义务人是否已经根据证券法规定的形式披露了信息。在未正式披露信息的情形下，即使有传闻或媒体的报道，但因这些传闻或报道并不一定准确、不一定全面反映信息的具体内容和重大性，所以，非正式公开不应作为信息非内幕信息的理由。此点可以参考"光大证券乌龙指事件"的判决。

3. 行为人从事了证券交易行为

根据《证券法》第53条，内幕交易行为包括内幕信息知情人自己买卖、泄露信息和建议他人买卖三种行为。"买卖"既可以是买卖与信息具有直接相关性的证券，如某上市公司股票，也可以是买卖与信息具有间接相关性的证券衍生品种，如股票权证、股票期货指数合约。"泄露信息"是指行为人违反公司或组织保密规范向保密范围以外的主体、必要业务范围以外的主

第十四章 被禁止的交易和法律责任

体泄露,而且是有选择性地向某些主体披露但未向一般社会公众披露,泄露的信息内容只要涉及信息的实质含义即可。需要注意的是,并不是说完全禁止信息持有人与他人进行信息沟通,例如,并不禁止公司总经理与公司财务负责人讨论未公开信息,这种情况的信息沟通仍属于法律许可范围内,因为公司总经理和财务负责人都属于负担保密义务的公司工作人员。"建议他人买卖"指行为人告知他人可以采取买或卖的行为,获取该建议的人是否实际买卖证券并不重要,重要的是持有人给了其他人买卖建议。

显然,《证券法》上的交易行为与日常生活中理解的交易不相同,不仅包括买卖这种按照日常生活理解属于交易的行为,还包括信息沟通和交流信息的意义(即泄露信息),甚至包含行为人的判断和观点(即给他人建议)。证券法上的"交易行为"之所以比日常生活理解更广泛,是因为证券交易本身是一个复杂行为链条,各项前后联系的行为的边界本身也处于变动中。例如,假设某上市公司即将被收购,如果收购人向该上市公司所有股东发出收购要约,该上市公司股票价格很可能大幅度上涨,又假设该上市公司总经理建议其亲属购买本公司股票但没有说明原因,其亲属基于该总经理的建议购买该公司股票然后在股票价格上涨后卖出股票。从该上市公司总经理获取收购信息、建议其亲属购买股票到其亲属购买股票、在股价上涨后出售股票是一整个行为链条,总经理的建议与其亲属获利结果之间的关系非常密切,尽管该总经理自己未买卖也没有泄露信息,但其关于买卖建议的行为利用了其持有的未公开信息并使其亲属获利,因此也违反了证券交易的公平原则。

4. 因果关系:行为人利用未公开信息从事了交易

因果关系要件,是指恰恰是因为行为人持有未公开信息,行为人才从事该交易；如果没有持有该未公开信息，行为人很可能不从事交易，或者虽然从事交易，但该交易行为与其通常的未持有任何内幕信息时的交易行为相比不具有明显的差异显著性。

内幕交易行为构成之所以要求因果关系要件，是因为证券法并不一般性地禁止上市公司大股东、包括董事、经理在内的高级管理人员的任何交易行为，公司大股东、高级管理人员一般性地买卖本公司股票属于公民、法人享有的签订合同自由权的一种体现，但是，他们作为证券市场交易者的角色应当与他们作为能够参与公司决策或经营管理的公司内部人角色相区分，大股东和高级管理人员作为公司内部人持有的公司内部信息属于公司财产，该公司财产从法理上应由全体股东享有，大股东和高级管理人员在以证券市场参与者角色参与证券市场买卖时不公平地、垄断性地占有属于公司财产的内部信息所包含的价值，因此，禁止内幕交易行为的法律政策就定位为规范和惩罚不公平地利用其任职关系、契约关系或采用非法手段获取未公开信息而从事的交易，这就要求行为人的交易行为与其持有的未公开信息之间存在因果关系要件。

证券法上因果关系与其他法律上因果关系不同之处在于，行为人持有的信息与其买卖行为之间是通过行为人的思想系统建立联系，这种联系在很多情况下并不具有外部显现的客观性，证券市场监管者要去证明因果关系的客观性就很困难。其他法律如侵权法上的因果关系，侵权行为与被侵权人财产或人身受损害后果之间往往具有客观可观察的时间与空间联系，证明侵权与损害后果之间的因果关系就相对可客观观察。

由于上述区别，《证券法》将因果关系证明责任置于行为人；行为人具有证明义务证明其买卖行为与未公开信息之间不存在因果关系。《证券法》第53条第1款规定,"证券交易内幕信息的知情人和非法获取内幕信息的人,在内幕信息公开前,不得买卖该公司的证券,或者泄露该信息,或者建议他人买卖该证券。"该法条从时间上对内幕信息持有人施加了禁止买卖义务,内幕信息持有人从持有内幕信息的时点起至内幕信息公开前禁止买卖,这个法条提出的问题是,如果行为人从事买卖行为时客观上未实际持有内幕信息,或者在获取内幕信息之前已经下达买或卖委托、买或卖行为决策在客观上发生于行为人获取内幕信息之前,那么,行为人是否可以免于内幕交易的责任呢?笔者认为,行为人不应当承担内幕交易责任,理由如下,首先,考察《证券法》第51条、第53条,被归入内幕信息知情人的主体只是被法律假设其知晓内幕信息,这类主体仍然有权利证明其在现实中并不持有特定内幕信息。其次,"在内幕信息公开前,不得买卖",买卖委托指令与内幕信息之间存在相关性,一旦行为人知晓内幕信息,就不得在内幕信息公开前买卖,但是,行为人仍然可以证明其下达买卖委托指令发生于其获取内幕信息之前,进而可以证明买卖决策与内幕信息之间不存在相关性。所以,《证券法》第53条包含着证明责任倒置给内幕信息知情人和非法获取内幕信息人,这些主体负担证明其买卖行为与内幕信息之间不存在因果关系,证明其现实上不持有内幕信息,或者买卖决策或委托指令下达于其获取内幕信息之前。

二、禁止内幕交易行为的理由与立法政策

1. 禁止内幕交易行为的理由[1]

禁止内幕交易行为的理由主要有以下两点。

---

[1] 参考:罗伯特·罗曼诺编著:《公司法基础》(第二版),罗培新译,北京大学出版社2013年版。

(1) 内幕交易行为增加了上市公司管理成本并损害公众投资者对证券市场的信心。

该理论认为，公司是以资本为核心的一种经济交换结构，公司最终目的是为股东取得收益，为此，股东支付资金聘用管理人员和工作人员，管理人员和工作人员受公司聘用为公司利益服务，接受聘用的人员不得在已经批准的工资和薪酬之外再额外地取得收入，例如，垄断性地使用公司秘密为自己谋取利益。否则，如果许可管理人员和工作人员利用公司秘密为自己谋取利益，这种许可将增加管理人员和工作人员的额外收入，并且这种收入由于未来秘密信息价值在公司聘用管理人员时的不可精确计算性，股东难以核算股东投资的未来收入，使得股东要么亲自参与公司管理，要么放弃投资公司。如果股东亲自参与公司管理，将导致起源于荷兰东印度公司的长期吸收公众小额资金和委托经理人管理公司的股份公司制度被彻底破坏，而股份公司制度在近现代对于资本与经理人专业技能的结合上表现出非常强的组织竞争优势，单个股东亲自管理公司的体制在绝大多数情况下难以超越这种竞争优势。如果股东放弃投资公司，也同样使股份公司难以吸收社会闲散的陌生公众小额资金，由此限制了股份公司的发展。

该理论进一步认为，许可公司管理人员、公司大股东、国家或证券交易所公职人员利用公众未知晓信息参与证券交易将损害公众投资者对证券市场的信心，而公众投资者信心对证券市场吸引资金的广度、证券市场专业复杂性发展具有长期性的重大影响。

许可内幕交易损害公众投资者信心的路径主要有以下两种：一是内幕交易合法化或习惯化将鼓励阴谋论。合法化指内幕交易行为不违法，习惯化指虽然内幕交易被规定为不合法，但内

第十四章 被禁止的交易和法律责任

幕交易行为实际上并未受到有效惩罚从而使内幕交易行为成为证券市场一种司空见惯的行为，无论内幕交易行为合法化还是习惯化，公众投资者总认为公司内部人和大股东持有更优质的内幕信息，公众投资人的选择要么是理性贿赂公司内部人员和大股东从而获得公司内部信息，要么是远离证券市场，前者导致证券市场参与者就像一个神秘的团伙，后者则使公众对证券市场精英人士产生怀疑和憎恨情绪并从根本上否定证券市场对国民经济的正向功能。如果像中央银行、统计局、证券交易所在内的公共职务工作人员利用内幕信息从事交易，其效果也是像公司内部人员一样鼓励阴谋论。二是内幕交易合法化或习惯化损害公众投资人评估信息的标准。任何一项信息之所以对投资者有价值在于该信息未被反映在证券价格中，如果一项信息已经被反映在证券价格中，则该信息对公众投资者评估证券价格不具有意义甚至是有害，该信息可能已经由于内幕交易行为而被证券价格反映，甚至被证券价格过度反映，等到公众投资者依据该内幕信息向社会公开而进行买或卖委托的时候，公众投资者实际上就像鱼儿上钩，像渔人钓鱼一样被内幕信息的公开所诱骗，如果公众投资者反复地被诱骗，他们面对新信息的理性反映将是对新信息价值的存疑，这种存疑严重损害信息与证券价值评估之间的联结关系。

（2）内幕交易行为损害证券市场效率。

该理论认为，内幕交易行为违反了信息的公平易得原理，因此损害了证券市场效率，主要有以下三点理由。

首先，内幕交易为公众投资人增加了一层获取信息的"税收"，如果内幕信息是利好上市公司信息，内幕交易者可以较低价格购买，在该信息公开前的出售者减少了收入；如果内幕信息是利差信息，内幕交易者可以更高价格出售，在该信息公开前购买的投资者支付了更多资金购买证券。投资者减少的收入或多支付的资金增加了投资成本、减少了投资收益，因此内幕交易增加了证券市场的整体交易成本水平。

其次，内幕交易可以诱发机会主义和"劣币驱逐良币"的交易机制。内幕交易作为诱发机会主义交易机制的路径有：一是因为内幕信息持有人相对其他市场参与者具有信息优势，内幕交易者通过自己买卖或泄露信息获得额外收益，拒绝内幕交易者因其诚实行为而收入较低，公众投资者的理性选择则是努力获取内幕信息甚至贿赂未公开信息持有人取得额外收益；二是由于内幕信息无法得到正式公开渠道的验证，一个虚假信息也可以伪装成内幕信息在市场中传播，导致诱骗和市场操纵行为。

最后，诱发"劣币驱逐良币"交易机制的路径有：一是以内幕交易系统机制驱逐专业功能证券市场机制，如果内幕交易合法化或习惯化将激励证券市场发展出复杂的内幕交易系统机制，从内幕信息获取、信息验证、依赖内幕信息交易、对内幕信息的夸张和虚假传播到证券市场操纵一整套的内幕信息交易机制可能被发展出来；如果内幕交易违法并且内幕交易行为被施加严厉惩罚，证券市场围绕信息可能发展出从市场调查、统计、证券分析、行业和宏观分析乃至包括新的期权和期货交易品种的市场交易机制。两种系统机制的区别在于，前一种交易机制对权力和秘密交易产生激励，后一种交易机制对致力于可理性计算成本和收入的专业发展产生激励；前一种交易机制激励已经占有包括职位和调动资源权力的人士趋向于固化既有的权力地位，后一种交易机制趋向于激励专业发展和吸收包容更多、更广泛的专业人士，从而使证券市场在范围上和精细发展上更具有开放性。二是以狭窄和相对较浅的证券市场机制驱逐

第十四章 被禁止的交易和法律责任

广泛吸收资金和具有复杂韧性的证券市场机制，内幕交易合法化或习惯化一旦发展成为复杂的内幕交易系统机制，那么该证券市场将很难在短期内予以根除，这种市场机制将显现其市场范围的狭窄和浅薄。市场狭窄表现在市场参与者由职位占有者、权力持有人、资本"大鳄"和收益递减的层层"寻租"参与者构成，该市场将排除不具有寻租关系或者不愿意进入寻租关系的公众，因为不具有内幕信息的公众相对处于信息劣势。市场浅薄表现在市场结构单一，不具有开发信息、发掘风险信息、统计信息和分析信息含义的专业化职业和机构的能力，证券市场与一个国家国民经济发展数据的调查、统计和含义分析的实体经济研究和经济政策脱节。

2. 反对扩大内幕交易人员与内幕信息范围的理由

有些学者认为，他们同意禁止范围受限的内幕人持有范围受限的内幕信息从事交易，但是特定范围的内幕人应当被限制在什么范围内？是否任何人持有公众未知晓信息的交易都应当归属于内幕交易？是否内幕信息持有人持有的任何信息并从事的交易都属于内幕交易？虽然这些学者同意上市公司董事、经理和工作人员、包括证监会、证券公司在内的监管人员和证券服务人员不得利用其职位或合同关系牟利，但是不同意使用特定技术开发信息的人员被归属于内幕信息交易者，不同意揭露虚假信息的"吹哨人"被归属于内幕信息交易者，也不同意董事、监事、经理基于公开信息的判断被归属于内幕信息。

为阐述这些学者的观点，我们举出两个事例：

事例1：甲公司是某地图软件 App 的拥有者，甲公司可以根据 app 使用频率将某个使用者与特定机构和活动建立概率上的相关性，以此为基础，甲公司可根据概率计算某公司与另一公司发生交易的可能性。2020年1月至3月，甲公司发现，乙公司经理、技术总监、若干技术团队人员与丙公司住所地、丙公司经理和技术团队人员与乙公司住所地交通频率明显高于两公司往日交往频率,且高于甲、乙公司分别与各自客户之间的交往频率,因此,甲公司开展对乙公司和丙公司的商业调查,发现乙公司为病菌疫苗研发公司且其研究处于同行业世界先进行列,丙公司为中国某著名医药公司,因此甲公司指示其控股子公司丁公司大量购入丙公司股票。之后,丙公司发布披露公告宣布丙公司与乙公司签订战略合作合同,丙公司取得乙公司疫苗在中国内地、香港和澳门的唯一生产销售权,丙公司股票在1个月内价格上涨110%,丁公司出售丙公司股票获利。问:丁公司的交易行为是否属于被禁止的内幕交易行为?

事例2:甲是一名证券公司的职员,专门分析保险公司并将分析结果提供给机构投资者。甲从一家保险公司乙公司的离职管理者丙先生那里获悉该保险公司存在严重的虚假陈述行为。于是甲进行调查,走访乙公司,证实了这一信息。后来,甲与其客户分享了该信息,并向证券市场某著名报社丁报社撰稿披露,丁报社因为该稿件涉及重大信息和金融市场可能发生动荡而拒绝发布,但从甲获取信息的机构投资者客户出售了他们持有的乙公司股票。问:甲行为是否构成被禁止的内幕交易行为?

上述两个事件为界定内幕交易行为提出如下问题:一是传统内幕交易行为界定以取得信息的公平易得原则为基础,但现代科技发展使科技公司和专业人员可凭借其技术抽取公众投资人不知晓的信息,以这种方式发生的交易是否属于内幕交易?二是事例1涉及乙公司、丙公司交往信息的私有性,这些私有信息是否可以被甲公司利用并为自己牟利?事例2涉及甲职员首先从丙先生那里获得信息线索,然后甲职员自己进行调查,虽然试图将调查结论通过丁报社向社会发布但没有成功,但其

第十四章 被禁止的交易和法律责任

向客户披露使客户避免了重大损失,问题在于,甲职员从丙先生处获取的信息线索并以此线索进行的调查和披露是否属于内幕交易?

一种观点认为,在事例 1 中,丁公司和甲公司应当承担禁止内幕交易行为的法律责任,主要理由如下,一是这些信息都是未向社会公开的信息,因此任何持有未公开信息的交易都属于内幕交易;二是在事件 1 中的甲公司和丁公司涉嫌未经他人同意而使用乙、丙工作人员交往数据,这些交往数据本身属于私有信息。在事例 2 中,甲职员首先从乙公司离职工作人员丙先生处获得社会未公开信息,尽管该未公开信息未揭露乙公司财务造假行为,但是甲职员仍然属于社会未公开信息持有人,因此甲职员的泄露属于内幕交易。另一种观点则认为,如果禁止事例 1 中丁公司的交易行为,将导致基于现代科学技术数据分析的能力发展遭受挫折,如果禁止事例 2 中甲职员的揭露行为将导致乙保险公司财务造假行为很难被揭露并且打击暴露数据造假的"吹哨人"的行为,所以使用特定技术开发信息的人员不应当被归属于内幕信息交易者,揭露虚假信息的"吹哨人"也不应被归属于内幕信息交易者。

笔者认为,根据未公开信息来源不同,可将未公开信息区分为使用合法手段自主研发的信息与使用非法手段、利用职务或合同关系取得的未公开信息,以非法手段取得、利用职务或合同关系取得的未公开信息的交易应当属于被禁止的内幕交易范围,以合法手段自主研发的信息并开展的交易不应当被归属于内幕交易范围。在事例 2 中,甲职员走访、调研保险公司的财务造假,尽管其行为线索来源于乙公司离职人员丙先生,但甲职员并未完全采信丙先生陈述而是自己调研、取得客观证据和分析后得到信息。但事例 1 就存在信息取得的非法性,因为甲公司和丁公司使用的是他人的行踪信息，这种信息属于隐私信息的一部分，我国《民法典》第111条规定，任何组织或者个人需要获取他人个人信息的，应当依法取得并确保信息安全，不得非法收集、使用、加工、传输他人个人信息，不得非法买卖、提供或者公开他人个人信息，因此事例1中的甲公司搜集乙公司和丙公司工作人员信息的行为是非法的，甲公司和丁公司的行为应当属于内幕交易。

3. 禁止内幕交易的立法模式

禁止内幕交易的立法模式主要有两种：一种为信托义务理论，另一种为不当得利理论，这两种不同立法模式设定的内幕交易范围不完全相同。

信托义务理论认为，公司高级管理人员，其受雇于发行人或者存在保密义务的公司，因此存在对公司的忠实义务，不得将属于公司的内幕信息侵占为自己的私有财产，也不得违反公司的保密义务。内幕交易者应当主要被限定为存在忠实义务和保密义务的公司或组织工作人员，包括发行人、存在保密义务的证券服务组织、政府和其他公共管理组织、上述组织的工作人员和从上述组织取得信息的人员。

不当得利理论认为，未公开信息具有商业价值，其要么属于发行人或某些公司，要么属于社会公有，任何人没有合法理由占有该财产的行为都属于不当得利，而行为人属于内幕交易者。除了信托义务理论包含的组织和人员外，不当得利理论认为还应包括任何采用非法手段获取信息的组织和人员（如采用跟踪、数据拦截或黑客手段）、听取内幕信息持有人建议而买卖证券的人员、道听途说获取信息的人员（如某就餐者在餐厅中偶然听到相邻桌位其他人谈论收购某公司的信息）。

三、内幕信息知情人的范围

《证券法》按照三个标准划定内幕信息知情人的范围，一是有权利或能力知晓发行人内幕信息的人，二是有权利知晓可能影响整个市场或行业未公开信息的人，三是非法获取未公开信息的人。

1. 合法持有内幕信息的人

《证券法》第51条规定的内幕信息知情人，主要以发行人为中心的相关主体法律义务展开，包括遵守禁止内幕交易行为一般义务、任职关系产生的义务、合同保密义务等，具体如下：

（1）遵守禁止内幕交易行为一般义务的知情人范围。

遵守禁止内幕交易行为一般义务，指遵守《证券法》第5条规定的禁止从事内幕交易行为的义务，这部分义务主体主要指发行人以及通过持股、控制关系的公司和机构，包括：①发行人；②持有发行人5%以上股份的股东、实际控制人；③发行人控股或实际控制的公司。

（2）遵守合同义务的知情人范围。

遵守合同义务，主要指与发行人具有业务往来或向发行人提供相关服务的公司和组织应当遵守合同中的商业秘密保密义务，这部分义务主体主要包括：①与发行人有业务往来从而可获取内幕信息的公司和组织，如发行人的材料供应商或者采购发行人设备材料的购买人；②为发行人提供证券相关服务的中介机构，如为发行人提供法律服务、审计服务、证券发行或咨询服务的律师事务所、会计师事务所、证券公司和咨询公司；③与发行人发生收购或重大资产交易的公司或组织，如上市公司收购人或者重大资产交易方及其控股股东、实际控制人。

(3) 遵守任职义务的知情人范围。

遵守任职义务，指公司或组织的工作人员因任职关系而承担相关义务，如公司高级管理人员的忠实义务、普通工作人员的保密义务和不得侵占公司财产义务、承担监管和服务职责的公职人员应当遵守公正廉洁、职业操守义务等，由于该义务针对自然人，这部分知情人为自然人知情人，包括：① 上述遵守禁止内幕交易行为一般义务知情人范围的公司或组织的高级管理人员和一般工作人员；② 上述遵守合同义务知情人范围的公司或组织的高级管理人员和一般工作人员；③ 承担监管职责或公共服务职责机构的工作人员，如证券交易场所、证券登记结算机构、证券监督管理机构工作人员，对证券发行、交易、上市、收购、重大资产交易监管的有关主管部门、监管机构（政府部门）工作人员。

(4) 有权获取内幕信息的证监会规定的其他人员。

除上述三类知情人范围外，《证券法》第 51 条还授权证监会规定其他可以获取内幕信息的人员，这部分人员的范围要求同时符合两项标准，一是其"有权利"合法获取发行人或上市公司相关内幕信息，二是这部分人员被证监会规章明确规定，如果相关人员未被证监会规章明确包括进入内幕信息知情人范围，那么就不符合《证券法》禁止交易的知情人范围。

关于证监会规定"有权利"获取内幕信息知情人的界定标准，本书认为，应当符合《证券法》第 51 条的界定标准，包括都是从发行人处取得信息、都是合法取得信息，例如，对发行人履行监管职责的人员是从发行人处取得信息并且也是合法取得的信息。如果信息并不来源于发行人，而是市场参与者自己调查和分析研究的信息和推论，并且其取得信息的手段也合法，那么证监会不应当将他们规定为内幕信息知情人范围。

2. 非法获取内幕信息人的范围

界定非法获取非公开信息的人的标准主要在"非法",包括手段违法和目的违法两种。

手段违法,如盗取、胁迫、贿赂等违法手段,以这种违法手段获取信息的人,像以违法手段获取他人财产一样应当被禁止交易。

目的违法,行为人相关行为的目的就是从事内幕交易并且在获取相关信息后也实际实施了内幕交易行为,例如,明知告知其信息的人负担保密义务或属于内幕信息知情人范围,而故意利用该未公开信息从事交易,如上述第一类、第二类人员的近亲属或关系密切人员、或故意套取、诱骗相关未公开信息的行为人。该类人员之所以属于应当被包括在非法获取内幕信息人的范围内,是因为他们违反了《证券法》第5条的禁止从事内幕交易行为的一般性义务,从理论上讲,这类人员也属于不当得利群体。

问题是,如果一条信息属于未公开信息,但行为人并不知晓其信息源是否负担保密义务,甚至不知道信息来源于何处,或者知道该信息可能是一种谣言,那么该人是否属于以非法手段获取非公开信息的人?本书认为,这类信息可被归入市场传闻,由于市场传闻已经被某些参与者获取,从鼓励市场效率角度讲,应当迅速扩大市场传闻在证券市场的传播范围,使更广泛的市场参与者判断传闻信息的真实可靠性、传闻中的信息对证券价格的影响程度。综上,本书认为获取市场传闻的未公开信息的人不宜被归入非法获取内幕信息人。

四、内幕信息的范围

《证券法》第52条第1款规定,证券交易活动中,涉及发行人的经营、财务或者对该发行人证券的市场价格有重大影响的尚未公开的信息，为内幕信息。

据此，内幕信息的界定标准是"未公开""重大性"和"关联性"，所谓"未公开"指未按照证券法规定的方式和途径向社会公众公开的信息，通常指未通过公开媒体或信息服务平台发布该信息。"重大性"指该信息对普通投资者买卖决策具有重大影响。"关联性"是指信息还应该与特定证券发行人具有关联或对特定证券交易具有敏感性。

具体而言，《证券法》第80条第2款、第81条第2款所列重大事件属于内幕信息。这一规定隐含，内幕信息是应当公开而暂未公开的信息。

尽管《证券法》没有明确规定，但考虑到监管机构对重大事件的临时报告事项有细则性规定，监管机构也有权对内幕信息的具体范围作出规定或根据一般规定界定某具体信息是否为内幕信息。

五、内幕交易行政责任和刑事责任

1. 行政责任

《证券法》第191条规定，证券交易内幕信息的知情人或者非法获取内幕信息的人违反本法第53条的规定从事内幕交易的，责令依法处理非法持有的证券，没收违法所得，并处以违法所得1倍以上10倍以下的罚款；没有违法所得或者违法所得不足50万元的，处以50万元以上500万元以下的罚款。单位从事内幕交易的，还应当对直接负责的主管人员和其他直接责任人员给予警告，并处以20万元以上200万元以下的罚款。国务院证券监督管理机构工作人员从事内幕交易的，从重处罚。

关于证券监管执法中如何认定内幕交易，法院的主要观点

第十四章 被禁止的交易和法律责任

如下。[1]

关于举证问题。人民法院在审理证券行政处罚案件时，也应当考虑到部分类型的证券违法行为的特殊性，由监管机构承担主要违法事实的证明责任，通过推定的方式适当向原告、第三人转移部分特定事实的证明责任。

关于内幕交易行为的认定问题。监管机构提供的证据能够证明以下情形之一，且被处罚人不能作出合理说明或者提供证据排除其存在利用内幕信息从事相关证券交易活动的，人民法院可以确认被诉处罚决定认定的内幕交易行为成立：①证券法规定的证券交易内幕信息知情人，进行了与该内幕信息有关的证券交易活动；②证券法规定的内幕信息知情人的配偶、父母、子女以及其他有密切关系的人，其证券交易活动与该内幕信息基本吻合；③因履行工作职责知悉上述内幕信息并进行了与该信息有关的证券交易活动；④非法获取内幕信息，并进行了与该内幕信息有关的证券交易活动；⑤内幕信息公开前与内幕信息知情人或知晓该内幕信息的人联络、接触，其证券交易活动与内幕信息高度吻合。

在处罚内幕交易行为时，违法所得如何计算，目前没有详细的标准或方法。在计算违法所得时是否应区分内幕信息公开后导致的证券市场价格变化带来的收益与市场因素（整体行情的变化）带来的收益，是一个值得探讨的问题。知悉内幕信息的人从事相关交易，但并未获利甚至亏损，如何计算违法所得也是需要进一步研究的问题。如果内幕交易是为了避免亏损，则避免的亏损应该属于违法所得。

---

[1] 最高人民法院印发《关于审理证券行政处罚案件证据若干问题的座谈会纪要》的通知（法〔2011〕225号）。

2. 刑事责任

《刑法》规定了内幕交易、泄露内幕信息罪。

《刑法》第 180 条规定,证券、期货交易内幕信息的知情人员或者非法获取证券、期货交易内幕信息的人员,在涉及证券的发行,证券、期货交易或者其他对证券、期货交易价格有重大影响的信息尚未公开前,买入或者卖出该证券,或者从事与该内幕信息有关的期货交易,或者泄露该信息,或者明示、暗示他人从事上述交易活动,情节严重的,处 5 年以下有期徒刑或者拘役,并处或者单处违法所得 1 倍以上 5 倍以下罚金;情节特别严重的,处 5 年以上 10 年以下有期徒刑,并处违法所得 1 倍以上 5 倍以下罚金。单位犯前款罪的,对单位判处罚金,并对其直接负责的主管人员和其他直接责任人员,处 5 年以下有期徒刑或者拘役。

《最高人民法院、最高人民检察院关于办理内幕交易、泄露内幕信息刑事案件具体应用法律若干问题的解释》(法释〔2012〕6 号)对一些具体行为作出了明确规定。该司法解释认定内幕交易的具体推理模式,"持有即利用"的标准,规定了特定关系型和积极联络型内幕信息知情人员在"相关交易明显异常"时,司法机关可根据基础事实,推定其构成内幕交易犯罪。基于时间吻合程度、交易背离程度和利益关联程度等一系列链条化的基础事实,能够证明交易明显异常的,推定相关交易与内幕信息之间的关联性,属于经验范围内的合理推定。

具有下列行为的人员应当认定为"非法获取证券、期货交易内幕信息的人员":

(1) 利用窃取、骗取、套取、窃听、利诱、刺探或者私下交易等手段获取内幕信息的;

(2) 内幕信息知情人员的近亲属或者其他与内幕信息知情

第十四章 被禁止的交易和法律责任

人员关系密切的人员,在内幕信息敏感期内,从事或者明示、暗示他人从事,或者泄露内幕信息导致他人从事与该内幕信息有关的证券、期货交易,相关交易行为明显异常,且无正当理由或者正当信息来源的;

(3) 在内幕信息敏感期内,与内幕信息知情人员联络、接触,从事或者明示、暗示他人从事,或者泄露内幕信息导致他人从事与该内幕信息有关的证券、期货交易,相关交易行为明显异常,且无正当理由或者正当信息来源的。

上述"相关交易行为明显异常",要综合以下情形,从时间吻合程度、交易背离程度和利益关联程度等方面予以认定:

(1) 开户、销户、激活资金账户或者指定交易(托管)、撤销指定交易(转托管)的时间与该内幕信息形成、变化、公开时间基本一致的;

(2) 资金变化与该内幕信息形成、变化、公开时间基本一致的;

(3) 买入或者卖出与内幕信息有关的证券、期货合约时间与内幕信息的形成、变化和公开时间基本一致的;

(4) 买入或者卖出与内幕信息有关的证券、期货合约时间与获悉内幕信息的时间基本一致的;

(5) 买入或者卖出证券、期货合约行为明显与平时交易习惯不同的;

(6) 买入或者卖出证券、期货合约行为,或者集中持有证券、期货合约行为与该证券、期货公开信息反映的基本面明显背离的;

(7) 账户交易资金进出与该内幕信息知情人员或者非法获取人员有关联或者利害关系的;

(8) 其他交易行为明显异常情形。

具有下列情形之一的，不属于《刑法》第 180 条第 1 款规定的从事与内幕信息有关的证券、期货交易：

（1）持有或者通过协议、其他安排与他人共同持有上市公司 5% 以上股份的自然人、法人或者其他组织收购该上市公司股份的；

（2）按照事先订立的书面合同、指令、计划从事相关证券、期货交易的；

（3）依据已被他人披露的信息而交易的；

（4）交易具有其他正当理由或者正当信息来源的。

"内幕信息敏感期"是指内幕信息自形成至公开的期间。证券法所列"重大事件"的发生时间，或有关"计划""方案"的形成时间，应当认定为内幕信息的形成之时。影响内幕信息形成的动议、筹划、决策或者执行人员，其动议、筹划、决策或者执行初始时间，应当认定为内幕信息的形成之时。内幕信息的公开，是指内幕信息在国务院证券、期货监督管理机构指定的报刊、网站等媒体披露。

3. 民事赔偿责任

《证券法》第 53 条第 3 款规定，内幕交易行为给投资者造成损失的，应当依法承担赔偿责任。

但法院受理的内幕交易侵害赔偿民事案件并不多。如何认定内幕交易行为与投资者损失之间的因果关系、如何确定有权起诉的投资者的范围、如何认定损失等都还需要进一步探索。确定有权起诉的投资者范围的困难在于，交易所的交易双方并非直接匹配的，卖方并不知道谁是买方，尤其是同一时段交易量大于内幕交易量时。在确定损失时，计算损失的基准时间也是不太容易的。

在上海高级人民法院发布的一起案件中，法院判决内幕交易行为人赔偿投资者损失。这是我国首起内幕交易行为人被法院判决承担民事赔偿责任的内幕交易民事赔偿案。法院认为，内幕交易行为人实施了内幕交易行为且具有主观过错，如投资者在内幕交易期间进行了与内幕交易品种直接相关的且主要交易方向与内幕交易方向相反的股票或期货交易，存在损失的，推定其损失与内幕交易行为之间存在因果关系，内幕交易行为人应当对投资者承担相应的损害赔偿责任。[1]

第二节 利用未公开信息交易

一、利用未公开信息交易的含义

利用未公开信息交易，是指利用内幕信息之外的其他未公开信息、违反规定进行的相关交易。

利用未公开信息交易在过去经常被称为"老鼠仓"交易，尤其以公募基金经理利用未公开信息交易为典型。基金经理的"老鼠仓"交易实质为背信行为。

有些人主张，利用未公开信息交易也应归为内幕交易，但实际上与内幕交易存在一些差异，《证券法》第54条专门就利用未公开信息交易进行了规定。

二、利用非公开信息交易的构成

下面结合《最高人民法院、最高人民检察院关于办理利用未公开信息交易刑事案件适用法律若干问题的解释》（法释〔2019〕10号）规定，就如何认定利用非公开信息交易作一个

---

[1] 上海高级人民法院："高院发布2015年度上海法院金融审判系列白皮书和典型案例"，载http://shfy.chinacourt.gov.cn/article/detail/2016/06/id/1913401.shtml，最后访问日期：2020年9月15日。

介绍。

1. 内幕信息之外的其他未公开信息

关联性问题。内幕信息之外的其他未公开信息通常不与单一特定证券发行人有关,而是与证券市场的交易有关或者经济、金融政策有关。内幕信息是应该公开的信息只是暂未公开,一般与特定的证券发行人有关或与特定证券有关。证券交易场所、证券公司、证券登记结算机构、证券服务机构和其他金融机构的从业人员、有关监管部门或者行业协会的工作人员职务中获取的内幕信息之外的未公开信息,此类信息与他们各自的工作有密切关联,或者是其本职工作中形成的信息,或者收集、分析数据形成的信息、决策信息,获得他人提交或报送的信息。

未公开,也不一定需要公开。此处的未公开信息,将来不一定要公开,一类信息是性质上不应该公开、不会公开,如公募基金证券投资决策信息、证券买卖的品种数量买卖时间方向等信息,证券公司自营决策信息等,此类信息可归属于商业秘密或企业秘密信息。从《证券法》规定的相关工作人员可以反推,这类信息一般具有某种综合性,并非单纯涉及某个单一证券。另一类信息是即将公开、确定会公开的信息,如政府的新政策等信息,具体来说可以是包括经济、金融政策调整或变化、税收政策、外汇政策、利率政策、经济统计数据、金融监管政策等。

司法解释规定,内幕信息以外的其他未公开的信息包括:①证券、期货的投资决策、交易执行信息;②证券持仓数量及变化、资金数量及变化、交易动向信息;③其他可能影响证券、期货交易活动的信息。内幕信息以外的其他未公开的信息难以认定的,司法机关可以在有关行政主(监)管部门的认定意见的基础上,根据案件事实和法律规定作出认定。该司法解释这一规定是在证券法修改之前制定的,其所指信息与证券法规定相比范围不够宽泛。今后需要进一步修改。

2. 特定范围的主体

根据《证券法》第54条规定,可知利用未公开信息交易的主体是证券交易场所、证券公司、证券登记结算机构、证券服务机构和其他金融机构的从业人员、有关监管部门或者行业协会的工作人员。这一范围与内幕信息知情人员的范围有一定差异。

3. 违反规定从事交易

根据司法解释,"违反规定",是指违反法律、行政法规、部门规章、全国性行业规范有关证券、期货未公开信息保护的规定,以及行为人所在的金融机构有关信息保密、禁止交易、禁止利益输送等规定。这些规定,一部分属于国家规定,实质是要求保守国家秘密,也有一部分属于企业规章或者职业的信义义务要求保密,保守的是企业的商业秘密或者单位的其他秘密信息。

根据司法解释,《刑法》第180条第4款规定的行为人"明示、暗示他人从事相关交易活动",应当综合以下方面进行认定:

(1) 行为人具有获取未公开信息的职务便利;

(2) 行为人获取未公开信息的初始时间与他人从事相关交易活动的初始时间具有关联性;

(3) 行为人与他人之间具有亲友关系、利益关联、交易终端关联等关联关系;

(4) 他人从事相关交易的证券、期货品种、交易时间与未公开信息所涉证券、期货品种、交易时间等方面基本一致;

(5) 他人从事的相关交易活动明显不具有符合交易习惯、专业判断等正当理由;

(6) 行为人对明示、暗示他人从事相关交易活动没有合理解释。

三、民事责任

根据《证券法》第 54 条第 2 款规定,利用未公开信息进行交易给投资者造成损失的,应当依法承担赔偿责任。

此类民事诉讼在现实中类似内幕交易的民事赔偿诉讼,存在一些事实认定和法律适用的难题。

四、行政责任

《证券法》规定,利用未公开信息交易,比照关于内幕交易的处罚规定予以处罚。

五、刑事责任

《刑法》规定,利用未公开信息交易,比照关于内幕交易的刑事处罚规定予以处罚。

证券公司从业人员利用未公开信息交易案例:

案例 2:齐蕾、乔卫平利用未公开信息交易案

2009 年 2 月至 2015 年 4 月,被告人齐蕾在东方证券股份有限公司(以下简称东方证券)利用其负责东方证券自营的 11001 和 11002 资金账户管理和股票投资决策的职务便利,掌握了上述账户股票投资决策、股票名称、交易时点、交易价格、交易数量等未公开信息,伙同被告人乔卫平利用控制的证券账户,先于、同期于或稍晚于齐蕾管理的东方证券上述自营资金账户买卖"永新股份""三爱富""金地集团"等相同股票 197 只,成交金额累计达 6.35 亿余元,非法获利累计 1657 万余元。

本案由上海第二中级人民法院审理。宣判后,在法定期限内没有上诉、抗诉,原判已发生法律效力。

第十四章　被禁止的交易和法律责任

法院认为，被告人齐蕾、乔卫平的行为均已构成利用未公开信息交易罪，且情节特别严重，应依法惩处。在共同犯罪中，齐蕾系主犯，乔卫平系从犯。齐蕾到案后能够如实供述自己的犯罪事实，自愿认罪认罚，依法可以从轻处罚。乔卫平系从犯，且自愿认罪认罚，依法减轻处罚，并适用缓刑。据此，依法以利用未公开信息交易罪判处被告人齐蕾有期徒刑五年，并处罚金人民币 11 464 854.78 元；判处被告人乔卫平有期徒刑 3 年，缓刑 4 年，并处罚金人民币 4 973 509.19 元。

本案系证券公司工作人员利用未公开信息交易（俗称"老鼠仓"）的典型案例。近年来，在我国证券、期货交易活动中，某些金融机构从业人员利用职务便利获取金融机构股票投资等未公开信息，以自己名义，或假借他人名义，或者告知其亲属、朋友、关系户，先于、同期于或者稍晚于公司账户交易，然后用客户资金拉升到高位后自己率先卖出获得巨额非法利益，不仅对其任职单位的财产利益造成损害，而且严重破坏了公开、公平、公正的证券、期货市场原则，对资产管理和基金、证券、期货市场的健康发展产生负面影响，社会危害性日益凸显，应依法惩处。最高人民法院、最高人民检察院《关于办理利用未公开信息交易刑事案件适用法律若干问题的解释》明确了"情节严重""情节特别严重"的认定标准。本案审理期间，上述司法解释尚未施行。原审法院根据本案犯罪事实和刑法规定，认定被告人齐蕾、乔卫平犯利用未公开信息交易罪，情节特别严重，并依法作出判决，符合上述司法解释的规定，充分体现了从严惩处"老鼠仓"犯罪的精神。[1]

---

[1] 最高人民法院："齐蕾、乔卫平利用未公开信息交易案——证券公司从业人员利用未公开信息交易，情节特别严重"，载 https://www.chinacourt.org/article/detail/2020/09/id/5471384.shtml，最后访问日期：2020 年 9 月 21 日。

第三节 操纵证券市场

一、证券市场效率与操纵证券市场

证券市场是资本市场、投资市场,证券市场的交易价格引导投资者进行投资,通过市场实现资本配置的效率,市场也发现价格。市场发挥这一基本功能的前提在于市场是一个自然的市场,没有受到人为的干预,也就是任何一个单独的卖方或者买方不能主导市场,市场的参与者都是市场的跟随者。

证券市场是一个极易受到信息影响的市场,也是容易受到操纵的市场。个别人为了自己的利益,人为改变证券市场的价格或交易量等,破坏了市场的基本功能,导致价格信号失灵。维护证券市场的正常秩序,就必须禁止和惩治操纵证券市场的活动。

所谓操纵者,在其他市场也存在,这里讲的人为改变市场,意思是在个别或少数人有意识的主导下、控制下发生他们希望的改变,市场就不再是自然的市场。

二、操纵证券市场的构成

1. 主观故意

根据《证券法》规定,操纵证券市场者在主观方面是影响或者意图影响证券交易价格或者证券交易量,是否以盈利或避免损失为目的不是要件。这一主观意图,有时当事人会承认,但更主要的是通过客观行为推断其意图。

2. 采用了操纵手段、出现了证券市场被操纵的后果

根据《证券法》规定,操纵证券市场的具体手段可以分为以下八种类型。

(1) 联合、连续交易操纵:单独或者通过合谋,集中资金

优势、持股优势或者利用信息优势联合或者连续买卖。资金优势与持股优势是可以互相转化的，以大量资金买入股票，就可以变成持股优势，持股优势是指控制了相当高比例的某一股票。连续买卖的表现，可以是连续买入，或者连续卖出，或者又买又卖。

例如，2014年9月30日至2015年3月25日，吴联模利用账户组在84个交易日中的37个交易日连续买卖"凯瑞德"，期间共买入"凯瑞德"11 694 400股，买入金额199 419 355.91元，卖出"凯瑞德"16 314 571股，卖出金额295 264 009.67元。期间，账户组有9个交易日的买入成交量排名市场第一，有19个交易日的买入成交量排名市场前五；有7个交易日的卖出成交量排名市场第一，有11个交易日的卖出成交量排名市场前五。2015年3月19日，账户组持有"凯瑞德"数量达到最高的13 839 000股，占该股总股本的7.86%。截至2015年3月25日，账户组持有"凯瑞德"12 350 909股，占该股总股本的7.02%。[1]

（2）约定交易操纵：与他人串通，以事先约定的时间、价格和方式相互进行证券交易。

（3）自买自卖操纵（也称"洗售操纵"或"对倒"）：在自己实际控制的账户之间进行证券交易。证券交易账户实行实名制，不允许出借账户，但在现实中出借转接账户情况仍然存在。以行为人对账户内资产具有交易决策权作为"自己实际控制的账户"的认定依据，具体包括4种情形：①行为人以自己名义开户并使用的实名账户；②行为人向账户转入或者从账户转出资金，并承担实际损益的他人账户；③行为人通过第①项、第②项以外的方式管理、支配或者使用的他人账户；④行为人

---

[1] 中国证监会行政处罚决定书（吴联模）〔2020〕52号。

通过投资关系、协议等方式对账户内资产行使交易决策权的他人账户。"自己实际控制的账户"的例外情形，即有证据证明行为人对第①至③项账户内资产没有交易决策权的除外。

在实际案例中，对倒往往与连续买卖相结合，例如，根据吴毅健自认、其他涉案人员陈述、账户名义持有人指认、账户资金来源与去向、账户交易终端信息、账户交易特征等事实和证据，可以认定在 2016 年 2 月 2 日至 6 月 3 日，吴毅健实际控制使用安某等 25 人名下的 25 个账户（以下简称账户组）。以账户组 2016 年 3 月 11 日的交易为例，当日 10：36：26 至 11：06：45，账户组分 61 笔买入 90.76 万股，买入金额 1638.44 万元，申报买入价格逐渐由 17.30 元抬升至 18.40 元。61 笔委托申报买入价格均高于前一秒市场成交价。42 笔委托申报买入价格高于或等于前一刻卖五档价格，占申报买入笔数的 68.85%；申报量 75.69 万股，占申报前一刻市场前五档卖出申报量的 87.40%。账户组对倒交易 25.37 万股，占该时段账户组买入交易量的 27.95%。"丰华股份"股价由 17.30 元升至 18.32 元，涨幅 5.90%。在此期间，账户组分 19 笔卖出 24.78 万股，卖出金额 449.99 万元，对倒交易 21.71 万股，占该时段账户组卖出交易量的 87.61%。账户组于该时段的卖出成交均价为 18.10 元，高于拉抬前的市场成交价 17.30 元。当日 11：07：06 至 14：59：12，账户组卖出 77.58 万股，卖出金额 1398.39 万元，对倒交易 19.18 万股，占该时段账户组卖出交易量的 24.72%。账户组于该时段的卖出成交均价为 18.02 元，高于拉抬前的市场成交价 17.30 元。[1]

（4）恍骗交易操纵（也称虚假申报操纵）：不以成交为目

---

[1] 中国证监会行政处罚决定书（吴毅健）〔2019〕68 号。

的,频繁或者大量申报并撤销申报。

案例3:唐汉博等操纵证券市场案

2012年5月至2013年1月,被告人唐汉博伙同被告人唐园子、唐渊琦,利用实际控制的账户组,不以成交为目的,频繁申报、撤单或大额申报、撤单,影响股票交易价格与交易量,并进行与申报相反的交易。其间,先后利用控制账户组大额撤回申报买入"华资实业""京投银泰"股票,撤回买入量分别占各股票当日总申报买入量的50%以上,撤回申报额为0.9亿余元至3.5亿余元;撤回申报卖出"银基发展"股票,撤回卖出量占该股票当日总申报卖出量的50%以上,撤回申报额1.1亿余元,并通过实施与虚假申报相反的交易行为,违法所得共计2581.21万余元。唐渊琦在明知唐汉博存在操纵证券市场行为的情况下,仍接受唐汉博的安排,多次从事涉案股票交易。

法院依法以操纵证券市场罪判处被告人唐汉博有期徒刑3年6个月,并处罚金人民币2450万元;判处被告人唐园子有期徒刑1年8个月,并处罚金人民币150万元;判处被告人唐渊琦有期徒刑1年,缓刑1年,并处罚金人民币10万元。[1]

(5)蛊惑交易操纵:利用虚假或者不确定的重大信息,诱导投资者进行证券交易。利用重大事件等信息操纵,通过控制发行人、上市公司信息的生成或者控制信息披露的内容、时点、节奏,误导投资者作出投资决策,影响证券交易价格或者证券交易量,并进行相关交易或者谋取相关利益的。此类操纵行为人往往是上市公司的股东或实际控制人,或者他们与他人联合操纵。主要是指"编故事、画大饼"的操纵行为,通过策划、

---

〔1〕 最高人民法院:"唐汉博等操纵证券市场案——仅以成交为目的,频繁申报、撤单或者大额申报、撤单操纵证券市场,情节特别严重",载http://www.court.gov.cn/zixun-xiangqing-258751.html,最后访问日期:2020年9月15日。

实施资产收购或者重组、投资新业务、股权转让、上市公司收购等虚假重大事项，误导投资者作出投资决策，影响证券交易价格或者证券交易量，并进行相关交易或者谋取相关利益的。例如，第一章案例1：多伦股份更名匹凸匹。

（6）抢帽子交易操纵：对证券、发行人公开作出评价、预测或者投资建议，并进行反向证券交易，就是通常所谓利用"黑嘴"荐股操纵。例如，第一章案例3：汪建中操纵证券市场案。

（7）跨期、现货市场操纵：行为人利用在其他相关市场的活动操纵证券市场，如利用股指期货交易操纵证券市场。

（8）其他手段。由于证券市场是在不断发展，监管与市场参与者也在玩猫与老鼠的游戏，新的操纵手法也会不断出现，证券法也规定了兜底条款，也就是在列举的操纵手段之外的其他手段也是禁止的。

三、安定操作（Stabilisation）问题

我国法律没有规定、也没有明确允许安定操作，有些国家法律允许进行安定操作。安定操作极易与操纵证券市场混同。

按照一些国家的做法，安定操作通常是在证券发行期间或发行后的一定期限内（较短的一个期间，事前确定），发行人与证券承销商（主承销商）为了维护证券市场价格稳定，防止新发行证券的定价受到冲击而在证券市场买卖相应证券、维护证券价格的活动。实行安定操作事先应披露信息并获得监管机构同意。

四、市值管理问题

国务院有关文件中提出鼓励上市公司建立市值管理制度，

但在现实中一些上市公司大股东或高级管理人员因所谓市值管理被认为是操纵证券市场而受到处罚。

市值管理应当是上市公司通过提高公司经理管理业绩、持续回报股东，稳定公司的市场价值，长期逐步提高公司市值。

市值管理需要明确规范，制止以市值管理为名误导投资者、操纵市场的现场。

五、做市商问题

做市商在证券市场担负双边报价责任，不断买卖，有时也会涉及是否操纵证券市场的嫌疑。一般来说，做市商严格按照规则执行，应该不构成操纵市场。

六、法律责任

《证券法》规定了操纵证券市场应承担的行政责任。监管机构责令违法者依法处理其非法持有的证券，没收违法所得，并处以违法所得1倍以上10倍以下的罚款；没有违法所得或者违法所得不足100万元的，处以100万元以上1000万元以下的罚款。单位操纵证券市场的，还应当对直接负责的主管人员和其他直接责任人员给予警告，并处以50万元以上500万元以下的罚款。

关于刑事责任，《刑法》规定，操纵证券、期货市场，情节严重的，处5年以下有期徒刑或者拘役，并处或者单处罚金；情节特别严重的，处5年以上10年以下有期徒刑，并处罚金。

《证券法》规定，操纵证券市场行为给投资者造成损失的，应当依法承担赔偿责任。但司法实践中案例很少，法院审理此类案件类似审理内幕交易民事赔偿诉讼，也面临一些难题。

第四节 禁止编造、传播虚假信息

一、信息与证券市场

在第一章已经介绍，证券市场是很容易受到信息影响的市场，证券市场、特定证券相关信息都应真实、准确，否则会导致证券市场的不正常波动。

但在现实中，不准确的信息难免时有流传，如何防范虚假信息、误导信息对证券市场的干扰并不容易，完全禁绝是一个不可能的任务。

这里讨论的是《证券法》规定的信息披露义务人之外的其他人传播证券市场相关信息的问题。

信息可以区分为事实信息、预测信息与评论信息（言论）。

事实性信息存在真假，相对容易判断，但是预测信息与评论信息（言论）则不能简单地论断其真假，判断其为误导也需要慎重。有些信息是这几类不同信息的混合，就更不容易判断了。

一般来说，规制证券市场相关事实信息是可能的，而对预测信息、评论信息则应谨慎对待，这个涉及言论自由问题。

二、具体规定

2019年修改前的《证券法》规定，禁止国家工作人员、传播媒介从业人员和有关人员编造、传播虚假信息，扰乱证券市场。也就是规范的是具有特定身份的人，不是所有人。但是随着互联网技术的发展，普通人信息传播的能力大大加强，也出现了一些普通个人传播不当信息确实干扰证券市场秩序的情形。

2019年修改后的《证券法》规定，禁止任何单位和个人编造、传播虚假信息或者误导性信息，扰乱证券市场。

《证券法》还规定，禁止证券交易场所、证券公司、证券登记结算机构、证券服务机构及其从业人员，证券业协会、证券监督管理机构及其工作人员，在证券交易活动中作出虚假陈述或者信息误导。这一规定针对证券行业从业人员。

《证券法》进一步规定，各种传播媒介传播证券市场信息必须真实、客观，禁止误导。传播媒介及其从事证券市场信息报道的工作人员不得从事与其工作职责发生利益冲突的证券买卖。这一规定要进一步落实，需要建立媒介及其工作人员的利益申报和公开制度。

三、法律责任

《证券法》规定，编造、传播虚假信息或者误导性信息，扰乱证券市场，给投资者造成损失的，应当依法承担赔偿责任。

《证券法》规定，编造、传播虚假信息或者误导性信息，扰乱证券市场的，没收违法所得，并处以违法所得1倍以上10倍以下的罚款；没有违法所得或者违法所得不足20万元的，处以20万元以上200万元以下的罚款。如果是前述证券行业从业人员在证券交易活动中作出虚假陈述或者信息误导的，责令改正，处以20万元以上200万元以下的罚款；属于国家工作人员的，还应当依法给予处分。媒介及其从业人员违反避免利益冲突规定的，没收违法所得，并处以买卖证券等值以下的罚款。

《刑法》第181条规定，编造并且传播影响证券、期货交易的虚假信息，扰乱证券、期货交易市场，造成严重后果的，处5年以下有期徒刑或者拘役，并处或者单处1万元以上10万元以下罚金。证券交易所、期货交易所、证券公司、期货经纪公司的从业人员，证券业协会、期货业协会或者证券期货监督管理部门的工作人员，故意提供虚假信息或者伪造、变造、销毁交易记录,诱骗投资者买卖证券、期货合约,造成严重后果的,处 5 年以下有期徒刑或者拘役,并处或者单处 1 万元以上 10 万元以下罚金;情节特别恶劣的,处 5 年以上 10 年以下有期徒刑,并处 2 万元以上 20 万元以下罚金。单位犯罪的,对单位判处罚金,并对其直接负责的主管人员和其他直接责任人员,处 5 年以下有期徒刑或者拘役。

第十五章

证券商

第一节 证券商概述

一、证券商

证券商是指专门从事证券经营活动的商人。证券商是证券市场的重要参与者，也可以称为市场中介，可以说是证券市场绝对不可缺少的一方。从证券市场开始存在就有证券商，最早的证券商从事的是证券买卖的经纪活动。随着市场的发展，证券商的业务范围也逐渐扩大。现在，证券商是重要的金融机构，管理庞大的资金，雇用数量巨大的从业人员。

在很多国家，证券商可以采取个人经营的形式，也可以是合伙形式，还可以是公司形式。个体经营主要是证券经纪商。而传统上采取合伙制的券商非常多，一些国际知名大型投资银行在过去都是合伙制形式。我国证券商目前采取公司制形式，一般将证券商称为券商。

从事证券承销业务、企业并购顾问、证券顾问业务、资产管理和证券发行保荐的券商也被称为投资银行，或称投行。

截至2019年底我国共有证券公司133家。境内外上市的证券公司 38 家，证券公司总资产 7.26 万亿元。[1]

二、证券商的主要业务

1. 证券经纪

在证券交易所上市的证券，普通投资者不能直接进场买卖，投资者必须通过经纪商发出买卖指令。投资者通过某证券公司开户、买卖证券，证券公司则收取经纪费用（佣金）。不过，在电子化交易环境下，证券经纪商存在的必要性受到怀疑，证券公司缺乏必要理由收取经纪费用，只是传统交易方式的延续。

2. 证券自营

证券自营，是指证券公司为了本身的营利而从事证券的买卖并独立承担风险的活动。自营活动，证券公司以其自有资金进行。证券公司以自有资金、自有账户买卖证券，像普通投资者一样，以低买高卖赚取收益。自营活动的积极意义是，其有价格发现功能，有利于维持交易的连续性。不过，证券自营活动也有其消极面。

3. 证券承销和保荐业务

证券承销，是指证券公司作为证券发行人和投资者的媒介，在证券一级市场上将发行人拟发行的证券推销给投资者从而为发行人筹集到所需要的资金的活动。在证券发行活动中，为发行人提供专业服务，承销证券，收取承销费，向监管机构保荐发行人、收取服务费用。不仅包括股票和债券发行，还包括资产支持证券的证券发行都有证券公司的参与。

4. 财务顾问

这块业务主要是向专业、大型投资机构，如保险公司、基

---

[1] 中国证券监督管理委员会编著：《中国证券监督管理委员会年报 2019》，中国财政经济出版社 2020 年版。

金等提供理财服务，证券公司收取服务费用。另一块业务为公司收购、重组提供建议服务，包括寻找收购目标、评估收购代价和收益、制定收购方案、帮助收购完成。

5. 证券做市交易

证券商在特定市场上为维持市场交易的连续性提供买卖双边报价、接受投资者的买卖要求、维持市场交易。特定市场的做市商需要获得认可或许可，作为做市商必须以自有资金维持其负责的证券的买卖活动，为市场提供流动性。

6. 证券资产管理

为客户提供资产管理服务，实质上相当于管理私募基金。这种业务具有信托的性质。私募投资业务是一块利润丰厚的蛋糕，证券公司按照客户风险和收益需求，或者投资于企业，或者做风险资本投资，或者为杠杆收购提供融资服务。

7. 其他证券业务

包括货币市场和证券市场的债券回购业务、融资融券业务等。

三、对证券公司监管的原因

对证券公司监管的理由可以分两大类：一类是投资者保护和市场失效的矫正，另一类是金融市场的稳定性和避免金融危机的发生。

1. 投资者保护和市场失效的矫正

证券公司充当着证券发行与交易的桥梁，证券公司承销证券，是证券发行市场的重要一方，协助企业募集资金。证券经纪商接受投资者委托买卖证券。证券公司的业务操守和稳定性对投资者影响甚大。例如，证券公司可能占用客户资金、证券，由于同时从事自营和经纪业务，证券公司可能为了自己的利益散布虚假信息或者推荐证券买卖；可能不严格执行客户指令；可能诱导投资者不当投资；可能以客户资产抵押、质押。

2. 金融市场的稳定性与避免金融危机的发生

当一个证券公司发生危机时，风险可能迅速传导给其他金融机构，传染性和脆弱性是金融市场一个非常突出的特征。危机的发生，可能由于证券公司自有资本过少，不能抵抗资本市场风险，也可能由于代理成本，从业人员或者高级管理人员从事高风险或单边投资，也可能资本市场上资产缩水导致不能保有充足资本，也可能由于某些客户违约导致证券公司承担连带责任。

危机传导的路径，主要由资本市场的资产缩水和金融机构相互之间的借贷产生。资产缩水导致证券公司出售金融资产，金融资产价格下跌使其他金融机构资产缩减，为避免破产，其他金融机构也纷纷出售资产，这种循环使流动性成为稀缺产品，流动性的降低引发金融市场的系统性风险。

金融机构之间相互借贷，如银行借款、相互投资、货币市场上债券回购业务，这使得一个金融机构的危机将影响整个金融链条的稳定性，并由于金融市场在现代经济的重要地位从而引发经济的系统化危机。

出于以上原因，对证券公司的监管，主要分4大类：一是营业许可，二是投资者保护机制，三是证券公司审慎从业监管，四是证券投资者保护基金的建立。

第二节　营业许可

一、许可制

设立证券公司必须经监管机构批准，获得经营证券业务许可证才能合法经营。与其他普通公司不同，证券公司作为金融机构，法律实行经营资格许可制，必须先获得监管机构批准，才能申请营业执照。

未经证监会批准，任何单位和个人不得以证券公司名义开展证券业务活动。

二、设立条件

按照《证券法》第118条、121条的规定，设立证券公司，主要应当具备下列条件：

（1）满足最低资本要求且为实缴资本：从事经纪、咨询和财务顾问业务的，最低注册资本为5000万元；从事证券承销和保荐、自营、融资融券业务和证券做市交易之一的，最低注册资本为1亿元，若从事两项以上的业务，最低注册资本为5亿元。

（2）主要股东及公司的实际控制人具有良好的财务状况和诚信记录，最近3年无重大违法违规记录。

（3）董事、监事、高级管理人员、从业人员符合证券法规定的条件，高级管理者具有任职资格，从业人员具有证券从业资格。

（4）具有完善的风险管理和控制制度，有合格的经营场所、业务设施和信息技术系统。

监管机构有权就设立条件更进一步地规定。

三、设立批准和业务许可申请程序

设立证券公司应向证监会提出申请，证监会负责审查和批准，证监会自受理证券公司设立申请之日起6个月内，依照法定条件和法定程序并根据审慎监管原则进行审查，作出批准或者不予批准的决定，并通知申请人；不予批准的，应当说明理由。监管机构有根据市场竞争、市场风险等因素酌情决定的权力，并非满足条件就一定可以获得批准。

证券公司设立申请获得批准的，申请人应当在规定的期限内向公司登记机关申请设立登记，领取营业执照。

业务许可。证券公司应当自领取营业执照之日起15日内，向证监会申请经营证券业务许可证。未取得经营证券业务许可证，证券公司不得经营证券业务。

证监会应当自受理前款规定事项申请之日起3个月内，依照法定条件和程序进行审查，作出核准或者不予核准的决定，并通知申请人；不予核准的，应当说明理由。

证券公司经营证券资产管理业务的，应当符合《证券投资基金法》等法律、行政法规的规定。

除证券公司外，任何单位和个人不得从事证券承销、证券保荐、证券经纪和证券融资融券业务。也就是说，这些业务是分业经营制度下，限定的证券公司的专属业务。其他机构未获许可从事这些业务的，构成非法经营。

证券公司可以自主选择经营下列部分或者全部证券业务，但均应获得许可：①证券经纪；②证券投资咨询；③与证券交易、证券投资活动有关的财务顾问；④证券承销与保荐；⑤证券融资融券；⑥证券做市交易；⑦证券自营；⑧其他证券业务。

根据审慎监管原则和各项业务的风险程度，可以调整注册资本最低限额，但不得少于证券法规定的限额。

四、对证券公司重要事项变更的监管

证券公司变更证券业务范围，变更主要股东或者公司的实际控制人，合并、分立、停业、解散、破产，应当经国务院证券监督管理机构核准。

证券公司任免董事、监事、高级管理人员,应当报国务院证券监督管理机构备案。

第三节 证券公司经营原则和风险控制

一、证券公司业务的基本原则

(1)守法经营。证券公司应当遵守法律、行政法规和国务院证券监督管理机构的规定。

(2)审慎经营,防范风险。证券公司的股东和实际控制人不得滥用权力,占用证券公司或者客户的资产,损害证券公司或者客户的合法权益。

(3)诚信对待客户。

(4)谨慎创新。国家鼓励证券公司在有效控制风险的前提下,依法开展经营方式创新、业务或者产品创新、组织创新和激励约束机制创新。国务院证券监督管理机构、国务院有关部门应当采取有效措施,促进证券公司的创新活动规范、有序进行。

二、审慎经营,控制风险

证监会可以对证券公司的净资本,净资本与负债的比例,净资本与净资产的比例,净资本与自营、承销、资产管理等业务规模的比例,负债与净资产的比例,以及流动资产与流动负债的比例等风险控制指标作出规定。证券公司必须执行。

证券公司的业务活动,应当与其治理结构、内部控制、合规管理、风险管理以及风险控制指标、从业人员构成等情况相适应,符合审慎监管和保护投资者合法权益的要求。

内部组织机构的设立应符合《证券法》《公司法》《证券公司监督管理条例》和监管机构的规定。

证券公司设合规负责人,对证券公司经营管理行为的合法合规性进行审查、监督或者检查。合规负责人为证券公司高级管理人员,由董事会决定聘任,并应当经国务院证券监督管理机构认可。合规负责人不得在证券公司兼任负责经营管理的职务。

合规负责人发现违法违规行为,应当向公司章程规定的机构报告,同时按照规定向国务院证券监督管理机构或者有关自律组织报告。

证券公司解聘合规负责人,应当有正当理由,并自解聘之日起3个工作日内将解聘的事实和理由书面报告国务院证券监督管理机构。

法律禁止证券公司为其股东或者股东的关联人提供融资或者担保。

风险准备金。证券公司从每年的业务收入中提取交易风险准备金,用于弥补证券经营的损失,其提取的具体比例由国务院证券监督管理机构会同国务院财政部门规定。

三、诚信对待客户,防范利益冲突

(1)了解客户,适当推荐业务。在经纪业务、融资融券业务和资产管理等业务中,证券公司都应当遵守诚信原则,在了解客户、评估客户风险承受能力的基础上与客户展开相匹配的业务。

(2)证券公司应当建立完善的内部控制制度,采取有效隔离措施,防范公司与客户之间、不同客户之间的利益冲突。证券公司内部的隔离措施也被称为"中国墙",主要是为了防范利益冲突,防止损害客户利益,防止不公平对待不同客户。

证券公司必须将其证券经纪业务、证券承销业务、证券自营业务和证券资产管理业务分开办理,不得混合操作,不同业务由不同部门办理。

(3) 保护投资者信息和保密义务。证券公司及其工作人员应当依法为投资者的信息保密,不得非法买卖、提供或者公开投资者的信息。证券公司及其工作人员不得泄露所知悉的客户商业秘密。

第四节 经纪业务规则

经纪业务是证券公司的基本业务,客户委托证券公司买卖证券,证券公司收取佣金作为报酬。

一、交易结算资金的存管

根据《证券法》规定,证券公司客户的交易结算资金应当存放在商业银行,以每个客户的名义单独立户管理。客户的交易结算资金按照信托财产管理。

证券公司不得将客户的交易结算资金和证券归入其自有财产。禁止任何单位或者个人以任何形式挪用客户的交易结算资金和证券。证券公司破产或者清算时,客户的交易结算资金和证券不属于其破产财产或者清算财产。非因客户本身的债务或者法律规定的其他情形,不得查封、冻结、扣划或者强制执行客户的交易结算资金和证券。

二、经纪业务的基本规则

1. 委托记录、交易记录

证券公司办理经纪业务,应当置备统一制定的证券买卖委托书,供委托人使用。采取其他委托方式的,必须作出委托记录。随着网络技术发展,通过网络委托交易极为普遍,委托记录也采取电子形式。

客户的证券买卖委托，不论是否成交，其委托记录应当按照规定的期限，保存于证券公司。

证券公司接受证券买卖的委托，应当根据委托书载明的证券名称、买卖数量、出价方式、价格幅度等，按照交易规则代理买卖证券，如实进行交易记录；买卖成交后，应当按照规定制作买卖成交报告单交付客户。

证券交易中确认交易行为及其交易结果的对账单必须真实，保证账面证券余额与实际持有的证券相一致。

2. 委托方式

客户买卖证券必须作出具体委托指令。证券公司办理经纪业务，不得接受客户的全权委托而决定证券买卖、选择证券种类、决定买卖数量或者买卖价格。

三、禁止行为

证券公司不得对客户证券买卖的收益或者赔偿证券买卖的损失作出承诺。证券公司的从业人员不得私下接受客户委托买卖证券。

禁止证券公司及其从业人员从事下列损害客户利益的行为：

（1）违背客户的委托为其买卖证券；

（2）不在规定时间内向客户提供交易的确认文件；

（3）未经客户的委托，擅自为客户买卖证券，或者假借客户的名义买卖证券；

（4）为牟取佣金收入，诱使客户进行不必要的证券买卖；

（5）其他违背客户真实意思表示，损害客户利益的行为。

违反上述规定给客户造成损失的，应当依法承担赔偿责任。

四、信息查询与档案保存

证券公司应当建立客户信息查询制度,确保客户能够查询其账户信息、委托记录、交易记录以及其他与接受服务或者购买产品有关的重要信息。

证券公司应当妥善保存客户开户资料、委托记录、交易记录与内部管理、业务经营有关的各项资料,任何人不得隐匿、伪造、篡改或者毁损。上述资料的保存期限不得少于20年。

五、经纪商不能放弃值守

证券公司不得允许他人以证券公司的名义直接参与证券的集中交易。之所以有这一规定,是因为证券公司作为经纪人实际上有控制客户交易行为以符合规范的职能,如果允许他人绕过证券公司直接参与集中交易,可能引发合规风险,同时也涉及交易的公平性,有可能发生有人利用此种做法从事高风险的高频交易等。

第五节 证券自营业务

自营业务范围。证券公司从事证券自营业务,限于买卖依法公开发行的股票、存托凭证、债券、权证、证券投资基金、资产支持证券或者国务院证券监督管理机构认可的其他证券。

证券公司的自营业务必须使用自有资金和依法筹集的资金。

自营账户。证券公司从事证券自营业务,应当使用实名证券自营账户。证券公司的证券自营账户,应当自开户之日起3个交易日内报证券交易所备案。证券公司的自营业务必须以自己的名义进行,不得假借他人名义或者以个人名义进行。证券公司不得将其自营账户借给他人使用。

证券公司从事证券自营业务，不得有下列行为：①违反规定购买本证券公司控股股东或者与本证券公司有其他重大利害关系的发行人发行的证券；②违反规定委托他人代为买卖证券；③利用内幕信息买卖证券或者操纵证券市场；④法律、行政法规或者国务院证券监督管理机构禁止的其他行为。

证券公司从事证券自营业务，自营证券总值与公司净资本的比例、持有一种证券的价值与公司净资本的比例、持有一种证券的数量与该证券发行总量的比例等风险控制指标，应当符合国务院证券监督管理机构的规定。

第六节 融资融券业务

一、融资融券交易

融资融券交易，也称为信用交易（margin trading）、保证金交易，是指投资者交付一定比例保证金、证券经纪商向客户出借资金供其买入上市证券或者出借上市证券供其卖出，证券商在佣金之外另外收取利息的经营活动。

对融资融券的具体操作，先举个简单的例子：某证券公司客户甲的证券交易资金账户上有1万元，从证券公司借入1万元，与自有资金1万元合起来共2万元，甲自认为A股票价格在未来数周会上涨，甲可以买入2万元的A股票，如果两周后，A股票价格确实有相当上涨，那甲就可以卖掉A股票，将借入的资金归还证券公司，他仅需要支付借款利息，而A股票价格上涨的收益归自己。融券交易则是借入证券再出售，融券交易的操作者认为证券市场价格将会下跌，以借入证券时的较高价格将证券卖出，如证券市场价格下跌，其再以较低价格买回证券归还给证券公司。通过融资融券交易，投资者利用了杠杆，可以放大其收益，但如果投资者对市场的方向判断错误，其损失也会放大。

融资融券交易的作用：有利于活跃市场交易，但在特定情形下也会加剧市场波动。

二、业务许可

证券公司开展融资融券业务，必须经证监会批准。

三、业务规则

1. 证券公司的开户

证券公司经营融资融券业务应当以自己的名义，在证券登记结算机构分别开立融券专用证券账户、客户信用交易担保证券账户、信用交易证券交收账户和信用交易资金交收账户。

融券专用证券账户用于记录证券公司持有的拟向客户融出的证券和客户归还的证券，不得用于证券买卖。客户信用交易担保证券账户用于记录客户委托证券公司持有、担保证券公司因向客户融资融券所生债权的证券。信用交易证券交收账户用于客户融资融券交易的证券结算，信用交易资金交收账户用于客户融资融券交易的资金结算。

2. 客户开设融资融券账户

拟从事融资融券交易的客户向证券公司提出申请，双方签订协议。证券公司应做好客户的适当性管理。证券公司在向客户融资、融券前，应当办理客户征信，了解客户的身份、财产与收入状况、证券投资经验和风险偏好，并以书面和电子方式予以记载、保存。对未按照要求提供有关情况、在本公司从事证券交易不足半年、交易结算资金未纳入第三方存管、证券投资经验不足、缺乏风险承担能力或者有重大违约记录的客户，以及本公司的股东、关联人，证券公司不得向其融资、融券。

证券公司应当制定选择客户的具体标准。

融资融券合同应当约定,证券公司客户信用交易担保证券账户内的证券和客户信用交易担保资金账户内的资金,为担保证券公司因融资融券所生对客户债权的信托财产。

3. 融资融券交易

证券公司向客户融资融券,应当向客户收取一定比例的保证金。保证金可以证券充抵。由证券交易所对开展融资融券的证券品种和交易保证金比例作出规定。

证券公司应当将收取的保证金以及客户融资买入的全部证券和融券卖出所得全部价款,分别存放在客户信用交易担保证券账户和客户信用交易担保资金账户,作为对该客户融资融券所生债权的担保物。

证券公司应当逐日计算客户交存的担保物价值与其所欠债务的比例。当该比例低于最低维持担保比例时,应当通知客户在一定的期限内补交差额。

客户未能按期交足差额或者到期未偿还债务的,证券公司应当立即按照约定处分其担保物(强制卖出,强制平仓)。客户融资买入证券的,应当以卖券还款或者直接还款的方式偿还向证券公司融入的资金。客户融券卖出的,应当以买券还券或者直接还券的方式偿还向证券公司融入的证券。

证券公司从事融资融券业务,自有资金或者证券不足的,可以向证券金融公司借入。

三、不应为场外配资提供方便

一些证券公司为他人提供便利,在融资融券之外发展不规范、不合法的所谓配资业务。此种行为不仅扰乱证券市场正常的经营秩序,而且会危害证券市场的稳定。

第七节 对证券公司的日常监管和危机管控

一、日常报送信息

证券公司应当按照规定向国务院证券监督管理机构报送业务、财务等经营管理信息和资料。国务院证券监督管理机构有权要求证券公司及其主要股东、实际控制人在指定的期限内提供有关信息、资料。

证券公司及其主要股东、实际控制人向国务院证券监督管理机构报送或者提供的信息、资料，必须真实、准确、完整。

二、财务和内控的审计、评估

国务院证券监督管理机构认为有必要时，可以委托会计师事务所、资产评估机构对证券公司的财务状况、内部控制状况、资产价值进行审计或者评估。具体办法由国务院证券监督管理机构会同有关主管部门制定。

三、防控危机的监管措施

证券公司的治理结构、合规管理、风险控制指标不符合规定的，国务院证券监督管理机构应当责令其限期改正；逾期未改正，或者其行为严重危及该证券公司的稳健运行、损害客户合法权益的，国务院证券监督管理机构可以区别情形，对其采取下列措施：

（1）限制业务活动，责令暂停部分业务，停止核准新业务；

（2）限制分配红利，限制向董事、监事、高级管理人员支付报酬、提供福利；

（3）限制转让财产或者在财产上设定其他权利；

（4）责令更换董事、监事、高级管理人员或者限制其权利；

(5) 撤销有关业务许可；

(6) 认定负有责任的董事、监事、高级管理人员为不适当人选；

(7) 责令负有责任的股东转让股权，限制负有责任的股东行使股东权利。

证券公司整改后，应当向国务院证券监督管理机构提交报告。国务院证券监督管理机构经验收，治理结构、合规管理、风险控制指标符合规定的，应当自验收完毕之日起3日内解除对其采取的前款规定的有关限制措施。

四、对资本不合规的监管措施

证券公司的股东有虚假出资、抽逃出资行为的，国务院证券监督管理机构应当责令其限期改正，并可责令其转让所持证券公司的股权。

在前款规定的股东按照要求改正违法行为、转让所持证券公司的股权前，国务院证券监督管理机构可以限制其股东权利。

五、对董监高的监管

证券公司的董事、监事、高级管理人员未能勤勉尽责，致使证券公司存在重大违法违规行为或者重大风险的，国务院证券监督管理机构可以责令证券公司予以更换。

六、重大风险下的监管措施

证券公司违法经营或者出现重大风险，严重危害证券市场秩序、损害投资者利益的，国务院证券监督管理机构可以对该证券公司采取责令停业整顿、指定其他机构托管、接管或者撤销等监管措施。

在证券公司被责令停业整顿、被依法指定托管、接管或者清算期间,或者出现重大风险时,经国务院证券监督管理机构批准,可以对该证券公司直接负责的董事、监事、高级管理人员和其他直接责任人员采取以下措施:

(1) 通知出境、入境管理机关依法阻止其出境;

(2) 申请司法机关禁止其转移、转让或者以其他方式处分财产,或者在财产上设定其他权利。

为了控制和化解证券公司风险,保护投资者合法权益和社会公共利益,保障证券业健康发展,国务院制定了《证券公司风险处置条例》。

1. 停业整顿

证券公司风险控制指标不符合有关规定,在规定期限内未能完成整改的,证监会可以责令证券公司停止部分或者全部业务进行整顿。停业整顿的期限不超过3个月。

证券经纪业务被责令停业整顿的,证券公司在规定的期限内可以将其证券经纪业务委托给证监会认可的证券公司管理,或者将客户转移到其他证券公司。证券公司逾期未按照要求委托证券经纪业务或者未转移客户的,证监会应当将客户转移到其他证券公司。

2. 托管

证券公司有下列情形之一的,证监会可以对其证券经纪等涉及客户的业务进行托管:

(1) 治理混乱,管理失控;

(2) 挪用客户资产并且不能自行弥补;

(3) 在证券交易结算中多次发生交收违约或者交收违约数额较大;

(4) 风险控制指标不符合规定,发生重大财务危机;

（5）其他可能影响证券公司持续经营的情形。

证监会决定对证券公司证券经纪等涉及客户的业务进行托管的，应当按照规定程序选择证券公司等专业机构成立托管组，行使被托管证券公司的证券经纪等涉及客户的业务的经营管理权。

托管组自托管之日起履行下列职责：

（1）保障证券公司证券经纪业务正常合规运行，必要时依照规定垫付营运资金和客户的交易结算资金；

（2）采取有效措施维护托管期间客户资产的安全；

（3）核查证券公司存在的风险，及时向国务院证券监督管理机构报告业务运行中出现的紧急情况，并提出解决方案；

（4）国务院证券监督管理机构要求履行的其他职责。

托管期限一般不超过12个月。满12个月，确需继续托管的，国务院证券监督管理机构可以决定延长托管期限，但延长托管期限最长不得超过12个月。

被托管证券公司应当承担托管费用和托管期间的营运费用。国务院证券监督管理机构应当对托管费用和托管期间的营运费用进行审核。托管组不承担被托管证券公司的亏损。

3. 接管

具有上述应托管情形且情节严重的，可以对该证券公司进行接管。

证监会决定对证券公司进行接管的，应当按照规定程序组织专业人员成立接管组，行使被接管证券公司的经营管理权，接管组负责人行使被接管证券公司法定代表人职权，被接管证券公司的股东会或者股东大会、董事会、监事会以及经理、副经理停止履行职责。

接管组自接管之日起履行下列职责：

(1) 接管证券公司的财产、印章和账簿、文书等资料；

(2) 决定证券公司的管理事务；

(3) 保障证券公司证券经纪业务正常合规运行，完善内控制度；

(4) 清查证券公司财产，依法保全、追收资产；

(5) 控制证券公司风险，提出风险化解方案；

(6) 核查证券公司有关人员的违法行为；

(7) 国务院证券监督管理机构要求履行的其他职责。

接管期限一般不超过 12 个月。满 12 个月，确需继续接管的，证监会可以决定延长接管期限，但延长接管期限最长不得超过 12 个月。

4. 行政重组

证券公司出现重大风险，但具备下列条件的，可以由证监会对其进行行政重组：

(1) 财务信息真实、完整；

(2) 省级人民政府或者有关方面予以支持；

(3) 整改措施具体，有可行的重组计划。

被停业整顿、托管、接管的证券公司，具备前款规定条件的，也可以由证监会对其进行行政重组。

证券公司进行行政重组，可以采取注资、股权重组、债务重组、资产重组、合并或者其他方式。

行政重组期限一般不超过 12 个月。满 12 个月，行政重组未完成的，证监会可以决定延长行政重组期限，但延长行政重组期限最长不得超过 6 个月。

证监会对证券公司的行政重组进行协调和指导。

5. 撤销

应撤销的情形。证券公司同时有下列情形的，证监会可以

直接撤销该证券公司：

(1) 违法经营情节特别严重、存在巨大经营风险；

(2) 不能清偿到期债务，并且资产不足以清偿全部债务或者明显缺乏清偿能力；

(3) 需要动用证券投资者保护基金。

证券公司经停业整顿、托管、接管或者行政重组在规定期限内仍达不到正常经营条件，并且有上述第（2）项或者第（3）项规定情形的，证监会应当撤销该证券公司。

撤销决定。证监会撤销证券公司，应当作出撤销决定，并按照规定程序选择律师事务所、会计师事务所等专业机构成立行政清理组，对该证券公司进行行政清理。撤销决定应当予以公告，撤销决定的公告日期为处置日，撤销决定自公告之时生效。

行政清理。行政清理期间，行政清理组负责人行使被撤销证券公司法定代表人职权。行政清理组履行下列职责：

(1) 管理证券公司的财产、印章和账簿、文书等资料；

(2) 清理账户，核实资产负债有关情况，对符合国家规定的债权进行登记；

(3) 协助甄别确认、收购符合国家规定的债权；

(4) 协助证券投资者保护基金管理机构弥补客户的交易结算资金；

(5) 按照客户自愿的原则安置客户；

(6) 转让证券类资产；

(7) 证监会要求履行的其他职责。

这里证券类资产，是指证券公司为维持证券经纪业务正常进行所必需的计算机信息管理系统、交易系统、通信网络系统、交易席位等资产。

被撤销证券公司的股东会或者股东大会、董事会、监事会以及经理、副经理停止履行职责。

行政清理期间,被撤销证券公司的股东不得自行组织清算,不得参与行政清理工作。

第十六章

投资者保护制度

第一节 概述

保护投资者权益是证券法的核心和基本宗旨。2019年修改后的《证券法》设专章对投资者保护作出规定。

普通的证券投资者，一般是指个人或家庭。近年来，不少国家和地区将普通投资者作为消费者即金融消费者看待。有些国家和地区还制定了专门的金融消费者保护法，设立专门的金融消费者保护机构。

我国法律非常重视对普通投资者的保护。2013年修改后的《中华人民共和国消费者权益保护法》第28条规定，采用网络、电视、电话、邮购等方式提供商品或者服务的经营者，以及提供证券、保险、银行等金融服务的经营者，应当向消费者提供经营地址、联系方式、商品或者服务的数量和质量、价款或者费用、履行期限和方式、安全注意事项和风险警示、售后服务、民事责任等信息。金融消费者的概念开始在法律上出现。

2015年11月13日，《国务院办公厅关于加强金融消费者权益保护工作的指导意见》（国办发〔2015〕81号）规定，"金融消费者是金融市场的重要参与者，也是金融业持续健康发展的推动者。加强金融消费者权益保护工作，是防范和化解金融风险的重要内容,对提升金融消费者信心、维护金融安全与稳定、促进社会公平正义和社会和谐具有积极意义"。该指导意见列举了金融消费者的几大基本权利:财产安全权、知情权、自主选择权、公平交易权、依法求偿权、受教育权、受尊重权、信息安全权等。

金融监管机构内部也都设立了负责投资者保护的机构。证监会内设有投资者保护局。

第二节 证券投资者适当性制度

一、适当性制度

证券投资者的能力不是均一的。保护投资者权益,就不再采取形式上平等对待的方式,而是区别对待。金融产品的提供者、销售者,或者就《证券法》上讲,证券产品和服务的提供者包括证券公司、基金管理人和基金销售人等,要了解客户(know thy customer)、了解产品(know thy security),要把适当的产品推给适当的投资者(forsake the unsuitable)或者说产品要与投资者相匹配。这样做是为了维护投资者或者金融消费者的权益。

证监会制定了《证券期货投资者适当性管理办法》(以下简称《适当性管理办法》),并经过多次修改。

《证券法》第88条对适当性制度作出了规定:

证券公司向投资者销售证券、提供服务时,应当按照规定充分了解投资者的基本情况、财产状况、金融资产状况、投资知识和经验、专业能力等相关信息;如实说明证券、服务的重要内容,充分揭示投资风险;销售、提供与投资者上述状况相匹配的证券、服务。

投资者在购买证券或者接受服务时,应当按照证券公司明示的要求提供前款所列真实信息。拒绝提供或者未按照要求提供信息的,证券公司应当告知其后果,并按照规定拒绝向其销售证券、提供服务。

证券公司违反第一款规定导致投资者损失的,应当承担相应的赔偿责任。

这一制度的实际效果如何,可能有不同的看法。因为这里面涉及一个问题,就是说,如果证券销售者把不适合投资者的投资产品推销给他会有什么后果呢?从合同法角度讲,是不是可以撤销合同?投资者能不能主张受欺诈了?现实中发生什么情况,证券的推销者或者说证券公司,在销售之前会与投资者签订文件,包括让投资者签字来确认他是合格投资者。例如,某个公司卖一种风险比较高的产品,按照规定能够承担高风险的人才能买,那么有的客户来了,或者销售员拉了一个客户来买,来人可能是个理发师。销售过程是什么样?一定要先给几道题目,让来人做一下。这个人可能不会,实际上把答案也给他了,照着这个答案抄一下,把这个题做完了,然后这答案当然就收一边去了,但是他这个答卷存到档案里头,销售员还会给他提示很多的风险,他都会签字。最终发生纠纷的时候,销售者拿出这些签字的文件,"你看他做了一个答卷,还是满分,说明他有风险识别能力、有较高的风险承担能力,他懂得这个产品是怎么回事。我也提示风险了",因为有这些手续,本来不是一个合格投资者,但是在这个文件上他也变成一个合格投资者了。最后变成了投资者要自担风险。这个制度初衷是好的,但是如何让它真正地发挥作用,还是需要进一步地完善有关的制度,金融业经营者要诚信,自觉得恪守规则,而不能利用规则规避责任。

第十六章 投资者保护制度

案例1：金融消费者不实填写风险测评问卷应自负投资风险

法院裁判要旨：金融商品的销售服务业者在提供金融服务时，应当履行金融消费者适格性审查义务，推荐与消费者自身风险等级相匹配的投资产品及服务。因金融消费者自身填写风险等级测评材料不真实，导致其购买投资产品或者接受服务不适当，其应自行承担投资风险。金融机构未就高风险产品进行充分信息披露和风险揭示的，应就投资者损失承担相应责任。[1]

案例2：金融机构和投资者应根据各自过错对理财产品投资损失承担相应责任

法院裁判要旨：金融机构向客户销售金融产品时应当遵守投资者适当性原则，如果其未全面履行风险评级、风险提示以及推介符合客户风险承受能力的金融产品等义务，造成投资者损失的，应当承担相应责任。具有一定投资经验的投资者在明知投资风险并承诺自担投资风险的情况下，自主选择超过其风险承受能力的理财产品发生亏损的，亦应自担相应投资风险。

胡某应系具备一定经验的金融投资者，因此对系争理财产品发生亏损的风险应有所预期。在胡某书面承诺愿意自担风险，在无证据证明甲银行存在主动推介行为的情况下，按照"卖者尽责、买者自负"原则，胡某应自担涉案理财产品本金损失的主要责任。其次，甲银行在销售系争理财产品过程中风险提示手续不完备，未充分、完整地履行理财产品的风险提示义务，存在过错，应对本金损失承担相应赔偿责任，鉴于胡某本人对本金损失承担主要责任，甲银行承担的赔偿责任可以适当减轻，应承担40%的赔偿责任。[2]

---

[1] 上海市第二中级人民法院（2017）沪02民终9139号民事判决书。
[2] 上海市高级人民法院（2016）沪民再31号民事判决书。

二、区分投资者：普通投资者与专业投资者

1. 普通投资者与专业投资者

将投资者进行区分，普通投资者不能从事高风险证券投资者活动，对普通投资者给予特别的保护，防止他们暴露在高风险投资活动中；专业投资者主要依靠自我保护，可以从事高风险投资。在普通投资者与证券公司的关系中，证券公司更有经济能力和专业能力，也就承担更高的举证责任。

《证券法》第89条规定：

根据财产状况、金融资产状况、投资知识和经验、专业能力等因素，投资者可以分为普通投资者和专业投资者。专业投资者的标准由国务院证券监督管理机构规定。

普通投资者与证券公司发生纠纷的，证券公司应当证明其行为符合法律、行政法规以及国务院证券监督管理机构的规定，不存在误导、欺诈等情形。证券公司不能证明的，应当承担相应的赔偿责任。

2. 专业投资者的具体标准

根据《适当性管理办法》第8条规定，符合下列条件之一的是专业投资者：

第一，经有关金融监管部门批准设立的金融机构，包括证券公司、期货公司、基金管理公司及其子公司、商业银行、保险公司、信托公司、财务公司等；经行业协会备案或者登记的证券公司子公司、期货公司子公司、私募基金管理人。

第二，上述机构面向投资者发行的理财产品，包括但不限于证券公司资产管理产品、基金管理公司及其子公司产品、期货公司资产管理产品、银行理财产品、保险产品、信托产品、

经行业协会备案的私募基金。

第三，社会保障基金、企业年金等养老基金，慈善基金等社会公益基金，合格境外机构投资者（QFII）、人民币合格境外机构投资者（RQFII）。

第四，同时符合下列条件的法人或者其他组织：

①最近1年末净资产不低于2000万元；

②最近1年末金融资产不低于1000万元；

③具有2年以上证券、基金、期货、黄金、外汇等投资经历。

第五，同时符合下列条件的自然人：

①金融资产不低于500万元，或者最近3年个人年均收入不低于50万元；

②具有2年以上证券、基金、期货、黄金、外汇等投资经历，或者具有2年以上金融产品设计、投资、风险管理及相关工作经历，或者属于规定的专业投资者的高级管理人员、获得职业资格认证的从事金融相关业务的注册会计师和律师。

所述金融资产，是指银行存款、股票、债券、基金份额、资产管理计划、银行理财产品、信托计划、保险产品、期货及其他衍生产品等。

专业投资者的具体标准尤其是其中的资产数额标准应当随着物价指数的变动而调整，但目前没有就此作出规定。

3. 对投资者的进一步的分类和对产品的分类

第一，经营机构可以根据专业投资者的业务资格、投资实力、投资经历等因素，对专业投资者进行细化分类和管理。

第二，普通投资者。经营机构应当按照有效维护投资者合法权益的要求，综合考虑收入来源、资产状况、债务、投资知识和经验、风险偏好、诚信状况等因素，确定普通投资者的风险承受能力，对其进行细化分类和管理。

第三，普通投资者和专业投资者在一定条件下可以互相转化。

第四，产品的风险分级分类。证监会、自律组织在针对特定市场、产品或者服务制定规则时，可以考虑风险性、复杂性以及投资者的认知难度等因素，从资产规模、收入水平、风险识别能力和风险承担能力、投资认购最低金额等方面，规定投资者准入要求。投资者准入要求包含资产指标的，应当规定投资者在购买产品或者接受服务前一定时期内符合该指标。

现有市场、产品或者服务规定投资者准入要求的，应当符合前款规定。

经营机构应当了解所销售产品或者所提供服务的信息，根据风险特征和程度，对销售的产品或者提供的服务划分风险等级。

第三节 投资者保护基金

在商业银行法中有存款人保护制度和存款保险制度，类似地，在证券法中设立了投资者保护基金，该基金主要目的是在证券公司发生风险时保护投资者利益。

《证券法》第126条规定：

> 国家设立证券投资者保护基金。证券投资者保护基金由证券公司缴纳的资金及其他依法筹集的资金组成，其规模以及筹集、管理和使用的具体办法由国务院规定。

根据《证券投资者保护基金管理办法》的规定，证券投资者保护基金的基本制度如下：

（1）机构。设立国有独资的中国证券投资者保护基金有限

第十六章　投资者保护制度

责任公司（以下简称基金公司），负责基金的筹集、管理和使用。基金公司的职责为：①筹集、管理和运作基金；②监测证券公司风险，参与证券公司风险处置工作；③证券公司被撤销、被关闭、破产或被证监会实施行政接管、托管经营等强制性监管措施时，按照国家有关政策规定对债权人予以偿付；④组织、参与被撤销、关闭或破产证券公司的清算工作；⑤管理和处分受偿资产，维护基金权益；⑥发现证券公司经营管理中出现可能危及投资者利益和证券市场安全的重大风险时，向证监会提出监管、处置建议，对证券公司运营中存在的风险隐患会同有关部门建立纠正机制；⑦国务院批准的其他职责。

（2）基金的用途。基金主要用于按照国家有关政策规定对债权人予以偿付。具体用途为：①证券公司被撤销、被关闭、破产或被证监会实施行政接管、托管经营等强制性监管措施时，按照国家有关政策规定对债权人予以偿付；②国务院批准的其他用途。

（3）基金的筹集。基金按照取之于市场、用之于市场的原则筹集。基金的筹集方式、标准，由证监会商财政部、中国人民银行决定。

基金的具体来源：①上海、深圳证券交易所在风险基金分别达到规定的上限后，交易经手费的20%纳入基金；②所有在中国境内注册的证券公司，按其营业收入的0.5%—5%缴纳基金；经营管理或运作水平较差、风险较高的证券公司，应当按较高比例缴纳基金。各证券公司的具体缴纳比例由基金公司根据证券公司风险状况确定后，报证监会批准，并按年进行调整。证券公司缴纳的基金在其营业成本中列支；③发行股票、可转债等证券时，申购冻结资金的利息收入；④依法向有关责任方追偿所得和从证券公司破产清算中受偿收入；⑤国内外机构、组织及个人的捐赠；⑥其他合法收入。

基金公司设立时，财政部专户储存的历年认购新股冻结资金利差余额一次性划入，作为基金公司的注册资本；中国人民银行安排发放专项再贷款，垫付基金的初始资金。专项再贷款余额的上限以国务院批准额度为准。

根据防范和处置证券公司风险的需要，基金公司可以多种形式进行融资。必要时，经国务院批准，基金公司可通过发行债券等方式获得特别融资。基金公司因履行职责需要流动性支持时，证监会向中国人民银行报请国务院批准后，可以向中国人民银行申请再贷款。

（4）基金的具体使用程序。为处置证券公司风险需要动用基金的，证监会根据证券公司的风险状况制定风险处置方案，基金公司制定基金使用方案，报经国务院批准后，由基金公司办理发放基金的具体事宜。

基金公司使用基金偿付证券公司债权人后，取得相应的受偿权，依法参与证券公司的清算。

第四节　投资者保护机构

一、机构

《证券法》规定了投资者保护机构，但未明确具体如何设立等。根据证监会规定，在2019年修改法律之前已经设立了投资者保护机构。中证中小投资者服务中心有限责任公司（以下简称"投服中心"）于2014年12月成立的证券金融类公益机构，归属证监会直接管理。证监会内设机构投资者保护局不是证券法所指的投资者保护机构。投服中心是一个市场化的公益机构，非政府机构。

二、职责

投服中心的主要职责包括：①面向投资者开展公益性宣传和教育；②公益性持有股票等证券品种，以股东身份或证券持有人身份行权；③受投资者委托，提供调解等纠纷解决服务；④为投资者提供公益性诉讼支持及其相关工作；⑤中国投资者网站的建设、管理和运行维护；⑥调查、监测投资者意愿和诉求，开展战略研究与规划；⑦代表投资者，向政府机构、监管部门反映诉求；⑧证监会委托的其他业务。

三、先行赔付与追偿

根据《证券法》第93条规定，发行人因欺诈发行、虚假陈述或者其他重大违法行为给投资者造成损失的，发行人的控股股东、实际控制人、相关的证券公司可以委托投资者保护机构，就赔偿事宜与受到损失的投资者达成协议，予以先行赔付。先行赔付后，可以依法向发行人以及其他连带责任人追偿。

四、调解

根据《证券法》第94条第1款，投资者与发行人、证券公司等发生纠纷的，双方可以向投资者保护机构申请调解。普通投资者与证券公司发生证券业务纠纷，普通投资者提出调解请求的，证券公司不得拒绝。

五、支持诉讼

根据《证券法》第94条第2款，投资者保护机构对损害投资者利益的行为，可以依法支持投资者向人民法院提起诉讼。

案例 3：全国首例证券支持诉讼案

法院裁判要旨：证券投资者公益性保护机构以诉讼代理人身份接受中小投资者委托或为其聘请律师提起诉讼，符合《民事诉讼法》第 15 条关于支持诉讼相关规定的，应予以准许。证券市场信息披露义务人违反法律规定，实施证券虚假陈述行为并致使投资者遭受损失的，应承担相应民事赔偿责任。[1]

六、股东代表诉讼（衍生诉讼）

根据《证券法》第 94 条第 3 款，发行人的董事、监事、高级管理人员执行公司职务时违反法律、行政法规或者公司章程的规定给公司造成损失，发行人的控股股东、实际控制人等侵犯公司合法权益给公司造成损失，投资者保护机构持有该公司股份的，可以为公司的利益以自己的名义向人民法院提起诉讼，持股比例和持股期限不受《公司法》规定的限制。

投资者保护机构购买上市公司很少数量的股票，如 100 只股票，就可以作为股东行使股东权利。

第五节　公司治理与投资者保护

公司治理与公司业绩有密切关联，良好的公司治理是保障投资者长期利益的基础性工作。《证券法》和《公司法》对保护投资者权益、公司治理也设定了一些特别的制度。

一、公开征集股东权利

股东表决权可以委托他人行使，因此，可以通过征集股东的委托投票权，提议召开股东会，或者在召开股东大会时代股

---

[1] 上海市第一中级人民法院（2016）沪 01 民初 166 号民事判决书。

东行使股东权利。投资者公开征集一定比例以上的上市公司的投票权以实现对上市公司决策的影响力的活动,可以是中小股东参与上市公司治理、发挥影响力的一种方式。公开征集股东权利也可以成为上市公司收购的一种辅助方式。

《证券法》第 90 条规定了公开征集股东表决权等股东权利的制度:

上市公司董事会、独立董事、持有百分之一以上有表决权股份的股东或者依照法律、行政法规或者国务院证券监督管理机构的规定设立的投资者保护机构(以下简称投资者保护机构),可以作为征集人,自行或者委托证券公司、证券服务机构,公开请求上市公司股东委托其代为出席股东大会,并代为行使提案权、表决权等股东权利。

依照前款规定征集股东权利的,征集人应当披露征集文件,上市公司应当予以配合。

禁止以有偿或者变相有偿的方式公开征集股东权利。

公开征集股东权利违反法律、行政法规或者国务院证券监督管理机构有关规定,导致上市公司或者其股东遭受损失的,应当依法承担赔偿责任。

目前,我国尚无对委托投票权征集活动进行规范的具体办法。上市公司如何配合征集活动、上市公司是否应免费为征集活动发布公告、如何规范征集活动等事项均需要进一步明确。

参考资料:

万科股份是深交所最早上市的公司之一,公司股权比较分散,大股东持股比例不高。1994 年 3 月 30 日,君安证券公司以多家股东名义联合发表告万科股东的公开信,要求召开临时股东会、大幅改组万科董事会。这一事件一般称为"君万之争"。这次事件中,君安获得多家公司的授权,还有公司签署了6个月期限的授权委托书。

万科公司以王石为主的管理层反对君安公司的做法,为此采取了多种措施化解风险,王石联络了公司董事进行沟通,与一股东沟通,说服该股东取消了对君安的授权;向交易所申请停牌等等。[1]

在此事件中有多个法律问题:约定了期限的股东投票委托书能否撤销?不以寻求授权委托为目的,但试图影响公众股东投票的公开言论的限度是什么?上市公司面临收购或类似收购的控制权之争时,申请股票停牌的正当理由是什么?

二、鼓励现金分红

《证券法》第91条规定,上市公司应当在章程中明确分配现金股利的具体安排和决策程序,依法保障股东的资产收益权。上市公司当年税后利润,在弥补亏损及提取法定公积金后有盈余的,应当按照公司章程的规定分配现金股利。

三、累积投票权制度

《公司法》规定,公司章程可以规定,股东大会也可以决议,在选举董事和监事时可以采用累积投票权制度,即股东所持每一股份拥有与应选董事或监事人数相同的表决权,股东所持有的表决权可以集中行使。该制度一定程度上有利于中小股东。

---

[1] "1994年'3.30君万之争'始末",载 http://www.vankeweekly.com/? p = 78199,最后访问日期:2020年9月15日。

第六节　债券持有人保护

为保护债券持有人利益,根据证监会的规定,建立了公司债券持有人会议制度和受托管理人制度。2019 年修改后的《证券法》第 92 条对债券持有人会议制度和债券受托管理人制度作了明确规定。

1. 债券持有人会议

公开发行公司债券的,应当设立债券持有人会议,并应当在募集说明书中说明债券持有人会议的召集程序、会议规则和其他重要事项。债券持有人会议是为了解决债券持有人集体行动的困境而设。

2. 受托管理人制度

受托管理人为代表债券持有人利益的专门管理人,设置债券受托管理人是为了解决债券持有人分散而难以联合、采取统一行动维护共同权利的困难。

根据《证券法》规定,公开发行公司债券的,发行人应当为债券持有人聘请债券受托管理人,并订立债券受托管理协议。受托管理人应当由本次发行的承销机构或者其他经国务院证券监督管理机构认可的机构担任,债券持有人会议可以决议变更债券受托管理人。债券受托管理人应当勤勉尽责,公正履行受托管理职责,不得损害债券持有人利益。

受托管理人的具体职责:

(1) 持续关注发行人和保证人的资信状况、担保物状况、增信措施及偿债保障措施的实施情况,出现可能影响债券持有人重大权益的事项时,召集债券持有人会议。

(2) 在债券存续期内监督发行人募集资金的使用情况。

(3) 对发行人的偿债能力和增信措施的有效性进行全面调

查和持续关注,并至少每年向市场公告一次受托管理事务报告。

(4) 在债券存续期内持续督导发行人履行信息披露义务。

(5) 预计发行人不能偿还债务时,要求发行人追加担保,并可以依法申请法定机关采取财产保全措施。

(6) 在债券存续期内勤勉处理债券持有人与发行人之间的谈判或者诉讼事务。

(7) 发行人为债券设定担保的,债券受托管理协议可以约定担保财产为信托财产,债券受托管理人应在债券发行前或债券募集说明书约定的时间内取得担保的权利证明或其他有关文件,并在担保期间妥善保管。即如果担保需要登记,受托管理人登记为名义担保权人,在债券发行人违约情况下,受托管理人可以行使担保权。

(8) 发行人不能偿还债务时,可以接受全部或部分债券持有人的委托,以自己名义代表债券持有人提起民事诉讼、参与重组或者破产的法律程序。

受托管理人为履行受托管理职责,有权代表债券持有人查询债券持有人名册及相关登记信息、专项账户中募集资金的存储与划转情况。证券登记结算机构应当予以配合。

债券发行人未能按期兑付债券本息的,债券受托管理人可以接受全部或者部分债券持有人的委托,以自己名义代表债券持有人提起、参加民事诉讼或者清算程序。

第七节 代表人诉讼

投资者通过提起民事诉讼、要求损害投资者权益的责任人赔偿损失,这是投资者的重要权利。根据《民事诉讼法》的规定,投资者通过单独诉讼或共同诉讼方式起诉,但存在诸多不便。修改后的《证券法》第一次明确对代表人诉讼作出规定。

最高人民法院制定了《最高人民法院关于证券纠纷代表人诉讼若干问题的规定》(法释〔2020〕5号),自2020年7月31日起施行。

根据《证券法》第95条第1款规定,投资者提起虚假陈述等证券民事赔偿诉讼时,诉讼标的是同一种类,且当事人一方人数众多的,可以依法推选代表人进行诉讼。

根据最高人民法院规定,证券纠纷代表人诉讼包括因证券市场虚假陈述、内幕交易、操纵市场等行为引发的普通代表人诉讼和特别代表人诉讼。

一、案件管辖

根据最高人民法院规定,证券纠纷代表人诉讼案件,由省、自治区、直辖市人民政府所在的市、计划单列市和经济特区中级人民法院或者专门人民法院管辖。对多个被告提起的诉讼,由发行人住所地有管辖权的中级人民法院或者专门人民法院管辖;对发行人以外的主体提起的诉讼,由被告住所地有管辖权的中级人民法院或者专门人民法院管辖。特别代表人诉讼案件,由涉诉证券集中交易的证券交易所、国务院批准的其他全国性证券交易场所所在地的中级人民法院或者专门人民法院管辖。

二、普通代表人诉讼

最高人民法院对代表人诉讼中代表人推选等都有详细规定。此处仅简要介绍其内容。

1. 条件

符合以下条件的,人民法院应当适用普通代表人诉讼程序进行审理:①原告一方人数10人以上,起诉符合民事诉讼法受理案件条件规定和共同诉讼条件;②起诉书中确定2至5名拟任代表人且符合规定的代表人条件；③原告提交有关行政处罚决定、刑事裁判文书、被告自认材料、证券交易所和国务院批准的其他全国性证券交易场所等给予的纪律处分或者采取的自律管理措施等证明证券侵权事实的初步证据。

2. 通知与明示加入

对代表人按照法律规定提起的民事赔偿诉讼，可能存在有相同诉讼请求的其他众多投资者的，人民法院可以发出公告，说明该诉讼请求的案件情况，通知投资者在一定期间向人民法院登记。人民法院作出的判决、裁定，对参加登记的投资者发生效力。

3. 示范判决

符合权利人范围但未参加登记的投资者提起诉讼，且主张的事实和理由与代表人诉讼生效判决、裁定所认定的案件基本事实和法律适用相同的，人民法院审查具体诉讼请求后，裁定适用已经生效的判决、裁定。适用已经生效裁判的裁定中应当明确被告赔偿的金额，裁定一经作出立即生效。

三、特别代表人诉讼

投资者保护机构为特别代表人。投资者保护机构就是前述投服中心。

默示代表、明示退出。《证券法》第 95 条第 3 款规定，投资者保护机构受 50 名以上投资者委托，可以作为代表人参加诉讼，并为经证券登记结算机构确认的权利人依照法律规定条件向人民法院登记，但投资者明确表示不愿意参加该诉讼的除外。

特别代表人诉讼案件不预交案件受理费；投资者保护机构作为代表人在诉讼中申请财产保全的，人民法院可以不要求提供担保等。

第十七章

证券市场的专业服务机构

第一节 证券市场的"看门人"

一、概述

1. 证券市场的"看门人"

专业服务机构是证券市场的重要参与者,他们为发行人、上市公司、保荐人和证券公司等提供专业的服务、专业的意见等,对于促进发行人、上市公司、保荐人和证券公司遵守法律、合法合规从事证券发行、交易等活动,保障投资者权益发挥了重要作用。

这些专业服务机构包括律师事务所、会计师事务所、资产评估机构、资信评级机构、财务顾问机构、证券投资咨询公司等。在所有的证券公开发行中必须有审计师、律师的参与,在企业和公司债券的公开发行中,资信评级机构也是不能缺席的。

有学者将这些机构称为证券市场的"看门人(gatekeeper)",也就是那些以自己的职业声誉为担保向投资者保证发行证券品质的各种市场中介机构。这些机构拥有超越普通大众的专业的技能,能够在证券相关活动中发现大众投资者难以发现的信息,阻止证券发行人等相关人员的不当行为,向公众或监管机构发出警报，保障金融市场的健康运行。[1]这些中介机构依靠自己长期积累的专业声誉而存在，不会为了个别客户的利益而牺牲自己的长远利益。

2. 利益冲突与防范

理论上，会计师事务所、律师事务所、资信评级机构等专业服务机构应当是独立于证券发行人，忠诚于证券发行人的债权人、股东、公众投资者的，也就是他们要向公众负责。但是目前专业机构也是商业机构，他们要在市场上获取客户。在形式上他们首先是受聘于证券发行人，这就会形成一个基本的利益冲突，专业机构是由证券发行人支付报酬聘请的，但是他们不仅要向作为付费者的委托人负责，而且要向大众投资者负责。审计师，律师、资信评级人员等也是类似的，如果他们拿着委托人支付的报酬，还要监督委托人、揭露委托人的不当行为，那他们下一次就难以获得提供服务的机会了。

如果这些专业服务机构一方面从事"看门人"的业务，另一方面还要同时从委托人那里获得其他业务或者提供顾问服务，那就会存在一种可能，为了维系业务关系而对委托人的不规范、不合法行为持放任纵容的态度。有些人称这些专业人员往往就在公司欺诈投资者的现场，是目击者甚至是参与者。"看门人"不再"看门"，"盗贼"就会入门，投资者利益就会受到损害。

2001年、2002年美国安然公司、世通公司的丑闻曝光，也引起了对会计师事务所的调查，当时世界五大会计师事务所之一的安达信会计师事务所被调查后最终倒闭。这是看门人机制的失灵。随后美国国会通过了《萨班斯—奥克斯利法案》(全称《2002年公众公司会计改革和投资者保护法案》)，加强了对会计师、审计

---

[1] [美]约翰·C.科菲：《看门人机制：市场中介与公司治理》，黄辉等译，北京大学出版社2011年版，译者序第2页，正文第3页。

第十七章　证券市场的专业服务机构

师的监督，强化了证券发行人财务信息披露的可靠性，防止系统性的欺诈。具体而言，强化审计师独立性的制度和避免利益冲突的制度包括，执行公开发行证券公司的审计业务的会计师事务所不能同时为该公司提供其他禁止的非审计服务业务。同一审计机构执行同一证券发行人的审计业务的负责合伙人应当轮换，审计机构也应轮换，不应该由同一审计机构持续审计同一证券发行人。被审计公司的高级管理人员或财务、会计负责人来自审计机构且一年内审计过该公司的，不能由该审计机构执行审计。

2008年美国的金融危机之后，人们又发现金融市场的"看门人"之一——资信评估机构辜负了信任，一些评估机构为一些资产支持证券出具了不实的信用评级。为此，美国的《多德—弗兰克华尔街改革与消费者保护法》就包括了强化信用评级机构的法律责任、加强对信用评级机构的监管、避免利益冲突等内容，同时也包括加强对审计机构监管的内容。

中国的一些证券发行人、上市公司发生欺诈投资者的事件，往往伴随着中介机构的失职，监管机构也对会计师事务所、律师事务所及其专业人员进行过处罚。

如何让这些专业性的服务机构更好地发挥"看门人"的作用，是一个需要持续探讨的问题。例如，能否改革证券发行人的付费制度，而由投资者通过特定机制付费；或者发行人不直接付费或聘请专业服务机构，而由监管机构或其他组织采取特定机制抽签确定专业服务机构；等等。改善专业服务机构的内部治理和内部控制也是维持专业服务质量的一个重要方面。

二、我国证券法关于专业服务机构的规定

1. 业务许可制和备案制

《证券法》第160条第2款规定，从事证券投资咨询服务业

务，应当经国务院证券监督管理机构核准；未经核准，不得为证券的交易及相关活动提供服务。从事其他证券服务业务，应当报国务院证券监督管理机构和国务院有关主管部门备案。根据该规定，对从事证券投资咨询服务业务的机构实行许可制。另根据《证券投资基金法》的规定，基金咨询业务实行注册制或备案制。

其他证券服务机构实行备案制，其他证券服务机构是指会计师事务所、律师事务所以及从事资产评估、资信评级、信息技术系统服务的证券服务机构。

证监会制定了《证券服务机构从事证券服务业务备案管理规定》。

2. 执业标准

《证券法》第160条第1款规定，会计师事务所、律师事务所以及从事证券投资咨询、资产评估、资信评级、财务顾问、信息技术系统服务的证券服务机构，应当勤勉尽责、恪尽职守，按照相关业务规则为证券的交易及相关活动提供服务。

《证券法》第162条规定，证券服务机构应当妥善保存客户委托文件、核查和验证资料、工作底稿以及与质量控制、内部管理、业务经营有关的信息和资料，任何人不得泄露、隐匿、伪造、篡改或者毁损。上述信息和资料的保存期限不得少于10年，自业务委托结束之日起算。

上述规定构成了《证券法》对证券服务机构的执业标准的统一规定。不同行业的服务机构还有进一步的本行业的执业规则。

3. 执业责任

《证券法》第163条规定，证券服务机构为证券的发行、上市、交易等证券业务活动制作、出具审计报告及其他鉴证报告、资产评估报告、财务顾问报告、资信评级报告或者法律意见书等文件,应当勤勉尽责,对所依据的文件资料内容的真实性、准确性、完整性进行核查和验证。其制作、出具的文件有虚假记载、误导性陈述或者重大遗漏,给他人造成损失的,应当与委托人承担连带赔偿责任,但是能够证明自己没有过错的除外。

证券市场专业服务机构的责任是侵权责任,他们的责任是专家责任。《证券法》规定的这一责任的归责原则是推定过错,责任形式是连带责任。如此严厉的法律责任,是希望从外部施加压力,使证券服务机构即使从自身利益考虑也要避免参与委托人的违法违规活动、不参与掩盖委托人的不利信息,当好证券市场的"看门人"。

证券服务机构都是专业的服务机构,从业人员都是某一领域的专业人员,具有专门的知识和经验。他们在各自的专业领域负有专业的注意义务。尽管法律规定是过错推定,但在确定责任过程中,被调查方总是会提出自己不存在过错的申辩,因此在辩驳、判断他们是否存在过错时,需要分析他们是否违反了各自专业领域的专业注意义务。专业注意义务的依据是法律、法规、规章的明确规定,行业的执业规则、执业指引和公认的行业标准。

第二节 证券投资咨询业务

一、证券投资咨询业务

这里讲的证券投资咨询业务包括证券和证券投资基金咨询业务。

根据《证券、期货投资咨询管理暂行办法》(证委发〔1997〕96号)规定,证券、期货投资咨询,是指从事证券、期货投资咨询业务的机构及其投资咨询人员以下列形式为证券、期货投

资人或者客户提供证券、期货投资分析、预测或者建议等直接或者间接有偿咨询服务的活动：①接受投资人或者客户委托，提供证券、期货投资咨询服务；②举办有关证券、期货投资咨询的讲座、报告会、分析会等；③在报刊上发表证券、期货投资咨询的文章、评论、报告，以及通过电台、电视台等公众传播媒体提供证券、期货投资咨询服务；④通过电话、传真、电脑网络等电信设备系统，提供证券、期货投资咨询服务；⑤证监会认定的其他形式。

按照目前证监会的有关规定（《证券投资顾问业务暂行规定》等），证券投资顾问业务是证券投资咨询业务的一种基本形式，指证券公司、证券投资咨询机构接受客户委托，按照约定，向客户提供涉及证券及证券相关产品的投资建议服务，辅助客户作出投资决策，并直接或者间接获取经济利益的经营活动。投资建议服务内容包括投资的品种选择、投资组合以及理财规划建议等。

证券投资咨询业务还包括发布证券研究报告业务，指对于证券市场的整体或者部分走势进行分析预测，或者对于股票、债券等证券以及证监会认可的其他投资品种的投资价值、价格波动等进行分析，并向客户发布研究报告或者分析意见，直接或者间接获取经济利益的经营性活动。

二、业务守则

证券投资咨询领域也出现过一些借咨询之名操纵证券市场、侵犯客户权益、传播虚假不实信息、"传销式"展业等问题。

从事证券基金投资咨询业务，应当遵守法律、行政法规和证监会的规定，遵循诚实守信、谨慎勤勉、客户利益优先的原则，遵守业务规范，恪守职业道德，不得损害国家利益、社会

第十七章 证券市场的专业服务机构

公共利益和投资者合法权益。

1. 客户利益优先,防止利益冲突

证券基金投资咨询机构及其从业人员应当严格遵循客户利益优先的原则,不得为自身或者第三人的利益损害客户的利益,不得进行任何形式的不公平交易或者利益输送。证券基金投资咨询机构应当建立健全利益冲突的识别、评估、披露、处理等机制,不得采用可能产生利益冲突的收费方式。证券基金投资咨询机构应当加强关联交易管理,准确识别关联方,严格执行关联交易审批制度,不得向客户提供可能产生利益冲突的投资建议服务,有充分证据证明相关服务有利于客户,且如不提供相关建议可能损害客户利益的除外,但应当事先向客户披露关联关系并取得客户书面同意。

2. 适当性管理义务

证券基金投资咨询机构提供证券基金投资咨询服务,应当与客户签订书面合同,对服务方式、费用及报酬支付、违约责任、投诉处理等作出约定,明确各方权利和义务。证券基金投资咨询机构应当充分了解客户,对客户进行分类,并对所提供的证券基金投资咨询服务实施风险评级、分类管理,遵循风险匹配的原则,充分揭示风险,向客户提供符合其风险识别能力和承受能力的证券基金投资咨询服务。

3. 禁止的行为

《证券法》第161条规定,证券投资咨询机构及其从业人员从事证券服务业务不得有下列行为:①代理委托人从事证券投资;②与委托人约定分享证券投资收益或者分担证券投资损失;③买卖本证券投资咨询机构提供服务的证券;④法律、行政法规禁止的其他行为。有这些行为之一,给投资者造成损失的,应当依法承担赔偿责任。

根据证监会的有关规定，证券投资咨询机构不得有下列行为：①传播虚假、误导性或者存在重大遗漏的信息；②向客户承诺收益、承诺本金不受损失或者限定损失金额或比例；③违规与客户约定分享投资收益或者分担损失（投资顾问业务按照规定的方式约定是允许的）；④侵占、挪用客户财产；⑤利用客户资产或者职务便利为客户以外的人牟取利益；⑥以获取佣金或者其他不当利益为目的，建议客户进行不必要的交易；⑦出租、出借、转让证券基金投资咨询业务资格，或者以承包、出租、出借、合资、合作、委托等方式将分支机构交由他人经营管理；⑧为违法违规或者故意规避监管的证券基金业务活动提供便利。

三、言论自由与证券市场相关评论

言论自由是公民的基本自由。公民个人在没有取得证券投资咨询从业资格且没有在证券投资咨询机构任职的情况下，能否发表对证券市场或个别证券的评论。现在自媒体广泛运用，个人发言的渠道、媒介很多，如果这种评论并非有偿提供，如何界定一般的个人言论与个人的股评，需要进一步的探讨。当然发布传播虚假消息是另一个问题，不属于这里讲的评论。

媒体尤其是正式的官方认可媒体对证券市场进行评论是否需要持有许可证？过去一些媒体言论如人民日报评论文章等都曾经多次对股市走向发生重要影响。媒体的言论自由与如何防范媒体言论对证券市场秩序的干扰，我国法律缺乏明确的界限，是需要继续研究的问题。[1]

---

〔1〕 参见：张彬："媒体、言论与证券市场"，载彭冰主编：《法律与新金融》（2016年第2辑），法律出版社2018年版，第152—165页。

第三节　律师事务所和律师

一、证券相关法律专业服务

根据证监会的规定,律师事务所为下列证券活动从事证券服务业务,制作、出具法律意见书,应当进行备案:①首次公开发行股票、存托凭证及上市;②上市公司发行证券及上市;③上市公司和非上市公众公司收购、重大资产重组及股份回购;④上市公司合并、分立及分拆;⑤上市公司及非上市公众公司实行股权激励计划或员工持股计划;⑥公开发行公司债券及上市交易;⑦境内企业直接或者间接到境外发行证券、将其证券在境外上市交易(包括后续增发股份);⑧股份有限公司向特定对象转让股票导致股东累计超过 200 人,以及申请股票在全国股转系统挂牌并公开转让;⑨股份有限公司向特定对象发行股票导致股东累计超过 200 人、股东人数超过 200 人的非上市公众公司向特定对象发行股票,以及向不特定合格投资者公开发行股票。

在下面这些事务中也需要律师事务所和律师提供相关法律专业服务:上市公司召开股东大会;证券公司、证券投资基金管理公司及其分支机构的设立、变更、解散、终止;办理证券投资基金的公开募集的注册、证券公司集合资产管理计划的设立;私募证券投资基金管理人的登记和重大事项变更登记;证券衍生品种的发行及上市等。

律师提供证券相关法律专业服务的具体形式主要是:出具尽职调查报告、出具法律意见书、出具见证书等。

二、执业标准

证监会和司法部先后制定了《律师事务所从事证券法律业

务管理办法》《律师事务所证券法律业务执业规则（试行）》，对律师从事证券法律业务加以规范，并规定了具体的执业规则。证监会还制定了《公开发行证券公司信息披露的编报规则第12号——公开发行证券的法律意见书和律师工作报告》。

律师事务所及其指派的律师从事证券法律业务，应当遵守法律、行政法规及相关规定，遵循诚实守信、独立、勤勉尽责的原则，恪守律师职业道德和执业纪律，严格履行法定职责，保证其所出具文件的真实性、准确性、完整性。律师事务所及其指派的律师从事证券法律业务，应当运用自己的专业知识和能力，依据自己的查验行为，独立作出查验结论，出具法律意见。对于收集证据材料等事项，应当亲自办理，不得交由委托人代为办理，使用委托人提供材料的，应当对其内容、性质和效力等进行必要的查验、分析和判断。

律师事务所及其指派的律师对有关事实、法律问题作出认定和判断，应当有适当的证据和理由。

律师从事证券法律业务，应当就业务事项是否与法律相关、是否应当履行法律专业人士特别注意义务作出分析、判断。需要履行法律专业人士特别注意义务的，应当拟订履行特别注意义务的具体方式、手段、措施，并予以落实。

律师事务所从事证券法律业务，应当建立、健全内部业务质量和执业风险控制机制，确保出具的法律意见书内容真实、准确、完整，逻辑严密、论证充分。

根据这些规定，律师的核心工作包括三部分：一是进行尽职调查和审慎查验；二是对受托事项的合法性出具法律意见；三是制作并留存工作底稿。

1. 查验规则

律师事务所及其指派的律师对受托事项进行查验时，应当独立、客观、公正，遵循审慎性及重要性原则。

从事证券法律业务，应当依法对所依据的文件资料内容的真实性、准确性、完整性进行核查和验证。

查验时应当按照依法制定的业务规则，勤勉尽责，审慎履行核查和验证义务。律师进行核查和验证，可以采用面谈、书面审查、实地调查、查询和函证、计算、复核等方法。律师应当合理、充分地运用查验方法，除这些必须采取的查验方法外，还应当根据实际情况予以补充。在有关查验方法不能实现验证目的时，应当对相关情况进行评判，以确定是否采取替代的查验方法在进行核查和验证前，应当编制核查和验证计划，明确需要核查和验证的事项，并根据业务的进展情况，对其予以适当调整。

查验计划应当列明需要查验的具体事项、查验工作程序、查验方法等。查验工作结束后，律师事务所及其指派的律师应当对查验计划的落实情况进行评估和总结，查验计划未完全落实的，应当说明原因或者采取其他查验措施。

律师进行核查和验证，需要会计师事务所、资产评估机构等证券服务机构作出判断的，应当直接委托或者要求委托人委托会计师事务所、资产评估机构等证券服务机构出具意见。

2. 法律意见书

律师在出具法律意见时，对与法律相关的业务事项应当履行法律专业人士特别的注意义务，对其他业务事项履行普通人一般的注意义务，其制作、出具的文件不得有虚假记载、误导性陈述或者重大遗漏。

法律意见是律师事务所及其指派的律师针对委托人委托事项的合法性，出具的明确结论性意见，是委托人、投资者和证监会及其派出机构确认相关事项是否合法的重要依据。法律意见应当由律师在核查和验证所依据的文件资料内容的真实性、准确性、完整性的基础上,依据法律、行政法规及相关规定作出。

法律意见书应当列明相关材料、事实、具体核查和验证结果、国家有关规定和结论性意见。法律意见不得使用"基本符合""未发现"等含糊措辞。

3. 工作底稿

律师事务所在核查、验证和出具法律意见书过程中形成的工作记录,以及在工作中获取的所有文件、资料,法律意见书等文件中各具体意见所依据的事实、国家相关规定以及律师的分析判断过程,构成律师工作底稿。工作底稿应当及时制作、完整保存。

工作底稿是判断律师是否勤勉尽责的重要证据。证监会及其派出机构可根据监管工作需要调阅、检查工作底稿。

三、律师未勤勉尽责的认定

从证监会公布的对律师事务所和律师的行政处罚来看,近年来被处罚的未勤勉尽责的情况主要有:未编制查验计划;未按查验计划实施查验;对属于重要法律事务的事项没有核查验证;核查验证和出具法律意见未能按照法律专业人员注意义务的标准进行。某些问题存在一定争议,如究竟哪些事项属于律师应该核查、验证的范围?证监会认为合同的存在与否、效力、履行情况等属于律师应核查范围,应收账款属于债权,也应该属于律师应核查范围。

第十七章 证券市场的专业服务机构

案例1：东易律所诉证监会行政处罚案一审判决[1]

结合案例探讨：如何认定律师未勤勉尽责？[2]

(1) 基本案情：

2017年6月27日，因在为欣泰电气首次公开发行股票并上市（以下简称IPO）提供法律服务过程中未勤勉尽责，违反依法制定的业务规则，出具含有虚假记载的文件，北京市东易律师事务所（以下简称"东易所"）被证监会予以处罚。在法律意见书上签名的经办律师郭立军、陈燕殊，作为对东易所违法行为直接负责的主管人员，亦被予处罚。东易所、郭立军、陈燕殊不服处罚决定提起行政诉讼，请求撤销处罚决定。

(2) 判决主要理由：

关于律师事务所勤勉尽责的认定标准。

本案的核心争议，在于东易所是否尽到了法律规定的"勤勉尽责"义务，是否应当为其出具的法律意见书中的虚假记载承担相应的法律责任。对此可以从两个层面予以审查：第一，相关虚假记载涉及的内容是否属于律师事务所在尽职调查（以下简称尽调）过程中应予查验的事项；第二，律师事务所能否提供证据证明其针对相关事项进行了审慎查验。

第一，欣泰电气欺诈发行的主要手段是通过外部借款等方式虚构收回应收账款，因此相关虚假记载涉及的是公司的财务问题。在IPO过程中，律师事务所承担的工作是进行法律尽调。所谓法律尽调，是指律师事务所通过对公司进行全面调查，充分了解公司的整体情况及其面临的法律风险，并在此基础上从

---

[1] 中国证监会行政处罚决定书（北京市东易律师事务所、郭立军、陈燕殊）[2017] 70号。

[2] 程金华、叶乔："中国证券律师行政处罚研究——以'勤勉尽责'为核心"，载《证券法苑》2017第5期。

法律角度确认公司的申请文件和公开发行募集文件真实、准确、完整，以及公司是否符合证券法等法律法规及证监会规定的发行条件的过程。

由于法律尽调是从法律风险的角度对公司整体情况进行评估，因此对于与公司经营相关的重要事项，律师事务所均应当予以充分关注并进行审慎查验。公司的财务状况无疑是律师事务所在进行尽调过程中必须包含的内容，而且应当作为查验的重点事项。在法律尽调的过程中，律师事务所应当在合法的范围内，充分利用各种方法对包括公司财务状况在内的公司整体情况展开全面调查，并在综合分析所有材料的基础上，从法律风险评估的角度出具意见。法律尽调与商业尽调、财务尽调的主要区别在于各自评估的角度不同，各中介机构对自己出具的报告均应独立承担责任，既非相互监督的关系，也不能以其他中介机构出具的报告作为免除自己尽调责任的依据。

第二，尽调与财务报表审计在法律性质上存在实质差别。从事尽调的中介机构与财务审计机构之间不是平行分工的关系。尽调是针对公司的整体情况，分别从商业、财务或者法律风险等角度进行评估，而审计报告则是注册会计师根据审计准则的规定，在实施审计工作的基础上对公司财务报表发表审计意见的书面文件，其只是作为包括法律尽调在内的各中介机构尽调的基础材料之一。在尽调过程中，律师事务所应当对包括审计报告在内的相关材料进行全面综合分析，并在审慎查验的基础上针对公司整体情况独立出具法律意见书并对结论负责。法律尽调与财务报表审计属于不同层面、不同性质的工作，尽调不是针对审计报告本身的复核，审计报告也不能成为免除律师事务所勤勉义务的依据。

第三，应收账款属于律师事务所在进行法律尽调过程中应

第十七章 证券市场的专业服务机构

当予以充分关注和专门查验的事项。应收账款是影响公司财务情况的重要因素之一，而虚构收回应收账款又是公司进行财务造假的常用手段。因此，律师事务所在对公司的财务情况进行法律尽调时，不仅应当关注应收账款事项，而且应当将应收账款的收回是否存在法律风险，包括应收账款余额的真实性、到期收回的法律风险等问题，作为专项问题予以审慎查验。原告认为应收账款的收回是财务会计问题，因此律师事务所没有义务也没有能力进行查验的主张，不符合法律尽调的基本要求。

第四，由于勤勉尽责是律师事务所承担的积极作为义务，未勤勉尽责则是消极事实状态，因此如果有证据证明律师事务所出具的法律意见书存在证券法所规定的虚假记载、误导性陈述或者重大遗漏等情形，则应当由律师事务所举证证明其已经尽到了勤勉义务，否则即应认为律师事务所未勤勉尽责。

（3）关于本案中东易所是否尽到勤勉义务：

本案中，没有证据证明东易所在开展法律尽调之前编制过专门的查验计划，更无证据证明其针对欣泰电气应收账款事项制定过专项查验方案。在东易所的工作底稿中，其只是将应收应付账款凭证简单汇总，并无证据证明其进行了审慎查验，其复印的兴业证券的访谈笔录更进一步证明东易所对于应收账款问题并未予以充分关注。即便在三原告诉讼中才提交的且真实性尚难确认的证据材料中，同样也无法体现东易所对应收账款进行过审慎查验，东易所未尽勤勉义务的事实毋庸置疑。直至诉讼阶段，三原告仍坚持主张对公司应收账款余额的核查属于财务会计内容，不属于律师事务所应予查验的事项，足见三原告对于律师事务所的勤勉义务缺乏正确的认知。

四、责任

律师事务所及其指派的律师从事证券法律业务,违反《证券法》和有关证券管理的行政法规,应当给予行政处罚的,由证监会依据《证券法》和有关证券管理的行政法规实施处罚。需要对律师事务所给予停业整顿处罚、对律师给予停止执业或者吊销律师执业证书处罚的,由司法行政机关依法实施处罚。

证监会可以对执业过程中违法违规的律师事务所和律师采取责令改正、监管谈话、出具警示函等措施。

民事责任前面已经提到,此处不再重复。

第四节 审计业务

一、专业服务

会计师事务所从事下列证券服务业务,应当按照本规定进行备案:①为证券的发行、上市、挂牌、交易等证券业务活动制作、出具财务报表审计报告、内部控制审计报告、内部控制鉴证报告、验资报告、盈利预测审核报告,以及证监会和国务院有关主管部门规定的其他文件;②为证券公司及其资产管理产品制作、出具财务报表审计报告、内部控制审计报告、内部控制鉴证报告、验资报告、盈利预测审核报告,以及证监会和国务院有关主管部门规定的其他文件。会计师事务所参与上述第①项相关主体重要组成部分或者其控制的主体的审计,其审计对象的资产总额、营业收入中的一项达到上述第①项相关主体最近一期经审计合并财务报表对应项目金额15%的,视同从事证券服务业务。

会计师事务所还为基金期货经营机构及其资产管理产品、证券服务机构、基金托管机构制作、出具财务报表审计报告、内部控制审计报告、内部控制鉴证报告以及其他专业报告。

二、执业标准

1. 独立性与签字注册会计师轮换制度

根据财政部和证监会的规定，为了维护注册会计师执行证券期货审计业务的独立性，提高证券期货相关机构经审计财务资料的质量，签字注册会计师连续为某一相关机构提供审计服务，不得超过5年。

2. 行业执业规范

中国注册会计师协会是中国注册会计师的自律组织，制定了大量的注册会计师审计准则和注册会计师执业规范指南，构成了审计业务的行业执业规范。

中国注册会计师协会制定的审计准则是判断会计师是否勤勉尽责的重要依据。

参考资料：

中国证监会行政处罚决定书（北京兴华会计师事务所、宜军民、刘丹〔2019〕135号）

证监会认为：①审计机构的勤勉尽责义务为过程性要求而非以结果论，北京兴华作为专业审计机构，调查手段固然有限，但依法应对审计证据中明显的异常保持应有的关注和职业怀疑；对审计过程中的异常性和风险点，应勤勉尽责，依法履行审计职责，不应以手段有限而塞责……②北京兴华所在执行新绿股份银行存款的检查程序时，获取的对账单没有加盖银行印章，对此未保持应有的职业怀疑，未能识别上述情况……③函证结果均系银行后续邮寄给北京兴华，北京兴华及签字会计师对于两次函证结果存在盖章不同、经办人员不同等异常点没有关注重视，也未采取任何进一步审计措施。④注册会计师未在风险评估工作底稿中记录 2013 至 2015 年存在的业绩对赌事项以及实施的相应审计程序,签字注册会计师承认未对业绩对赌事项予以特别考虑。⑤注册会计师在实施应收账款和预付账款函证程序时对于重要客户和供应商函证回函为复印件的情况未予以关注,且没有提供证据证明其已收到回函原件。⑥对于新绿股份与供应商签订的合同、开具的发票细节未予以重视,未发现收购合同时间晚于收购发票开具时间等异常点。

还可以参考:中国证监会行政处罚决定书(利安达会计师事务所、汪应华、雷波涛)〔2016〕20号;中国证监会行政处罚决定书(立信会计师事务所、姜维杰、葛勤)〔2016〕89号。

第五节 资信评级

一、信用评级

2019 年 11 月 26 日,中国人民银行、发改委、财政部和证监会联合发布《信用评级业管理暂行办法》(以下简称《信用评级暂行办法》),是目前为止关于信用评级的基本规范。

根据该办法,信用评级,是指信用评级机构对影响经济主体或者债务融资工具的信用风险因素进行分析,就其偿债能力和偿债意愿作出综合评价,并通过预先定义的信用等级符号进行表示。根据《中国人民银行信用评级管理指导意见》(银发〔2006〕95号),银行间债券市场长期债券信用等级划分为三等九级,符号表示分别为:AAA、AA、A、BBB、BB、B、CCC、CC、C。等级含义如下:AAA级:偿还债务的能力极强,基本不受不利经济环境的影响,违约风险极低。AA级:偿还债务的能力很强,受不利经济环境的影响不大,违约风险很低。A级:偿还债务能力较强,较易受不利经济环境的影响,违约风险较低。BBB 级：偿还债务能力一般，受不利经济环境影响较大，违约风险一般。BB 级：偿还债务能力较弱，受不利经济环境影响很大，有较高违约风险。B 级：偿还债务的能力较大地依赖于良好的经济环境，违约风险很高。CCC 级：偿还债务的能力极度依赖于良好的经济环境，违约风险极高。CC 级：在破产或重组时可获得保护较小，基本不能保证偿还债务。C 级：不能偿还债务。除 AAA 级、CCC 级以下等级外，每一个信用等级可用"＋""－"符号进行微调，表示略高或略低于本等级。银行间债券市场短期债券信用等级划分为四等六级，符号表示分别为：A-1、A-2、A-3、B、C、D。

《信用评级暂行办法》所称信用评级业务，是指为开展信用评级而进行的信息收集、分析、评估、审核和结果发布等活动。《信用评级暂行办法》所称信用评级机构，是指依法设立，主要从事信用评级业务的社会中介机构。评级对象，是指受评经济主体或者受评债务融资工具。《信用评级暂行办法》所称债务融资工具，包括：贷款、地方政府债券、金融债券、非金融企业债务融资工具、企业债券、公司债券等债券，资产支持证券等结构化融资产品，其他债务类融资产品。

二、监管机构

根据《信用评级暂行办法》第 3 条规定，监管主体包括信用评级行业主管部门和业务管理部门。中国人民银行是信用评级行业主管部门，主管全国的信用评级监督管理工作。发展改革委、财政部、证监会为信用评级业务管理部门，在职责范围内依法对信用评级业务实施监督管理。

业务管理部门之所以有 3 个，是因为我国目前债务融资工具的监管部门就是分别设置的。

三、资信评级机构的证券服务业务

资信评级机构从事下列证券服务业务,应当按照规定进行备案:为经证监会依法注册发行的债券、资产支持证券以及其他固定收益或者债务型结构性融资证券制作、出具资信评级报告及提供相关评级服务;为在证券交易所上市交易的债券、资产支持证券以及其他固定收益或者债务型结构性融资证券(国债除外)制作、出具资信评级报告及提供相关评级服务;为前述的证券的发行人、发起机构、上市公司、非上市公众公司、证券基金经营机构制作、出具资信评级报告及提供相关评级服务;为证监会规定的其他评级对象制作、出具资信评级报告及提供相关评级服务。

四、执业标准

《信用评级暂行办法》对信用评级的评级程序及业务规则、独立性要求和信息披露作出了规定。

1. 关于评级程序及业务规则

信用评级机构应当对评级对象开展尽职调查,进行必要的评估以确保评级所需信息来源可靠且充分满足使用需求,并在调查前制定详细的调查提纲。调查过程中,信用评级机构应当制作尽职调查工作底稿,作为评级资料一并存档保管。

评级项目组应当依法收集评级对象的相关资料,并对所依据的文件资料内容进行核查验证和客观分析,在此基础上得出初评结果。信用评级初评结果应当经过三级审核程序,包括评级小组初审、部门再审和公司三审。各审核阶段应当相互独立,三级审核文件资料应当按相关要求存档保管。

信用评级机构应当成立内部信用评审委员会。信用评级结

第十七章　证券市场的专业服务机构

果由内部信用评审委员会召开评审会议，以投票表决方式最终确定。信用评级机构应当根据每一评级项目的具体情况，安排充足且具有相关经验的人员参加评审会议。

2. 独立性要求

信用评级机构、信用评级从业人员应当在对经济主体、债务融资工具本身风险进行充分分析的基础之上独立得出信用评级结果，防止评级结果受到其他商业行为的不当影响。

信用评级机构与受评经济主体或者受评债务融资工具发行人存在下列情形之一的，不得开展信用评级业务：①信用评级机构与受评经济主体或者受评债务融资工具发行人为同一实际控制人所控制，或者由同一股东持股均达到5%以上；②受评经济主体、受评债务融资工具发行人或者其实际控制人直接或者间接持有信用评级机构出资额或者股份达到5%以上；③信用评级机构或者其实际控制人直接或者间接持有受评经济主体、受评债务融资工具发行人出资额或者股份达到5%以上；④信用评级机构或者其实际控制人在开展评级业务之前6个月内及开展评级业务期间买卖受评经济主体或者受评债务融资工具发行人发行的证券等产品；⑤影响信用评级机构独立性的其他情形。

信用评级机构应当建立回避制度。信用评级从业人员在开展信用评级业务期间有下列情形之一的，应当回避：①本人、直系亲属持有受评经济主体或者受评债务融资工具发行人的出资额或者股份达到5%以上，或者是受评经济主体、受评债务融资工具发行人的实际控制人；②本人、直系亲属担任受评经济主体或者受评债务融资工具发行人的董事、监事或者高级管理人员；③本人、直系亲属担任受评经济主体或者受评债务融资工具发行人聘任的会计师事务所、律师事务所、财务顾问等服务机构的负责人或者项目签字人；④本人、直系亲属持有债务融资工具或者受评经济主体发行的证券金额超过 50 万元，或者与受评经济主体、受评债务融资工具发行人发生累计超过 50 万元的交易；⑤信用评级行业主管部门和业务管理部门认定的足以影响独立、客观、公正原则的其他情形。

信用评级机构应建立完善的公司治理机制，确保其主要股东及实际控制人在出资比例、股权比例或投票权等方面不存在足以影响评级独立性的情形。信用评级机构应当建立清晰合理的内部组织结构，建立健全防火墙，确保信用评级业务部门独立于营销等其他部门。信用评级机构应当建立独立的合规部门，负责监督并报告评级机构及其员工的合规状况。

信用评级从业人员的薪酬不得与评级对象的信用级别、债务融资工具发行状况等因素相关联。

3. 信息披露

信用评级机构应当通过信用评级行业主管部门和业务管理部门指定的网站和其公司网站进行信息披露。

信用评级机构应当披露下列基本信息：①机构基本情况、经营范围；②股东及其出资额或者所持股份、出资方式、出资比例、股东之间是否存在关联关系的说明，股权变更信息；③保证评级质量的内部控制制度；④评级报告采用的评级符号、评级方法、评级模型和关键假设，披露程度以反映评级可靠性为限，不得涉及商业秘密或妨碍创新。以上内容发生变更的，应当披露变更原因和对已评级项目的影响。

信用评级机构应当在每个财务年度结束之日起 4 个月内披露关于独立性的内部审核、人员轮换、主要客户和顾问服务等独立性相关信息。信用评级机构应当披露与评级质量相关的信息。信用评级机构应当披露开展信用评级项目依据的主要信息来源。

第十七章　证券市场的专业服务机构

4. 行业自律规范

中国证券业协会制定有《证券资信评级机构执业行为准则》《证券市场资信评级机构评级业务实施细则（试行）》，对评级质量、评级程序、利益冲突防范、信息披露等作出了规定。这些规范是在《信用评级暂行办法》发布之前制定的，将来会有所修改。